保险专业实践教学系列教材

# 保险理论与实践

主　编　齐瑞宗

知识产权出版社
全国百佳图书出版单位

图书在版编目(CIP)数据

保险理论与实践 / 齐瑞宗主编 . —北京 :知识产权出版社,2015.5

ISBN 978 - 7 - 5130 - 3497 - 5

Ⅰ. ①保… Ⅱ. ①齐… Ⅲ. ①保险学 Ⅳ. ①F840

中国版本图书馆 CIP 数据核字(2015)第 108806 号

**内容提要:**

本书主要介绍了保险的相关基础知识,包括保险的基本原理、保险市场与产品以及保险探索与创新。不仅适合高校保险专业学生阅读学习,也为实务工作者的业务进修,在可操作性的方面,在解决业务疑难问题的思路和方法方面,提供了十分有价值的指导。

**责任编辑**:唐学贵          **执行编辑**:卢媛媛  牛 闯

**保险理论与实践**

**BAO XIAN LI LUN YU SHI JIAN**

齐瑞宗  主编

| | |
|---|---|
| 出版发行:知识产权出版社有限责任公司 | 网 址:http://www.ipph.cn |
| 电 话:010 - 82004826 | http://www.laichushu.com |
| 社 址:北京市海淀区马甸南村1号 | 邮 编:100088 |
| 责编电话:010 - 82000860 - 8571 | 责编邮箱:21183407@qq.com |
| 发行电话:010 - 82000860 转 8101/8029 | 发行传真:010 - 82000893/82003279 |
| 印 刷:北京中献拓方科技发展有限公司 | 经 销:各大网上书店、新华书店及相关专业书店 |
| 开 本:720 mm×1000 mm 1/16 | 印 张:21 |
| 版 次:2015 年 5 月第 1 版 | 印 次:2015 年 5 月第 1 次印刷 |
| 字 数:320 千字 | 定 价:56.00 元 |

ISBN 978 - 7 -5130 - 3497 - 5

# 本书编委会

主　　编：齐瑞宗

副 主 编：张俊岩　　殷　德　　汪联新

编委成员：王雅婷　　李文忠　　张小红　　张玉晓　　段远翔
　　　　　徐　昕　　罗荣华　　任志娟

# 前　言

自全面恢复保险业务三十多年来,我国保险业得到了突飞猛进的发展,保险费规模持续快速增长,保险监管能力不断加强,保险企业经营管理水平明显提高,国民保险意识大大提升,但在取得这些成绩的同时,在理论和实践中我们也面临过很多问题,有些至今也没有得到较好解决,如什么是适合我国国情的保险发展模式?怎样有效改善保险行业形象? 政府在保险市场中如何准确定位? 如何建设最优的保险营销制度? 要较好地解决这些问题,不仅需要相关各方的继续努力,也需要更多优秀人才加入到我们的队伍中来,因此保险教育至关重要。

实践教学是教学工作的关键环节之一,对学生综合能力的培养起着重要的作用。针对保险专业实践教学环节实务性教材良莠不齐的状况,我们组织部分高校保险专业教师和保险业界精英,经过酝酿、策划、撰写、讨论并反复修改,编写了"保险专业实践教学系列教材"。

本系列教材目前共有四本:《保险理论与实践》《人身保险实务》《财产保险实务》和《保险中介实务》。

本系列教材的特点是:

1. 系列教材的作者大部分来自业务一线,既有理论水平又从事业务实践多年,教材中多处体现作者对业务环节的深刻理解和宝贵经验。

2. 系列教材紧密结合实际,使读者了解理论和实务的各个侧面,并附有案例、单证、报告和附表的样本,为高校保险专业学生实训课程,也为实务工作者的业务进修,在可操作性的方面,在解决业务疑难问题的思路和方法方面,提供了非常有价值的指导。

3. 系列教材的理论部分,从保险业者、消费者、政府和理论工作者等多个角度,引导读者思考并总结与保险业有关的新理论和新问题,包括政府保险、银保融合、经济理论与实践以及其他社会问题。

4. 系列教材中的《保险中介实务》,在我国保险中介尚未被人们充分理解和认识的情况上下，对保险中介的代理、经纪和公估等项业务进行了许多总结和提炼，具有难得的参考价值。

5. 教材每章的开头有提示和关键词，结尾作小结，通过拓展阅读引导读者做深层次思考，便于读者掌握。

参加《保险理论与实践》编写的有王雅婷、齐瑞宗、李文忠、汪联新、张小红、张玉晓、段远翔、徐昕、殷德、罗荣华、任志娟等。


编者

# 目　录

## 上篇　保险的基本原理

下篇　保险探索与创新

# 上篇　保险的基本原理

# 第一章　风险及风险管理

## 引言

　　一个社会理解、度量和管理风险的能力是现代社会与古代社会的主要区别之处。

　　　　　　　　　　　　——*Against the Gods: The Rawaikable story of Risk*

　　这个世界是一个充满不确定性的世界。变化与可能性伴随每个人的每时每刻。风险贯穿社会的每个环节,可以说,风险是世界的一种存在状态。伴随全球化的进程,世界各个角落以前所未有的方式建立起越来越密切的联系,因此风险的表现形式变得更为复杂和难以控制。经济波动、金融危机、台风、核泄漏、超级病菌、食品安全、环境问题、转基因技术……人们需要在越来越复杂的环境中寻求可靠而且稳定有效的生活保障。因此,如何从更为系统和全面的角度认知风险,如何在不确定性中导向有利的结果,如何驾驭风险变化的趋势,这成为我们必须认真面对和研究的课题。但同时,我们也必须认识到,正是不确定性的存在导致了世界的多样性和丰富性,使得我们生存于一个有"趣味"的世界之中。

　　本章从风险基础知识入手,通过分析风险的概念、分类、三要素,引出风险管理的手段和相关知识,了解在现今局势下,保险业发展和创新的方向。风险是我们所有保险研究的逻辑起点,而风险管理则是保险存在和发展的背景和基础。

## 关键词

　　风险　损失　风险管理　保险

# 第一节 风险及其特征

## 一、风险的概念

风险和每个人的生活息息相关。在现实生活中,风险一词频频出现,特别是在金融领域,"股市有风险,投资需谨慎"成为所有股民的顺口溜。而近些年来,食品安全问题、建筑工程质量事故、居民楼火灾爆炸事故、地震、洪水、干旱、核泄漏等,从方方面面警示着人们风险无处不在。

## 拓展阅读

近些年各类风险事故层出不穷,下述事件引发了非常大的社会反响:

2009年6月5日上午8点半,川陕立交下桥处发生公交车自燃(动物园附近9路公交车),火灾原因系人为纵火。共造成27人遇难,74人受伤。

2009年6月27日,上海的一栋竣工未交付使用的高楼整体倒覆,有关方面以两次堆土施工为其缘由进行解释,遭网友抨击,得名"楼脆脆"。

上海"11·15"火灾:2010年11月15日,由于违章施工造成居民楼火灾,截至11月19日,死亡人数达到58人,其中男性22人,女性36人。

2011年4月11日,北京和平里居民楼发生燃气爆燃事故,爆炸致该楼3层全部坍塌,致6死1伤。

日本大地震:2011年3月11日,日本东北部海域发生里氏9.0级地震并引发海啸,造成重大人员伤亡和财产损失。地震引发的海啸影响到太平洋沿岸的大部分地区。地震造成日本福岛第一核电站1~4号机组发生核泄漏事故。此次核泄漏成为继乌克兰切尔诺贝利核泄漏和美国三里岛核泄漏之后的重大核泄漏事故。此次核泄漏引起全球高度关注,中国一度发生碘盐抢购潮。

在一般的理解当中,风险与损失和危害联系在一起。但从风险的概念讲,风险包括广义和狭义两重概念。广义的风险是指某种事件发生的不确定性;狭义的风险是指损失发生的不确定性。

当强调风险表现为损失的不确定性时,属于狭义风险,意味着没有从风险中获利的可能性,风险只能表现出损失。而强调风险表现为事件发生的不确定性时,属于广义风险,风险产生的结果可能带来损失、获利或是无损失也无获利,比如金融风险。图1-1形象地显示了广义风险的概念。

风险 = 机会 + 威胁

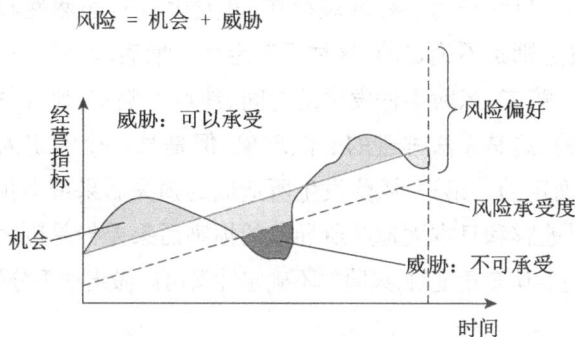

图 1-1 广义风险图示

## 二、风险的特征

风险具有普遍性、客观性、损失性、不确定性和可变性等特征,分析风险的特征有助于理解和掌握风险的概念。

### (一)风险的普遍性

自从人类在地球上出现后,生存就面临着各种各样的风险,如自然灾害、疾病、战争等。随着人类社会的不断发展与人类的不断进化,新的风险又产生了,由此造成的损失也越来越大,对人类社会的影响越来越大。在当今社会,风险无处不在,无时不有。就个人而言,每个人都面临着生、老、病、死、意外伤害等风险;就企业而言,每一个企业都面临着来自自然环境、市场环境、技术环境、政治环境等多方面的风险;甚至国家和政府机关也面临着各种风险。由此可见,风险早已渗入个人、企业、社会生活的方方面面。正是由于风险普遍而广泛存在着,才有了保险存在的必要和发展的可能。

### (二)风险的客观性

因为自然界的物质运动,社会发展的规律等都由事物的内部因素所决定,由客观规律所决定,远远超过人们主观意识所能掌控的范围。所以,风险是独立于人的意识之外,不以人的意志为转移而客观存在的。例如自然界的地震、台风、洪水,人类社会的战争、瘟疫、冲突、意外事故等。因此,人们只能在给定的时间与空间内,尽可能降低风险发生的频率,减少潜在的损失,但是风险是不可能彻底消除的。

风险是客观存在的,但人们对于风险的认知却是主观的。随着风险识别手段、风险评估技术的不断进步,人们对于风险的认知也更为全面和准确。

**(三)风险的不确定性**

就全社会而言,风险作为一种客观存在,其发生具有必然性和规律性,但就个体而言,风险的发生则是不确定的,这种不确定性一般表现在如下几个方面:第一,是否发生不确定。第二,风险事件发生的时间、地点不确定,比如每个人的一生中,死亡是必然发生的,这是无法逃避的必然现象,但是某一个特定人何时何地死亡,这些都是不可能确定的。第三,风险发生所造成的损失后果或者损失程度不确定,同样是地震,汶川地震和日本大地震所导致的损害后果差异是巨大的。

从人类对风险的认知角度讲,风险的不确定性又可以做出如下分类(见图1-2):

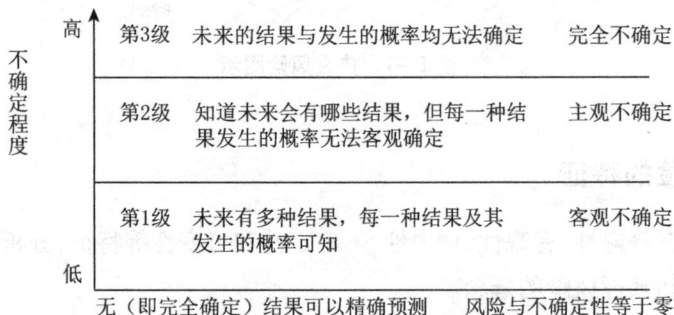

| 高 | | | |
|---|---|---|---|
| | 第3级 | 未来的结果与发生的概率均无法确定 | 完全不确定 |
| | 第2级 | 知道未来会有哪些结果,但每一种结果发生的概率无法客观确定 | 主观不确定 |
| | 第1级 | 未来有多种结果,每一种结果及其发生的概率可知 | 客观不确定 |
| 低 | | | |

不确定程度

无(即完全确定)  结果可以精确预测  风险与不确定性等于零

**图1-2 风险不确定性分类**

**(四)风险的损失性**

从广义讲,风险并不必然意味着损失,反而有可能导致盈利。从狭义讲,风险也不意味着损失,而是体现为损失的可能性,这种损失表现在物质方面时,一般可以用货币计量;若表现为精神方面时则难以用货币计量。风险导致的损失可能表现为多种形式,如财产直接毁损、人员伤亡、各种额外费用、各种赔偿责任、各种间接影响,甚至造成生产力的破坏,对社会财富会造成极大的浪费。因而,寻找应对风险、减少损失的方法成为人类生产生活的一项重要内容。

**(五)风险的可变性**

风险的可变性是指风险不是一成不变的,在一定条件下它可以转化。世界上任何事物都是互相联系、互相依存、互相制约的,而任何事物都处于变动和变化之中,风险也随之变化。例如科学发明和文明进步,一些旧有风险因素可能会发生变化,而一些新的风险正不断涌现,从而使风险的种类、发生的可能性、损害后果等不断发生变化。

比如15~16世纪航海技术的进步使人类的脚步遍布全球,并使得欧洲的流感病毒入侵美洲,导致美洲印第安人遭遇灭顶之灾;现代交通技术的不断发展,使得各类物种入侵风险变得更为普遍和防不胜防;大量卫星的发射在不断给人类提供便利的同时也使得太空垃圾问题成为威胁航天事业的一个重要风险;网络的普遍发展以及现代社会对网络的高度依赖,使网络风险对现代生活的威胁越来越明显;生物化学技术的不断进步,将食品安全问题推升到一个更高的高度。

同时,伴随人们风险管理水平的提高,人们深刻认识到,风险因素的关联度呈现出越来越复杂的面貌。

### 三、风险三要素

风险的要素即风险的结构,一般认为,风险由风险因素、风险事故和损失三要素构成,这些要素的共同作用,决定了风险的存在、发展和发生。

**(一)风险因素**

风险因素是指引起或增加风险发生的机会或扩大损失程度的原因和条件,是风险事故发生的潜在原因,是造成损失的内在或间接原因。风险因素是就产生或增加损失频率(Loss frequency)与损失程度(Loss severity)的情况来说的。

根据性质不同,风险因素可分为物质风险因素,道德风险因素和心理风险因素三种类型:

①物质风险因素(Physical Hazard),指有形的、并能直接影响事物物理功能的因素,即某一标的本身所具有的足以引起或增加风险发生的机会和损失幅度的客观原因,如地壳的异常变化、恶劣的气候、疾病传染等。物质因素不为人力所控制,是人力无法左右的因素。

②道德风险因素(Moral Hazard),指与人的品德修养有关的无形的因素,即指由于个人的不诚实、不正直或不轨企图,促使风险事故发生,以致引起社会财富损毁和人身伤亡的原因或条件,如纵火、欺诈、放毒等。这些不道德的行为必然促使风险发生的频率增加和损失幅度的扩大。

③心理风险因素(Morale Hazard),指与人的心理状态有关的无形的因素,即指由于人的不注意、不关心、侥幸,或存在依赖保险的心理,以致增加风险事故发生的概率和损失幅度的因素。例如,企业或个人由于投保财产保险,就放松了对财物的保护;投保了人身保险,就忽视自身的身体健康等。

风险三因素中,道德风险因素和心理风险因素都是无形的,与个人自身行为方式相联系,而在实践中又难以分界定,所以通常将两者统称为人为因素,以便区分。

**参考资料**:随着保险业的发展,有些学者从风险社会化的角度提出将社会风险因素作为第四类风险因素,其特指由于各类社会原因如经济危机、政治动乱、宗教信仰冲突、种族矛盾和环境恶化等。参考段开龄的《风险与保险理论之研讨——向传统的智慧挑战》。

### (二)风险事故(Peril)

风险事故又称风险事件,是指风险的可能成为现实,以致造成人身伤亡或财产损害的偶发事件,是造成损失的直接的或外在的原因,是损失的媒介物,即风险只有通过风险事故的发生才能导致损失。例如,火灾、地震、洪水、龙卷风、雷电、爆炸、盗窃、抢劫、疾病、死亡等都是风险事故。

就某一事件来说,如果它是造成损失的直接原因,那么它就是风险事故;而在其他条件下,如果它是造成损失的间接原因,它便成为风险因素。如下冰雹使得路滑而发生车祸,造成人员伤亡,这时冰雹是风险因素,车祸是风险事故。假如冰雹直接将行人砸成重伤,冰雹就是风险事故本身。

### (三)损失(Loss)

在风险管理中,损失是指非故意的(Unintentional)、非计划的(Unplanned)和非预期的(Unexpected)经济价值(Economic value)的减少,即经济损失,一般以丧失所有权、预期利益、支出费用和承担责任等形式表现,而像精神打击、政治迫害、折旧以及馈赠等行为的结果一般不能视为损失。

通常我们将损失分为两种形态,即直接损失和间接损失。直接损失是指风险事故导致的财产本身损失和人身伤害,这类损失又称为实质损失;间接损失则是指由直接损失引起的其他损失,包括额外费用损失、收入损失和责任损失。一些风险事故造成的间接损失要远远大于其造成的直接损失。

## 拓展阅读

一个著名的西方民谣:"丢失一个钉子,坏了一只蹄铁;坏了一只蹄铁,折了一匹战马;折了一匹战马,伤了一位骑士;伤了一位骑士,输了一场战斗;输了一场战斗,亡了一个国家。"风险因素、风险事故、损失是如何相互关联和转化的?

风险是由风险因素、风险事故和损失三者构成的统一体,风险因素引起或增加风险事故,风险事故发生可能造成损失,上述内容概括图示如下(见图1-3):

条件
事故潜在原因
损失间接原因 —— 风险因素 ——
- 无形
  - 心理
  - 道德
- 有形

引发 　增加

媒介
损失直接或
外在原因 —— 风险事故 ——
- 财产
- 人身

导致

后果
经济价值减少 —— 损失 ——
- 直接（实质）
  - 财产
  - 人身
- 间接（费用、收入、责任损失）

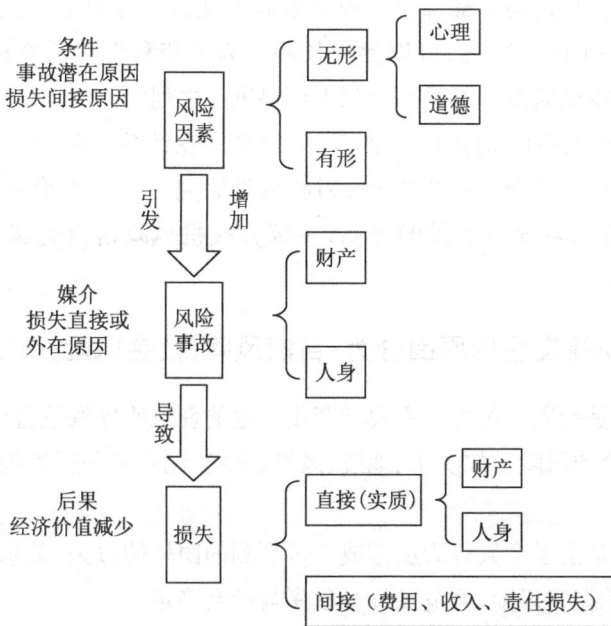

**图 1－3　风险三要素的关系**

# 第二节　风险的种类

风险分类有多种方法,常用的有以下几种。

## 一、按照风险的性质分为:纯粹风险和投机风险

纯粹风险:只有损失机会而没有获利可能的风险,其所致结果有两种,即有损失和无损失。例如自然灾害只有给人民的生命财产带来危害,而绝不会有获利的可能。在日常生活中,纯粹风险是普遍存在的,如火灾、旱灾、疾病、意外事故等。但是,这种灾害事故何时何地发生、损害后果多大,往往无法事先确定。于是,它就成为保险的主要对象,人们通常所称的"危险",也就是指这种纯粹风险。

投机风险:既有损失的机会也有获利可能的风险。其所致结果有 3 种:损失、无损失和盈利。如有价证券,证券价格的下跌可使投资者蒙受损失,证券价格不变无损失,但是证券价格的上涨却可使投资者获得利益。再如赌博、市场风险等,这种风险都带有一定的诱惑性,可以促使某些人为了获利而甘冒这种损失的风险。在保险业务中,投机风险一般是不能列入可保风险之列的。

在保险学的研究中,对风险的界定,一般集中在纯粹风险的范畴内。但事实上,投机风险也存在规避损失的需求,因此保险研究对象并不绝对地排斥投机风险,实际上,随着风险管理手段的提高,一部分投机风险恰恰是保险创新的研究方向。

## 二、按照风险发生的原因分为:自然风险、社会风险、政治风险等

自然风险:是指因自然力的不规则变化产生的现象所导致危害经济活动、物质生产或生命安全的风险。如洪水、地震、风暴、火灾、泥石流等所致的人身伤亡或财产损失的风险。

社会风险:是由于个人行为反常或不可预测的团体的过失、疏忽、侥幸、恶意等不当行为所致的损害风险,会危及社会秩序与社会稳定。

政治风险:是指由于政治原因,如政局的变化、政权的更替、政府法令和决定的颁布实施,以及种族和宗教冲突、叛乱、战争等引起社会动荡而造成损害的风险。

经济风险:是指在产销过程中,由于有关因素变动或估计错误而导致的产量减少或价格涨跌的风险等。如市场预期失误、经营管理不善、消费需求变化、通货膨胀、汇率变动等所致经济损失的风险等。

技术风险:是指伴随着科学技术的发展、生产方式的改变而产生的威胁人们生产与生活的风险。如核辐射、空气污染、噪声等风险。

法律风险:是指由于颁布新的法律和对原有法律进行修改等原因而导致经济损失的风险。

## 三、按照风险致损的对象分为:人身风险、财产风险、责任风险与信用风险

人身风险:是指因生、老、病、死、残等原因而导致经济损失的风险。例如因为年老而丧失劳动能力或由于疾病、伤残、死亡、失业等导致个人、家庭经济收入减少,造成经济困难。生、老、病、死虽然是人生的必然现象,但在何时发生并不确定,一旦发生,将给其本人或家属在精神和经济生活上造成困难。

财产风险:是指导致财产发生毁损、灭失和贬值的风险。如房屋有遭受火灾、地震的风险,机动车有发生车祸的风险,财产价值因经济因素有贬值的风险。

责任风险:是指因侵权或违约,依法对他人遭受的人身伤亡或财产损失应负的赔偿责任的风险。例如,汽车撞伤了行人,如果属于驾驶员的过失,那么按照法律责任规定,就须对受害人或家属给付赔偿金。又如,根据合同、法律规定,雇主对其雇员在从事工作范围内的活动中,造成身体伤害所承担的经济给付责任。

信用风险(Credit Risk)又称违约风险:是指交易对手未能履行约定契约中的义务而造成经济损失的风险,即受信人不能履行还本付息的责任而使授信人的预期收益与实际收益发生偏离的可能性,它是金融风险的主要类型。

### 四、按风险涉及的范围分为:基本风险与特定风险

基本风险:是指其损害波及整个社会的风险,是每一个存在于社会的个体都可能遇到的风险。基本风险的起因及影响都不与特定的人有关,至少是个人所不能阻止的风险。与社会或政治有关的风险,与自然灾害有关的风险,都属于基本风险,比如地震、洪水等引起的风险。

特定风险:是指与特定的人有因果关系的风险。即由特定的人所引起,而且损失仅涉及个人的风险,它只与特定的个人或部门相关,不影响整个团体和社会。特定风险一般较易为人们所控制和防范。例如:火灾、爆炸、盗窃及对他人财产损害或人身伤害所负的法律责任等均属此类风险。

特定风险和基本风险的界限,对某些风险来说,会因时代背景和人们观念的改变而有所不同。如失业,过去被认为是特定风险,而现在认为是基本风险。

### 五、从保险承保的角度可分为:可保风险与不可保风险

可保风险,是指保险人可以接受承保的风险。如上所述,风险有很多种,但并不是说所有的风险都是可以通过保险进行转嫁并取得保障的。从保险就是保障危险这一点来说,保险实际上只是对纯粹风险进行保险,给予补偿,其中包括由自然、社会等各种原因引起的财产、人身、责任、信用等方面属于纯粹风险性质的风险所导致的损失。在通常情况下,保险人接受承保的风险还必须具有一定的条件,主要有:

1. 不是投机性风险

一般而言,保险人承保的风险,只能是仅有损失可能而无获利机会的风险,即属纯粹风险性质的风险。

对于类似股票买卖,投资者既有因股票价格下跌而亏损的可能,又有因股票价格上涨而盈利的机会的投机风险,保险人是不承保的。

**2. 损失必须是可以用货币计量的**

保险是一种经济补偿制度,其转嫁风险和保险人承担的赔偿责任都是以一定的货币量计算的。因此,凡是不能以货币计量的风险损失,就不能成为可保风险。但是在保险中,对人身伤残或死亡的风险,则是一个例外。虽然,一个人的伤残程度或死亡所蒙受的损失是难以用金钱来计算的,然而,在保险业务中,却都可以通过订立保险合同约定保险金额来确定,所以从某种意义上说,人身伤残或死亡所带来的损失,也是可以由货币来计量的,人身伤亡的风险也可视作可保风险。

**3. 必须是具有偶然性和不可预知性**

保险人承保的风险必须是有可能因这种风险的发生而导致损失的,如果这种风险损失肯定不会发生,没有必要就此进行保险;如果这种风险损失一定会发生,如某些货物在运输过程中的自然损耗,机械装备在使用过程中的折旧等,保险人一般是不接受承保的。所以,只有那些有发生可能而事先又无法知道它是否一定会发生以及发生后遭到何等程度损失的风险,才需要保险,保险人才能接受承保。即可保险风险必须具有偶然性和不可预知性。

这里的所谓偶然性和不可预知性是指对每一个具体的保险标的的个体而言,而保险人通过以往事实情况的大量统计和有关资料进行分析和科学推断,找出某一风险在未来发生的规律性,从而将偶然的、不可预知的风险损失转化为可预知的费用开支,从而为保险经营提供了可能。

**4. 必须是意外发生的**

意外的风险损失是指并非必然会发生和被保险人的故意行为造成的。上面提到过的诸如货物的自然损耗和机器设备折旧等现象就是必然发生的,还有被保险人的故意行为(如故意纵火行为)造成的火灾损失,均不属于保险人的可保风险的责任范围。但是,在实际业务中,对一些必然发生的风险损失(如自然损耗的必然损失),经保险人同意,在收取适当保险费用后,也可特约承保。再者,保险人也承保第三人的故意行为或不法行为所引起的风险损失。例如,在保证保险、信用保险中,保险人对由于另一方不履行与被保险人约定的义务,而应对被保险人承担的经济责任给予赔偿。再如,财产保险中的偷盗险,保险承担赔偿责任的也是由于盗贼的故意行为所造成的损失。

**5. 必须要有大量标的均有发生重大损失的可能性**

可保风险必须是大量标的都有可能遭受重大损失的。因为,如果一种风险只会导致轻微损失,那就无须通过保险求得保障。再者,保险需要以大数法则作为保险人建立保险基金的数理基础,假如一种风险只是个别或者少量标的所具有,那就缺乏这种基础,保险人也就无法利用大数法则计算危险产生的概率和程度损失,从而难以确定保险费率和进行保险经营。

与可保风险相对应的,即为不可保风险,凡保险人不予接受的风险即为不可保风险。一般而言,不可保风险包括投机性风险、不能满足上述可保风险特点的纯粹风险,如无法科学估算损失概率的风险、无法用货币衡量损失的风险等。

需要指出的是,可保风险与不可保风险的界限并非一成不变的,同时也不是泾渭分明的。随着时代的进步和风险管理技术的不断提高,不可保风险在一定条件下可以转化为可保风险;反之则相反。

## 拓展阅读

# 风险社会

风险社会是指在全球化发展背景下,由于人类实践所导致的全球性风险占据主导地位的社会发展阶段,在这样的社会里,各种全球性风险对人类的生存和发展存在着严重的威胁。

我们生活在全球风险社会中,正是在这个意义上,全球风险社会是历史向世界历史转化的产物。我们正处在从古典工业社会向风险社会的转型过程中。

在贝克(Ulrich Beck)那里,现代性的特征被称为"风险社会"。吉登斯在对现代性的分析中引入了时空特性,他认为现代性与前现代性区别开来的明显特质就是现代性意味着社会变迁步伐的加快、范围的扩大和空前的深刻性。

风险社会是指这样一个时代,社会进步的阴暗面越来越支配社会和政治。他提出,人类面临着威胁其生存的由社会所制造的风险,如工业的自我危害及工业对自然的毁灭性的破坏。

风险社会是现代文明发展的火山。风险的特点发生了显著改变:

(1)风险全球化。风险造成的灾难不再局限在发生地,而经常产生无法弥补的全球性破坏。因此风险计算中的经济赔偿无法实现;

(2)风险人为化。风险社会是被制造出来的风险占主导地位的社会;

(3)风险整体化。由于风险发生的时空界限发生了变化,甚至无法确定,所以风险计算无法操作;

(4)风险复合化。灾难性事件产生的结果多样,使得风险计算使用的计算程序、常规标准等无法把握。

# 第三节 风险管理及程序

## 一、风险管理的概念

风险管理是指单位或个人通过风险识别、风险估测、风险评价,并在此基础上优化组合各种风险管理技术,对风险实施有效的控制,以最小成本获得最大安全保障的一种管理活动。

对此概念的理解,可以从下述几个方面来进行:

①风险管理的对象:风险。

②风险管理的主体:任何组织或个人。

③管理的过程:五大环节。

④管理的基本目标:以最小的成本获得最大安全保障。

⑤风险管理是一个独立的管理系统。

风险管理目标由两部分组成:损失发生前的风险管理目标和损失发生后的风险管理目标,前者的目标是避免和减少风险事故形成的机会,包括节约经营成本、减少忧虑心理;后者的目标是努力使损失的标的恢复到损失前的状态,包括维持企业的继续生存、生产服务的持续、稳定的收入、生产的持续增长和社会责任。二者有效结合,构成完整而系统的风险管理目标。

### (一)损失发生前的风险管理目标

#### 1.降低损失成本

风险事故的形成势必增加企业的经营成本,影响企业利润计划的实现。

因此,企业必须根据本身运作的特点,充分考虑到企业所面临的各项风险因素,并且对这些风险因素可能形成的风险事故进行处理,从而使风险事故对企业可能造成的损失成本为最小,达到最大安全保障的目标。

#### 2.减轻和消除精神压力

风险因素的存在对于人们的正常生产和生活造成了各种心理的和精神的压力,通过制定切实可行的损失发生前的管理目标,便可减轻和消除这种压力,从而有利于社会和家庭的稳定。

**（二）损失发生后的风险管理目标**

**1. 维持企业的生存**

在损失发生后，企业至少要在一段合理的时间内才能部分恢复生产或经营。这是损失发生后的企业风险管理工作的最低目标。只有在损失发生后能够继续维持受灾企业的生存，才能使企业有机会减少损失所造成的影响，尽早恢复损失发生之前的生产状态。

**2. 生产能力的保持与利润计划的实现**

这是损失发生后的企业风险管理工作的最高目标。

如何使风险事故对于企业所造成的损失为最小，保证企业的生产能力与利润计划不因为损失的发生而受到严重的影响，是企业风险管理工作中必须策划的目标。为了保证这个目标的实现，企业在制定和设计损失发生后的风险管理的目标过程中，就必须根据企业的资本结构和资产分布状况确定消除风险事故影响的最佳经济和技术方案。

**3. 保持企业的服务能力**

这是损失发生后的企业风险管理工作的社会义务目标。企业的社会责任之一就是保证其对于社会和消费者所作出的服务承诺的正常履行，这种责任的履行不仅是为了维护企业的社会形象，而且是为了保证企业发挥作为整个社会正常运转的链条的作用。所以，对于企业来说，这个目标具有强制性和义务性的特点。如公共事业必须保证对于公共设施提供不间断的服务，生产民用产品的企业必须能够在损失发生后保证继续履行对于其客户承诺的售后服务，以防止消费者转向该企业的竞争对手。

**4. 履行社会责任**

即尽可能减轻企业受损对其他人和整个社会的不利影响，因为企业遭受一次严重的损失灾难转而会影响到雇员、顾客、供货人、债权人、税务部门以致整个社会的利益。这是损失发生后的企业风险管理工作的社会责任目标。企业作为社会的一部分，其本身的损失可能还涉及企业员工的家属、企业的债权人和企业所在社区的直接利益，从而使企业面临严重的社会压力。因此，企业在制定自身的风险管理目标时不仅要考虑到企业本身的需要，还要考虑到企业所负担的社会责任。

## 二、风险管理的历史

正如同风险伴随人类社会全部进程一样，以趋利避害为表现的风险管理行为也伴随人类社会发展的整个过程。

动植物都有风险管理的本能。趋利避害是生物的天性，在复杂的自然生存环境下,各种生物为获得生存和种族的繁衍,利用各种本领以应对不期而遇的风险,而很多"本领"经过长期的进化与演变成为某些物种遗传性特征。动物的保护色、拟态、拟形都是降低自身风险,提高生存和捕食机会的有效手段;水中的鱼类背深色而腹白色也是为了降低被发现和被猎食的机会;为应对沙漠的干旱缺水环境,骆驼可以一次进食、长期储备……因此,任何生物面对风险四伏的环境,都通过各自的技巧有效控制风险,赢得更多的生存机会,因此,风险管理是生物适应环境繁衍生息的一种本能。

有意识的风险管理活动贯穿社会生活各个方面。人类在生存发展过程中,不断面对气候变化、自然环境、疾病饥荒、社会动荡等各种变化,个人面临方方面面的重重考验,因此,在长期的生产生活实践中,人们积累了很多有效的风险管理经验,并有意识地应用到生产生活中。历法是人们总结日月运行规律,用以指导农业实践的重要工具,特别是中国的"二十四节气",非常有效地指导着种植业实践;广大的农谚,如"八月十五云遮月,正月十五雪打灯""夏至有雨三伏热,重阳无雨一冬晴""冬天麦盖三层被,来年枕着馒头睡"等,是对气象变化的高度概括和总结,对于预测年景、指导种收意义巨大。

在人类历史上,以卜筮为代表的非科学风险管理手段广泛存在。人类很早就意识到风险的存在,但是由于科学技术条件的限制,人们无法科学地理解很多自然现象,无法科学地判断各种因素之间的关联性,常常无法正确识别风险因素,因此,在有意识地风险管理过程之中,科学的手段与非科学的手段并存。卜筮是古代甚至现代某些地区非常普遍使用的风险管理手段。卜筮首先是一种风险预测手段,古人认为,通过占卜,上天会把未来事情的发展结果昭示给人们,通过准确预测,可以有效地趋利避害;其次,卜筮是一种控制风险的重要手段,通过占卜以及巫师作法,帮助当事人有效地降低风险、免除灾难、逢凶化吉。在今天看来,这些是荒诞不经的迷信,然而在历史上,这些非科学的风险管理手段借由"信则灵"的虔诚信念,确实深刻地影响和改变着历史的进程和个人的命运。

## 拓展阅读

## 建筑物风险管理

建筑物是人类赖以居住之所,如何避免风雨水火之灾,是建筑物设计和营造中必须认真考虑的因素,古人用种种方法来降低风险,以今天目光来看,有的巧妙,有的文雅,有的则明显不符合科学,非常有趣。

1.结构。应县佛宫寺释迦木塔,历经900多年的风雨侵蚀、地震战火,至今仍保存完好。木塔千年不倒的原因，从结构力学的理论上来看，其结构非常科学合理，卯榫咬合，刚柔相济，这种刚柔结合的特点有着巨大的耗能减震作用。

　　木塔采用两个内外相套的八角形，将木塔平面分为内外槽两部分。内槽供奉佛像，外槽供人员活动。内外槽之间又分别有地袱、栏额、普柏枋和梁、枋等纵向横向相连接，构成了一个刚性很强的双层套桶式结构。这样，就大大增强了木塔的抗倒伏性能。斗拱是我国古代建筑所特有的结构形式，靠它将梁、枋、柱连接成一体。由于斗拱之间不是刚性连接，所以在受到大风地震等水平力作用时，木材之间产生一定的位移和摩擦，从而可吸收和损耗部分能量，起到了调整变形的作用。除此之外，木塔内外槽的平座斗拱与梁枋等组成的结构层，使内外两圈结合为一个刚性整体。这样，一柔一刚便增强了木塔的抗震能力。应县木塔设计有近六十种形态各异、功能有别的斗拱，是我国古建筑中使用斗拱种类最多，造型设计最精妙的建筑。

　　2.马头墙。马头墙，又称风火墙、封火墙、放火墙等，特指高于两山墙屋面的墙垣，也就是山墙的墙顶部分，因形状酷似马头，故称"马头墙"。徽州民居的山墙之所以采取这种形式，主要是因为在聚族而居的村落中，民居建筑密度较大，火灾发生时，火势容易顺房蔓延。而在居宅的两山墙顶部砌

筑有高出屋面的马头墙，则可以应村落房屋密集防火、防风之需，在相邻民居发生火灾的情况下，起着隔断火源的作用。

　　3.吞脊兽。古建筑正脊两端的兽头，称为鸱吻，因其位置和形态又称正吻、龙吻、大吻。据说，鸱吻住在南海，能喷水成雨。汉武帝时，因宫殿经常发生火灾，依据"术士"们的说法，在宫殿的正脊两端装饰鸱吻寓意镇火，后来沿袭成制。又恐因其好动擅离职守，就用

一柄宝剑将之钉在房顶上，由斯成了深宫大院永远的守护神。相传这把宝剑是晋

代名道士许逊之物,放在鸱吻上还有避邪之意。

4.瓦的颜色。在故宫博物院的东南隅,有一座黑色琉璃瓦顶的二层小楼,与周围金碧辉煌的深宫殿宇形成了鲜明对比,这就是被誉为"北四阁"之一的文渊阁,是皇宫中最大的藏书楼。紫禁城内建筑色彩浓烈,皆用黄色和朱砂红色来表示皇权的至高无上与无限尊贵,但文渊阁却以冷色作为主色调,两层屋顶都覆以黑色琉璃瓦。为什么文渊阁的屋顶要独用黑色?这里有着特殊的含义。中国古人信奉金、木、水、火、土五行之说,而五行中每一元素又有与之相匹配的颜色,其中黑色就对应着水。文渊阁是藏书之处,火便成了这里最大的隐患,于是人们就将文渊阁的屋顶建成黑色,希望能以此使这座内蕴无限的藏书楼,远离火灾的破坏。

5.水缸。古建筑常于庭院中置水缸,有的古建筑院落还设置水池、水井等,这些除解决生产生活用水外,还能提供消防用水。下图为湖广会馆所置石水缸。

风险管理的历史可以分为如下几个阶段:

**(一)现代风险管理的萌芽阶段(20世纪30~50年代)**

在20世纪30年代前,虽然有一些学者将风险管理思想引入企业经营管理,如亨利·法约尔提出安全活动是六大管理职能之一,但尚无系统的风险管理理论。1930年,美国宾夕法尼亚大学Solomon Schbner博士在美国管理协会的第一次保险问题会议上提出了风险管理概念。1931年美国管理协会保险部率先倡导风险管理。1932年纽约保险经纪人协会宣告成立,定期讨论有关风险管理的理论和实践问题。

**(二)现代风险管理正式确立阶段(20世纪50~70年代)**

20世纪50年代,美国工商企业发生多起重大损失,促使企业经营这认识到风险管理的重要型。1952年,美国学者格拉尔在其调查报告《费用控制的新时期——风险管理》一书中首次提出并使用了"风险管理"一词,到了60年代,对风险管理的研究就系统地开展起来。以1963年美尔与赫斯奇编著的《企业的风险管理》和1964年威廉姆斯与汉斯编著的《风险管理和保险》两本书为标志,风险管理逐步走向系统化、专门化,风险管理也成为一门独立的学科。风险管理中的一个重要趋势是不再依赖传统的保险手段,而且工程安全创造的一些概念渗透到风险管理之中。

**(三)现代风险管理全球化阶段(20世纪70~90年代)**

1971年,布雷顿森林体系正式结束,财务性风险管理受到高度重视;多起科技灾难频发,引起人们对科技风险的反思。因此在本阶段,风险管理的思想发生了很大的变化,传统的风险管理思维向客观风险管理与主观风险管理兵种的方向发展,财务性风险管理与危害性风险管理趋于融合。同时,风险管理的概念、原理和实践也在全球范围内广泛传播。1950年创立的"全国购买者协会",于1975年更名为"美国风险和保险管理协会"(RIMS,Risk and Insurance Management Society),该协会于1983年通过了"101条风险管理准则",使风险管理更趋向规范化。1986年,由欧洲11个国家共同成立的"欧洲风险研究会"将风险研究扩大到国际交流范围。

**(四)现代风险管理新阶段(20世纪90年代)**

20世纪90年代以来,经济全球化发展迅猛,因衍生性金融商品使用不当引发的金融风暴风险,给世界带来更多的危机,如1995年巴林银行破产、1997年东南亚金融危机、2001年美国安然公司倒闭、2008年次贷危机等。而保险的不断创新打破了保险市场与资本市场间的界限,以危害性风险管理为主的保险市场和以金融风险管理为主的资本市场之间的界线被打破,财务风险管理手段进一步升级深化。

## 拓展阅读

所谓全面风险管理,是指企业围绕总体经营目标,通过在企业管理的各个环节和经营过程中执行风险管理的基本流程,培育良好的风险管理文化,建立健全全面风险管理体系,包括风险管理策略、风险理财措施、风险管理的组织职能体系、风险管理信息系统和内部控制系统,从而为实现风险管理的总体目标提供合理保证的过程和方法。

全面风险管理的整合框架:

COSO的ERM框架是个三维立体的框架。这种多维立体的表现形式,有助于全面深入地理解控制和管理对象,分析解决控制中存在的复杂问题。

第一个维度(上面维度)是目标体系,包括四类目标:(1)战略(Stntegic)目标,即高层次目标,与使命相关联并支撑使命;(2)经营(Operations)目标,高效率地利用资源;(3)报告(Reporting)目标,报告的可靠性;(4)合规(Compliance)目标,符合适用的法律和法规。

第二个维度(正面维度)是管理要素,包括八个相互关联的构成要素,它们源自管理当局的经营方式,并与管理过程整合在一起,具体为:

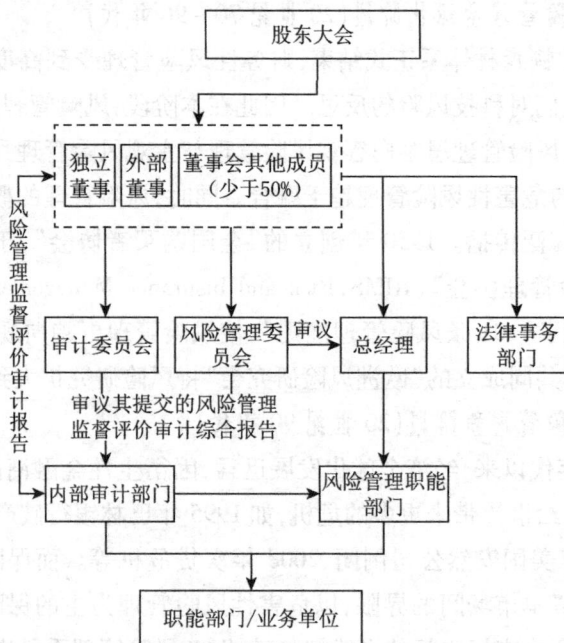

## 三、风险管理的基本流程

风险管理的基本流程分为风险识别、风险估测、风险评价、选择风险管理技术和评估风险管理效果五个环节(见图1-4)。

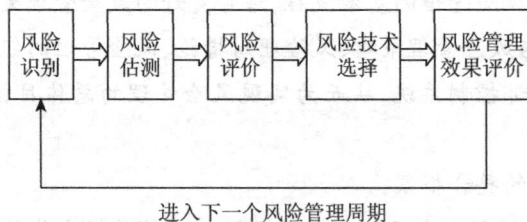

进入下一个风险管理周期

**图1-4 风险管理的基本流程**

### (一)风险识别

风险识别是风险管理的第一步,也是风险管理的基础。风险识别是用感知、判断或归类的方式对现实的和潜在的风险性质进行鉴别的过程。现实中存在的风险错综复杂,有潜在的也有显现的,有来自内部的也有源于外部的。所有这些风险在一定时期和某一特定条件下是否客观存在、存在的条件是什么,以及损害发生的可能性等,都是风险识别阶段应予以解决的问题。风险识别即是对尚未发生的、潜在的和客观的各种风险系统地、连续地进行识别和归类,并分析产生风险事故的原因。识别风险主要包括感知风险和分析风险两方面内容,风险识别一方面可以通过感性认识和历史经验来判断,另一方面也可通过对各种客观的资料和风险事故的记录来分析、归纳和整理,以及必要的专家访问,从而找出各种明显和潜在的风险及其损失规律。因为风险具有可变性,因而风险识别是一项持续性和系统性的工作,要求风险管理者密切注意原有风险的变化,并随时发现新的风险。

风险识别的方法主要有:

### 1. 生产流程分析法

指风险管理部门在生产过程中,从原料购买、投入到成品产出、销售的全过程,对每一阶段、每一环节,逐个进行调查分析,从中发现潜在风险,找出风险发生的因素,分析风险发生后可能造成的损失以及对全过程和整个企业造成的影响有多大。

流程分析法对辨识运营风险极为有效,内部流程分析能够有效辨识营业中断的风险,外部流程分析能够有效辨识"连带营业中断风险"。

连带营业中断风险包括供应商风险和客户风险。供应商风险是由于供应商不能提供企业正常生产经营所需的原辅材料或机器设备及备品备件而导致企业无法正常生产,发生营业中断风险;客户风险则是产品的主要消费市场终止购买企业的产品或不能按时支付货款而产生的风险。如:铁矿石的大幅度涨价、海运费率的大幅度上涨、铁路运力的紧张导致产品无法运出等都有可能带来连带营业中断的风险。

生产流程分析法可分为风险列举法和流程图法。

### 2. 财务报表分析法

财务表格分析法是通过对企业的资产负债表、损益表、营业报告书及其他有关资料进行分析,从而从财务的角度识别和发现企业现有的财产、责任等面临的风险。对一个经济单位而言,财务报表是一个反映企业状况的综合指标,经济实体存在的许多问题均可从财务报表中反映出来。

### 3. 现场调查法

现场调查法是由风险管理部门通过现场考察企业的设备、财产以及生产流程,发现许多潜在风险并能及时地对风险进行处理的方法。现场调查法有助于掌握第一手的风险资料。

### 4.风险树分析法

风险树分析法也叫事故树分析法,它是一种从结果到原因逻辑分析事故发生的有向过程,遵循逻辑学的演绎分析原则,即仿照树型结构,将多种风险画成树状,进行多种可能性分析。若能在此基础上对每种可能性给出概率,则为概率树法,它可以更为准确地判断每种风险发生的概率大小,进而计算出风险的总概率。

风险的识别还有其他方法,如环境分析、保险调查、事故分析等。企业在识别风险时,应该交互使用各种方法。

### (二)风险估测

风险估测是在识别风险的基础上对风险进行定量分析和描述,即在对过去损失资料分析的基础上,运用概率和数理统计的方法对风险事故的发生概率和风险事故发生后可能造成的损失的严重程度进行定量的分析和预测。风险估测的内容主要包括损失频率和损失程度两个方面。

损失频率的高低取决于风险单位数目、损失形态和风险事故;损失程度是指某一特定风险发生的严重程度。风险估测不仅使风险管理建立在科学的基础上,而且使风险分析定量化,损失分布的建立、损失概率和损失期望值的预测值为风险管理者进行风险决策、选择最佳管理技术提供了可靠的科学依据。它要求从风险发生频率、发生后所致损失的程度和自身的经济情况入手,分析自己的风险承受力,为正确选择风险的处理方法提供根据。

### (三)风险评价

风险评价是指在风险识别和风险估测的基础上,对风险发生的概率、损失程度,结合其他因素全面进行考虑,评估风险发生的可能性及其危害程度,并与公认的安全指标相比较,以衡量风险的程度,并决定是否需要采取相应的措施。处理风险,需要一定费用,费用和风险损失之间的比例关系直接影响风险管理的效益。通过对风险的性质的定性、定量分析和比较处理风险所支出的费用,来确定风险是否需要处理和处理程度,以判定为处理风险所支出的费用是否有效益。常用的风险评价方法包括:

### 1.期望值法

期望值法在项目评估中应用最为普遍,是通过计算项目净现值的期望值和净现值大于或等于零时的累计概率,来比较方案优劣、确定项目可行性和风险程度的方法。

### 2.效用函数法

所谓效用,是对总目标的效能价值或贡献大小的一种测度。效用函数反映决策者对待风险的态度。不同的决策者在不同的情况下,其效用函数是不同的。

### 3.模拟分析法

模拟分析法就是利用计算机模拟技术,对项目的不确定因素进行模拟,通过抽取服从项目不确定因素分布的随机数,计算分析项目经济效果评价指标,从而得出项目经济效果评价指标的概率分布,以提供项目不确定因素对项目经济指标影响的全面情况。

### 4.德尔菲尔法

德尔菲尔法是一种集中众人智慧进行科学预测的风险分析方法。德尔菲尔法是美国咨询机构兰德公司首先提出的,它主要是借助于有关专家的知识、经验和判断来对企业的潜在风险加以估计和分析。

### (四)选择风险管理技术

根据风险评价结果,为实现风险管理目标,选择最佳风险管理技术与实施是风险管理中最为重要的环节。一般而言,风险管理技术分为控制型和财务型两大类,前者的目的是降低损失频率和减少损失程度,重点在于改变引起风险事故和扩大损失的各种条件;后者是事先做好吸纳风险成本的财务安排。

具体风险管理技术手段,在本书第一章第四节"风险管理的方法"部分论述。

### (五)风险管理效果评价

风险管理效果评价是分析、比较已实施的风险管理方法的结果与预期目标的契合程度,以此来评判管理方案的科学性、适应性和收益性。由于风险性质的可变性,人们对风险认识的阶段性以及风险管理技术处于不断完善之中,因此,需要对风险的识别、估测、评价及管理方法进行定期检查、修正,以保证风险管理方法适应变化了的新情况。所以,我们把风险管理视为一个周而复始的管理过程。风险管理效益的大小取决于是否能以最小风险成本取得最大安全保障,同时还要考虑与整体管理目标是否一致以及具体实施的可能性、可操作性和有效性。

# 第四节　风险管理技术

## 一、风险管理的方法

风险管理方法简单分为控制性技术和财务性技术。

（一）控制型技术

控制性风险管理技术是指避免风险或减少风险发生频率及控制风险损失扩大的一种风险管理方法。主要包括：

（1）避免。避免是放弃某项活动以达到回避因从事该项活动可能导致风险损失的目的的行为。它是处理风险的一种消极方法。通常在两种情况下进行：一是某特定风险所致损失频率和损失幅度相当高时；二是处理风险的成本大于其产生的效益时。

避免风险虽简单易行，有时能够彻底根除风险，如担心锅炉爆炸，就放弃利用锅炉烧水，改用电热炉；担心飞机被劫持，改选火车等交通工具等。但避免一种风险往往意味着选择了另外一种风险，无法真正摆脱风险；而放弃一种行动，可能导致无法达成目标，放弃成功的机会，抑制了创新和商机；另外，有些风险是无法避免的。因此避免的采用常常会受到各种限制。如新技术的采用、新产品的开发都可能带有某种风险，而如果放弃这些计划，企业就无法从中获得高额利润。地震、人的生老病死、世界性经济危机等在现有的科技水平下，是任何经济单位和个人都无法回避的风险。

（2）预防。预防是指在风险发生前为了消除和减少可能引起损失的各种因素而采取的处理风险的具体措施。其目的在于通过消除或减少风险因素而达到降低损失频率的目的。兴修水利、建造防护林就是典型的例子。预防风险涉及一个现时成本与潜在损失比较的问题：若潜在损失远大于采取预防措施所支出的成本，就应采用预防风险手段。具体方法有工程物理法和人类行为法。前者如精心选择建筑材料，以防止火灾风险，其重点是预防各种物质性风险因素；后者包括对设计、施工人员及住户进行教育等，其重点是预防人为风险因素。

（3）抑制。抑制是指风险事故发生时或发生后采取的各种防止损失扩大的措施。抑制是处理风险的有效技术。例如，在建筑物上安装火灾警报器和自动喷淋系统等，可减轻火灾损失的程度，防止损失扩大，降低损失程度；发生洪水灾害时，及时开闸分洪，以防止更大规模和范围内的洪灾损失。抑制常在损失幅度高且风险又无法回避和转嫁的情况下采用。

（4）隔离。风险隔离是损失控制方法的延伸，采用分散风险的基本原理，包括分割风险单位和复制风险单位两种手段。这两种手段可以减少事故对企业的最大损失。

分割风险单位将面临损失的单一风险单位分为两个或以上独立的单位，使其不会同时受到损失。比如，可以通过防火墙或足够的防火间距，将企业财产分散在多个厂房。

复制风险单位是指企业保存备用的资产和设备,或对重要人员配备后备人员。比如灾难备份中心,即为了确保重要信息系统的数据安全和关键业务可以持续服务,提高抵御灾难的能力,减少灾难造成的损失而建设的数据备份系统;一旦正在使用的系统遭到破坏,备份系统可以立即投入使用,避免由于业务中断造成企业的重大损失。

(5)控制型风险转移。控制型风险转移是指企业或个人将可能发生损失的活动转移出去,此时风险并未实质性降低,但是风险的承担者发生改变。这时的转移对象不是保险公司。具体包括如下类型:

①出售或租贷。

通过买卖契约或者租赁协议将标的物转移给他人或其他单位。于此同时,与标的物相关的风险也转移给受让人。

如当海运提单背书转让给受让人后,与货物有关的风险(火灾、盗窃、市场价格暴跌等)一同转移了。

②分包。

转让人通过分包合同,将他认为风险较大的工程转移给非保险业的其他人,风险一同转移,转让人承担的风险将会减少。

如建筑施工队将风险大的高空作业转移给专业的高空作业队,从而将相关的作业人员人身意外风险和第三者风险都转移出去。

③免责协议。

通过免责协议,或在协议中设置免责条款,可以将风险转移给其他人。比如,外科医生给病人动手术之前,要求病人或家属答复同意:若手术不成功,医生不负责任。风险承担者(病人)免除了转移者(医生)对承担者承受损失的法律责任,通过开脱责任合同,风险被消除了。

(二)财务型技术

由于人们对风险的认识受许多因素的制约,因而对风险的预测和估计不可能达到绝对精确的地步,而各种控制处理方法,都有一定的缺陷。为此,有必要采取财务法,以便在财务上预先提留各种风险准备金,消除风险事故发生时所造成的经济困难和精神忧虑。

财务法是通过提留风险准备金,事先做好吸纳风险成本的财务安排来降低风险成本的一种风险管理方法,即对无法控制的风险事前所做的财务安排,重点关注对于损失后果的财务承担方式。它包括自留、汇集和财务型风险转移三种。

①自留。自留是经济单位或个人自己承担全部风险成本的一种风险管理方法，即对风险的自我承担。自留有主动自留和被动自留之分。采取自留方法，应考虑经济上的合算性和可行性。一般来说，在风险所致损失频率和幅度低、损失短期内可预测以及最大损失不足以影响自己的财务稳定时，宜采用自留方法。但有时会因风险单位数量的限制而无法实现其处理风险的功效，一旦发生损失，可能导致财务调度上的困难而失去其作用。

②汇集。汇集是集合性质相同的多数单位来直接负担所遭受的损失。就纯粹风险而言，大量同质风险的汇集使得大数法则生效，损失后果呈现出稳定的规律性，实际损失的变异局限于预期的一定幅度内。就投机风险而言，如通过购并、联营等手段，以此增加单位数目，提高风险的可测性，达到把握风险、分担风险、降低风险成本的目的。该方法适用于大数法则，但只适用于特殊的行业、地区或时期。保险公司就是通过有效的风险汇集，以稳定自身的经营水平。

③财务型风险转移。财务型风险转移是一些单位或个人为避免承担风险损失而有意识地将风险损失或与风险损失有关的财务后果转嫁给另一单位或个人承担的一种风险管理方式。

财务型风险转移手段中，最为典型的手段就是保险。企业或个人通过购买保险，当保险事故发生时，由保险公司承担损失后果。

除保险手段外，财务型风险转移手段还有很多，如风险对冲、设立股份有限公司等。

风险对冲是风险管理人采取措施将损失机会与获利机会进行平分。如企业为应付价格变动的风险，可以在签订买卖合同的同时进行现货和期货买卖。风险对冲一般只限于对投机风险的处理。

通过设立股份有限公司，企业投资者将资金风险转移给公司，且其最大可能损失就是投资金额。公司也可以通过发行股票的方式将财务风险转移给公司的股东。

## 二、保险是特殊的风险管理形式

### (一)保险是财务型风险转移手段

保险是风险转移的重要工具，也是风险管理研究中非常重要的课题。保险手段的风险管理特征首先体现在风险在被保险人和保险人之间的转移上，进而体现保险公司汇集大量同质风险，从而实现风险成本在众多被保险人之间的分摊上。建立在风险转移和分散基础之上的保险具有鲜明的特征，保险的典型特征包括互助性、经济性、商品性、科学性、法律性。

（1）互助性：通过保险人用多数投保人缴纳的保险费建立的保险基金对少数受到损失的被保险人提供补偿或给付得以体现。最早的保险形式应该是互助会的形式，互助会的会员定期缴纳一定的会费，当其中某位会员遇到困难需要帮助的时候，互助会就会从会费中拿出一笔钱来帮助他，这笔钱比这个人所缴的会费要多很多，即有"一人为众，众为一人"的互助特性。

（2）经济性：保险是通过保险补偿或给付而实现的一种经济保障活动。其保障对象（人身、财产等）、保障手段（货币支付）及保障目的都是与社会经济发展相关的。

（3）商品性：保险是保险人和投保人之间的服务与被服务的交换关系；体现了一种等价交换的经济关系，也就是商品经济关系。

（4）科学性：保险是一种科学处理风险的有效措施，保险经营、保费制定、保险准备金提存均以科学数理计算为依据。

（5）法律性：保险是一种合同行为，受法律规范和保护。通过签订保险合同，明确双方当事人的权利与义务，被保险人以缴纳保费获取保险合同规定范围内的赔偿，保险人则有收受保费的权利和提供赔偿的义务。

## （二）保险的职能

保险的职能是保险的内在固有的功能，决定于保险的性质，是保险性质的客观要求。深刻地认识保险的职能，对于调整保险内外部分配关系，充分发挥保险的作用，都有非常现实的意义。

在理论界，关于保险职能有很多争论，"单一职能说"认为经济补偿是保险的唯一职能，二元职能说认为保险由补偿和给付双重职能，此外还有"基本职能说""多元职能说"等。

我国保险界一般认为保险主要有经济补偿、资金融通和社会管理三大功能，其中最基本的功能是经济补偿功能，这也是保险最鲜明的特征。然后才有在经济补偿功能的基础上发展起来的资金融通功能，社会管理功能是保险业发展到一定程度并深入到社会生活诸多层面之后产生的一项重要功能，只有当前面两种功能实现以后它才得以发挥作用，当然这三大功能是一个有机联系的统一整体。

### 1.经济补偿

经济补偿是保险最基本的职能。保险自其产生之日，即担负起对遭受经济损失的被保险人进行经济补偿的职能。保险公司集中保险费形成保险基金的目的就是根据保险合同的约定补偿被保险人的损失。在财产保险和人身保险中经济补偿职能的体现略有差异。

(1)财产补偿。财产保险是在特定灾害事故发生后,在保险合同的有效期和约定的责任范围以及保险金额内,按其实际损失金额给予补偿,进而使得已经存在的财富损失在价值上得到补偿,使得社会再生产得以继续进行。保险金的支付取决于损失标的无实际价值、损失程度、被保险人拥有的保险利益等因素。

(2)人身给付。由于人的身体和生命是无法用货币来简单衡量价值的,所以人身保险的保险数额是在法律允许的情况下,由投保人根据被保险人对人身保险的需要程度和投保人的缴费能力,与被保险人双方协商后确定的;兼之很多人身保险产品具有较强的储蓄性质,所有人身保险金的更主要的是体现出"给付性"。

经济补偿职能对于遭受保险事故的企业个人迅速恢复生产生活,避免陷入困境,保证整个社会体系在灾害面前顺利运转具有非常重要的作用,更多体现出"雪中送炭"的本质,同时对于保险社会管理职能、防灾减损作用的充分发挥有基础性的作用。

**2. 资金融通**

作为金融体系的一部分,保险具有显著的资金融通职能。保险的本质是集中多数人的资金用于少数人的补偿,客观上有募集大量资金的可能性;保险在操作上"先收费,后补偿",保费的收取和赔款支付之间存在一定的时间差,从而使资金具有一定的沉淀期,具有投资运用的可能性;保险公司为了保证运营的安全和偿付能力的充足,也有需要将资金进行投资运营,以谋求保险基金的增值;而保险基金具有来源稳定、期限长、规模大的优势,日益成为金融市场不可或缺的重要资金来源。保险资金融通要坚持合法性、安全性、流动性、效益性等原则。

随着保险行业规模的不断扩大,保险基金的规模也在不断扩大,我国政府对保险资金运用的范围也在不断放宽,保险公司的资金融通功能也将体现得更为充分。

**3. 社会管理**

由于现代保险的社会性,决定了其能够在社会管理过程中发挥出积极的作用。保险的社会管理职能,体现在通过保险的运营和保险作用的正常发挥,引导、促进、协调社会生产生活各环节的正常运转,降低社会成本,提升社会福利。在保险运营社会管理是指对整个社会及其各个环节进行调节和控制的过程。目的在于正常发挥各系统、各部门、各环节的功能,从而实现社会关系和谐、整个社会良性运行和有效管理。

(1)完善社会保障体系,稳定经济生活。作为社会保障体系的有效组成部分,保险在完善社会保障体系方面发挥着重要作用,一方面,保险为社会上多种不同的人群提供保险保障,使得那些没有社会保险的人群也可以享受到保险的保障好处,扩大社会保障的覆盖面;另一方面,保险通过提供多种保险产品以满足不同客户的需要,丰富了保险体系的内涵。

(2)协调社会利益关系,促进经济发展。在面对灾害造成的各种损失时,保险可以根据合同的约定对损失进行合理补充,还能提高事故处理效率,减少当事人可能出现的事故纠纷。在社会关系的管理中,由于保险介入灾害处理的全过程,参与改变了社会主体的行为模式,为维护良好的社会关系创造了有利条件。

(3)加大社会信息共享程度,促进信用体系的完善。保险的基本原则之一就是最大诚信原则;从本质上讲,保险产品是一种以信用为基础的承诺,因而对保险双方当事人而言,信用至关重要。保险合同履行的过程实际上就为社会信用体系的建立和管理提供了大量重要的信息来源,实现社会信息资源的共享。

(4)保险管理的专业知识、大量的风险损失资料,为社会风险管理提供了有力的数据支持。同时,保险公司大力宣传培养投保人的风险防范意识;帮助投保人识别和控制风险,指导其加强风险管理;进行安全检查,督促投保人及时采取措施消除隐患;提取防灾资金,资助防灾设施的添置和灾害防治的研究。

# 第五节　当代风险管理与保险的发展和创新

## 一、风险演变规律及特征

(1)风险与社会经济因素协同变化,风险之间关联程度增加,具有可风险之间关联程度增加;

(2)新的风险种类不断增加,风险成因日趋复杂;

(3)风险的影响范围日益扩大,风险的跨区域性与"全球化";

(4)风险导致的损失程度越来越高。

## 二、风险管理技术的发展

(1)非传统风险转移工具。非传统风险转移工具(Alternative Risk Transfer, ART)的共同特征:针对特定客户的具体需求设计,其目的是为提高风险转移效率,最大化股东价值;主要思路是通过提供多年期、覆盖多种风险的保障,扩大承保风险的范围,或者通过资本市场增加承保能力。ART之所以与传统保险有区别,在很大程度上是因为 ART 虽然也是一种在特定事件发生时(如灾害损失)提供经济补偿的方式,但事件可以是自然灾害、财务变动、汇率利率变动、经营变动、环境变化等一系列影响资产负债表的风险,其涉及的风险范围和提供保障的广度、深度都比传统保险大很多。

①有限风险型产品(Finite Risk,FR)。其重点是风险融资,主要针对再保险业务,为保险公司的融资再保险服务。

② 综合性多年度/多险种保险产品(Integrated Multi-Line /multi-year Products,MMP)。它出现于 20 世纪 70 年代,是将多种风险结合在一起、在多年内进行分散的产品。

③多触发原因产品(Multi-triggers Multiproducts,MTP)。对至少两种以上触发原因所致保险损失进行赔偿。

④应急资本(Contingent Capital)。在保险损失发生后依照事先约定为被保险人筹措资金或出售期权。

⑤保险证券化(Securitization of Insurance Risk)。这是继 20 世纪 80 年代银行证券化后,90 年代创新出来的保险风险证券化产品。

⑥保险衍生产品。即利用金融市场工具来控制保险风险。

(2)金融风险管理新工具。金融风险管理是指对金融投机风险的识别、分析和处理。目前金融风险管理的范畴主要是商品价格风险管理、利率风险管理和汇率风险管理。

(3)全面风险管理技术。全面风险管理(Intergrated Risk Management)是运用整合的方法,评估和治理那些可能影响机构财务目标及战略目标的所有风险。其原理是通过将所有风险整合在一起,使各种风险相互抵消,从而达到分散风险的目的。

### 三、保险创新

所谓创新,就是在有意义的时空范围内,以非传统、非常规的方式先行性地、有成效地解决社会、技术和经济问题的过程。企业创新的实质是为客户创造新的价值,同时也为企业创造更多的价值。包括理论创新、产品创新、技术(工艺)创新、市场创新、组织创新和管理创新等。随着风险的演变,保险技术也不断地发展变化,保险创新成为保险业发展的一个重要推动力。保险业的发展历程是保险创新能力不断提高的过程。

**（一）保险理论创新**

（1）保险功能理论的创新。对保险功能的认识是随着保险业的发展而逐渐深入的。最初的理论认为保险只具有经济补偿或者给付的功能。随着市场经济的发展，保险市场作为金融市场的重要构成部分，发挥着越来越重要的作用，现代保险具备了经济补偿、资金融通和社会管理三项功能。

（2）保险投资理论创新。体现在以下两个方面：第一，资产负债匹配理论；第二，风险一体化管理理论。

（3）保险与金融的一体化理论。推动金融一体化的因素：一是金融产品的创新，二是竞争的加剧，三是金融监管自由化。

**（二）保险组织创新**

保险组织创新，通常是指设计和应用新的更有效率的机制。典型的形式包括：

（1）自保公司（Captive Insurance Company）。是指产权为母公司所有、受母公司影响和支配，并以母公司（或集团公司、关联公司）为经营服务对象或者被保险人的专业性保险公司。

（2）保险交易所与灾害期货、期权市场。

**（三）保险产品创新**

产品是企业满足社会需要，参与市场竞争载体，直接体现企业的价值。保险产品创新，就是根据现实的需求，不断研究开发和设计推出新险种以便能更好地满足不同顾客多层次的保险需要。我国保险产品创新的特征：一是保险产品的功能以风险保障为主，更加突出了保险产品与其他金融产品的区别和优势所在，并在此基础上强化了储蓄、投资功能。二是保险产品的开发注重细分市场，有针对性地开发保障类保险产品，满足各个消费群体多层次、多样化的保障需求。三是保险产品的创新速度更快，更能契合市场需求，适应社会风险的变化。

**（四）保险营销创新**

如个人代理制、银行保险、网络直销、理财顾问式保险营销。理财顾问式保险营销的本质就是将保险务以产品为导向的销售模式，转变为以客户需求为中心的服务模式，并通过综合化、个性化和全程化的理财服务实现客户、保险从业人员和保险公司的共赢。

**（五）保险监管创新**

伴随着保险市场的自由化，保险监管的理念、方式和手段也在不断丰富、发展和完善，监管体系也由传统的市场行为监管发展到以市场行为、偿付能力以及治理结构三位一体的现代监管体系。

### （六）保险技术创新

经营技术泛指在保险经营活动中应用的各种技能、知识和方法，主要包括自然科学技术和社会科学技术两类。自然科学技术是指保险经营活动中各种风险识别、预防、救灾技术以及查勘定损所需要的物理、化学、生物、医学以及数学等科学知识、技术和运算方法等。社会科学技术主要是指保险经营过程中的经营管理知识和方法。

## 小结

广义的风险是指某种事件发生的不确定性；而狭义的风险是指损失发生的不确定性。风险具有普遍性、客观性、损失性、不确定性和可变性等特征。其中风险的不确定性表现为是否发生不确定，风险事件发生的时间、地点不确定，所造成的损失后果不确定。

风险的要素由风险因素、风险事故和损失构成，这些要素的共同作用，决定了风险的存在、发生和发展。

风险因素是风险事故发生的潜在原因，是造成损失的内在或间接原因。风险事故则是造成损失的直接的或外在的原因。损失是指非故意的、非计划的和非预期的经济价值的减少。损失可以是直接损失和间接损失。

几种常见的风险分类方式有：按照风险的性质可分为纯粹风险、收益风险、投机风险；按照风险发生的原因可分为自然风险、社会风险、政治风险等；按照风险致损的对象可分为人身风险、财产风险、责任风险与信用风险。

可保风险是指保险人可以接受承保的风险。可保风险须具有下列条件：①不是投机性风险；②可以用货币计量的风险；③具有偶然性和不可预知性；④存在有大量的相同属性的标的；⑤有发生重大损失的可能性。

风险管理是指单位或个人通过风险识别、风险估测、风险评价，并在此基础上优化组合各种风险管理技术，对风险实施有效的控制，以最小成本获得最大安全保障的一种管理活动。

风险管理的基本流程包括风险识别、风险估测、风险评价、选择风险管理技术和评估风险管理效果五个环节。风险识别是风险管理的第一步，也是风险管理的基础。

风险管理方法有控制性技术和财务性技术。控制性风险管理技术是指避免风险或减少风险发生频率及控制风险损失扩大的一种风险管理方法。财务性技术是通过提留风险准备金，事先做好吸纳风险成本的财务安排以降低风险成本的风险管理方法,它包括自留、汇集和财务型风险转移三种。保险是特殊的风险管理形式,是财务型风险转移手段。

　　自保公司是指产权为母公司所有、受母公司影响和支配,并以母公司(或集团公司、关联公司)为经营服务对象或者被保险人的专业性保险公司。它是保险组织的一种创新。

### 参考文献:

1.道弗曼.风险管理与保险原理[M].齐瑞宗,等译.北京:清华大学出版社,2009.

2.王海艳:保险学[M].北京:机械工业出版社,2010.

# 第二章　保险原理

## 引言

保险是市场经济条件下风险管理的基本手段,是金融体系和社会保障体系的重要组成部分。当代经济和社会发展的规律表明,保险业在保障经济、稳定社会、造福人民等方面发挥着重要作用。2006年6月15日,国务院发布了《国务院关于保险业改革发展的若干意见》,高度肯定了党的十六大以来我国保险业取得的举世瞩目的成就,还明确提出:"普及保险知识,提高全民风险和保险意识;努力做到学保险、懂保险、用保险;提高运用保险机制促进社会主义和谐社会建设的能力和水平,通过全社会的共同努力,实现保险业又快又好发展,促进社会主义和谐社会建设。"[①]本章主要介绍了保险的概念、特征、分类、职能,以及保险的产生与发展等基本内容,力求通过本章的阐述为之后的学习打下良好的基础。

本章共分四节:第一节保险的产生与发展;第二节保险及其特征;第三节保险的职能和作用;第四节保险的分类。

## 关键词

保险　特征　职能　作用　种类

## 第一节　保险的产生与发展

人类的发展史本身就是一部人类在改造自然、征服自然进程中与各种风险斗争的历史,这种斗争自古至今一刻也没有停止过。随着人类社会发展的进程,人类面临的风险不断发展着、变化着,人们认识风险、防范风险的意识不断提高,对付风

---

① 《国务院关于保险业改革发展的若干意见》,2006年6月15日。

险的工具也随之日益增多。

## 一、保险的历史沿革

### (一)早期的保险思想与保险实践

英国学者特伦纳瑞(C. F. Trenery)在其《保险的起源及早期历史》一书中论证说:保险思想发源于古代巴比伦(今伊拉克幼发拉底河流域),以后传至腓尼基(今黎巴嫩境内),再传入古希腊。[①]

据史料记载,约在公元前3000年前,处于底格里斯河和幼发拉底河流域的古巴比伦的法典中就有冒险借贷的规定,即商人可雇用一个销货员去外国港口销售货物。销货员若顺利归来,商人收取其所获利润的一半;若销货员不回来,或回来时既无货又无利润,商人就要接收销货员的财产,甚至可把销货员的妻子、孩子接收过来作为债务奴隶。但如果货物系被强盗劫去,可免除销货员的债务。

公元前19世纪,巴比伦国王曾命令僧侣、官员及村长征收一种专门税,用以作为救济火灾的基金。到了公元前18世纪,巴比伦第六代国王汉谟拉比时代,还实行过一种制度,对运输农牧产品时的马匹死亡给予经济补偿。即如果马匹货物等在运输途中被劫或发生其他损失时,若确保没有恶意行为或者过失行为,则可以免除受损者的债务,由该商队全体成员共同分摊予以偿付。

在古代罗马,曾经出现过丧葬互助会这样的互助形式组织。凡是参加互助会的会员要交付会费,当会员死亡时,由互助会支付焚尸柴火和建造坟墓的丧葬费用。后来这种善后处理的内容进一步扩展到对死亡会员的遗属给付救济金。在古罗马军队里也出现过类似这种丧葬互助会的士兵组织,用收集会费的方式集资。当士兵调职时,该组织给付旅费;当终止服役时,退还本金;士兵阵亡后,对其亲属进行抚恤。

在古希腊,曾盛行过一种工匠会,即组织有相同政治、哲学观点或宗教信仰的人或同一行业的工匠入会,每月交付一定的会费。当入会者遭遇意外事故或自然灾害造成经济损失时,由该团体给予救济。

在我国数千年的奴隶社会和封建社会的历史中,贯穿着积粮备荒的传统保险后备的思想。为了防备自然灾害的发生,从西周起,国家就建立了实物形式的财政后备。到了战国时期,随着社会经济得到发展,在国家财政后备的基础上,产生了我国最古老的社会保险制度——"委积"制度。汉文帝时首次建立比较成型的积

---

① 庹国柱:《保险学》,首都经济贸易大学出版社2007年8月第四版,第39页。

谷防饥措施——"常平仓"制度,隋文帝建立的"义仓"制度和"官仓"制度则一直延续下来。

在互助共济原则下,这种原始形态的风险分散方法和互助组织形式逐渐发展成为现代保险业发展的萌芽。

**(二)商业保险的产生与发展**

随着商品经济的发展,人们应付风险的组织形式逐渐由互助形式转变为经营形式,原有的互助共济行为也逐步转化为一种商业行为。

**1. 海上保险**

目前普遍认为最早发展起来的商业保险是海上保险。海上保险源于航海中的共同海损分摊制度和海上借贷。共同海损产生于公元前2000年。当时海上航行的风险很大,船舶在海上若遇危险,经常采取的措施就是把一部分货物抛入海中,以减轻船舶负担。为了避免抛货时的争议,逐渐形成一种习惯做法,就是在紧急情况下,由船长做出抛弃货物的决定,因抛弃货物所引起的损失由获益的船主和货主各方分摊。这种做法一直沿袭下来,被称为共同海损分摊制度。

抵押借贷制度是一种贷款与损失保证相结合的借贷。随着海上贸易的发展,公元前7~8世纪,古代希腊、雅典等地出现了船舶抵押借款和货物抵押借款制度。当时,船舶在海上航行,为了修理船舶和补充给养,船主往往以船货做抵押向当地商人借款。船舶抵达目的地后,船主负责归还本利。若借款以后,船舶和货物在航行中因海难损失,可按照损失的程度,免除部分或全部债务。这种互为条件的借贷,由于债权人要承担较大风险,因而其利率相当高,债务人支出多于一般利息的部分,事实上就是现代保险中的保险费支出。后来,人们把这种抵押借贷,作为一种虚拟的借款契约,从而逐步完成了它从保险萌芽向现代海上保险发展和转化的过程。

如今在意大利热那亚博物馆,有一份由热那亚商人乔治·勒克维纶在1347年10月23日出立的书面合同,承保"圣·克勒拉"号航船从热那亚到马乔卡的航程。船东事先将一笔钱存放在乔治·勒克维纶那里,如果航程一切顺利,船舶安全抵达,船东就不要这笔钱了;如果船舶出事,发生了损失,则由乔治负责赔偿船东的损失。这份合同被认为是世界上最早的保险单。

17世纪中期的资产阶级革命和18世纪后期的产业革命,使英国逐步发展成为垄断贸易和航运业的殖民帝国。随着欧洲经济贸易重心向大西洋沿岸的转移,英国伦敦逐渐成为世界航运业及国际贸易的中心。这里先后形成两大保险中心:一个是伦巴第商人聚居的"伦巴第街"所形成的保险活动中心;另一个是英国保险业者自己发展而形成的,即劳埃德咖啡馆。1688 年,爱德华·劳埃德(Edward Lloyd)在伦敦泰晤士河畔开设了一家咖啡馆。船主、船员、商人、银行老板、高利贷者等常在咖啡馆交换航运消息,交谈商业新闻,洽商海上保险业务。老板爱德华·劳埃德抓住这个机会,努力为买卖保险的双方提供便利,进而将咖啡馆变成了保险市场。1691 年,劳埃德咖啡馆由伦敦塔街迁往金融中心伦巴第街经营保险业务,并于1696 年办了报道海事航运消息的小报《劳埃德新闻》。这里便逐渐发展成为一大保险中心,这就是当代世界保险市场最大的垄断组织之一的"劳合社"。

2. 火灾保险

火灾保险的历史可以追溯到中世纪,那时候欧洲的手工业者所组织的行会,就对会员在遭受火灾损失后给予一定的经济补偿。但真正现代意义上的火灾保险制度,起源于德国和英国。

1591 年,德国酿造业发生一起大火。灾后,为了筹集重建酿造厂所需资金和保证不动产的信用而成立了"火灾保险合作社"。1676 年,为了充实火灾保险的资金力量,由 46 家火灾保险合作社联合成立了公营的"火灾保险局"。至此火灾保险便在德国得到确立和发展。

英国是私营火灾保险出现最早的国家。1666 年 9 月 2 日,伦敦发生了一场大火,连续烧了 4 天 4 夜。大火烧毁了全市 80% 以上的房屋,财产损失高达 1200 多万英镑,造成 20 多万人无家可归。1667 年,便有一位名叫尼古拉·巴蓬的医生开办了房屋火灾保险。参保人员大部分是伦敦大火之后重建家园的居民,保险费则是根据房屋的租金和建筑结构的不同来计算的。这种按建筑结构分别厘定保险费率的方法是现代火灾保险差别费率的起源。

3. 人身保险

在海上保险发展的同时,人身保险应运而生。15 世纪,欧洲殖民主义者大规模贩卖非洲黑奴。在海上运输过程中,为了防止奴隶中途死亡而蒙受损失,奴隶贩子将奴隶作为货物投保海上保险。以后又逐渐发展到为航海旅客投保被海盗绑架而须支付的赎金和为船长、船员投保人身安全保险,这便是最初的人身意外保险。

17 世纪,意大利银行家洛伦佐·佟蒂(L. Tontine)在 1656 年提出了一套联合养老的办法,把人按年龄分成若干组,每个组的成员,每人要缴纳一定数额的法郎,一定年限后开始支付利息,每年支付 10%,年龄高者多付息,当该组成员全部死亡就停止给付。该办法后来被人称作"佟蒂法",成为年金保险的雏形。30 多年后的1689 年,法国国王路易十四为解决财政困难,采用了"佟蒂法"。国家通过该法当时筹集了 140 万法郎的资金。

1693 年,英国数学家和天文学家埃德蒙·哈雷(A. Hally)以布勒斯劳(Breslau)市市民死亡统计资料为基础,编制了世界上第一张死亡表,精确表示了每个年龄的死亡率,提供了寿险保费计算的依据。18 世纪中叶,英国人辛普森和多德森两人发起组织了"伦敦公平保险公司",首次将死亡表运用到计算人寿保险的费率上,按投保人的年龄,根据死亡表核算保险费,并对异常风险另外加收保费。这使得人寿保险在更科学的基础上迅速发展。

4. 责任保险

责任保险最早出现在英国。1855 年,英国就开办了铁路承运人责任保险,以后又陆续出现了雇主责任保险、会计师责任保险和医生职业责任保险等。责任保险 20 世纪初才有了迅速发展。责任保险的发展初期,曾遭到许多非议。有人认为,这种保险不符合社会公共道德标准,甚至有人把责任保险说成是鼓励人们犯罪。但这并没有阻挡责任保险的发展,20 世纪以来,大部分西方发达国家对各种公共责任实行了强制保险。有些国家,对企业生产的各种产品实行严格的责任管理制度,企业的产品无论是否有缺陷,只要造成他人人身伤亡或财产损失,都要承担赔偿责任,这又进一步促进了责任保险的发展。

5. 保证保险

保证保险实际上是一种担保业务。它是随着资本主义金融业的发展和各种道德风险发生频繁而产生和发展起来的。1702 年,英国创办了一家专门经营保证保险的保险公司——主人损失保险公司,开展了诚实保证保险业务,主要承担被保险人因雇员的不法行为,如盗窃、挪用公款等造成的经济损失。1840 年和 1842 年,英国又相继成立了保证社和保证公司,开办保证保险业务。美国在 1876 年也开展了保证保险业务。随着经济和贸易的发展,保证保险业务由忠诚保证保险扩展到合同保证保险、供给保证保险、出口信用保证保险等。

## 二、我国保险业的发展历程

### (一)外商保险业的侵入

尽管我国有久远的传统保险思想,但由于几千年的封建社会闭关锁国、经济落后,现代保险业迟迟没能诞生,对我国而言,现代保险是"舶来品"。19 世纪西方列强侵略中国时,外商保险公司是作为保障资本输出和经济侵略的工具进入中国的。1805 年,英国驻印度加尔各答和孟买的洋行与其在广州的洋行在广州创办了"广州保险会社",这是中国土地上的第一家保险公司。1835 年,英国怡和洋行收买了该会社,更名为"广州保险公司"。同年,英国人在香港开设了"保安保险公司"(即裕仁保险公司），该公司先后在上海、广州设立了分支机构。第一次鸦片战争后，清政府卖国求荣，割让香港，开放广州、福州、厦门、宁波、上海诸口岸。英国保险商趁机在中国拓展保险业务。1846 年，又开设了永福、大东亚人寿保险公司。第二次鸦片战争后，英国又陆续开设了一系列保险公司，从而形成了英商资本在远东的垄断集团。

**（二）民族保险业的开创与发展**

我国第一家华商保险公司是 1875 年成立的。1875 年 12 月，在李鸿章的倡议下，由官督商办的招商轮船局集股资 20 万两白银在上海创办了保险招商局。1876 年和 1878 年招商局又先后设立"仁和保险公司"和"济和保险公司"，后来两公司合并为"仁济和保险公司"。该公司专门承保船舶、货栈以及货物运输的保险业务。

20 世纪初，尤其是第一次世界大战期间，我国民族工业迅速发展，民族资本的保险业随之兴起。20 年代由"交通""金城""国华""大陆"等六家银行共同投资开办了太平保险公司，主营水险业务，兼营寿险业务。到了 30 年代，华商保险公司便发展到了 40 家（1937 年）。这一时期国民党政府的官僚资本也开始渗入保险业。1935 年 10 月，由中央银行拨资 500 万元成立了中央信托局保险部。上海解放前夕，中外保险公司共 400 家左右，其中华商保险公司有 126 家。

**（三）新中国现代保险业的发展**

1949 年上海解放后，首先接管了官僚资本的保险公司，并批准了一部分私营保险公司复业。当时登记复业的有 104 家，其中华商保险公司 43 家，外商保险公司 41 家。1949 年 10 月 20 日，经中央人民政府批准，中国人民保险公司成立，它标志着新中国以国营保险业为主导的保险市场的建立，揭开了中国保险业新的一页。从 1949 年到 1958 年的 10 年中，保险公司陆续开办了火灾保险，企业和国家机关财产保险，货物运输和运输工具保险，铁路、轮船、飞机和飞机旅客意外伤害保险，农业保险等业务，共收保险费 16 亿元，支付赔款 3.8 亿元，拨付防灾费用 2300 多万元，上缴国库 5 亿元，保险公司积累公积金 4 亿元。在发挥经济补偿职能、安定人民生活、积累建设资金、防灾防损、促进国际贸易等方面发挥了巨大的作用。

但是，由于错误的经济理论和保险理论，新中国保险业的发展历程坎坷曲折，终于在 1959 年全部停办了国内保险业务。1964 年部分地区曾一度恢复国内保险业务，但在 1966 年开始的"十年动乱"中，这一丝曙光再次熄灭，保险公司被视作"封资修""剥削公司"，最终被彻底"砸烂"。

保险业获得新生是 1979 年。1979 年 4 月，国务院同意逐步恢复保险业务。1980 年 2 月，中国人民保险公司全面恢复了停办 20 余年（1959—1980 年）的国内保险业务。此后,中国保险便逐渐步入了一个飞速发展的黄金时期,其间经历了多次重大改革,把中国保险业推上了一个又一个新台阶。

——1984 年,中国大陆地区唯一一家保险公司中国人民保险公司从中国人民银行分设出来,以独立法人的资格开展业务。

——1986 年,中国第一家区域性保险公司新疆生产建设兵团农牧业保险公司(后改为新疆生产建设兵团保险公司)获准成立;1988 年 3 月,股份制的平安保险公司在深圳成立;1991 年 4 月,交通银行全额投资组建的第一家全国性股份制综合保险公司太平洋保险公司在上海成立。这三家公司的成立打破了保险市场的垄断格局,标志着市场竞争机制开始进入了保险市场。20 世纪 90 年代中期,先后成立了新华、泰康和华泰等全国性股份保险公司以及天安、大众、永安、华安等区域性股份保险公司。1996 年中国人民保险(集团)公司及其财产保险公司和人寿保险公司分设。平安、太平洋等中资公司也逐步实行产、寿险分开经营。2002 年 10 月 18 日,新疆兵团保险公司正式更名为"中华联合财产保险公司",由一个地区性保险公司变身为全国性保险公司。截至 2002 年年底,中国保险市场共有 5 家国有独资公司,11 家国内资本股份有限公司。中国保险市场进入市场主体迅速膨胀时期,承保能力不断增强。

——1992 年,中国人民银行制定并颁布了《上海外资保险机构暂行管理办法》之后,美国友邦保险公司、日本东京海上火灾保险公司作为首批外资保险公司进入中国大陆,标志着我国保险市场对外开放,国际保险业先进的经营理念和管理技术被引入了中国市场,推进了中国保险市场国际化的进程。在入世前,在中国保险市场营业的有 8 家境外保险公司的 13 家子公司和 7 家中外合资保险公司。

2001 年 12 月,中国正式加入世贸组织,外资进入中国保险市场的步伐明显加快。2002 年,中国保监会先后批准了德国慕尼黑再保险公司、瑞士再保险公司、美国信诺保险公司、英国标准人寿保险公司、美国利宝互助保险公司和日本财产保险公司等进入中国市场筹建营业性机构。此外,美国 ACE 集团参股华泰,拥有22.13% 的股权;荷兰国际集团与北京首创集团宣布在大连成立首创安泰人寿公司;汇丰集团参股平安保险;美国友邦保险在北京设立分公司,等等。自加入世贸以来,我国已先后批准 6 家外国保险公司进入市场筹建保险营业机构;批准 15 家外资保险营业机构开业;共有来自 12 个国家和地区的 34 个保险公司在我国设有54 个营业性机构。在地域上,保险业对外开放城市已从上海、广州扩大到了深圳、大连和佛山。事实上,保险业的开放超越了入世承诺。到目前为止,北京、天津、上海、广州、深圳、佛山等地都已有了合资保险公司或国外、境外保险公司分公司。至此,累计有 19 个国家和地区的 112 家外资保险公司在内地的 14 个城市设立了 199 个代表处,等待进入中国保险市场。中国保险业全面对外开放的格局基本形成。

——1995 年 10 月 1 日,《中华人民共和国保险法》开始实施,确立了保险市场化机制运作的宏观规范与微观管理原则。1999 年保监会公布了《保险公司管理规定》,2001 年 11 月公布并于 2002 年 1 月 1 日实行《保险代理机构管理规定》《保险经纪公司管理规定》《保险公估机构管理规定》。2002 年 2 月 1 日开始实行《外资保险公司管理条例》。一系列的法律法规形成了以《保险法》为核心的保险法律体系。

2002 年 10 月 28 日,九届全国人大常委会第三十次会议表决通过了《全国人民代表大会常务委员会关于修改〈中华人民共和国保险法〉的决定》,该决定于 2003 年 1 月 1 日起开始施行。此次《保险法》修改,是我国保险法制建设向前迈进的重要一步。

### 三、保险产生和发展的条件

保险是商品经济发展到一定程度的产物,从保险的发展历程中不难发现,保险的产生与发展离不开两大条件:自然基础和经济基础。

#### (一)自然灾害和意外事故的客观存在是保险产生的自然基础

人类为了生存和发展,就要从事物质资料的生产。而物质资料的生产总是在认识自然、改造自然、同自然作斗争,使自然适应人的需要的过程中实现的,人类一方面利用自然,创造社会财富,另外又受到自然灾害的威胁。自然界有其运动规律,人们对自然规律的认识总是相对的、有限的,自然灾害和意外事故的发生造成的损失总是不可避免的。有时一些灾害事故的破坏力是极大的,甚至可以使社会上多年生产和积累的物质财富毁于一旦,人员也会发生重大伤亡,从而造成经济活动的中断,同时,还会引起一系列的间接损失。这就是人们所关注的风险。风险可能造成物质资料生产的中断和人身伤亡事故的发生,这不仅损害社会生产力的发展,也影响到人们生活的安定。

为了避免风险给人类生产和生活所带来的不利影响,人们从长期实践中总结出多种有效管理风险的手段和措施,例如前面所提到的避免、保留、预防、集合或转移等。从另一个角度来说这些手段和措施不外乎事前预防、事中抢救和事后补偿。如前所述,虽然预防措施可以减少风险发生,然而,风险的发生在时间上和空间上都具有不确定性,加上科学技术水平及经济能力的限制,人们还不可能通过预防措施防止一切风险的发生;抢救措施也只能起到制止灾害事故的蔓延和损失扩大的作用,于是对风险造成的损失就需要进行补偿。这就需要事先建立用于补偿灾害事故损失的社会后备基金。这种社会后备基金中最重要的部分就是保险形式的后备基金。

因此,可以说"无风险,无保险"。没有风险的存在,没有损失的发生,没有经济损失补偿的需要,也就没有以风险为经营的对象、以承担经济损失补偿为责任的保险业的产生了。

**(二)剩余产品的出现和增多是保险产生的经济前提**

风险存在于人类社会历史的任何阶段,但作为一种经济范畴和历史范畴,保险的产生还必须有其经济上的前提条件,具有将人们对保险的潜在需求变为有效需求的可能性。

在原始社会,生产力水平低下,人们生产出来的产品只能勉强维持最低的生活消费。没有剩余产品,就无法建立补偿损失的保险基金,因而也就没有可能产生保险。在奴隶社会,社会生产力虽有进步,但基本上仍是一种简单再生产,剩余产品不多。奴隶主不仅占有一切生产资料,而且占有奴隶本身,也根本无法组织保险。

到了封建社会,由于劳动工具的改进,社会生产力有了很大提高。剩余产品有所增加,并逐步出现了为交换而生产的商品,以及交换媒介——货币。这时,开始有了国家的、个别经济单位的或个人的为防止意外而储备的资金和物资。随着第二次社会大分工的发展,手工业、商业和运输业逐步兴盛起来,进而出现了一些有共同利益的经济单位和个人,他们共同提存资金后备,从而产生了保险的萌芽。

正如马克思所指出的:"对于由于异常的自然现象,火灾、水灾等引起的破坏所做的保险,和损耗的补偿及维修劳动完全不同。保险必须由剩余价值来补偿,是剩余价值的一种扣除。或者说,从整个社会的观点来看,必须不断地有超额生产,也就是说,生产必须大于单纯补偿和再生产现有财富所必要的规模进行,——完全撇开人口的增长不说,——以便掌握一批生产资料,来消除偶然事件和自然力所造成的异乎寻常的破坏。"①

**(三)商业保险是商品经济发展到一定阶段的产物**

资本主义社会是商品生产和商品交换空前繁荣的社会。随着资本主义社会生产力的迅速发展,商品生产和交换的规模日益扩大,社会的专业分工越来越细,生产的社会化程度越来越高,物质财富越来越相对集中。与此同时,各种风险也越来越集中,其影响更为广泛和深刻。任何生产和流通环节上发生较大灾害事故都会

---

① 《马克思恩格斯全集》第24卷,人民出版社1972年版,第198页。

对生产力造成巨大的破坏,在社会上产生剧烈震荡,带来一系列经济和社会问题。

面对相对集中的风险,由一个或几个经济单位共同提存的后备基金就不敷使用,难以充分补偿风险造成的损失。这样就逐步出现了专门承担风险的人——保险人。众多的被保险人可将自己的风险转嫁给保险人。作为转嫁风险的一种代价,被保险人则按照不同风险种类和程度支付适当的保险费。

上述过程表明:当资本主义经济发展到一定阶段,一方面,工业资本、商业资本、农业资本、借贷资本为了保障其生产资料和利润的安全,使其不致因灾害事故的不幸发生而承担较大的经济和社会责任,以致倒闭、破产而产生了购买保险的强烈愿望和必要条件;另一方面,有一部分资本可以从社会总资本中分离出来,专门用来经营风险,从而成为保险资本,以获取平均利润。这时,只有在这时,商业保险才可能产生。

# 第二节　保险及其特征

## 一、保险性质学说

性质是一种事物区别于其他事物的根本属性。关于保险(insurance)的性质,各国学者历来众说纷坛,从而也形成了各种保险学理论研究流派。具有代表性的学说有三种:"损失说""非损失说"和"二元说"。

一是"损失说"。现代保险的产生来源于海上保险,保险行为最初就是对风险事故造成的经济损失给予补偿,以期达到在一定程度上恢复原有价值水平、弥补损失的目的。"损失说"就是从这个角度来研究保险本质的,其理论代表主要有"损失赔偿说""损失分担说"和"风险转嫁说"。

"损失赔偿说",主要以英国学者马歇尔(S. Marshall)和德国学者马休斯(E. A. Masius)为代表。该学说认为保险是一种损失赔偿合同,投保人与保险人签订书面合同约定,投保人向保险人缴纳一定数额的保险费,当被保险人因发生约定的保险事故而遭受经济损失时,保险人承担赔偿责任。

"损失分担说",是以德国学者瓦格纳(A. Wager)为代表的。该学说强调的是保险是一种损失的分担机制,少数被保险人的经济损失被大多数被保险人分摊了。正如瓦格纳认为的那样"从经济意义上说,保险是把个别人由于未来特定的、偶然的、不可预测的事故在财产上所受的不利结果,由处于同一危险之中、但未遭遇事故的多数人予以分担以排除或减轻灾害的一种经济补偿制度。"①

"风险转嫁说",是从风险管理的角度来研究保险本质的,代表人物是美国学者魏兰托(A. H. Willet)和克劳斯塔(B. Krosta)。该学说认为保险是一种风险转嫁机制,投保人或被保险人以缴纳一定数量的保险费为代价,将自己面临的损失风险转嫁给保险人承担。

二是"非损失说"是以损失补偿作为保险核心本质的,但是损失补偿观念并不能涵盖保险具有的所有属性,于是有学者认为应摆脱"损失"概念,寻找另一种能够全面解释保险概念的理论,"非损失说"便应运而生了。"非损失说"的观点主要以"保险技术说""欲望满足说""相互金融机构说"为代表。

"保险技术说"的代表人物是意大利学者费芳德(C. Vivanta)。该学说认为,保险就是将大量同质的风险单位汇集起来,估计保险事故的发生概率,以此计算向风险单位收取的保险费率,并在保险事故发生时支付约定的保险金。它强调的是保险的数理基础,认为保险的特性就是采取了精算技术等特殊技术。②

"欲望满足说"的代表人物是德国学者马纳斯(A. Manes)和意大利学者戈比(U. Gobbi)。风险事故的发生会导致直接或者间接的经济损失,从而引起人们对金钱的欲望,保险就是以互助互利的补偿手段,使人们能够以最少的费用支出来满足这种金钱欲望。因此,"欲望满足说"的主要观点就是认为保险是一种满足人们经济需要和金钱欲望的手段③。

"相互金融机构说"的代表人物是日本学者米谷隆三。该学说认为,由于在货币经济条件下,所有的经济活动都是用货币的收支来实现的。因此,保险作为应对经济不安定的善后措施,需要以调整货币的收支为目的,所以,保险是金融机构,是以发生偶然事实为条件的相互金融机构④。

三是"二元说"。该学说认为,财产保险和人寿保险具有不同的性质,前者以经济补偿为目的,后者以给付一定金额为目的,所以要将二者分别定义。"二元说"的代表人物是德国学者爱伦拜尔(V. Ehrenberg),其观点认为,人寿保险属于保险范畴,但损失补偿不能说明其性质,人寿保险应该是一种储蓄或投资,它与损失保险不能作统一定义,主张将保险合同分为两类,一是损失补偿合同,如财产保险,

---

① 魏华林 林宝清:《保险学》(第二版),高等教育出版社 2006 年 3 月第 2 版,第 25 页。
② 周伏平:《个人风险管理与保险规划》,中信出版社 2004 年 11 月第 1 版,第 92 页。
③ 周伏平:《个人风险管理与保险规划》,中信出版社 2004 年 11 月第 1 版,第 93 页。
④ 魏华林 林宝清:《保险学》(第二版),高等教育出版社 2006 年 3 月第 2 版,第 27 页。

二是以给付约定保险金额为目的的合同,如人寿保险,二者只能选择其一①。

## 二、保险的定义

定义是对一种事物的本质特征或一个概念的内涵与外延的确切而简要的说明。关于保险的定义,各国学者也都是从不同的侧重点为保险进行定义的。综上所述,本书认为应从以下角度来解读保险。

从经济的角度上看,保险主要是对灾害事故损失进行分摊的一种经济保障制度和手段。保险人集中众多的风险单位,通过预测和精确计算,确定保险费率,收取保险费,建立保险基金,以补偿财产损失或对人身事件给付保险金,将少数不幸成员的损失分摊给所有成员,其目的就是补偿风险事故所造成的损失以确保经济生活的安定。

从法律的角度上看,保险是一种合同行为,反映了投保人与保险人之间的权利义务关系。合同双方当事人自愿订立保险合同,投保人承担向保险人缴纳保险费的义务,保险人对于合同约定的可能发生的事故因其发生所造成的财产损失承担赔偿保险金责任,或者当被保险人死亡、伤残、疾病或者达到合同约定的年龄、期限时承担给付保险金责任。

从风险管理的角度上看,保险是一种风险转移机制。众多面临风险的经济单位,通过缴纳保险费,参加保险,将自己面临的风险损失转移给保险人,达到以财务上确定的小额成本支出获得经济生活中最大限度的安全保障。

《中华人民共和国保险法》(2009 年修订)将保险定义为:"保险,是指投保人根据合同约定,向保险人支付保险费,保险人对于合同约定的可能发生的事故因其发生所造成的财产损失承担赔偿保险金责任,或者当被保险人死亡、伤残、疾病或者达到合同约定的年龄、期限等条件时承担给付保险金责任的商业保险行为。"②

投保人是指与保险人订立保险合同,并按照合同约定负有支付保险费义务的人。

保险人是指与投保人订立保险合同,并按照合同约定承担赔偿或者给付保险金责任的保险公司。

## 三、保险的构成要素

构成要素是指某一经济现象构成其自身特殊性的物质内容或其得以成立的基

---

① 周伏平:《个人风险管理与保险规划》,中信出版社 2004 年 11 月第 1 版,第 93 页。
② 《中华人民共和国保险法》第二条。

本条件,是它区别于其他经济制度或活动的主要标志。保险的构成要素通常被认为主要包括以下几项内容。

**(一)必须以特定的风险为对象**

建立保险制度的目的是为了应付自然灾害和意外事件等特定事故的发生。因为只有发生意外事故的风险才有必要建立补偿损失的保险保障制度,因此,风险的存在是构成保险的第一条件。这就是说,无风险则无保险。但是往往由于风险管理水平和保险人经营管理上的限制,保险人只针对特定的可保风险提供经济保障。

**(二)必须以多数人的互助共济为基础**

保险是集合众多具有同质风险的经济单位,在公平、合理原则下,进行风险损失分摊的一种经济制度,也就是建立在"我为人人,人人为我"这样一种互助共济基础之上的损失分摊。就保险的经营技术而言,是通过概率论中大数法则的运用,最大可能地集合多数经济单位,即参加保险的风险单位越多,才能将损失尽可能地分散,实际损失才越接近于预期损失,使每个被保险人的负担合理化。这样,保险经营的基础才能愈益稳固。

**(三)必须以对风险事故所致损失进行补偿为目的**

保险是用于处理风险事故发生后已经造成的损失后果的一种财务型风险管理工具。保险的基本职能就是进行损失补偿,恢复被保险人原有的价值水平,而不是恢复或赔偿已灭失损坏的原物,这种补偿通常是通过支付货币的方式来实现的。因此,风险事故所导致的损失,必须在经济上能计算其价值,否则无法保险。在财产保险中,对于风险事故所造成的损失,可以通过估价等办法确定。在人身保险中,由于作为保险标的的人的生命或身体无法用货币衡量价值,因此,通常采取定额保险方法,在订立保险合同时将可能的损失(由于人的死亡、伤残或丧失劳动能力,从而使个人及其家庭收入减少和开支增加)确定下来,事故发生后就将确定的损失作为实际损失,由保险人支付预定的保险金。

**(四)合理的保险费计算**

保险基金是保险实现损失分摊与补偿职能的物质基础,除了保险人的开业资金、投资收益等来源外,保险基金的来源主要还是投保人缴纳的保险费。保险费是投保人将风险转移给保险公司所应支付的代价,因此,这种费用必须与所转移的风险相一致。为使保险制度得以稳定和持续运作,保险费的计算必须科学、公平、合理,应以偶然事故的概率统计为技术基础,根据过去风险损失发生概率预测未来风险损失发生概率,从而确定保险费标准。

由于保险标的不同,环境不同,风险损失发生的频率和强度也不相同。如家庭财产保险,不同住房的建筑结构、建筑和装饰材料、使用时间、环境条件、家中财物均不相同,同一险种,就应有不同的风险保障成本。在人身保险中,人的年龄大小、体质强弱、职业差异、安全程度等都不相同,同一险种,也应缴不同的保险费。如果风险损失概率不同,而风险分担金相同,必然使一部分风险损失概率较小的投保人退出保险而剩下风险损失概率较大的投保者。这样,每人的分担金必然过大,以致无法分担,保险制度则将无法维持下去。

## 四、可保风险及其构成

如上所述,无风险则无保险。但是往往由于风险管理水平和保险人经营管理上的限制,并不是世上一切风险都可以通过保险的方法来处理,保险人只针对特定的可保风险提供经济保障。可保风险就是指保险人可以接受、承保的风险。一般情况下,可保风险必须符合以下条件:

### (一)风险必须具有偶然性

它是指风险的发生是偶然的、不确定的,既有发生的可能性,又无法事先确定何时、何地发生,也无法确定其是否会有损失及损失的程度如何。这是就每一个具体的保险标的来说的。如果风险肯定不会发生,保险就没有必要了;如果风险已经发生或必然发生,保险人按保险金额一定比例收取保险费,却要按保险金额全额支付赔款,对保险人来说,显失公平,保险人是不会承保的。

### (二)风险是纯粹损失风险

它是指保险人承保的风险只能是仅有损失机会并无获利可能的风险,即纯粹风险。像股票买卖一类的投机活动,虽然有亏本的风险,但也有获取高额利润的可能,如果承保了这类风险,就等于说保险人的赔款是注定要发生的。这不仅是因为投机风险损失率高,而且还因为它主观影响很大,使得风险损失具有很大程度上的必然性,这是违背可保风险偶然性原则的,而且也违背了保险的损失补偿原则。

### (三)风险必须是意外的

这里包含两层意思:一是风险不能是意料中的,不能是必定要发生的,如一些已经处于风险状态的财产等是不能保的。二是风险不能是被保险人故意行为所造成的,如故意纵火烧毁财产,或者意外发生后不积极抢救致使加大损失,也是不可保的。不过,为了抢救被保险财产而不得不损坏一些当时灾害尚未波及的财产所造成的损失,保险人应予赔偿。

### (四)风险事故造成的损失要有重大性和分散性

它是指当风险发生时可能给人们带来难以承受的经济损失或长时期的不良影

响。这样的风险才能促使多数经济单位或个人有参加保险的愿望。如果风险损失微不足道,企业或个人完全可以自留风险。例如,运输中货物的正常损耗、人们日常的感冒所带来的医疗费用等,就无须保险。同时,从全体投保人来看,风险损失的发生在时间、空间上要有分散性,保险对象的大多数不能同时遭受损失。如果风险事故引起的经济损失影响面大,损失严重,多数单位和个人之间不能在经济上形成互助共济,保险也就难以成立。这种不能分散的重大风险,自然也是不可保的。如保险人不承担战争破坏的风险即属此类。

**（五）风险必须是大量的、同质的和可测的**

这是指风险发生的概率和损失率是可以计算的。保险费率的核心组成部分就是风险发生的损失率,计算风险概率和损失率,需要搜集大量的同质风险的损失资料并进行统计分析。若某一类风险事故很少发生,其损失资料也很少,就无法准确地测算出风险的损失率,即便按照概率的基本公式,利用少数统计资料勉强算出风险发生率和损失率也是可能的,但其精确性就难以保证了。依此计算的费率,要么高出投保人或被保险人的负担能力,要么使保险人收支不等,难以保证偿付能力,无法履行保险的补偿职能。因此,可保风险的一个重要条件是必须有某种同质风险的大量存在,进而使之可以根据概率论和大数法则将损失概率比较准确地测算出来。

**（六）风险损失必须是可以用货币衡量的**

保险是当被保险人因自然灾害、意外事故等约定事故的发生而遭受财产损失或人身伤害时,由保险人给予经济补偿的一种经济保障活动。保险人实现经济补偿的基础就是这种损失可以用货币为尺度进行衡量。而且保险活动中投保人或被保险人缴费义务和保险人经济补偿义务的履行也都是通过货币形式体现的,如果风险事故发生后所造成的损失结果不能通过货币或财务方法进行衡量,则保险的补偿作用也就无法体现出来了。

## 五、保险的特征

特征通常是用来描述某人或事物所具有的独特的征象、标志等。任何事物的特征都是在与其他事物的对比中呈现出来,保险也不例外。

**（一）保险与其他经济活动的对比**

1. 保险与赌博

从表面现象来看,赌博与保险都是一种射幸活动,两种行为都与事件的随机性相联系,而且也都是以少量的支出获得数倍于支出的收入。在保险中,尽管投保人所缴纳的保险费与保险人所承担的责任对等,但就个别而言,与被保险人所得到的赔偿并不保持等价交换关系。许多投保人多年缴付保险费而没有得到一点赔偿,而有的投保人则刚缴付保险费就可能得到比其保费数额高得多的赔偿,这种射幸性也完全依赖于偶然事件发生与否,似乎与赌博一样。然而,保险与赌博有着本质的区别:就目的而言,保险以发扬社会互助共济精神,谋求社会经济生活的安定,利己利人为目的;而赌博则是以欺诈贪婪之心凭侥幸图谋暴利,损人利己;就手段而言,保险的概率论和大数法则作为风险损失计算的数理基础,使风险得以分散,而赌博纯粹属冒险求利,输赢全凭偶然和运气;就风险性质而言,保险对付的一般是纯粹风险,而赌博面对的仅仅是投机风险;就结果而言,保险是变不确定(保险事故发生的偶然性)为确定(获得赔偿或给付),转嫁了风险;而赌博正相反,是变确定(原有赌本)为不确定(赢或输),一旦赌了就制造和增加了风险。对保险来说,所获损失赔偿不会超过实际损失,但在赌博中却可能获得额外利益。

2. 保险与救济

保险与救济(或慈善事业)都是补偿灾害事故损失的经济活动(或手段),它们的目的都是使社会生活恢复正常、保持稳定。但保险与救济不同。保险是一种社会互助行为。许多面临类似风险的人联合起来分担其中少数遭受灾害事故者的损失,从事保险活动的组织机构是经济实体(就商业保险而言);而救济或慈善事业只是一种救助行为,捐资者与被救助者可能遭受的风险没有关系,救济的组织机构是政府的部门或捐资者建立的慈善团体。保险是一种合同行为,保险对被保险人的保障是在其缴纳保费之后开始的,因而是有偿的,而且保险双方当事人处于权利和义务对等的地位;救济是一种单方面的无偿赠予,双方当事人无一定权利和义务的约束,无对等可言。在保险中,用于补偿损失的保险基金是由保户缴纳的保险费构成的,保险费的多寡也不是随意的,而是以一定的数理计算为依据的。保险人对于被保险人在保险责任范围内的损失,保证给予及时的赔偿,而救济事业的基金是由政府财政或民间捐资人自愿出资建立的,没有任何规定和约束。它也不一定对所有受难者都施行救济,救济的数额也以救助人的意愿和救助基金的多少为限,更谈不上经济补偿。

3. 保险与储蓄

保险与储蓄都是由现在的资金节余作将来的准备,体现了未雨绸缪的思想,尤其是一些人寿保险的险种本身就带有长期储蓄性质。保险和储蓄所集聚的资金也都是社会后备基金的组成部分。保险尽管从全体被保险人总体的角度可以看成是储蓄,总保费收入及其利息扣除管理费用外,基本上等于总的赔偿金或给付金,但从单个被保险人来看,被保险人缴付的保险费与其享受的赔款或给付并不对等,甚至只缴保费而无赔款或给付;而储蓄无论从总体还是个人方面来看,只要存款,就可以提款,提款金额总是等于本金加利息,两者保持对等关系。保险事故发生后,不管投保人缴付了多少保险费和缴费时间长短,只要符合保险赔偿和给付条件,被保险人或受益人都可以及时领取赔款和保险金;而储蓄不同,储户提款不以灾害事故的发生为前提。保险是多数经济单位或个人之间的互助共济行为,其目的在于共同分担保险风险所造成的损失,而分摊金的计算有特殊的数理依据;而储蓄只是一种自助行为,其目的只是为应付自己来日所需增加的支出,一般无须特殊的数理计算。另外,由保险费所形成的保险基金是全体保户的共同财产,由保险人统一运用于特定的目的,被保险人一般无权干涉;而储蓄的所有者和使用者都是储蓄者,他可以自由支配。

### (二)保险的特性

通过与上述经济制度的对比,不难看出保险具有如下特征:

#### 1. 互助性

保险是对风险损失进行分摊的一种经济保障制度和手段。保险人利用所有投保人缴纳的保险费建立起保险基金,对少数被保险人的经济损失进行补偿。即便是以盈利为目的的现代商业保险,客观上仍然形成了"我为人人,人人为我""千家万户帮一家"的互助互济关系。

#### 2. 经济性

保险的经济保障活动是整个国民经济活动的一个有机组成部分,其所保障的对象即财产和人身,都直接或间接属于社会再生产中的生产资料和劳动力两大经济要素;其实现保障的手段,大多采取支付货币的形式进行补偿或给付;而保险活动的目的更是确保社会经济生活的稳定,有利于社会经济的发展。

#### 3. 商品性

保险是一种商品交换活动,保险人销售保险产品,投保人购买保险产品,这里所交换的是一种特殊的劳务商品——风险保障服务。投保人通过支付保险费获得风险保障服务,保险人则通过提供风险保障服务而收取保险费,这就体现了等价交换的商品经济关系。

#### 4. 法律性

从法律角度看,保险是一种合同行为,保险关系的确立,以保险合同为基础,受法律的保护和规范。同时,保险是一个经营风险的特殊的产业,国家有专门的立法,建立专门的机构,对保险市场、保险双方的行为等进行专门的监督管理。

5. 科学性

保险是以科学的方法处置风险的有效手段,保险经营以概率论和数理统计等学科的理论和方法为基础,从产品设计到保险费率厘定,从准备金计提到再保险安排,都以数理计算为依据的,从而保证了风险损失的有效分摊和保险经营的稳定。

# 第三节　保险的职能和作用

## 一、保险的职能

职能是指某一事物应有的作用和功能,是事物内在本质的外在表现。保险的职能则是指保险作为一种制度安排,在其运行过程中所固有的、内在的、独特的功能,它是由保险的本质决定的,并且随着社会生产的发展、保险制度的不断完善而增加。

在保险发展的初期,人们对保险的认识仅仅局限于损失补偿方面,所以早期保险职能理论称为"单一保险功能说";或者传统保险职能说,主张保险只是具有经济补偿及给付的职能。从 18 世纪末到 19 世纪中叶,随着保险业和金融市场逐渐发展壮大,西方发达国家中许多商业保险公司一方面通过承保业务获取并分流部分社会储蓄;另一方面为满足未来的支付需要,通过投资将积累的保险资金运用出去,成为资本市场上举足轻重的机构投资者和稳定力量,承载和发挥了资金融通的功能。保险职能理论又有了"复合功能说",即保险具有经济补偿给付和资金融通的职能。第二次世界大战后,随着新自由主义的兴起,西方社会开始反思和调整政府在社会管理中的作用,而保险在国民经济和社会安全体系中的重要作用,逐渐凸显出来,保险职能理论进入"多元说"阶段,即认为保险不仅具有经济补偿的基本功能,还具有资金融通、防灾防损、社会管理等职能。

通常认为,现代保险具有经济补偿、资金融通、防灾防损、社会管理四大职能。

### (一)经济补偿职能

经济补偿职能是保险的基本职能。在保险活动中,保险人作为组织者和经营者,通过与投保人订立保险合同的方式,集合众多遭受同样风险威胁的被保险人,并向每个投保人收取保险费,建立保险基金,用以对少数的因约定保险事故造成的损失的被保险人给予经济补偿或给付保险金,从而实现了保险的分散风险、进行经济补偿的功能。

例如,某村共有房屋 1000 栋,每栋价值 20 万元。假设经过测算,每年火灾发生的概率是千分之一,即只有也肯定有 1 栋房屋会发生火灾并且全部毁坏,但到底是哪一栋房屋并不确定,面对同样风险需求的这 1000 户房主,保险人将他们组织起来,规定每年每栋房屋的房主向保险人支付 250 元的保险费,共计 25 万元。一年当中无论是哪栋房屋失火,就从这 25 万元中拿出 20 万元来对受损的房主进行补偿,剩余的 5 万元则作为保险人开展这项活动的经营管理费用。

在人身保险中,由于保险标的是人的生命或身体,而人的生命或身体的价值是不能用货币来衡量的,因此,人身保险的保额是根据投保人的经济需要和缴费能力由保险双方协商确定的,并不反映被保险人的实际损失。因此,在人身保险中,保险的经济补偿职能表现为给付保险金。这种给付可以看作是对保险金额的补偿而非人的价值的补偿。

### (二)资金融通职能

简单而言,资金的融通就是某一时期资金余缺调剂的过程。保险的资金融通职能属于派生职能,主要表现在两个方面:一是全体被保险人范围内的资金融通;二是保险参与全社会的资金融通活动。

首先,保险人集合众多的被保险人,通过收取保险费,建立保险基金,对少数遭受风险损失的被保险人进行经济补偿或给付,而这部分资金的来源就是保险基金,来源于众多的被保险人,这样在全体被保险人范围内借助理赔活动,实现了资金的融通。

其次,由于保险具有"事前收费,事后补偿"和保险事故发生偶然性的特点,因而使保费收入和保险赔付经常在时间上和空间上出现间隔,产生了保险基金的暂时闲置。保险人将这部分暂时闲置的保险基金,以直接或者间接的方式投入到社会再生产过程中,不仅满足了社会生产对资金的需求,保险人还可以获得一定的收益,除了壮大保险基金,提高保险人的偿付能力外,保险人还可以降低保险费率,以吸引更多的人购买保险,扩大保险业务规模,再把积累起来的巨额资金投入社会再生产过程中,形成良性循环。作为金融体系中的重要组成部分,保险业承载和发挥了资金融通的功能,为社会经济的繁荣发展做出贡献。

### (三)防灾防损职能

防灾防损职能是在保险基本职能的基础上派生出来的又一重要职能。防灾防损是风险管理的重要内容,作为风险管理的一项重要措施,保险也是全社会风险管理活动的有机组成。首先,保险人的日常业务,从承保、计算费率到理赔都是与风险事故打交道,对风险进行识别、衡量、评价,掌握财产的设置分布和各种风险事故损失的统计资料,并进行分析和研究,从而积累了大量的、丰富的防灾防损工作经验,有利于发挥优势履行其防灾防损的社会职责。

其次,防灾防损也是保险业务环节之一,保险人可以通过业务经营来督促投保人和被保险人重视和加强防灾防损工作。在进行风险检查时,如发现不安全因素,可向投保方提出消除不安全因素的合理建议,投保方应及时采取相应措施消除,否则由此引起的保险事故带来的损失,保险人不承担赔偿责任。保险人还可以在费率上适当区别对待。对多年无赔付的投保人可采用优惠费率,对赔付记录较多的投保人提高费率,以鼓励投保人加强防灾防损工作。

最后,从保险自身的经营稳定和效益角度来看,防灾防损是保险人实现自身经济效益和社会效益的重要手段。简单地说,保险人的收益主要来自于保费收入与赔偿金的差额。在一定时期内社会生产力水平、社会总产品的规模是一定的,因此,客观上保费收入的增加会存在一个饱和点,在保费收入一定的情况下,减少赔偿支出,成为保险人增加收益的重要手段,如果单纯依靠"少赔、惜赔、不赔"来增加收益,不仅损害了广大被保险人的利益,还会使保险行业走向极端。所以,只有通过防灾防损活动,减少风事故发生的概率及其造成的损失后果,从而减少保险赔偿支出,不仅促进了风险管理的有效性,减少了社会财富的损失,同时也实现了自身的经济效益。

**(四)社会管理职能**[①]

一般来说,社会管理主要是政府和社会组织为促进社会系统协调运转,对社会系统的组成部分、社会生活的不同领域以及社会发展的各个环节进行组织、协调、监督和控制的过程。其目的在于正常发挥各系统、各部门、各环节的功能,从而实现社会关系和谐,整个社会良性运行和有效管理。2003年12月在湖北武汉召开的"首届中国保险业发展改革论坛暨现代保险功能研讨会"上,中国保险监督管理委员会主席吴定富提出,要充分认识现代保险社会管理职能的重大意义,努力发挥现代保险的社会管理职能,为促进经济社会和人的全面发展服务。社会管理成为保险的又一派生职能,可以说是我国保险实践发展对世界保险理论发展做出的一大贡献。

保险的社会管理功能不同于政府对社会的直接管理,而是通过保险内在的特

---

[①] 《吴定富主席在中国保险业发展改革论坛暨现代保险功能研讨会上的讲话》,http://www.law-lib.com

性,促进经济社会的协调以及社会各领域的正常运转和有序发展,具体来说,主要表现在以下四个方面:

第一是社会风险管理。风险具有普遍性特征,防范控制风险和减少风险损失是全社会的共同任务。保险人不仅具有识别、衡量和分析风险的专业知识,而且还积累了大量风险损失资料,可以为全社会风险管理提供有力的数据支持。同时,保险人能够积极配合有关部门做好防灾防损并通过采取差别费率等措施,鼓励投保人和被保险人主动做好各项防损减损工作,实现对风险的控制和管理。

第二是社会保障管理。社会保障被誉为"社会的减震器",是维持社会稳定的重要条件。商业保险是社会保障体系的重要组成部分,在完善社会保障体系方面发挥着重要作用。商业保险可以为那些没有参与社会保险的劳动者提供保险保障,弥补了社会保险实施范围的不足,有利于扩大社会保障的覆盖面。同时商业保险具有产品灵活多样、选择范围广等特点,可以为社会成员提供多层次、多项目的风险保障服务,提高社会保障的水平,减轻政府在社会保障方面的压力,为缓解社会就业压力、维护社会稳定、保障人民安居乐业做出了积极贡献。

第三是社会关系管理。保险通过承保和理赔活动,参与到社会关系的管理之中,可以有效调节行为主体之间的关系,减少当事人可能出现的各种纠纷。甚至可以影响社会主体的行为模式,为维护政府、企业和个人之间正常、有序的社会关系创造有利条件,减少社会摩擦,起到社会润滑剂的作用,大大提高社会运行的效率。

第四是社会信用管理。完善的社会信用制度是建设现代市场体系的必要条件,也是规范市场经济秩序的治本之策。最大诚信原则是保险经营的基本原则,保险公司经营的产品实际上是一种以信用为基础、以法律为保障的承诺,在培养和增强社会的诚信意识方面具有潜移默化的作用。同时,保险在经营过程中可以收集企业和个人的履约行为记录,为社会信用体系的建立和管理提供重要的信息资料来源,实现社会信用资源的共享。

需要注意的是,保险的基本职能与派生职能是一个有机联系、相互作用的整体。经济补偿是保险最基本的、固有的职能,是保险区别于其他行业的最根本的特征。资金融通、防灾防损职能是在经济补偿功能基础上发展起来的,是一个历史演变和实践发展的过程。现代保险的社会管理职能同样是保险业发展到一定程度并深入到社会生活的诸多层面之后产生的一项重要职能。社会管理职能的发挥,在许多方面都离不开经济补偿、资金融通和防灾防损职能的实现。同时,随着保险社会管理功能逐步得到发挥,将为经济补偿、资金融通和防灾防损职能的发挥提供更加广阔的空间。因此,保险的四大职能之间既相互独立,又相互联系、相互作用,形成了一个统一、开放的现代保险职能体系。

## 二、保险在国民经济中的地位

物质资料的再生产包括生产、交换、分配和消费四个环节。保险作为一种经济补偿制度,在国民经济中处于社会再生产的分配环节。它通过对国民收入的再分配,实现对社会再生产过程中经济损失的补偿。

保险对国民收入的再分配是通过保险经营活动实现的,其中主要包括保险基金的筹集和使用两项内容。保险基金的筹集是通过向投保人收取保险费而形成的,保险基金的使用是通过向被保险人或受益人支付赔款或给付保险金,以及向社会融资而实现的。

在保险基金的筹集阶段,保险基金来源于投保人所缴纳的保险费。企业缴纳的保险费是企业纯收入的一部分,机关及事业单位缴纳的保险费是该单位财政预算拨款的一部分,居民缴纳的保险费是个人纯收入的一部分。因此,企事业单位和个人缴纳的保险费都属于国民收入范畴,保险再分配的对象是国民收入。通过保险再分配,改变了一部分国民收入的形态与用途,分别使企事业单位和个人的企业基金、社会消费基金和个人消费基金转化为后备基金。

在保险基金的使用阶段,向保险人缴纳保险费的是所有参加保险的经济单位和个人,而从保险人那里获得赔款的只是少数发生了保险事故的被保险人(储蓄性人寿保险业务除外)。而且,就个体而言,这些少数被保险人所获得的补偿和给付金额与他们所缴纳的保险费并不对等,补偿和给付金额往往是所缴保险费的几倍、几十倍甚至几百倍。这样,少数被保险人所获得的超过其缴纳保险费部分的赔款和保险金无疑来源于未发生保险事故的被保险人缴纳的保险费,即一部分国民收入从未发生保险事故的被保险人手中转移到发生了保险事故的被保险人手中。此外,保险人筹集的保险基金中的暂时闲置部分可以投资加以运用,使这部分资金使用权暂时转移到某些生产领域和流通领域,从而起到了参与社会资金再分配的作用。

## 三、保险的作用

保险的作用是保险职能在具体实践中表现出来的效果。在不同的社会发展时期,由于社会经济、政治、文化条件的不同,保险职能在社会实践中表现出来的效果也不尽相同。归纳而言,保险的作用主要体现在以下几点:

## （一）及时补偿灾害事故损失

补偿灾害事故损失是保险的基本作用。在社会经济发展过程中,自然灾害、意外事故造成的经济损失是经常发生的,它会造成生产的停滞或中断,甚至使企业破产倒闭。在我国社会主义市场经济条件下,各种形式的企业或经济单位都是独立或相对独立的经济实体,都要实行独立的经济核算,自负盈亏。企业经营的好坏,直接与企业的发展和职工的福利密切相关。在这种情况下,保险的经济补偿对企业来说是必不可少的。有了保险,企业一旦遇到灾害损失就可以及时得到经济补偿,使生产经营迅速恢复,最大限度地减轻灾害事故损失的消极影响,保障企业生产计划的完成和职工福利,还可以保障与相关经济单位信用和协作关系的稳定。

## （二）安定人民生活

保险在安定人民生活方面发挥着重要作用。在我国,人民的生活水平总体说来还不高,社会保障的覆盖面不广,灾害救济的水平也比较低,不足以保障受灾公民恢复原有的生活水平。因此,保险是对居民提供经济安全的保障制度,是社会保险和社会救济的重要补充。如:参加各种财产保险,遭灾后其财产损失可以得到及时补偿,重建家园,迅速恢复安定的生活;参加各种人身保险,不仅可以解决年老、疾病、伤残等所引起的特殊经济需要,而且可以促使人们有计划地安排家庭生活;参加各种责任保险,有利于保障受害人的经济利益和民事纠纷的解决,对于社会的安定团结具有重要的作用。

## （三）促进防灾防损工作

保险集中了社会的风险,承担着补偿灾害损失的责任。经营保险业务的保险公司,必然要从企业管理和自身利益出发,积极进行防灾防损工作。在保险的理赔范围、费率规定、赔款处理、安全优待等方面,处处贯彻防灾精神,提高被保险人维护财产安全的责任心和积极性。此外,保险机构还经常协同有关单位对被保险财产进行安全检查,发现问题及时提出建议,督促解决以消除隐患。同时,还从保费收入中提取一定比例的防灾基金,用以资助防灾科学的研究,增添防灾设施,加强社会防灾力量。

## （四）积聚建设资金

由保险费所建立起来的保险基金是社会经济中举足轻重的资金来源。随着保险业的发展,这部分基金越来越雄厚。保险基金中处于暂时闲置状态的那部分资金被广泛运用于各种动产和不动产的投资之中,一方面为保险企业或组织增加利润,增强了理赔能力,降低了保险产品的成本;另一方面,在客观上为社会积聚了可观的建设资金。在我国,目前保险基金的绝大部分还是以存款的方式存入银行,作为银行信贷资金的一个来源,间接地用于社会再生产。

**(五)促进技术进步**

在社会生产中采用新技术和新工艺,是提高社会劳动生产率和促进经济发展的重要因素。但新技术、新工艺的应用都要付出代价,花费较高成本,而这种费用往往都伴随着新的风险。通过保险可以大大鼓励企业家的创新精神,为开辟新的生产领域,大胆应用新技术、新工艺,因此,保险为新技术、新工艺的推广和应用撑腰壮胆,最终将促进技术的进步。

**(六)促进国际经济交往**

保险是对外贸易和经济交往的不可缺少的环节。在国际贸易中,按照国际惯例,进口、出口商品都必须办理保险,商品成本、运费和保险费是国际贸易商品价格的三个主要组成部分。随着全球经济一体化和贸易自由化的发展,我国与外国的经济交往日益增多,除了商品进出口外,技术引进、劳务输出、企业合资、旅游业等也都需要保险保障。在保险公司与有关部门密切配合下,积极开展涉外保险业务,不仅为对外经济贸易提供了保险保障,有利于扩大对外经济合作和技术交流,有利于增进同世界各国人民的友好交往,也会增加国家的外汇收入。

# 第四节　保险的分类

随着现代社会经济的发展,保险业也在迅猛发展,保险领域不断扩大,新的险种层出不穷。对于保险业务进行科学分类,有利于明确各保险险别、险种的性质特征,掌握其业务运行的规律,规范保险经营管理,同时,也有助于社会公众对保险产品的了解和选择,更好地发挥保险的职能作用。但是保险的分类并没有形成一个固定的原则和统一的标准。事实上,在不同的场合,根据不同的要求,从不同的角度,可以有不同的分类方法。这里我们介绍几种常见的保险分类。

## 一、按照保险标的分类

按照保险标的不同,可以分为人身保险和财产保险。

**(一)人身保险**

人身保险是以人的身体和生命作为保险标的,在保险有效期限内,当被保险人死亡、伤残、疾病或者达到保险合同约定的年龄、期限时,保险人依照约定给付保险金的一种保险。

按照保障责任范围的差异,人身保险又可以分为人寿保险、人身意外伤害保险和健康保险。

1. 人寿保险

人寿保险,又称寿险或生命保险,是以被保险人的生命为保险标的,并以被保险人在保险期满时仍生存或在保险期间内死亡为条件,给付约定保险金的一种保险。

2. 人身意外伤害保险

人身意外伤害保险是以人的身体和生命作为保险标的,当被保险人在保险期间因遭遇意外事故致使身体蒙受伤害而残废或死亡时,由保险人按约定给付保险金的一种保险。

3. 健康保险

健康保险是以人的身体和生命作为保险标的,当被保险人在保险期间因疾病、分娩所致残废或死亡时,由保险人按约定给付保险金的一种保险。

(二)财产保险

财产保险是以财产及其相关利益作为保险标的,在保险期间保险人对于因保险合同约定的保险事故发生所造成的保险标的的损失承担经济赔偿责任的一种保险。

按照保险标的的不同,它可以进一步划分为财产损失保险、责任保险和信用保证保险。

1. 财产损失保险

财产损失保险是以各类物质财产作为保险标的,在保险期间因保险事故的发生致使保险标的所遭受的损失由保险人承担经济赔偿责任。

2. 责任保险

责任保险是一种以被保险人的民事损害赔偿责任作为保险标的的保险。由于被保险人的过失、疏忽等行为,给他人造成了经济损失,根据法律或者契约规定的应由被保险人对受害人承担的经济赔偿责任,由保险人负责赔偿。

3. 信用保证保险

信用保证保险是一种以信用行为作为保险标的的保险。分为两种情况:一种是由被保险人(债务人)要求保险人对本人的信用提供担保,如果由于被保险人不履行合同义务致使权利人受到经济损失,应由保险人承担赔偿责任,即保证保险;另一种是由权利人要求保险人担保合同另一方(债务人)的信用风险责任。由于对方(被保证人)不履行合同义务,致使权利人受到经济损失,则由保险人承担赔偿责任,即信用保险。

保证保险是由保险人代替被保险人向权利人担保,而信用保险则是由保险人向被保险人承担被保证人的信用。信用保证保险实际上就是保险人经营的一种担保业务。

## 二、按照经营目的分类

按照经营目的的不同,保险可以分为商业保险、社会保险、政策性保险和互助合作保险。

### (一)商业保险

商业保险,是指以营利为目的,按照商业经营原则所经营的保险。商业保险以其自愿性、契约性、广泛性等特点,在整个社会保险体系中占有十分重要的地位。商业保险是一种商业行为,以自愿为前提,投保人和保险人是在遵循公平互利、协商一致、自愿订立的原则下签订保险合同。商业保险的保障范围十分广泛,涉及社会经济生活的方方面面。我们所熟悉的海上保险、货物运输保险、企业财产保险、机动车辆保险、家庭财产保险等,都属于商业保险。

### (二)社会保险

社会保险,是指国家通过立法形式,对社会成员在年老、疾病、残废、伤亡、生育、失业情况下的基本生活需要给予物质帮助的一种社会保障制度,是社会保障体系的重要组成部分。

社会保险是依据国家立法强制实施的,具有强制性;保险费通常由国家、雇主和个人三方面负担;保险待遇根据国家法律规定的标准、个人贡献和社会经济发展水平来确定的。社会保险通常有社会养老保险、社会医疗保险、失业保险、工伤保险和生育保险等。

### (三)政策性保险

政策性保险,是一国政府为推行某种政策政令而配套实施的一种非营利性的保险。例如,国家为鼓励出口贸易而开设出口信用保险,国家为支持农业发展而开设农业保险,国家为交通事故妥善处理而开设机动车交通事故责任强制保险等。

### (四)互助合作保险

互助合作保险,是由民间举办的非营利性保险,是一种最古老的保险形式。在各种行业组织、民间团体中存在较多。其最大特点就是参与者既是保险人,又是被保险人。例如职工互助会、船东互保协会和农产品保险协会等。

### 三、按照保险的实施方式分类

按照实施方式的不同,保险可以分为自愿保险和强制保险。

（一）自愿保险

自愿保险,是指投保人和保险人在自愿原则的条件下,订立保险合同而建立保险关系的一种保险。是否参加保险、参加何种保险、投保的保险金额有多少等,都由投保人自己决定;是否予以承保、适用何种费率等内容,则由保险人自己决定。只有在双方协商一致的情况下,才能订立保险合同。

（二）强制保险

强制保险,也称法定保险,是指投保人和保险人根据国家法律及政府的有关法规规定而建立保险关系的一种保险。强制保险是为实施某项政策目的所采用的保险手段,具有强制性、全面性等特点。投保人（被保险人）与保险人之间的权利、义务关系是基于国家法律、行政法规的效力而产生的,不论保险双方是否同意,都必须办理,而且只要是在国家法律、行政法规规定的保险范围内的保险标的,必须全部参加保险。

### 四、按照保险人承保方式分类

按照保险人承保方式的不同,保险可以分为原保险、再保险、共同保险和重复保险。

（一）原保险

原保险,是指投保人和保险人直接订立保险合同,当保险标的发生该保险合同责任范围内的损失时,由保险人直接对被保险人承担经济赔偿责任的一种保险,也称直接保险。它是风险的第一次转移。

（二）再保险

再保险,也称分保,是指原保险人为了减轻自身承担的保险风险和责任,保证财务稳定,而将其已经承保的一部分风险和责任转嫁给其他保险人所形成的保险关系。它是风险的第二次转移。

（三）共同保险

共同保险,简称共保,是指由两个或两个以上保险人,共同对同一保险标的物的同一风险责任承担损害赔偿责任的保险。

（四）重复保险

重复保险,是指两个或两个以上的保险人,就同一保险标的与投保人分别订立若干份保险合同,以致该保险标的物的总保险金额超过了其保险价值的一种保险。

## 五、按照投保方式分类

按照投保方式的不同,可以分为个人保险和团体保险。

### (一)个人保险

个人保险,是指以个人作为投保人、被保险人的保险,例如个人养老金保险、家庭财产保险等。

### (二)团体保险

团体保险,是指以团体或者单位为投保人,以团体或者单位职工为被保险人的保险。团体保险的投保人都是该团体或单位的法定代表人,投保人数一般为该团体或单位人数的75%以上。

## 六、按照承保风险分类

按照承保风险的不同,可以分为单一风险保险和综合风险保险。

### (一)单一风险保险

单一风险保险,是指在保险合同中只承保一种风险的保险。根据合同规定,保险人只对该种风险事故损失进行经济补偿。如棉花雹灾保险。

### (二)综合风险保险

综合风险保险是指在保险合同中,保险人承保两种及两种以上风险的保险。根据合同规定,凡是约定的风险事故损失,保险人都要进行经济补偿。保险人承保风险责任多而且广泛的保险在业务中称为一切险(或全险)。

## 七、我国商业保险开办的主要险种

### (一)火灾及其他灾害事故保险

火灾及其他灾害事故保险是以存放在固定地点、处于静止状态的有形财产为保险标的,以火灾及其他列明的各种自然灾害和意外事故为保险责任的一种财产保险,也称火灾保险。

我国财务保险公司目前开办的火灾保险险种主要有:企业财产保险、家庭财产保险和涉外财产保险。

#### 1.企业财产保险

它适用于公司、企业、国家机关、事业单位和人民团体。凡是被保险人所有或与他人共有而由被保险人负责的财产;由被保险人经营管理或替他人保管的财产;

具有法律认可的与被保险人有经济利害关系的财产以及经与保险人特别约定的财产都可以作为保险标的投保企业财产保险。

2. 家庭财产保险

凡是属于城乡居民的家庭财产,包括房屋及附属设备、家庭生活资料、农村家庭的农具、工具、已收获入库的农副产品、个体劳动者的营业器具、工具、原材料及经与保险人特别约定的财产,都可以作为保险标的投保家庭财产保险。

家庭财产保险按照缴费方式分为普通险和两全险两种。普通险是采取缴纳保险费的方式,保险期满后,所缴纳的保险费不退还,继续保险需要重新办理保险手续。两全险是采取缴纳保险储金的方式,保险期间内无论是否得到赔偿,在保险期满后都能将原缴的保险储金全部退还被保险人。因为这种保险既能保障财产,又能到期还本,所以称为两全保险。

3. 涉外财产保险

凡是中外合资、合营或外商独资经营的企业,来料加工、补偿贸易、租赁或使用中国银行外汇贷款引进的机器设备,以及驻华使、领馆及外商机构租用的房屋、办公用品和国外在华人员的个人财产都可以投保涉外财产保险。涉外财产保险的保险责任与国内财产保险基本相同。

(二)货物运输保险

货物运输保险是以各种在途运输的货物作为保险标的,以运输过程中因自然灾害或意外事故造成标的物损失作为保险责任的一种财产保险。

根据适用的范围,货物运输保险分为国内货物运输保险和国际(涉外)货物运输保险。

1. 国内货物运输保险

凡是公司或企业、国家机关、事业单位、人民团体以及公民个人,都可以将其在国内运输过程中的货物作为保险标的,投保国内货物运输保险。

根据货物运输的运输工具不同,国内货物运输保险分为国内水路货物运输保险、铁路货物运输保险、国内公路货物运输保险、国内航空货物运输保险、国内邮包保险等,供被保险人选择。

2. 涉外货物运输保险

涉外货物运输保险主要是以进出口贸易中的运输货物为保险标的。

涉外货物运输保险业务以海洋货物运输保险为主,还有航空货物运输保险、集装箱货物运输保险、多式联运货物运输保险等。

### （三）运输工具保险

运输工具保险是以各种运输工具作为保险标的,承保因自然灾害、意外事故造成标的物的损失和对第三者造成的人身伤害及财产损失依法应承担的经济赔偿责任的一种财产保险。

根据运输工具的特性,运输工具保险包括机动车辆保险、船舶保险和飞机保险等险种。

#### 1. 机动车辆保险

机动车辆保险也称汽车保险,凡是经公安交通管理部门检验合格,具有其核发的有效行驶证和号牌的机动车辆,包括汽车、摩托车、拖拉机和各种特种车辆,都可以作为保险标的,投保机动车辆保险。

#### 2. 船舶保险

船舶保险是以各类船舶作为保险标的的运输工具保险,分为国内船舶保险和远洋船舶保险。

国内船舶保险是适用于国家、集体、个人所有或与他人共有的,仅限于航行国境内以及沿海区域的各种船舶的保险。

远洋船舶保险是以航行于国际航线上的各类船舶,包括运输船舶、专用船舶及建造中的船舶、浮码头等,作为保险标的的保险。

#### 3. 飞机保险

飞机保险是以各种类型的客机、货机、客货两用机以及具有专业用途的特种飞机作为保险标的的运输工具保险。

### （四）工程保险

工程保险是以各种建筑工程、安装工程、机器及附属物为保险标的,以建筑、安装工程以及机器设备安装过程中或使用过程中因自然灾害或意外事故而造成的经济损失为保险责任的一种财产保险,包括建筑工程一切险和安装工程一切险。

#### 1. 建筑工程一切险

建筑工程保险是以在建的建筑工程,包括厂房、仓库、大楼、宿舍、道路、桥梁及物资等;建筑施工用机器、装置及设备;建筑工地上的其他财产为保险标的的保险。它也称建工险。建筑工程的所有人、承包人、分承包人均可以投保建工险。

#### 2. 安装工程一切险

安装工程保险是以各类工厂、矿山的机器设备的安装工程为保险标的的保险,也称安工险。其承保责任范围与建工险大致相同,除建工险的责任外,还负责超负荷、超电压、碰线、电弧、走电、大气放电及其他电器引起事故造成的损失和安装技术不善造成的损失。

## (五)农业保险

农业保险主要是针对从事农业生产经营的单位或个人,在种植、养殖生产过程中因自然灾害或意外事故所造成的损失给予经济补偿的一种财产保险。

根据保险标的的特点,农业保险分为农作物保险、林木保险、畜禽保险和水产养殖保险等险种。

### 1.农作物保险

农作物保险是以各种粮食作物(如水稻、小麦)、各种经济作物(如棉花、烟叶、瓜菜)作为保险标的,以各种作物在生长期或收获期内因自然灾害或意外事故造成的收获数量和质量损失或生产成本的损失为保险责任的保险,例如小麦生长期保险、西瓜雹灾保险等。

### 2.林木保险

林木保险是以国营、集体林场、果园和个体林农、果农营造所有的人工林和天然林(包括森林和果树)作为保险标的,保险人承担因自然灾害或意外事故造成标的物损失的经济赔偿责任的一种保险行为,如森林火灾保险等。

### 3.畜禽保险

畜禽保险是以农牧场、个体养殖专业户人工饲养的役用、乳用、种用、肉用、观赏用的大牲畜(包括牛、马、驴、骡等)、中小家畜(包括猪、羊等)、家禽(包括鸡、鸭、鹅等)作为保险标的,保险人承担养殖过程中因自然灾害或意外事故造成的经济损失赔偿责任的一种保险行为,如生猪保险、养鸡保险等。

### 4.水产养殖保险

水产养殖保险是以养殖场或个体养殖专业户利用浅海滩涂等海水水域或江河、湖泊等淡水水域人工养殖的各类水生动植物(包括鱼、虾、蟹、扇贝、海带等)作为保险标的,以在养殖过程中因自然灾害或意外事故造成的经济损失为保险责任的一种保险。

## (六)责任保险

责任保险险种主要有产品责任保险、雇主责任保险、公众责任保险和职业责任保险。

### 1.产品责任保险

产品责任保险是一种以产品生产者及销售者因其生产、销售的产品的缺陷,致使消费者遭受人身伤害或财产损失时应承担的经济赔偿责任作为保险标的的责任保险。

2．雇主责任保险

雇主责任保险是一种以雇主对雇员在其受雇期间从事与雇主业务有关的工作时因意外事故或职业性疾病而伤残或死亡时应承担的经济赔偿责任作为保险标的的责任保险，也称劳工灾害赔偿保险。

3．公众责任保险

公众责任保险是一种以各类企事业单位、机关、团体、个人等在固定场所从事生产、经营等活动以及日常生活中因意外事故造成他人的人身伤亡或财产损失依法应承担的经济赔偿责任作为保险标的的责任保险，也称公共责任保险。

4．职业责任保险

职业责任保险是一种以各类专业技术人员，包括医生、建筑师、药剂师、会计师、律师等，因工作上的疏忽或过失造成其当事人或其他人的人身伤害或财产损失依法应承担的经济赔偿责任作为保险标的的责任保险。

（七）信用保险和保证保险

信用保险和保证保险都是一种以信用行为作为保险标的的保险。其主要种类有：

1．国内商业信用保险

国内商业信用保险承保企业在延期付款或分期付款时，卖方因买方不能如期偿还全部或部分货款而遭受的经济损失。

2．出口信用保险

出口信用保险是一种以鼓励本国出口商扩大出口贸易，开拓海外市场而给本国出口商提供收汇风险的保险。

3．投资保险

投资保险是一种由保险人承保因政治原因（如战争、政府征用或没收、国家实行汇兑限制等）造成被保险人（投资商）的投资损失的信用保险，也称政治风险保险。

4．合同保证保险

合同保证保险是一种由保险人承保权利人因被保证人不履行各种合同义务所蒙受的经济损失的保证保险。

常见的有建筑工程承包合同的保证保险、招标投标中的投标合同保证保险。

5．忠诚保证保险

忠诚保证保险是一种由保险人承保因雇员的不诚实行为（如欺诈、盗窃、贪污、侵占、伪造等）造成雇主的经济损失的保证保险，也称雇员忠诚保证保险。

**6. 产品质量保证保险**

产品质量保证保险是一种由保险人承保产品生产者、销售者或修理者因其生产、销售或修理的产品质量有内在缺陷而给使用者造成的产品本身的损失及引起的间接损失和费用的保证保险,也称产品质量信誉保险。

**(八) 人寿保险**

**1. 简易人身保险**

简易人身保险简称简身险。年龄在 16 ~ 65 周岁、身体健康的被保险人,在保险期间发生死亡、伤残或满期仍生存等保险事故,保险人将依约定给付保险金。简身险属于生死两全险附加意外伤害保险的一种混合型人身保险险种。

**2. 养老年金保险**

养老年金保险就是保险人在约定的期间内定期给付保险金的一种生存保险。凡年满 16 周岁的城乡居民均可投保,从约定领取养老金年龄开始,保险人按约定周期,如年、季、月等,给付保险金,直至被保险人死亡。

**3. 子女教育、婚嫁金保险**

子女教育、婚嫁金保险,也属于混合型险种,是由两全保险、年金保险、意外伤害保险、意外伤害医疗保险混合而成的。凡满 1 周岁的儿童均可作为被保险人。保险人承担的保险责任包括中学教育金、大学教育金给付、婚嫁金给付、死亡给付、残废给付和医疗费给付。

**4. 投资连结保险**

投资连结保险是由中国平安保险公司在 1999 年首推的一种新型人寿保险,带有投资功能的寿险险种。保险费分为两部分,一部分用于保险保障,另一部分用于投资,投保人或被保险人要承担投资风险,投资收益将全部计入投资账户,属于投保人或被保险人所有。此类险种的投资与其他寿险险种所形成的保险基金的投资是分开的。

**5. 分红保险**

分红保险既能为被保险人提供风险保障,又可以让被保险人参与分红,使被保险人分享保险公司的投资和经营成果。

**(九) 意外伤害保险**

意外伤害保险是一种以被保险人因意外伤害所致死亡或残废为给付保险金条件的人身保险险种,常见的有团体人身意外伤害保险、学生团体平安险、旅客意外伤害保险。

1. 团体人身意外伤害保险

团体人身意外伤害保险是一种集体投保,以各类企事业单位、机关、团体的成员为被保险人,对因意外伤害事故致死、致残,保险人按约定给付保险金的意外伤害保险。

2. 学生团体平安险

学生团体平安险也称学平险,是一种集体投保,以在校的大、中、小学学生为被保险人,在保险期内因疾病或意外伤害事故致死、致伤、致残,以所需用的医疗费用由保险人按约定给付保险金。这是一种意外伤害保险附加健康保险的混合性险种。

3. 旅客意外伤害保险

旅客意外伤害保险是一种以乘坐火车、飞机、轮船、长途汽车等的旅客为被保险人,在指定的旅程内因意外伤害事故致死、致伤、致残,由保险人按约定给付保险金的意外伤害保险。

**(十)健康保险**

健康保险指被保险人因并不能从事工作,以及因病造成死亡或残疾时,由保险人负责给付医疗费用或保险金的保险,包括重大疾病保险、医疗保险和生育保险。

1. 重大疾病保险

重大疾病保险是一种当被保险人在保险期间被确诊患有特定的疾病,如肿瘤、白血病等,或因特定疾病死亡、残废时,由保险人给付保险金的健康保险。

2. 医疗保险

医疗保险是一种由保险人承担被保险人因疾病或意外伤害所需治疗时支出的医疗费用,包括门诊医疗费、住院医疗费和手术医疗费的健康保险。

3. 生育保险

生育保险是一种被保险人因分娩、节育而致死、致残,由保险人给付保险金的健康保险。

## 小结

保险是指投保人根据合同约定,向保险人支付保险费,保险人对于合同约定的可能发生的事故因其发生所造成的财产损失承担赔偿保险金责任,或者当被保险人死亡、伤残、疾病或者达到合同约定的年龄、期限等条件时承担给付保险金责任的商业保险行为。

保险的构成要素主要包括:①必须以特定的风险为对象;②必须以多数人的互

助共济为基础;③必须以对风险事故所致损失进行补偿为目的;④合理的保险费计算。

保险具有互助性、经济性、商品性、法律性和科学性的特征。

保险的职能是指保险作为一种制度安排,在其运行过程中所固有的、内在的、独特的功能,它是由保险的本质决定的,并且随着社会生产的发展、保险制度的不断完善而增加。通常认为,保险具有经济补偿、资金融通、防灾防损、社会管理四大职能。

保险的作用是保险职能在具体实践中表现出来的效果。归纳而言,保险的作用主要体现在以下几点:①及时补偿灾害事故损失;②安定人民生活;③促进防灾防损工作;④积聚建设资金;⑤促进技术进步;⑥促进国际经济交往。

根据不同的要求,从不同的角度,保险可以有不同的分类方法。

按照保险标的不同,可以分为人身保险和财产保险。按照保障责任范围的差异,人身保险又可以分为人寿保险、人身意外伤害保险和健康保险;按照保险标的的不同,它可以进一步划分为财产损失保险、责任保险和信用保证保险。

按照经营目的的不同,保险可以分为商业保险、社会保险、政策保险和互助合作保险。

按照保险的实施方式的不同,可以分为自愿保险和强制保险。

按照保险人承保方式的不同,保险可以分为原保险、再保险、共同保险和重复保险。

按照投保方式的不同,可以分为个人保险和团体保险。

按照承保风险的不同,可以分为单一风险保险和综合风险保险。

# 第三章　保险合同

## 引言

在现代经济社会活动中,交易双方往往依靠一纸合同来约束双方的行为,而合同的法律效力使双方更好地履行各自的权利与义务。

本章阐述保险合同的相关知识,首先是保险合同的含义、形式和特征;其次阐述保险合同的效力和转让;最后重点阐述保险合同的基本原则以及对保险合同的解释。

## 关键词

保险合同　效力　保险利益原则　最大诚信原则

## 第一节　保险合同的形式与特征

合同又称契约,约定了当事人的权利和义务。保险合同是约定投保人或被保险人与保险人权利义务的契约,是经济合同的一种。

保险合同的形式可以是长期保险合同形式和临时保险合同形式两种。临时保险合同,是指正式订立书面合同或签发保险单之前所订立的暂时性保险合同。之所以需要订立临时保险合同,通常是因为保险人管理上的延迟以致来不及签发正式保险单,或者是保险人做进一步调查而不能立即签发正式保险单。

一般而论,保险合同具有射幸、属人、附合等特征,因此又称射幸合同、属人合同或附合合同。对于保险合同是双务合同还是单务合同的认识,学者们的意见有些不同。

本节首先阐述两种临时保险合同,然后阐述保险合同的几个特征。

## 一、临时保险合同

### (一)口头临时合同

口头临时保险合同,多发生在财产保险中。因人身保险代理人通常没有订立合同的权力,所以,人身保险中几乎不存在订立口头临时合同的情况。

一般情况下,保险人可以用口头保险合同形式立即提供暂时保障,这适用于财产类的火灾、意外和海上保险,直至签发正式书面合同为止。口头临时合同的有效期通常限制在很短的时间以内(如美国有的州为30天)。尽管有效期很短,损失发生后,仍然存在被保险人欺诈的危险,甚至存在与保险代理人勾结、根据口头合同进行索赔的可能性。

与正式合同一样,口头合同必须满足合同的法律要件才有约束力。尽管口头临时合同在法律上有效,但为了避免日后发生纠纷,通常将口头合同尽可能迅速地加以记载使之成为临时书面合同,以保护双方当事人的利益。代理人通过电话约定的口头暂保单,一般是在约定之后出具书面文件以资证明。因此,在实践中口头临时合同很少应用。

### (二)书面临时保险合同

无论是财产保险还是人身保险,由于种种原因还有可能需要订立书面临时保险合同。

#### 1. 财产保险中的暂保单

为了满足投保人的需要,同时也为了防止流失客户,在财产保险中,实务上保险人常常仓促地订立临时书面合同——暂保单。在西方国家,暂保单又称承保条,其特点在于它的临时性,暂保单能证明保险人在正式保险单签发之前所负的责任。暂保单在保险人签发正式保险单时终止,或者在发出拒绝承保通知的当时或一定时间内终止。

暂保单通常包括下列几项内容:

①保险金额及保险费率。当费率不能确定时,暂保单可不必订定费率,直到签发正式保险单确定了费率为止,保险费追溯到暂保单生效的时候起算。

② 被保险人姓名、承保的险种及保险标的有关事项。

③ 保险责任开始与终止日期,通常在30天以内。

④ 如保险事故发生在暂保单有效日期终止之前,保险费依照保险金额按年度计;如在有效期内没有发生保险事故,保险费按实际期限计算。

此外,拒绝承保的终止时间、包含的正式保险单条款和条件等,都应在暂保单中声明。

2.人身保险中的附条件保险费收据

人身保险代理人没有签发暂保单的授权。然而,人身保险代理人收到投保申请书和第一笔保险费后,可以签发附条件保险费收据作为临时书面合同。这种临时书面合同的效力取决于投保人能否提供可保证据。如果投保人能提供可保证据,保险合同从签发附条件保险费收据之日起生效;否则,临时书面合同无效。这里所说的"可保证据",是指被保险人符合可保条件,通常包括但不局限于被保险人的健康状况良好、职业风险程度不高等可保条件。临时保险合同从收据出具之日起成立并生效。如果投保人递交投保申请书时未缴纳保险费,投保人的要约无效,代理人不签发附条件保险费收据。

为了限制或控制临时书面保险合同的效力,有的人身保险公司在保险单中注明保险责任从订立正式书面合同或缴纳首次保险费的时间开始。

虽然保险合同属于经济合同范畴,具有一般经济合同的许多特征,但也有不同于一般经济合同的特征。

## 二、保险合同的特征

### (一)射幸特征

一般说来,经济合同的交易都具有等价交换的性质,属交换合同。保险合同则不同,具有射幸性,因而属于射幸合同。这是由于订立合同时,保险合同双方当事人都知道他们之间将来换取的货币是不相等的。也就是说,投保人缴纳了保险费,如果没有发生保险事故,投保人则一无所得;反之,如果发生了保险事故特别是重大保险事故,投保人或被保险人获得的保险赔款会大大地超过其缴纳的保险费,甚至达千万倍以上。同理,在大多数情况下,保险人只收取保险费而无须支付保险金;但在少数情况下,保险人收取的是小额保险费,而支付给投保人或被保险人的赔款有可能超出其所收保险费千倍以上。所以说,保险合同属射幸合同。

然而,保险合同与赌博有根本的区别,主要是:

①保险合同的被保险人身份确定,其利益不受保险事故的影响;而赌徒都有输赢的可能,损失(输掉)的只有在赌博发生之后才能确定。

②保险合同要求投保人履行告知义务;赌博无须赌徒事先履行告知义务。

③大多数情况下,投保人或被保险人的损失有保险保障;赌徒所输的钱财无须事先遭受损失,也不会有人补偿其损失。

由于保险合同与赌博合同不同,所以前者受法律保护,后者非法,有可能遭受处罚。

### (二)个人特征

保险单是个人的合同,因此保险合同不能随意地转让给其他人。保险合同双方达成协议时,他们一致同意的一点就是彼此建立了商业联系。每一方都要考虑另一方的人格与操行。重要原因是,任何一方都不想让另一方找一个替代者。从保险人角度来讲,他企图将道德风险降至最小。如果允许被保险人自由转让保险单,会使承保人的努力化为乌有。例如,当张先生购买汽车保险时,保险人已考虑到了他以前没有出过交通事故或罚单。假如张某的汽车卖给李某,如果将保险也随车转移,需经过保险公司同意。同样,当赵女士选择从一家大保险公司购买保险时,她是考虑到它的声誉和上乘的服务。她不会选择声誉差的保险公司投保,不希望将自己的保险单转移给她不了解的保险公司。

因此,许多非寿险保险合同都有以下规定:"保险单的转移须由保险公司的书面同意,否则无效。"意思是保险单只有在征得保险人同意的情况下才可以转让给他人。

人身保险与财产险不同,在适当告知保险人的情况下,寿险保险单则可以自由转让。有效转让的寿险保险单不会改变其保障对象,但会更改可能行使所有权益的人,如指定受益人。

### (三)附合合同特征

保险合同是由保险公司或类似保险服务组织以及保险经纪人组织中资深法律工作者起草的。这些法律工作者对于保险合同中用词的含义、合同起草以及合同的法律根源有准确的理解。个人消费者没有这种专业知识。较大团体的风险管理者和他们的经纪人具有较多的知识和信息,在某些情况下可以起草自己的保险合同。然而,个人以及中小公司不能针对合同条款的措辞和保险公司在同一水平线上讨价还价。他们往往会一成不变地接受保险合同,也可能拒绝签署保险合同。

由于专业知识方面和讨价还价能力方面的不对称,与被保险人相比,保险人具有很大的优势。因此,对任何保险合同中的措辞,如出现两种或以上合理解释的含义,法院认为是模棱两可的措辞,该措辞应按有利于被保险人的含义进行解释。西方学者们用拉丁文 contra proferentum 来表达由此造成的后果,意思是"对含混不清的条款须按与起草人相反的含义作解释"。这一点,本章第四节将详述。

## 观点争鸣

### 1.单务合同与双务合同

单务合同是相对于双务合同而言。有的学者认为保险合同是双务合同,而有的学者认为保险合同是单务合同。主张单务合同的学者认为：所谓义务，是指可以由法律强制执行的事项。在订立保险合同时，通常只有保险人一方的承诺可强制执行，而投保人或被保险人的承诺不能强制执行。如果投保人或被保险人不遵守保险条件或缴纳保险费，保险人不能就此提起诉讼。因此，保险合同是单务合同。当然，及时缴纳保险费，以及合同生效后按照保险条款要求防损、施救、提交索赔单证等，通常是保险合同有效和保险人给予赔偿的条件，特别是人身保险合同更是如此。如果投保人或被保险人不缴纳保险费，发生保险事故时就不能得到保险赔偿。但是，如果投保人或被保险人履行了其承诺，保险人必须履行其义务。

2. 非要式合同与要式合同

在许多文献中，关于保险合同的特征还有：非要式合同（或要式合同）、有偿合同、保障性合同等。保险合同是非要式合同还是要式合同，学者存在争议，各国保险立法也存在差异。

非要式合同是指当事人订立合同不需要采取法律规定的某种形式，只要约定合同即成立。要式合同是指法律规定必须采取一定形式合同方能成立生效，如需要做成书面形式，需要鉴证、公证、第三人证明或有关机关核准登记等。

我国《保险法》第十三条指出："投保人提出保险要求，经保险人同意承保，保险合同成立。保险人应当及时向投保人签发保险单或者其他保险凭证。"这明确规定了保险公司在签发保险单之前保险合同成立的合法性，因此是非要式合同。这样规定有力地保障了保险消费者在保险单签发之前的合法利益。

# 第二节　保险合同的效力与转让

本节首先阐述保险合同的效力，包括有效、无效、非法和消灭，其中消灭又包括解除和撤销保险合同，最后论述保险合同的转让。

## 一、有效保险合同

有效合同是指能够依法强制执行的合同，有效保险合同也不例外。有效保险合同的双方需履行合同中的义务并享有其权利，如果一方不履行合同约定的义务，称为违约。一方违约或双方当事人对于合同的解释出现了争端，在协商不成的情况下，可以诉诸法院。法院可以依法强制执行，或判决违约方执行原合同条件，或采取其他补救措施对遭受损失的受害方予以补偿。因此,如果保险人违约而拒绝赔偿有效合同项下投保人或被保险人遭受的经济损失,投保人或被保险人可以通过法院强迫保险人履行;如果法院认为保险人拒绝赔偿是由于其信誉问题,保险人除了赔偿投保人或被保险人的损失外,在有的国家还可能受到保险监管部门的罚款处分。

合同法规定,凡订立有效合同须具备四个要件:要约与承诺、对价、当事人须具有行为能力以及合同的目的合法。保险合同也不例外。

（一）要约与承诺

当一方与另一方进行有价交易时,提出交易的建议是要约;如果另一方同意该建议,则称为承诺。要约必须尽量表达清楚,意思确切;承诺必须无条件而且表达清楚。要约一经承诺,合同成立。也就是说,合同当事人必须就所有条件意见一致,方达成协议。如果一方提出要约,而另一方接受其中一部分条件,而对另一部分予以拒绝并提出其他条件,则另一方的行为称为反要约。如果提出要约的一方无条件地接受反要约,合同亦告成立。

要约和承诺可以是口头形式,也可以是书面形式,这两种形式均为法律所承认。购买保险时,投保人填写完投保险单,则表示提出了购买保险的要约。如果保险人接受要约——同意承保,即视为承诺。应当注意,保险代理人招揽新业务,并不构成代理人提出销售保险的要约,而是要约邀请。当保险人签发保险单时才意味着对投保人要约的承诺。

（二）对价

经济合同双方交易的代价称为对价。对价可以是有形的,例如金钱;也可以是无形的,例如承诺去做或不做某件事。凡有效合同都必须存有对价。

在保险合同中,保险人给出的是一种无形的对价,即承诺在一定条件下对投保人或被保险人进行赔偿或给付保险金,或者说,只有当发生了承保风险并造成了损失时,保险人才进行赔偿或给付。如果没有发生承保风险,或者即使发生了承保风险但并未造成损失,保险人也不存在赔偿或给付。与保险人的承诺相对应,投保人所给的对价是缴纳保险费及遵守保险合同的条款和条件。

（三）当事人须具有行为能力

并非任何人都有订立合同所具备的行为能力。为了全社会的利益,法律规定未成年人和精神病患者不具有签订合同的行为能力。这一原则的目的是为了避免一些人从本来没有行为能力的人身上获取不正当的利益。

西方国家,如美国很多州的法律允许稍大一些的未成年人在某些特殊情况下,可以签订有约束力的保险合同。

同样,保险人必须具备签订合同的资格,即保险人必须领取营业执照才能营业。多数国家规定,如果投保人由于不了解保险人不具备营业资格而与之签订了合同,后来又遭受了损失时,法律通常不会使保险合同无效,而是允许投保人或被保险人或受益人通过法律强制保险人履行合同。同时,未经授权经营的保险人还会被处以罚款或受到其他形式的惩罚。

（四）目的合法

当事人签订保险合同的动机必须合法,意图或目的应是法律所允许的。以反社会为目的而订立的保险合同不能依法强制执行,法院也不会支持此类合同的当事人。以赌博方式为名人的生命购买保险,或为其他与自己没有合法利害关系的人购买保险,都属于不能依法强制执行的无效保险合同。如果投保人想从不存在保险利益的合同中得到好处,法院会判决该保险合同无效。

## 二、无效与非法保险合同

无效保险合同,是指依法不能强制执行的保险合同。用法律术语表达,无效合同是指合同从来就没有存在过。

无效保险合同从一开始就缺乏有效合同的一个或多个要件,属于不能依法强制执行的保险合同,当事人也不能通过追认使合同有效。如果投保人订立财产保险合同的目的非法,例如,打算通过故意纵火骗取保险金,一旦发现其非法动机,该保险合同不予依法实施。然而,一个无行为能力的人签订了保险合同,虽然可以使合同自始无效,但经其批准或追认后仍属有效保险合同。

合法是有效合同的要件之一,所以,非法合同通常属于无效合同。非法合同是指订立的合同违反了法律或公共政策,或是合同标的与非法活动有关,或是在履行中有违法行为的合同。

但是,由于保险合同的特殊性,并不是所有的非法保险合同都是无效保险合同。在西方国家,因违反成文法、违反公共政策以及涉及非法行为的保险合同,在法律执行上,有许多复杂的情况,因而,判断合同是否有效也有许多争议和处理方法。如在财产保险中,有非法占有财产的情况,也有合法占有非法使用的情况,也有用于非法行为财产的情况;在人身保险中,有被保险人因非法行为死亡、被执行死刑和自杀的情况。因人身保险单的受益人不同,犯罪的情况不同,自杀的目的和自杀者的神智情况不同,法院的判决结果也会不同。

我国新《保险法》规定人身保险单的自杀除外条款,把适用期限制在从签发保险单之日起两年之内。这样规定的理由是,一个人如果打算自杀,一般不会在一、二年之后才完成他的自杀计划。

如果因没有及时缴纳保险费致使保险单失效,但后来又通过复效使原保险单继续生效,两年的自杀抗辩期是从原保险单生效之日起算,还是从保险单复效之日起算,在处理方法上有些差异。

当然,保险人如果主张被保险人自杀而免责,应承担举证责任,以证明被保险人并不是死于任何的意外事故。

### 三、保险合同的解除与撤销

所谓解除保险合同,是指结束合同项下的权利和义务,任何一方无须再履行合同。因此,保险合同一经解除,保险人不再承担赔偿或给付保险金的责任。如果合同解除的效力不是从解除之日起,而是追溯至合同成立之日,这种解除通常称之为撤销合同,因为其法律后果等于无效合同,即合同自始无效。

#### (一)保险合同的解除

按照合同自由原则,双方当事人既然可以订立合同,无疑也可以通过协商一致解除合同。双方协议解除时一般无须采用书面形式,但为避免纠纷起见,最好以书面约定为妥。在实践中,双方协商一致解除保险合同的情况少见,相反,往往是单方当事人解除保险合同。

单方当事人解除保险合同一般有两种情况:一种是在一定条件下解除保险合同。例如,多数保险单载有不缴纳保险费保险单自动解除条款。按照该条款,投保人或被保险人可以直接采取不缴纳保险费的方法以解除合同。另一种是当事人书面通知对方解除。

#### (二)保险合同的撤销

保险合同一旦被撤销,意味着合同从一开始就没有法律效力。撤销合同通常是合同一方当事人的行为。在合同被撤销之前,仍然可以依法强制执行。由此可知,可撤销的保险合同的效力决定于合同是否被撤销。

并非所有保险合同都可以被撤销,也就是说,撤销合同的一方当事人须具有法定的理由才能行使其撤销权。在订立保险合同之前或当时,如果一方当事人(往往是投保人)违反了诚信原则,则另一方当事人(通常是保险人)可以撤销保险合同。

在订立保险合同之前或当时,如果双方当事人对同一重大事实产生误解,是双方错误,则该保险合同也可以被撤销。如王先生为其母向甲保险公司购买了20万元的年金保险合同,约定甲每月向王母给付年金。购买时王先生和甲公司均认为王母身体健康,而且可生存到正常的预期寿命。但实际上王母已于年金合同订立前的两天在空难中死亡。由于双方当事人对重大事实都有错误——认为王母还活着,保险人甲有权撤销保险合同,但应返还王母缴纳的保险费。

当保险人撤销合同时,不但应有法定的撤销理由,而且还须满足法律规定的撤销条件。撤销条件包括提前通知投保人或被保险人,在人身保险单的宽限期内不得撤销保险单等。如果撤销的是强制性的汽车保险,保险人还应通知有关部门。

出于公共政策或社会安定的考虑,法律限制撤销个人的人身保险合同的权力,所以,人身保险单都载有不可抗辩条款。不可抗辩条款中的"抗辩"一词,指保险人对保险单的有效性向法院提出异议。人身保险合同中通常载有不可抗辩条款,规定保险单在被保险人生存期间生效两年后,除非投保人或被保险人未缴纳保险费,否则,保险人失去了以不实告知等理由请求法院撤销保险合同的抗辩权利。

### (三)解除及撤销合同与保险费的返还

合同被解除或被撤销后保险人是否需要返还保险费? 对这个问题,一般规定是:解除保险合同时保险人须按一定比例返还保险费;至于保险人撤销保险合同,则依据撤销的法定理由、保险业务的种类,特别是保险单条款而定。如果保险人基于投保人的不实告知而撤销保险合同,一般原则是:如果不实告知是出于欺诈,保险人不必返还保险费;如果不实告知是由于善意,则通常需要返还保险费。在后一种情况下,如果撤销的是人身保险合同,保险费只返还给投保人或被保险人,而不是受益人。

## 四、保险合同的转让

保险合同的转让是指投保人或被保险人将合同权利转让给第三人,其中投保人或被保险人称为转让人,接受转让的第三人称为受让人。

保险合同的转让一般分两种:保险单项下诉讼产权(即保险金)的转让和保险单本身的转让。

### (一)转让保险单项下的诉讼产权

转让保险单项下的诉讼产权,就是转让保险单项下的权利或权利上的财产,通俗地说,是将保险单项下的保险金转让给第三人,而不论第三人是否对该财产具有保险利益。例如,如果债权人对保险标的没有留置权或抵押权,则他们对该财产就不具有保险利益。尽管如此,投保人或被保险人还是可以将保险金转让给债权人的。

转让保险单项下的诉讼产权须经保险人同意。转让可在损失之前或之后进行,只要在保险人赔偿或给付之前转让都可以执行。财产保险单中经常使用的"如发生损失,保险金付给……"这一条款,就是保险单项下诉讼产权转让条款。有时候,保险单的赔偿或保险金的给付条款会附加"限于第三人拥有的利益"之类的措词,以表明第三人所能获得的保险金仅仅以其债权为限,剩余的保险金仍然支付给投保人或被保险人或受益人。当然,保险单项下诉讼产权的转让如果没有得到保险人同意,就需要转让人与受让人另行签订转让协议。

转让保险单项下诉讼产权,适用于诸如债务人愿意将保险单项下的保险金支付给债权人之类的情况。例如,人寿投保人或被保险人可以将保险单中的某些权益转让给银行或其他债权人以作为贷款的担保。当投保人或被保险人还清贷款时,保险单项下的权益回归投保人或被保险人。

**(二)转让整个保险单**

转让整个保险单意味着转让人不再是投保人或被保险人,而受让人成为投保人或被保险人,此时受让人须承担保险单义务,并缴纳保险费。因此,转让财产保险单时,受让人必须对保险标的有保险利益。

由于转让整个保险单涉及被保险人的变更,所以保险单转让后,保险人在赔偿范围内有权代位受让人起诉转让人,而不再像保险单未转让之前那样,保险人有起诉受让人的代位权。在保险单转让这个问题上,财产保险和人身保险的法律后果有显著的不同。

**1. 财产保险单的转让**

前面提到,保险合同特别是财产保险合同是个人合同,保险人基于对特定投保人或被保险人即被保险人的信任和了解才与之签订合同。因此,投保人或被保险人未经保险人同意就不得擅自转让保险单,否则,保险单转让无效。

当保险财产出售或过户时,财产保险单并非自动发生转让,或者说保险合同并不随财产的转移而转让。因此,保险合同的转让必须在转让人、受让人和保险人之间用协议的方式予以注明,否则,有可能致使转让的保险合同无效。这是因为,当财产的全部所有权发生转移时,未经保险人同意,保险合同并没有转让给新的所有权人。但对财产原所有人而言,由于财产的转移又使之不再对财产有保险利益。

**2. 人身保险单的转让**

人身保险中,转让整个保险单的情况通常是保险单赠予或出售保险单。由于人身保险单的转让通常不会改变被保险人,只是改变行使权利的人,保险人承担的风险不会改变,所以西方有的法院或仲裁机构竭力将投保人或被保险人的保险金归属于投资价值,允许人身保险单可以自由地转让给没有保险利益的第三人,而不必事先经保险人同意。我国《保险法》对受益人变更的规定是第四十一条:"被保险人或者投保人可以变更受益人并书面通知保险人。""投保人变更受益人时须经被保险人同意。"

当然,如果投保人或被保险人指定了不可撤销的受益人时,未经受益人的同意应不能变更。如果转让人保留有变更受益人的权力,仍然可以变更。

# 第三节　保险合同的基本原则

与一般经济合同不同,法律规定签订和履行保险合同要遵循保险利益原则、损失补偿原则、最大诚信原则和近因原则。其中近因原则是损失补偿原则的限制条件之一。有的学者称损失补偿原则有两个派生原则,即代位求偿原则和分摊原则。然而从总体上分析,代位求偿和分摊也应是损失补偿原则的限制条件。稍后予以详述。

## 一、保险利益原则

保险利益又称可保利益,是指投保人或被保险人对投保的标的具有法律上承认的经济利益。

如果人们对没有经济利益的财产或人进行投保,保险便成为赌博。被保险人不是接受损失补偿,而是通过损失致富。这种保险合同曾在英国的一个时期存在——18世纪,无保险利益的保险合同导致的欺诈和谋杀,促使当局加快立法,禁止签发那些投保人或被保险人对损失不具备可保利益的保险单。

### 1. 财产保险的可保利益

除非在保险事故中遭受实际损失,否则就不能获得保险金,这是当今法律的精髓。在财产险中,投保人必须具有法律上承认的所有权形式,比如所有权证书以及其他一些可以证明经济利益的形式。除财产所有权之外,可保经济利益还包括委托,抵押贷款或其他以财产为担保或抵押取得贷款的交易。在一些情况下,被保险人有一个购买房屋的合同或具有预期的财产,但是当损失发生时,交易还没有完成,对此,应允许被保险人追回损失。具体地说,即对同一财产可以有多方具有可保利益。例如,所有者和抵押贷款人对同一建筑物都可保险。

在财产险中,当损失发生时,被保险人的经济利益必须存在。如上面提到的,一个人也许对尚未获得所有权的财产投保,但无论如何,如果要获得保险金,就必须证明他或她因保险事故而遭受了损失。

例如,刘某和李某各自拥用同一酒吧的一半所有权。如果损失发生,每人各应得到一半保险金。假设10月14日,刘某将酒吧的份额卖给了王某。若损失在10月15日发生,刘将无权获得赔偿,因为此时该酒吧对于他已不具备可保利益了。换句话说,在损失火灾发生时,他已经获得了出售收益。如果他既获得保险金又获得出售收益,这是他从损失中获得额外利润,是保险利益原则所严格禁止的。

2. 人身保险的保险利益

在人身保险中,投保人必须对延续被保险人生命存在着法律上承认的利益。当购买保险单时,这个利益就必须存在。人们对自己的生命拥有无限的可保利益,可以购买保险公司允许范围内的任何金额的保险。更进一步说,法律认为丈夫、妻子对于对方的生命拥有无限的可保利益。如果超出这种亲密的家庭类型关系的情况,可保利益必须要能够被证实,否则它就不存在。通常可以被证实的可保利益包括:债权人对债务人生命的可保利益(但保险金额与债务之间的关系应当合理),合伙人之间对对方生命的可保利益,以及雇主对重要雇员生命的可保利益。

人身保险还有一个特点,就是投保人,而不是受益人,必须对被保险人具有可保利益。保险单所有人或被保险人是有权实施合同权利的一方,比如指定受益人,将保险单过户转让,从保险公司贷款以及指定分红方式等。受益人是在被保险人死后获得保险金的一方。受益人不须对被保险人的生命具有可保利益。当然,投保人可以是保险单的受益人。

例如,父亲是人身保险的被保险人(他的死亡会使保险单终止)。母亲是投保人,孩子是受益人。在此情况下受益人具有可保利益。然而,也有可能指定一个慈善组织或贫困地区的某学校作为保险单的受益人,两者对于被保险人生命来说都没有可保利益。

3. 保险利益存在的时间要求

由于财产保险合同属于损失补偿合同,人身保险合同属于给付合同,所以,究竟什么时候须具有保险利益?在这个问题上两者有所不同。

①财产保险在西方国家18世纪的保险中,要求被保险人既在投保时有保险利益,又要在财产发生损失时也有保险利益。后来发现这种要求在海上保险中很不现实。鉴于被保险人对保险标的难以控制和掌握,所以,即使保险人签发保险单时保险标的已经灭失,只要投保人对此不知情,或者说不存在欺诈,被保险人仍有权获得补偿。英国劳合社船货保险单中的"不论灭失与否(lost or not lost)"条款就是如此。这是由于在中世纪通信联络不发达,船货是否在途中发生灭失,船东、货主

不一定知道。为了保护被保险人的利益，所以规定了这一条款。

目前，多数国家的成文法只规定财产发生损失时被保险人具有保险利益即可；只有极少数国家或地区的成文法规定，不但投保时而且发生损失时被保险人均应对保险标的有保险利益。即使如此，法院在判决时也没有给予投保时须有保险利益以足够的重视。我国《保险法》第十二条规定："财产保险的被保险人在保险事故发生时，对保险标的应当具有保险利益。"也只要求在发生损失时有保险利益即可。

②人身保险与财产险不同，人身保险要求在购买时应当具备可保利益，而在发生保险事故时不必表明是否存在可保利益。我国《保险法》第十二条规定："人身保险的投保人在保险合同订立时，对被保险人应当具有保险利益。"

法律这样规定的原因是人身保险一般时间较长，发生变故较多，而且更重要的是人们把人身保险当作一种投资行为。从深层次分析，这个规则是"两害权衡择其小者"。一方面，离婚就意味着对于配偶的可保利益消失。如果保险单因为不存在可保利益而在此时作废，被保险人将受到伤害。如丈夫患晚期疾病，损失就更大了。另一方面，如果在其妻子已经不具有可保利益的情况下，仍然允许她得到保险金的给付，这就违背了损失补偿原则，甚至诱发道德风险。

当然，法律不允许杀人犯从其罪恶中获利。在谋杀事件中，保险人会在法院的指导下将保险金给付给死者的合法继承人，而不是杀人犯。

## 二、损失补偿原则

保险合同将对投保人或被保险人的损失提供赔偿。但是，不能允许被保险人从保险中获得利润，否则保险将成为欺骗性损失和夸大索赔的诱因。赔偿意味着使被保险人在经济上恢复到受损前的同等状态。任何对这一规则的偏离都属于不当赔偿。保险人通过可保利益原则，实际现金价值结算，以及实行代位追偿条款来实施损失补偿原则。

### （一）损失补偿原则的三个例外情况

对保险契约是损失补偿性契约这一点，我们应注意它有以下三个例外情况：人身保险例外、定值保险例外和重置成本保险例外。

#### 1.人身保险例外

因为生命的经济价值在死前是无法精确测算的，所以人身保险不能是损失补偿性合同。在寿险中，一个人不可能在经济上恢复到受损死亡前的同等状态，包括未知的未来收入状况，因为这种状态事先是无法预料的。尽管如此，寿险承保人在允许被保险人获得比他们的地位更多的保险保障的同时,还特别注意避免超额保险。对于人寿险保险人来说,超额保险会带来不可接受的道德风险,因此他们不想让被保险人死亡的价值比生存的价值更大。在实践中,人身保险也是承认补偿原则的,但是它不能做得如此合法。

2. 定值保险例外

定值保险是损失补偿原则的另一个例外。无论何时发生全部损失,定值保险单只赔付一个限定的责任金额。被保财产的价值是在签订保险合同之前经双方认可的。如果发生了全部损失,实际的损失可能会大于或少于已经固定好的金额,而保险人是按约定金额赔付。保险人对一些远洋或内陆水上保险合同采用定值保险。定值保险一般用于所承保标的市场价值波动较大或难以准确测定的情况,例如艺术品和收藏品。保险人在签订定值保险单时也承认补偿原则,通常要求投保人对他们的财产估价以确定一个可保价值。

3. 重置成本保险例外

重置成本保险是保险公司承诺支付财产的修理或重置的全部费用,不作折旧扣除。如果被保险人破旧失修的房屋遭受了损害,若重置一个新的房屋,则被保险人显然是在房屋遭损之后生活得更自在。所以应被保险人的要求和保险人的同意,有的财产保险合同采用了重值保险。因为保险公司清楚地意识到签订此种保险单的潜在的道德风险,所以在重置成本合同中规定了条件和限制用以减少道德风险。例如,房屋保险条款中,一个重要的限制条件就是受损房屋的重建,规定要在原来的位置上重建。如不重建,保险人只向被保险人支付受损的实际现金价值,这要比重置成本少得多。

实际现金价值是指损失发生时的重置成本减除折旧的净值。重置成本是重建一个同样的建筑物而需要的金额(或部分损失额)。

(二) 损失补偿原则的限制

损失补偿原则是财产保险的基本原则之一。按照补偿原则,似乎觉得只要被保险人遭受了损失,保险人就应当承担赔偿责任,除非损失属于保险单的责任免除。但实际情况是,该原则还有许多限制。除了保险利益、保险单面额外,损失补偿原则还受近因、另有保险(或称其他保险)、代位求偿等原则或条款的限制。

1. 近因对损失补偿的限制

近因对损失补偿原则的限制,是指在认定造成保险标的发生损失的原因是承保风险而不是责任免除风险的前提下,只有在致损风险是损失的近因的情况下,保险公司才予以赔付。否则,应予以拒赔。

近因原则产生于早期的海上保险。近因是指造成保险标的损失的重要的、有效的和直接的原因。多数西方学者认定近因是不间断事故链中的第一个原因。即在多种原因的情况下,如果前因与后果之间的链条没有中断,或者说前后原因之间没有其他原因的介入,则最初有效而且起支配作用的原因是近因,其他原因为远因。如果造成损失的最初原因是承保风险,保险人予以负责。否则,保险人概不负责。

美国纽约州法院审理的布朗案(Brown et al. V. St. Nicholas Insurance Co.,[1874年])中,内陆运输保险单承保了运河上的一条驳船。保险单规定,由于"结冰及运河关闭不能到达终点或延误航程",则保险单终止。案情是:大风将驳船吹离拖船后,又将驳船吹到岸边,驳船搁浅,而后又遭冰冻。解冻后驳船继续受大风助推,驳船连同冰块撞击到了另一条船,致使驳船沉没。法院判驳船损失的近因是风暴而不是冰,保险人应予负责。本案中,根据近因对损失补偿原则的限制规则,尽管损失的最近原因是碰撞,但从最初的大风直至沉没,其因果链条并未中断,而大风又不是免责风险,所以保险人应予负责。

同理,如果造成损失的原因并不在正常人预料之中,或事故链条之间介入了新的源于其他独立渠道的原因,则事故链条中断。在这种情况下,源于其他渠道的新的原因就是近因。这些近因限制着损失补偿原则。

**2. 权益转让对损失补偿的限制**

权益转让也称代位求偿,代位是一方对另一方的合法替代。权益转让的理论基础在于,如果一方必须支付因另一方的责任造成的债务,这种支付应当使其获得向负有责任的一方讨回债务的权利。

在保险中,当保险人赔偿被保险人索赔之后,权益转让便赋予保险人向第三方追偿的权利。权益转让最为典型的例子是汽车碰撞险案例。假定王先生在对赵女士车辆碰撞中负有责任。赵女士则可以就此损失向法院起诉王先生,也可以向他的汽车保险公司索赔。如果他选择后者,他的保险公司将取得权益转让而对王先生提起诉讼。这样,权益转让就起到了对损失补偿的又一限制,它防止了被保险人就同一损失可能做两次(或以上)索赔而获得利润。权益转让同时也防止责任方因为受损失的一方购买了保险而逃避他的赔偿责任。

一般机动车保险单都有如下规定:

"本保险单项下的赔款结付之后,保险公司将取得所有向责任方追偿的权利。""被保险人在受损后不应有任何损害该权利的行为。"

如果赵女士放弃对王先生起诉的权利,实际上就是放弃了她的保险人的权利。

因为保险人的利益因她的行为受到损害,所以保险人就不必赔付赵女士的损失。然而,有的保险合同允许被保险人在损失发生之前放弃权益转让的权利。如果合同中订有保持无伤害协议,这种情况就发生了。例如在财产所有者房东与房客的租约中,可能存在房东事先约定,由于火灾引起的损失不追究房客的责任。

如果保险人在权益转让诉讼案中获得了比他支付给被保险人更多的赔偿,一般情况下,差额应该归被保险人所有。

权益转让不适用于人身保险,因为人身保险不是补偿性保险。因此,如果孙先生因为邻居的疏忽而死亡,对因为丈夫的不公正去世,法庭判给孙太太的任何赔偿费用,她都可以接受。她也可以向保险公司请求保险金。人身保险公司对保险责任赔偿无权取得权益转让,也不能向责任方提起诉讼。

一般来说,由于保险人自己的疏忽而导致保险人给付赔款,保险人无权代位求偿。这是因为,首先,被保险人无权起诉自己,保险人不具有可代替的权利。其次,如果保险人可以对犯有疏忽的被保险人提起诉讼,那么,保险合同本身的价值会大打折扣。这种条款将会使责任保险失去价值。又因为保险财产的损坏,很多情况是由于被保险人的疏忽导致的,因而,财产保险也将失去意义。

请看1991年美国的一个案例。某保险公司和渔业公司签订了财产保险合同并且在火灾后予以赔付。而后该保险公司企图通过起诉公司经理凯卡恩·丹来追偿,因为该损失是由丹的疏忽而引起。从技术上分析,丹在保险单中对于渔业公司并不是被保险人,所以保险公司认为他应当视作疏忽的第三方而受到起诉。法庭用以下这段话裁定保险人无权从丹那里获得追偿:

"鉴于保险人寻求权益转让,试图从已经获得保险金的被保险方追回损失,本厅为防止此类代位求偿,特将在保险单中未署名的人认定为本保险单的被保险人。"

3."另有保险"对损失补偿的限制

如果投保人以同一保险标的向两家或两家以上的保险人投保,发生损失后所获得的保险金不得超过其实际损失。换言之,即使各保险人承保的总保险金额大大超过被保险人的财产价值,被保险人获得的赔偿也不得超过其实际发生的损失。这就是另有保险(或称其他保险)对损失补偿原则的限制。通常,保险人签发的保险单上载有"其他保险"条款,使被保险人的损失在保险人之间进行分摊。

除人身保险外,在大多数保险中,为了减少超额保险引发的道德风险,在投保人就同一保险标的向两家保险人购买了保险的情况下,保险人常借助于"其他保险"条款以废除至少是减少保险单的保障,使被保险人不能从中获利。因此,"其他保险"条款通常规定,当存在其他保险的情况下,本保险人或者撤销整个保险合同,或者将保险单责任减少到只承担其他保险的超额部分,或者按本保险单保金额占全部保险单总金额的比例承担损失。在以上的方法中,按比例承担责任是目前应用得最多的一种方法,即使在其他保险人破产而不能履行其比例责任时,各自按比例承担责任的方法仍然有效。

应用"另有保险"条款时,要求各保险单承保的是相同的被保险人、相同的保险标的、标的中的相同利益和标的遭遇相同的风险。在实际业务中,因为保险单中的内容与以上的条件之间的差异,形成了非常复杂的情况,因而产生了许多法律冲突问题。

## 三、最大诚信原则

购买保险的人在保险交易中须持最为诚实的态度,这反映在保证、告知和隐瞒几个方面。对缺乏诚信的处罚,就是保险人有权使合同无效。同样,法律也对保险人在保险交易中的诚信态度作了相应的规范,那就是弃权与禁止翻悔。

### (一)最大诚信原则对投保人行为的规范

#### 1.保证

在保险术语中,"保证"是一种对某事已发生或已存在的承诺(确认保证),或对某事是否将要发生的承诺(承诺保证)。保证分为书面的(明示)保证和通常理解的(默示)保证。

保证的传统规则起源于远洋运输保险,它的规定非常严格:被保险人对保证的任何违犯都允许保险人取消保险合同。如,船东必须保证他的船在起航时处于适航状态(确认保证),航线从纽约到阿姆斯特丹,所运货物是玻璃器皿(承诺保证)。如果轮船在开航时漏水,如果目的地是日本,或者如果货物是液体货物,对已保证的事项中的任何一项的背离,都构成对保证的违反。不管该违反是否导致损失,依照严格保证原则,保险人都可以宣布合同无效。

如某珠宝商,为自己的存货购买保险,填写投保单时,他保证在店门关闭后将100%的存货都放入保险箱或地下金库。出立保险单之后,小偷在闭店后进入并拿走了未放入保险箱的珠宝,价值超过75万元。保险箱内的珠宝没有偷走。该珠宝商向保险人提出索赔。保险人以违反保证为由提出拒赔。法院认定保险单语言清楚,被保险人应受保险单条款的约束,被保险人违反了保险单中的保证,保险人不负赔偿责任。

### 2. 告知

在订立保险合同之前,保险人通常向投保人提出一些有关损失风险的问题。投保人在正式投保单中的回答就是告知。正是这些说明才使保险人同意承保并签订保险合同。告知的一般原则是如果消费者作出虚假的回答,而这种回答是关乎具有实质性影响的重要事实,则保险人可以宣布合同无效。对重要事实的测试是问题的关键。如在投保汽车保险时,提问在过去 3 年中是否有交通事故或健康问题,投保人回答没有。但实际上,他对两起严重交通事故负有责任并且患有脚气病。毫无疑问,第一个虚假反映属于重要事实,而第二个健康问题则不是重要事实。如果他如实告知,所有的保险人都会增加费率或拒绝承保。当然,如果保险公司一贯向患有脚气病的人收取额外费用,那么这个虚假告知也是一个重要事实。

### 3. 禁止隐瞒

隐瞒是指在有义务说明事实的情况下保持沉默,或没有透露重要信息。因为保险合同是最大诚信合同,保险申请人必须说明所有重要事实。对隐瞒事实的最佳测试方法与虚假告知相同。当知晓所有的情况之后还会以相同的费率承保吗?例如,在投保人身险时,保险公司问在过去 3 年中是否看过医生接受过内科医师的治疗。投保人诚实地回答:"没有。"实际情况是,投保人没有另行说明她有过严重的胸痛而且几次昏倒失去知觉,虽然她并没有进行医药治疗。在这种情况下,保险人会有理由证明这是一种隐瞒,并有权取消保险单。

以上的保证规则、告知规则以及禁止隐瞒规则把保险合同与其他交易区分开来。如果被保险人以不诚实的态度对待保险人,就会导致保险人在损失发生之后不负赔偿责任。

### (二)最大诚信原则对保险人行为的规范

弃权和禁止翻悔是合同法中的两项重要原则,应用于保险合同中,主要目的在于抵消保险人通过草拟复杂的保险单条款及严格使用保证原则之便以获取不公平的利益。换言之,借助弃权与禁止翻悔这两种强有力的抗辩机制,可以有力地维护投保人或被保险人的权益。

### 1. 弃权

当投保人在投保申请书中有不实告知,或投保人违反合同成立的先决条件(例如交付保险单时没有以现金缴纳第一期保险费),或投保人或被保险人在保险期内违反条件或保证(如违反了预警系统必须维持正常功能),或发生损失后投保人或被保险人违反索赔条件(如未在规定期限内提供损失证据)……在这些情形下,如果保险人没有撤销保险单,或者没有对索赔提出抗辩,则适用弃权原则。

传递弃权的方式通常有两种：明示弃权和默示弃权。

明示弃权可以通过保险保险单本身来传递，如保险单载有不可抗辩条款，或者通过书面批单以改变保险单的条款和条件等。

默示弃权不是通过明示的方式，而是通过默示方式传递给了投保人或被保险人。保险人默示弃权的行为包括：

① 在投保人或被保险人违反条件或保证的情况下，保险人接受了未到期保险费；

② 在本来可以拒赔的情况下却行使了保险公司的特定权力，如聘请损失估价师、指定仲裁员或占有受损财产；

③ 在事先未同投保人或被保险人签订不放弃权利协议，例如不一定承担赔偿责任的情况下，要求投保人或被保险人提供损索赔单据；

④ 接受并保留损失证据而未表示拒赔责任；

⑤ 行使保险单项下的权利或提出保险单项下的要求，其权利或要求与根据条款撤销保险单或拒绝承担责任的意图不一致；

⑥ 对投保人或被保险人就保险单项下提出的诉讼，没有明确提出抗辩等。

2. 禁止翻悔

禁止翻悔是禁止行为人否认先前的行为或宣称与其先前行为相反的行为。如果保险代理人知道投保人对重要事实告知不实，保险人签发了保险单，投保人或被保险人缴纳了保险费，则可视为投保人或被保险人在于其不利的情况下信赖了保险人的默示告知——保险合同可以有效执行。在这种情况下，禁止保险人翻悔。

与弃权原则一样，禁止翻悔原则同样有限制，主要保险责任和事实的限制。保险责任限制，如保险人考虑到某投保人或被保险人缴纳的保险费多，但近年来赔付率低，曾许诺对今后发生的不属于保险责任的损失也可以适当赔偿。后来真的发生了属于责任免除的损失，保险人又依据保险条款拒赔。在这种情况下，禁止翻悔原则不适用——保险人不可不予赔偿；事实限制，如保险公司的陈述或告知仅仅是对将来的承诺，口头承诺对投保人或被保险人每期应缴的保险费发送通知，或者打算放弃将来权利的陈述，则不适用禁止翻悔原则。

常见的禁止翻悔案如：

① 在保险人将保险单交给投保人时，通过其代理人知道投保险单中的不实告知、违反保险单条件或保证，以致保险单可以撤销从而使之自始就无效，但投保人对此不知。在这种情况下，法院通常认定保险人已默示告知投保人保险单可以强

制执行。鉴于投保人缴纳保险费时的信赖以及没有另行安排保险,所以应禁止保险人就保险单可以强制执行进行翻悔。

② 保险代理人知道潜在的被保险人的有关情况,但不知道根据保险单条件或保证在订立合同时就被违反了,结果因疏忽将保险单卖给了无辜的投保人。对此,通常禁止保险人就投保人的违反事项进行抗辩,即使在投保人收到保险单时并未阅读,保险人也不得翻悔。

③ 为帮助投保人顺利获得保险单或者为了自己能获得佣金,保险代理人故意引导投保人歪曲回答投保申请书中的询问,一般判断是代理人知道的情况保险公司也知道,因而禁止保险人依照保险单赔款一事予以翻悔。

④ 当投保人为了能够抵押财产或者能够出售财产中的权益时,要求保险代理人在保险单上批注允许保险单抵押或出售,从而不会违反保险单中的条件或保证。如果保险代理人将保险单交给投保人时通知其已经批注,但事实上该代理人并未获得保险人的批注,或者签署批注的人不具有放弃保证或条件的授权,在这种情况下,无辜的投保人出于信赖保险代理人的不实告知而违反了保证或条件,根据禁止翻悔原则,保险人不得基于投保人或被保险人的违反而对索赔进行抗辩。

在很多情况下,禁止翻悔与弃权结合在一起,也就是说相当一部分禁止翻悔的适用与弃权极为相似。在法律上,当合同一方的行为导致另一方相信其无意坚持合同项下的权利时,禁止翻悔原则适用放弃权利的一方。可见,在这种情形下的禁止翻悔与弃权在结果上并无区别。这是因为两者是一个逻辑上的连贯过程,先有一方的弃权,而后有另一方援引禁止翻悔原则进行抗辩。如,投保财产险必须以自有房屋为保险标的,签发保险单时保险代理人理应知道非自有房屋的事实,不符合保险合同的先决条件,但没有提出异议。因为保险人出具的保险单是以自有为条件,而在签发保险单时,保险代理人凭其知识完全知晓。保险公司的不作为(弃权)与其主张拒赔的权利不一致,唯一公平的办法就是保险公司必须承担赔偿责任,不得翻悔。

**拓展阅读**

## 《保险法》第 16 条的约束条款

关于告知义务,当一方当事人违反时,对方有权解除合同,或者不承认合同中部分条款的有效性。但是,任何一方在履行解除或不承认的权利时,还要遵守《保险法》第 16 条规定的一些约束条件。

第 3 款规定:"前款规定的合同解除权,自保险人知道有解除事由之日起,超过三十日不行使而消灭。自合同成立之日起超过两年的,保险人不得解除合同;发生保险事故的,保险人应当承担赔偿或者给付保险金的责任。"

第 4 条规定:"投保人故意不履行如实告知义务的,保险人对于合同解除前发生的保险事故,不承担赔偿或者给付保险金的责任,并不退还保险费。"

第 5 条规定:"投保人因重大过失未履行如实告知义务,对保险事故的发生有严重影响的,保险人对于合同解除前发生的保险事故,不承担赔偿或给付保险金的责任,但应当退还保险费。"

第 6 条规定:"保险人在合同订立时已经知道投保人未如实告知的情况的,保险人不得解除合同;发生保险事故的,保险人应当承担赔偿或者给付保险费的责任。"

# 第四节 保险合同的解释

解释合同适用的原则称合同解释原则。保险合同是经济合同的一种,所以,保险合同的解释原则,一方面与其他经济合同相同;另一方面,保险合同有其通常不适用其他经济合同的特殊解释原则。主要是:

①整体解释原则。即从整个合同文本,而不是从合同的孤立部分获取合同的意思。换言之,从整体出发,综合考虑全部合同条文,将合同作为一个整体去解释。据此,参照合同的前文后语以确定具体条文或词语的意思,尽量给予合同的每个部分、每条条文以具体的含义;

②文字普通含义原则。即通常按合同文字的普通含义进行解释。也就是说,按照文字本身的最明白、最普通或最通俗的含义进行解释;

③维护合同的有效性原则。如有可能,应尽量将合同作有效、而不是无效的解释。通常应推定当事人的意图是要订立一份有效合同,所以应根据当事人的意图解释合同;

④针对原则。是指合同中的语言或条款如果存在两种或以上的合理解释时,应对该模棱两可的语言或条款作不利于合同提供人的解释。即以上所说在保险合同中,应作不利于保险人的解释;

⑤合理预期原则。这是与附合合同密切相关的另一解释原则,是西方国家正在发展、完善中的合理预期原则。依据该原则,法院重视并尊重投保人或被保险人

或受益人的合理预期，即使保险单中严格的术语并不支持他们的预期也应这样。具体地说，只要投保人或被保险人所期望的保险保障是善意的、合理的，即使合同没有该项保障范围，合同条款也并非模棱两可，甚至以清晰的措辞表明不予负责，但按照合理预期原则，保险人仍须承担赔偿责任。可见，合理预期原则扩大了保险合同责任，比针对原则走得更远。法院这样做的目的在于保护善意的投保人或被保险人或受益人，以实现保险市场的公平和公正。如果发生了保险人误导了投保人或被保险人，使投保人或被保险人误认为可以得到预期的保障，法院按合理预期原则进行判决。

根据传统的合同解释原则，如果合同用词清晰、明确，法院不能对此类词语进行强制的"合理预期"的解释。由此可以看出，合理预期原则打破了传统的合同解释原则的界限。

## 小结

保险合同是约定投保人或被保险人与保险人权利义务的契约。它具有射幸性、个人性、附合性和单务合同特征。

有效合同须具备四个要件：要约与承诺、对价、当事人须具有行为能力以及合同的目的合法。

保险合同的转让是指投保人或被保险人将合同权利转让给第三人，其中投保人或被保险人称为转让人，接受转让的第三人称为受让人。转让包括保险单项下诉讼产权（即保险金）的转让和保险单本身的转让。

保险合同遵循保险利益原则、损失补偿原则、最大诚信原则和近因原则。

保险利益原则是指投保人或被保险人对投保的标的具有法律上承认的经济利益。财产保险的可保利益包括财产所有权、委托、抵押贷款或其他以财产为担保或抵押取得贷款的交易。人身保险的保险利益必须有法律上承认的利益或血缘关系。财产保险要求在保险事故发生时有保险利益，人身保险要求在购买时具备可保利益。

损失补偿原则的适用有三个例外情况，即人身保险例外，定值保险例外和重置成本保险例外。

损失补偿原则除了受保险利益、保险单面额的限制之外，还受近因、另有保险（或称其他保险）和代位求偿等原则或条款的限制。

最大诚信原则对投保人行为的规范内容包括保证、告知与禁止隐瞒，对保险人行为的规范包括弃权与禁止翻悔。

保险合同的解释原则包括整体解释原则、文字普通含义原则、维护合同的有效性原则、针对原则和合理预期原则。

**参考文献:**

1. 道弗曼. 风险管理与保险原理[M]. 齐瑞宗,等译. 北京:清华大学出版社,2009.

2. 王海艳. 保险学[M]. 北京:机械工业出版社,2010.

3. 张洪涛,郑功成. 保险学[M]. 北京:中国人民大学出版社,2002.

4. 萧志立. 美国保险法律与实务[M]. 北京:中国法律出版社,2005.

5. 孙祁祥等. 中国保险市场热点问题评析 2008—2009[M]. 北京:北京大学出版社,2009.

6. 齐瑞宗. 国际保险学. 北京:中国经济出版社 2001.

7. 2010 中国保险年鉴[M]. 中国保险年鉴出版社,2010.

8. 魏华林,林宝清. 保险学[M]. 北京:高等教育出版社,2006.

9. 付菊,徐沈新. 保险学概论[M]. 北京:电子工业出版社,2007.

10. 中国保险业监督委员会网站 http://www. circ. gov. cn/web/site0.

11. 中国保险报 – 中保网 http://www. sinoins. com.

12. 中国保险行业协会网站 http://www. iachina. cn.

# 第四章　保险精算基础

## 引言

在当今社会,无论是政治、经济的重大事件或重大活动,还是人们的工作、学习、居家等日常活动,风险已经成为无法回避的话题。保险业是为其他行业和个人提供风险保障的行业,它既要管理其他人的风险,又面临着自身经营中独特的风险。因此,面对各种各样的风险,如何科学地度量风险、评估风险进而对风险进行科学管理,是保险行业最需要重视的问题。

在保险经营中,保险精算就是利用数学、统计学等数理工具度量风险,从而对风险进行研究和管理的一门科学。本章首先介绍保险精算所涵盖的基本内容以及精算师的职责,这些基本内容和职责能够对保险公司面临的多种风险进行预防和控制;其次,阐述保险精算所依据的基本原理——收支平衡原理和大数法则;最后,分别从非寿险与寿险的角度着重介绍精算工作中最为传统的两大任务——费率厘定和准备金评估,分别阐述费率厘定的方法及原则和准备金评估方法及意义。

## 关键词

精算　精算师　非寿险　寿险　费率厘定　准备金

# 第一节　保险精算的基本内容

## 一、保险精算学的概念和起源

保险精算学是一门运用数学、统计学、保险学的理论和方法,对保险经营中的保费确定、准备金提取、利润分配、投资安排等问题做定量分析,对各种保险经济活动未来的财务风险进行分性、估价和管理,以保证保险企业经营的稳定性和安全性的学科。如研究保险事故的出险规律、保险事故损失额的分布规律、保险人承担风险的平均损失及其分布规律、测定人口死亡率、编制生命表、设计保险条款、厘定费率、提取准备金、分配盈余、创新险种、投资等保险具体问题。保险精算学的基础知识包括数学、利息理论、人口数学、生命表构造、生存模型、风险理论、随机模型、可信度理论、金融、法律、财税、管理等，因此，精算学除了运用数理科学外，还紧密联系金融、保险、财政、管理等知识和理论，从而体现出新型、综合交叉和边缘学科的性质。

　　保险精算学是从保险业经营实践中发展而来的，最早起源于寿险业务的保费计算。17 世纪后半叶，世界上有两位保险精算创始人研究寿险计算原理取得突破性进展，一位是荷兰的政治家维德（Jeande Witt），他倡导了一种终身年金现值的计算方法；另一位是英国数学家、天文学家埃德蒙德·哈雷（Edmund Halley），他于 1693 年利用德国某城市的死亡记录，统计出按不同年龄和性别分类的死亡率和生存率，编制出历史上第一部完整的生命表。这部生命表揭示了死亡率随年龄变化的规律，为其后寿险精算的诞生奠定了科学基础。1755 年，英国数学家詹姆斯·道德森（James Dodson）揭示了保费与投保人年龄和预期寿命的关系，并首先创立了"均衡保费法"理论，即向投保人收取的每期保费都相同，而不是根据死亡率随年龄增长而增大的规律向投保人收取逐年递增的保费。这些新思想可以认为是现代寿险精算学的雏形，经过两百多年的发展，寿险精算学已经相当成熟和完备。

　　进入 20 世纪以后，非寿险领域的精算问题日益增多。第二次世界大战以后，非寿险精算的理论日趋完善，到了 20 世纪 70 年代，非寿险精算学已发展成为一个独立的分支学科。在非寿险精算研究中则主要是确定自然灾害和意外事故的损失，与寿险精算不同的是没有像生命表那样相对稳定的损失分布。所以非寿险精算始终把损失发生的频率、损失发生的幅度以及损失的控制作为它的研究重心。至今非寿险精算已经发展了两个重要分支：一是损失分布理论，研究在过去有限的统计资料的条件下未来损失分布情况以及损失和赔款的相互关系等问题；二是风险理论，通过对损失频率和损失幅度分布的分析，研究这种出险次数和每次损失大小的复合随机过程，以期洞察保险公司应具备多大的基金，方可不"破产"，以及评估"破产"概率的大小复合随机过程。

　　随着社会、经济的不断发展，情况发生了根本的变化。首先，出现了前所未有的巨大风险；其次，在日益完善的保险市场上，保险人之间的竞争愈演愈烈；再次，还存在着保险费率的剧烈下降，奉行客户至上主义，甚至政府对某些险种的费率实行管制等多种因素。因此,当代的保险人不再可能收取显著高于适当水平的保费并在业务中保持。随着统计理论及其不断成熟,保险人在确定保险费率、应付意外损失的准备金、自留限额、未到期责任准备金和未决赔款准备金等方面,都力求采用更精确的方式取代以前的经验判断。因此,无论是寿险公司还是非寿险公司,精算技术都在保险公司经营管理中发挥着越来越重要的作用。

## 二、寿险精算与非寿险精算的比较

正如保险公司可以区分为寿险公司和非寿险公司一样,保险精算学也包括寿险精算学和非寿险精算学。寿险精算学以概率论和数理统计为工具研究寿险的寿命分布规律,寿险出险规律,寿险产品的定价,责任准备金的计算,保单现金价值的估值等问题的学科;非寿险精算学是研究除人寿以外的保险标的的出险规律,出险事故损失额度的分布规律,保险人承担风险的平均损失及其分布规律,保费的厘定和责任准备金的提存等问题的学科。寿险精算学的产生先于非寿险精算学,而且,非寿险精算学在计算技术上的成熟性和科学理论上的完备性落后于寿险精算学。这是因为,非寿险精算涉及的随机因素更多、计算误差更大、定量分析更困难。这可以通过寿险领域与非寿险领域的精算前提和精算依据进行比较来说明这个问题。

### (一)风险性质和经营稳定性不同

寿险的保险标的是人的生命,以生和死作为保险事件。人的生存率和死亡率以生命表中所列数据作为精算的测算依据,而生命表通常是已经编制完成可供查询的。并且,寿险给付时往往以保险金额为准进行定额给付,因此寿险公司对投保人群体的死亡率(或生存率)、死亡给付金额(或生存给付金额)能够较为精确地进行预测,对公司所面临的风险测定相对稳定。

在非寿险领域中,保险标的有房屋、车辆、船舶,甚至无形的责任、信用等,这些五花八门的保险标的发生某种保险事故的损失频率(代表出现损失的可能性)和损失额度(代表出现损失的严重性)各不相同。同时,即使是同一类保险标的,遭受不同自然灾害和意外事故的损失频率和损失额度也各不相同。此外,非寿险中,影响损失频率和损失额度的随机因素较多,很不容易测定。例如,火灾险中,饭店通常比洗衣店的损失频率更高,建筑物内是否有灭火装置会影响到建筑物及其内部财物的损失额度,从事生产的职工比从事行政工作的职工索要职工补贴的频率要高。再如,通货膨胀对损失额度有影响,但不会影响损失频率;严禁酒后驾车的法律出台后可以减少车辆险的损失频率,但不会影响损失额度。以上情况的存在导致非寿险风险的测定较为困难。

**（二）发生突发性大额损失的可能性不同**

寿险通常不可能出现大量被保险人同时发生保险给付的情况，因此对寿险公司资金的流动性要求相对较低。当然，战争和地震可能会引起被保险人的大量死亡，但在保险条款中这些灾害事故通常列为除外责任。

非寿险领域中，许多被保险人同时发生保险事故的现象比较多，例如汽车追尾事件，几十辆汽车发生车辆损失并引起人身伤亡和责任损失并不鲜见。这类较高赔偿金额的事故突发性对非寿险公司资金的流动性要求较高，从而对精算工作中的资产负债配置管理产生较高要求。

**（三）保险期限与保险合同数量不同**

寿险的保险期限较长，少则 5 年、10 年，多则几十年甚至终身，寿险合同的数量也较多，符合大数定律的条件，因此保险费收入、保险给付都比较稳定。

非寿险多数属于短期业务，通常在 1 年或 1 年之内，保户频繁地续保或投保，导致保险公司的财务每年都要调整。同时，有些非寿险业务如责任险的理赔时间长，核算复杂。此外，有些非寿险合同的数量较少，例如卫星保险、核电站保险等，合同的数量仅为个位数，这个特点与大数定律的条件相差甚远，因此非寿险业务的财务稳定性比较差，精算研究的困难较大。

**（四）费率厘定方法不同**

寿险的保险费是以预定死亡率（或生存率）、预定利率和预定费用率为基础计算的，由于预定死亡率可以根据生命表确定，预定利率可以根据当前经济波动趋势确定，预定费用率可以根据保险公司内部的经营费用数据确定，这三个预定率在一定时期内均较为稳定，所以寿险保费计算比较准确，预期的给付波动较小。

非寿险的保险费是以过去长期的保险损失统计资料为依据的，而构成非寿险保险损失的因素十分复杂多变，因此未来的风险损失因素未必能用过去的损失资料来揭示，从而导致预期损失和实际损失的差异有较大波动性。非寿险的费率往往是根据当年的损失率来修正第二年的费率，非寿险的费率变动相对较多。

## 三、保险精算的主要内容

精算是从保险业的发展中不断完善的。精算学最初的定义是"通过对火灾、盗窃以及人的死亡等损失事故发生的概率进行估算以确定保险公司应该收取多少保费。"也就是说,精算学研究的原始问题是损失率的测算,它利用统计方法,根据经验数据来分析问题和预测未来发展趋势,例如构造生存模型、编制生命表、建立损失分布等,研究保险定价中纯保费的确定,也称为费率厘定。

保险人收取保费后,就要准备履行其承担的保险责任,及时赔付可能发生的损失。为此,保险人必须从所收的保险费中提留部分资金作为准备金,尤其需要对其承保的巨灾风险提留恰当的准备金。因此,准备金的计提,也成为保险精算的主要内容之一。

随着经济的发展,精算科学早已超出了费率厘定、准备金计提的范畴。特别是20世纪70年代后,市场利率变化趋大,保险基金投资的风险也变为精算研究的核心问题——开始分析资产投资组合和负债结构,识别和控制利率风险以及确定合理的投资组合,以保证保险公司的偿付能力和获利能力。

综上所述,保险精算的主要内容有三大类:一是保险产品的成本核算,实际上就是对风险进行定量评估后对保险产品定价、确定再保险自留额、对红利和佣金合理测算;二是保险业务的准备金评估,合理恰当地提取准备金是保证保险公司偿付能力的有效手段;三是保险公司的金融管理,包括公司资产的投资管理、投资收益的敏感性分析、投资组合分析、协助编制财务报表和资产负债匹配管理等。精算的这些内容能够对保险公司面临的多种风险进行预防和控制。例如,保险产品的成本核算和准备金计提,能够避免保险公司由于定价不足或准备金不足产生的承保业务风险;保险公司的金融管理,能够避免保险公司的投资资产价值向不利方向变化的投资风险以及保险公司资产的期限、结构、对风险的敏感度等与负债的相应特性不匹配而导致的资产负债匹配风险等。

## 四、精算师及其职责

精算师是通过权威机构认可的精算师资格考试,获得相应专业资格,专门从事精算学研究与应用的高级人才。精算师运用数学、统计学工具,结合经济、保险、财政、管理知识,评估各类保险公司、再保险公司经济活动的未来财务风险。

精算师的职责十分广泛,几乎涵盖了精算学的所有内容,包括:

①保险产品的设计:通过对人们保险需求的调查,设计新的保险条款,而保险条款的设计必须兼顾人们的不同需要,具有定价的合理性、管理的可行性以及市场的竞争性。

②保险费率的计算:根据以往的寿命统计、现行银行利率和费用率等资料,以确定保单的价格。

③调整费率及保额：根据社会的需要和实际损失率的变化，调整保费率和保障程度，以增加吸引力和竞争力。

④准备金和保单现金价值的计算。

⑤审核公司的年底财务报告。

⑥把握公司的投资方向：对公司的各项投资进行评估，以确保投资的安全和收益，并定期作出检讨及改进。

⑦参与公司的发展计划：为公司未来的经济决策提供有效的数据支持和专业建议。

⑧参与公司的风险管理：针对金融行业的《巴塞尔新资本协议》，以及针对保险公司的《偿付能力二次协议》，要求这些行业不仅要独立的承担经营风险，还要对应付账款、预付账款、资产和破产风险负责。精算技能在这一环境中的作用恰到好处，因为他们的训练中包括分析各类风险，评估由这些风险带来的潜在的、上升趋势的利益，和下跌的亏损。

以上职责中，产品设计、保费计算和调整、准备金计提属于精算师的传统职责；为保险公司提供投资建议和资金管理、参与公司的风险管理，是随着保险公司所处的环境变化、精算领域的扩大而发展的，属于精算师的非传统职责。这些职责涉及三个方面：政府、保户和保险公司。对政府来说，精算师负有向保险监管部门报告真实和准确的公司状况的职责，内容包括经营状况、财务状况、准备金的提取、费率的厘定、产品开发和其他相关事项，具体就落实在要按照监管部门规定向其提交精算报告；对保户来说，精算师要保证保户的利益，使得保险费率和保险责任必须公平合理，这是精算师职业道德的必然要求；对公司来说，精算师要合理地厘定费率、适当地计提准备金、正确地确定自留风险和安排再保险，这些都是保险公司内控系统的核心问题。总之，精算师的职责是保证保险公司资产和负债平衡，保持公司良好的偿付能力，对政府、保户和公司负责。

在发达国家，精算师一直位居最佳职业之列。以美国为例，从 1988 年到 2010 年的历次职业评级中，根据工作环境、收入、发展前景、体力消耗程度、安全性和工作压力这六大指标进行考量，精算师这个职业几乎一直位于前三名。目前，发达国家中，大部分的精算师在非寿险公司或寿险公司工作，但是随着其他行业对风险管理人才越来越多的需求，精算师的工作不再局限于商业保险和社会保险领域，在金融投资、咨询等众多与风险管理相关的领域都有广泛应用，甚至越来越多的大型工商业公司也开始雇用精算师进行风险管理工作。例如，在美国，60%的精算师在各类保险公司工作，35%在各类咨询公司工作，5%在政府机构和高等院校工作。在加拿大,精算师中有53%在各类保险公司工作,40%在各类保险和社会福利等咨询公司工作,7%在科研单位、学校、政府和工业部门工作。

## 拓展阅读

一、精算师的素质要求

精算师在保险公司中起着平衡的作用,平衡股东、投保人、业务代表各方面的利益。既然各个角色之间的利益不一样,就需要与各个利益方进行沟通。因此,一名合格的精算师不仅要有必备的高等数学知识,还必须通晓财经、金融、法律、商业企业管理,所以精算师资格证书之难考是举世公认的,通常长达7~10年时间。一旦升任到了总精算师,其职责要求非常高。除了具备一个合格的精算师所必备的知识,还要对宏观经济的走势有比较深刻的认识。如果对宏观商业周期缺乏应有的把握,就有可能做出错误的设计和决策。所以除了考试之外,还需要很长一段时间的从业经验的积累。

比较英国和美国的精算师考试,美国的精算侧重的是一种分析的哲学,考完数理基础后就分门别类,或寿险,或财险,比较注重市场的专业化。相对而言,英国强调的是一种经验主义的哲学,要求比较全面,需要各方面的经验。要成为英国精算学会的正式会员需要经过一个漫长而艰苦的学习、考试过程,还需要至少3年精算工作的经历。成为英国精算师学会正式会员即精算师后,还需每年完成一定的后续教育才能保住精算师的资格。这套严格的教育培训计划和资格认定体系是其保证精算师职业素质的关键。

二、精算制度和精算师职业在中国的发展

中国精算师职业的起源和发展,是应中国保险业的发展要求而产生的。我国从1995年起实施第一版《保险法》,明确了精算师职业在我国寿险领域中的法定地位,2003年起实施修改后的《保险法》,将精算的法定职责扩展到了非寿险和再保险领域。目前,我国的精算师职业仍主要在保险领域。

1992年,北美精算学会(Society of Actuaries,SOA)在南开大学设立了中国大陆第一个北美寿险精算师考试中心,协助培养中国寿险精算师;2002年,上海财经大学与美国财险意外险精算学会(Casualty Actuarial Society, CAS)签约,在上海设立非寿险精算师考点,协助培养中国非寿险精算师。目前,国内已经有十余个国际资格认证的精算师考试中心,包括复旦大学(上海)、湖南财经学院(长沙,后并入湖南大学)、中国人民大学(北京)、中山大学(广州)、中国科技大学(合肥)、陕西财经学院(西安,后并入西安交通大学)、平安保险公司(深圳)等地。1999年10月,举行了首次中国精算师资格考试,标志着中国自己的精算师资格考试体系已然建立。

2007 年 11 月,中国精算师协会在北京宣告成立,该协会致力于中国精算事业发展,通过建立规范的职业制度,以高要求的职业道德操守和高水平的专业技能为中国保险业、为社会公众服务。

从发达国家精算发展的实际情况来看,精算已不再局限于商业保险和社会保险领域,在金融投资、咨询等众多与风险管理相关的领域都有广泛应用。但总的来讲,国外的精算师涉足的行业都跟金融有很大关系。相信在未来,我国精算师发挥作用的行业领域将更加广阔。

# 第二节　保险精算的基本原理

在当今社会,无论是政治、经济的重大事件或重大活动,还是人们的工作、学习、居家等日常活动,风险的产生及对风险进行管理已经成为其中不可或缺的内容。由于风险具有客观性,以随机变量为研究对象的概率论和数理统计成为研究风险的数理工具,通过寻找风险的概率分布、数学期望和标准差等多种手段,对风险进行客观度量。同时,风险也具有主观性,不同的人对风险的偏好不同,他们对风险的预期结果和管理手段也就不同,因此,描述决策者对风险态度的期望效用理论也成为研究风险的数理工具。

在保险经营中,保险精算就是利用数学、概率论和数量统计等数理工具以及期望效用理论等经济理论来度量风险,从而对风险进行研究和管理的一门科学。但是,无论采用什么数理方法和经济理论,保险精算所依存的计算基础可简单归纳为收支平衡原理和大数法则,也就是保险精算的基本原理。

## 一、收支平衡原理

所谓收支平衡原理,就是使保险期内纯保费收入的现金价值与支出保险金的现金价值相等,这是保险精算的最基本原理。

例如,按照收支平衡原理,如果 1 个人投保 1 年期 100 000 元寿险,假设 1 年内死亡概率为 5.1%,在不考虑保险公司经营费用、投资收益、利润的情况下,收取的保险费(收入)应该等于根据死亡概率计算的预期损失(支出),即

保费 = 期望损失 = $100\,000 \times 5.1\% = 510$ 元(忽略利息)

在寿险领域,由于寿险保单的长期性,在运用收支平衡原理时要考虑利率因素,可分别采取三种不同的方式:①根据保险期间末期的保费收入的终值(本利和)及支付保险金的终值(本利和)保持平衡来计算;②根据保险合同成立时的保费收入的现值和支付保险金的现值相等来计算;③根据在其他某一时点的保费收入和支付保险金的"终值"或"现值"相等来计算。

收支平衡原理提供了通过预测将来的赔付而前推计算保费的途径。虽然保险产品的成本具有事后性,但精算师可以依据这一原理,根据以往的赔付经验数据预测未来赔付并测算保费,即过去成本产生现时价格,现时价格补偿未来成本。

## 二、大数法则

保险精算的第二个基本原理是大数法则。在精算学中,大数法则是一系列定理的统称,这些定理说明大量随机现象的发生由于具有偶然性而相互抵消,从而呈现出必然的数量规律,这种数量规律就是保险经营的基础。其中的主要定理有三个:切比雪夫(Chebyshev)大数法则、泊松(Poisson)大数法则、贝努利(Bernoulli)大数法则。

### (一)切比雪夫(Chebyshev)大数法则

切比雪夫大数法则的结论可以说明,在承保标的数量足够大时,被保险人所缴纳的纯保险费与其所能获得赔款的期望值相等。也就是说,保险人收取保费时,只要使所有被保险人缴纳的总保费等于这些被保险人中可能发生的预期损失就可以了。这个定理与收支平衡原理中所蕴含的道理是一致的,无论在寿险领域还是非寿险领域,费率厘定均体现了切比雪夫大数法则的思想。

### (二)泊松(Poisson)大数法则

泊松大数法则的意思是说,当试验次数无限增加时,某种事件的实际平均概率与观察结果所得的比率将无限接近,这是因为在大量试验中,大量随机因素的发生由于存在偶然性而相互抵消了各自对事件的影响,从而使事件发生的频率趋近于一个常数。

### (三)贝努利(Bernoulli)大数法则

贝努利大数法则与泊松大数法则的原理相近,在非寿险领域利用统计资料来估计损失概率是极其重要的。在非寿险精算中,往往假设某一类标的具有相同的损失概率,为了求得这个概率的值,可以在观察次数很多或观察周期很长的情况下,估计这类保险标的发生损失的概率,这个估算的概率将与实际损失概率非常接近。随后,这个经过估计得到的概率可以由将来大量实际经验而不断修正,以增加其真实性。

以下例子说明了大数法则在保险中的应用。

假设每 10 000 人(即风险单位为 10 000 人)平均每年死亡 10 人,死亡概率为 1‰,然而,实际死亡人数每年会有些变化,某年死亡 7 人,另一年死亡 13 人,相对于预期死亡人数 10 人而言,平均变化为 3,则风险程度(死亡人数变动的不确定性)可以用 3/10 000 表示。

假设有 100 万人投保,死亡率仍为 1‰,则预期死亡人数为 1000 人。某些年份的实际死亡人数可能从 970 人到 1030 人,死亡人数相对于预期死亡人数而言变差为 30,风险程度(死亡人数变动的不确定性)是 30/1 000 000,意味着死亡人数变化范围相对减少许多,保险经营的不确定性明显减少。

上述例子说明,如果已知死亡概率,则风险单位数(即投保人数)越多,实际死亡概率相对于已知死亡概率发生变动的不确定性越小。反过来说,在不知道死亡概率的情况下,如果死亡概率从很少的人数中获得,虽然死亡概率可能很小,但与真正的理论概率相比,不确定性却很大,因而从很少人数中获得的该死亡概率不可信。如果死亡概率根据大量风险单位获得,则不确定性更小,更接近于从无限风险单位中得到的理论概率,因此该死亡概率更准确。保险就是通过集合大量承保单位来减少发生损失事故的不确定性,有利于提高预测事故发生概率时的准确性。

# 第三节　非寿险与寿险的费率厘定

## 一、费率厘定与保险定价

### (一)保险费和保险费率的概念

保险费(以下简称保费)是投保人为获得保险保障而缴纳给保险人的费用。保险人依靠其所收取的保险费建立保险基金,对被保险人因保险事故所遭受的损失进行经济补偿。

保险费率(以下简称费率),是保险人按每单位保险金额向投保人收取的保费,也就是保费与保险金额的比率。即:

$$费率 = 保费/保险金额 \qquad 公式(4-1)$$

上述公式也可以变形为:

$$保费 = 保险金额 \times 费率 \qquad 公式(4-2)$$

公式(4-2)的意思是,保险人承保一笔保险业务,用保险金额乘以保险费率就得出该笔业务应收取的保费。每单位保险金额一般为1000元或100元,所以保险费率通常用千分率或百分率来表示。例如,海上货物运输保险的费率0.12%,公众责任保险的费率1.6‰等。

保费有时也被称为毛保费,由纯保费和附加保费构成。纯保费主要用于支付保险赔款或给付保险金,也就是用以补偿预期损失,由预期损失计算而得;附加保费是以保险人的营业费用为基础计算的,主要用于保险公司的各项营业支出,包括营业税、代理手续费、企业管理费、员工工资、承保利润等。

同理,保险费率通常被称为毛费率,由纯费率和附加费率两部分构成。纯费率是保险费率的主要部分,纯保费除以保险金额就是纯费率;附加费率是保险费率的第二部分,附加保费除以保险金额就是附加费率。

### (二)费率厘定与保险定价的关系

保险公司最终确定的保险费率可能受到各种因素的影响。例如,当保险公司拟采用的保险费率需要监管部门审批时,保险费率有时不能及时根据成本和预期的变化作出调整;由于保险市场上激烈竞争的存在,当一些保险公司定价过低时,另一部分保险公司为了维持或扩大其市场份额,往往也会进行降价竞争。也就是说,保险费率管制行为、保险市场竞争环境等因素可能影响保险费率的最终确定。

我们可以用以下公式对费率厘定与保险定价的关系进行说明:

$$保险实际价格 = 纯费率 + 营业费用 + 利润及意外准备金 + 其他因素$$
$$= 充分费率 + 其他因素$$

因此,保险定价过程有两个方面——建立充分费率和设立实际收取价格。费率厘定即建立充分费率的过程,也就是保险公司精算师根据历史数据和精算模型厘定的费率,充分费率为纯费率、营业费用、利润及意外准备金之和;保险定价则是设定保险产品实际价格的过程,这个过程在充分费率的基础上考虑监管因素、市场竞争因素等,然后确定一个合理价格。

需要注意的是,保险实际价格不一定等于充分费率,保险公司可以根据自身的营销目标或者监管要求设定高于、低于或等于充分费率的价格。也就是说,保险公司针对某险种实际收取的价格要考虑公司的市场份额目标、竞争环境和监管要求,因此实际价格更为动态化,与充分费率的关系也会随着市场情况和公司管理层及股东的预期的变化而变化。

后面仅介绍非寿险产品与寿险产品厘定充分费率的方法。

### (三)费率厘定的原则

保险公司在厘定费率的时候应遵循若干原则,以保证业务的顺利经营。费率厘定的原则有两大类:法律原则和业务原则。具体而言,法律原则包括充分性原则、公平性原则、合理性原则;业务原则包括稳定性原则、灵活性原则、促进防灾防损原则。

#### 1.法律原则

费率厘定首先应符合一定的法律原则,这些原则往往体现了监管的要求。

(1)充分性原则:指保险公司所收取的保费应足以支付保险金的赔付及合理的营业费用、各项税收等,充分性原则的核心是保证保险人有足够的偿付能力。

(2)公平性原则:指被保险人所缴纳的保费应与其所获得的保险权利相对应,也就是说,保费的高低应与保险的种类、保险期限、保险金额、被保险人的年龄、性别等相适应,风险性质相同的被保险人应承担相同的保险费率,风险性质不同的被保险人,则应承担有差别的保险费率。例如,总体而言,营运车辆风险高,应多交保费,私家车风险低,应少交保费。对保险公司来说,收取的保费应该与其承担的风险相当,承担的风险越大,收取的保费越多;对投保人来说,其缴纳的保费应与被保险人获得的保障相当。

(3)合理性原则:指保险费率应尽可能合理,不能过高,过高的保险费率将使投保人难以负担、使保险人获得超额利润。

#### 2.业务原则

除了遵循法律原则之外,费率厘定还应满足一些业务原则,方便保险业务经营。

(1)稳定性原则:指保险费率应当在一定时期内保持稳定,以方便客户投保续保,保证保险公司的信誉;如果费率经常发生变动,可能引起投保人续保时的不解甚至反感,不利于客户关系的维护和改善。

(2)灵活性原则:费率应随着风险的变化、保险责任的变化和市场需求等因素的变化而适度调整,应具有一定的灵活性。例如,美国"9·11"事件发生后,保险公司赔付大量增加,有的保险公司产生巨额亏损,导致各险种费率均有不同幅度提高,而再保险公司的牵连赔付也导致再保险费率的增加。

(3)促进防灾防损原则:指保险费率的制定有利于促进被保险人加强防灾防损工作,对防灾工作做得好的被保险人降低费率;对无损失或损失少的被保险人,实行优惠费率;而对防灾防损工作做得差的被保险人实行高费率或续保加费。也就是用经济刺激的手段促进被保险人进行防灾防损,一来可以减少保险人的赔款支出,二来可以减少整个社会的财富损失。

### 3. 费率厘定原则在保险市场的体现

保险业各子险种市场的费率厘定均体现了费率厘定各项原则,在我国,这一点在费率市场化改革后体现得尤为明显。

以我国机动车辆保险市场为例,2001年10月1日,中国保监会在广东省实行机动车辆保险(以下简称"车险")的费率市场化改革试点,各家保险公司可以自主厘定车险费率。政策一经推出,广东省各家财产险公司的车险费率均有不同程度的下调,有的下调幅度甚至达到55%。在保证偿付能力的前提下,各家保险公司根据自身情况积极参与竞争,调整了保险费率,体现了费率厘定的合理性原则。2003年1月1日,保监会在全国范围内启动了车险费率市场化改革,由保险公司自行制定车险费率和条款。条款制定权的放开,意味着保险公司在价格竞争外可以进行产品竞争和服务竞争,保险产品条款和服务的差异性(如保险种类不同、所选附加险不同、保险期限不同、保障责任不同、理赔服务不同等)使被保险人的风险性质不同,针对被保险人不同风险性质收取不同费率,体现了费率厘定的公平性原则。

机动车辆保险的无赔款优待制度,如果被保险车辆在上一年保险期间内无赔款,续保时可享受无赔款减收保险费优待,则是对费率厘定防灾防损原则的践行。此外,保监会对保险费率和偿付能力的监管,要求保险公司所收取的保费应足以支付保险金的赔付及合理的营业费用、各项税收等,体现了充分性原则,其核心是保证保险人有足够的偿付能力。

## 二、非寿险业务费率厘定

非寿险实务中,确定保险产品充分费率的方法有若干,这里介绍四种方法:平均保额损失率法、纯保费法、损失率法、经验法。平均保额损失率法是目前非寿险实务中厘定费率所采用的主要方法;纯保费法和损失率法是保险精算教材中常介绍的两种方法,事实上,平均保额损失率法的内在基本原理与纯保费法是一致的,可以认为是纯保费法的一个简化运用;经验法则是在缺乏数据积累的情况下采用的费率厘定方法,一般仅适用于新成立的保险公司或新开发的产品。

### (一)平均保额损失率法

如前所述,保险纯费率指纯保费与保险金额的比率,其中,纯保费是用来补偿被保险人因保险事故而损失的金额,因此,我们可以用保险公司的实际赔偿金额来估计纯保费,进而确定纯费率。平均保额损失率法的思想就在于此。

## 1. 确定保额损失率

保额损失率指赔偿金额占保险金额的比率,即单位保额的保险赔偿额。需要注意的是,保额损失率不是保险标的损失额与保险金额之比,而是实际赔偿金额与保险金额之比。

记保额损失率为 $X$,其计算公式为:

$$保额损失率(X) = \frac{赔偿金额}{保险金额} \times 100\%$$

影响保额损失率的因素包括:

(1)保险事故发生的频率,即 $\frac{保险标的发生保险事故的次数}{全部保险标的件数} \times 100\%$

(2)保险事故的损失率,即 $\frac{受灾保险标的件数}{保险标的发生保险事故的次数} \times 100\%$

(3)保险标的损毁程度,即 $\frac{保险赔偿额}{受灾保险标的保险金额} \times 100\%$

(4)平均保额受灾比,即 $\frac{受灾保险标的保险金额}{受灾保险标的件数} \div \frac{全部保险标的保险金额}{全部保险标的件数}$

不难看出,保额损失率实际上等于这四个影响因素相乘后的积,因此,保额损失率与这四者有着较强的内在联系。

【例1】

已知保险标的的件数为 10 000 件,全部保险标的的保险金额为 40 000 000 元,发生保险事故的次数为 20 次,受灾保险标的的件数为 30 件,受灾保险标的的保险金额为 132 000 元,保险人支付的保险赔偿金额为 48 000 元,试计算保额损失率。

解:

保险事故发生的频率 $= \frac{20}{10\ 000} \times 100\% = 0.2\%$(说明每一千件保险标的的有 2 次遭到了保险事故)

保险事故的损毁率 $= \frac{30}{20} = 1.5$(说明每一次保险事故损毁 1.5 件保险标的)

保险标的损毁程度 $= \frac{48\ 000}{132\ 000} \times 100\% = 36\%$(说明受灾保险标的的价值减少了 36%,尚有 64% 的未损价值)

平均保额受灾比 $= \frac{132\ 000}{30} / \frac{10\ 000}{40\ 000\ 000} = 1.1$(说明受灾保险标的的平均保险金

额比全部保险标的平均保险金额高 10%）

因此,保额损失率为:

$$0.2\% \times 1.536\% \times 1.1 = 0.12\%$$

也可以用赔款金额除以保险金额直接求得保额损失率:

$$保额损失率 = \frac{48\ 000}{40\ 000\ 000} \times 100\% = 0.12\%$$

**2. 历年保额损失率的选择及平均保额损失率的计算**

由于不同年份保险事故的发生具有很强的随机性,只有在一个较长的时期里损失金额才比较稳定,因此为了能够比较准确地描述未来损失,必须选择多个年度的保额损失率进行平均。适当的历年保额损失率,可以准确反映过去的真实赔偿情况,也就与未来损失状况越接近。

选择历年保额损失率时应当注意的问题包括:

(1)必须有足够年份的保额损失率。一般地说,至少需要有保险事故发生情况较为正常的连续五年的保额损失率;

(2)每年的保额损失率必须是基于大量统计资料计算出来的;

(3)该组保额损失率必须是比较稳定的;

(4)适当以动态的眼光考虑保额损失率的逐年变化规律。

若已知各年的保额损失率,则可计算平均保额损失率。以 $\overline{X}$ 代表平均保额损失率,其计算公式为:

$$平均保额损失率(\overline{X}) = \frac{1}{n} \sum_{i=1}^{n} X_i$$

其中,$n$ 为年份总数,$i$ 为某一具体年份。

需要注意的是,平均保额损失率的这种简单平均数方法简单易懂,但相对粗糙,因为它没有考虑到各年保险金额的不同对平均保额损失率的影响。此时可以考虑另外一种计算方法,即加权平均数方法,在计算平均保额损失率时不仅考虑到各年的保额损失率,还考虑各年保额占总保额的比重,保额比重越大的某年保额损失率对平均保额损失率的影响也越大。这种加权平均方法的计算公式为:

$$平均保额损失率(\overline{X}) = \frac{\sum\limits_{i=1}^{n} X_i f_i}{\sum\limits_{i=1}^{n} f_i}$$

其中,$X_i$ 代表各年保额,$\sum\limits_{i=1}^{n} f_i$ 代表总保额。

3. 均方差和稳定系数的计算

均方差反映各年保额损失率与平均保额损失率相差的程度,说明了平均保额损失率的代表性。

若以 $\sigma$ 表示均方差,则其计算公式为:

$$均方差(\sigma) = \sqrt{\frac{\sum_{i=1}^{n} (X_i - \overline{X})^2}{n}}$$

均方差越小,则平均保额损失率的代表性越强;反之,则代表性越弱。

稳定系数是均方差与平均保额损失率之比,它反映该组保额损失率的稳定性。

若记稳定性系数为 $k$,其计算公式为:

$$稳定性系数(k) = \frac{均方差}{平均保额损失率} = \frac{\sigma}{\overline{X}} = \frac{\sqrt{\dfrac{\sum_{i=1}^{n} (X_i - \overline{X})^2}{n}}}{\overline{X}}$$

稳定系数越小,表明各年保额损失率差别越小,从而预期的保额损失率值与实际发生的保额损失率结果越接近,保险经营(保险人损失赔付情况)稳定性越高;反之,稳定系数越大,表明各年保额损失率差别就越大,预期的保额损失率值与实际发生的保额损失率结果越远离,保险经营的稳定性越低。一般认为,稳定系数在 $10\% \sim 20\%$ 是较为合适的。

4. 确定纯费率

为了减少或避免赔偿金额超过纯保费收入的不利年份出现,通常在平均保额损失率上附加这组保额损失率的均方差来确定纯费率。

通常采用的纯费率计算公式为:

纯费率 = 平均保额损失率 + 均方差 = 平均保额损失率 × (1 + 稳定系数)

此时求得的纯费率乘以投保人投保的保险金额后,就得到应收取的纯保费。纯保费加上附加费用(有时也会加上预期利润),最终得到实际收取的毛保费。

【例2】

某保险公司某类保险业务过去5年期间每年的保额损失率分别为0.30%,0.25%,0.26%,0.24%,0.20%,求下一年的纯费率。

解:

第一步,采用简单平均法计算以往5年平均保额损失率。

$$平均保额损失率(\overline{X}) = \frac{1}{n} \sum_{i=1}^{n} X_i$$

$$= \frac{0.30\% + 0.25\% + 0.26\% + 0.24\% + 0.20\%}{5}$$

$$= 0.25\%$$

第二步,计算均方差。

$$均方差(\sigma) = \sqrt{\frac{\sum_{i=1}^{n}(X_i - \bar{X})^2}{n}}$$

$$= \sqrt{\frac{(0.30\% - 0.25\%)^2 + (0.25\% - 0.25)^2 + \cdots + (0.20\% - 0.25\%)^2}{5}}$$

$$= 0.03\%$$

第三步,计算纯费率。

纯费率 = 平均保额损失率 + 均方差 = 0.25% + 0.03% = 0.28%

(二)纯保费法

纯保费法是直接计算每一危险单位费率的方法,通常适用于已有险种。纯保费法确定的费率能够弥补预期赔付额与费用,并可以提供预期的利润水平。纯保费法的计算公式推导如下:

$$R = P + F + RV + RQ \qquad\qquad 公式(4-3)$$

以上公式中,

$R$ 代表保费(即毛保费,指每危险单位实际应收取的保费);

$P$ 代表纯保费($P$ = 预期赔付额/危险单位数),从所有危险单位中聚集起来的纯保费可以弥补保险公司的未来赔付额;

$F$ 代表保险公司的单位固定费用,也就是保险公司固定费用与危险单位数的比值,固定费用包括固定资产折旧、内勤人员薪水等;

$V$ 代表保险公司的单位可变费用与保费之比,称为可变费用因子,$RV$ 则表示保险公司的单位可变费用,也就是保险公司可变费用与危险单位数的比值,可变费用包括手续费、代理人佣金等;

$Q$ 代表保险公司的单位利润与保费之比,称为利润因子,$RQ$ 则表示保险公司的单位利润,也就是保险公司利润与危险单位数的比值。

因此,公式(4-3)可以解释为,保费等于纯保费与保险公司的单位固定费用、单位可变费用、单位利润之和。

将公式(4-3)中等号右边两项移到等号左边,变形为:

$$R - RV - RQ = P + F$$

则：

$$R + \frac{P + F}{1 - V - Q} \qquad \text{公式}(4-4)$$

公式(4-4)即为非寿险费率厘定的纯保费法公式。该公式表明,保险公司收取的保费应能弥补预期赔付、保险公司的营业费用及承保利润。

需要指出的是,平均保额损失率法中求得的纯费率,实际上是将保险金额作为危险单位来计算的。因此,平均保额损失率法的内在思想和纯保费法是统一的,可以认为是对纯保费法的一个简化运用。

【例3】

机动车辆保险中,假设5万辆汽车在一年内预计发生的赔付为3000万元,预计该年保险公司固定费用为100万元,假设可变费用因子为17.5%,利润因子为5%,问保费是多少?

答:

纯保费 $P$ = 预期赔付额 ÷ 危险单位数 = 3000万元 ÷ 5万辆 = 600(元/辆)

$$\text{保费 } R = \frac{P + F}{1 - V - Q} = \frac{600 + 100}{1 - 17.5\% - 5\%} \approx 903(\text{元/辆})$$

(三)损失率法[1]

损失率法是以现行费率为基础,估计未来费率调整幅度的方法。损失率法来源于纯保费法,是纯保费法的一个变形[2]。

$$R + \frac{W}{T}R_0 \qquad \text{公式}(4-5)$$

其中,$R$代表新费率;$W$代表经验损失率,即过去时期的实际损失率,它等于经验期内已发生损失/总承担保费;$T$代表目标损失率,表示保险公司希望在未来时期实现的损失率;$R_0$代表现行费率,即当前市场上正在实施的费率。

由公式(10-5)可知,如果过去的经验损失率高于未来的目标损失率,则在下一年度应调高费率,以保证公司的偿付能力;如果过去的经验损失率低于未来的目标损失率,则应在下一年度调低费率,让利于消费者。

【例4】

假设某险种在经验期内的实际损失率为0.6959,保险公司希望在未来一年实现0.6611的损失率,若现行费率为110元,问新费率为多少?

---

[1] 此处损失率可以理解成赔付率,预期损失额可以理解成预期赔付额。
[2] 相关公式推导见王静龙、汤鸣、韩天雄:《非寿险精算》,中国人民大学出版社,2004年。

答：

$$R + \frac{W}{T}R_0 = \frac{0.6959}{0.6611} \approx 116(元)$$

因此,保险公司若需要降低将来的损失率,则需要在未来一年提高费率。

**(四)经验法**

经验法是在缺乏数据积累的情况下采用的费率厘定方法,一般仅适用于以下两种情形:新成立的保险公司或新开发的产品。

新成立的保险公司可以参照市场上其他公司同一险种的保险费率进行定价,且不得低于市场现有产品的平均费率水平;新开发的产品,可以参考市场同类产品的费率,或根据业务部门的经验进行产品定价。通过这种方法,新公司和新产品能够迅速进入市场,并能确保产品费率不会过低或过高。

然而,保监会规定,采用经验法定价的产品,其费率的厘定必须要征求相关业务部门的意见。此外,还规定运用经验法定价的产品,自开始销售之日起,最迟应于一年之后,根据积累的历史数据,利用纯保费法或损失率法重新厘定费率。这样,该产品实施一年后,将根据自己的经验数据来修正原先的参考费率,其修正后的费率水平更能体现产品的赔付风险水平,保证了产品费率的公平性。

## 三、寿险的费率厘定

在人寿保险中一旦出险就是完全损失,因此寿险精算不必考虑损失幅度而只要考虑出险概率,即生死概率,这部分内容的研究属于生命理论,另外寿险大多是长期性业务,还需要考虑利息因素,这属于利息理论,所以利息理论和生命理论构成寿险精算的基础。

寿险的费率厘定一般从净保费计算入手,先计算趸缴净保费,在此基础上再计算均衡净保费,然后考虑费用因素得出附加保费,最后将净保费和附加费加总即可得到毛保费。

毛保费 = 净保费 + 附加保费

由于篇幅所限,以下简要介绍净保费的计算思想。

按照等价交换的原则,净保费应该和保险人承担的保险责任等价,也就是和保险期限内赔付保险金的期望值等价,因此趸缴净保费就等于保险期限内所有可能赔付的保险金的期望值在期初的现值的和。

纯保费精算现值 = 保险金的精算现值

当保费由趸缴改为期缴时,由于保险责任没有发生改变,因此净保费的实际价值也不会改变,即均衡净保费在期初的值应该等于趸缴净保费,换句话说,均衡净保费是趸缴净保费的生命年金化。

人寿保险费率的计算依据为生命表,又称死亡表或寿命表,是根据一定时期的特定国家(或地区)或特定人口群体(如寿险公司的全体被保险人)的有关生命统计资料,经整理、计算编制而成的统计表。生命表中最重要的就是设计产生每个年龄的死亡率。

## 拓展阅读[①]

### 非寿险产品费率改革进程

20世纪90年代中期至今,非寿险产品费率经历了管制—解除管制—管制三个阶段。

第一阶段:加入世贸组织之前,非寿险产品费率受到管制。按照1995年颁布的《中华人民共和国保险法》,由金融监督管理部门制订商业保险主要险种的费率。按照2000年8月颁布的《非寿险条款费率管理暂行办法》,未经中国保监会批准,任何保险机构不得变更主要险种的基本条款和费率。

第二阶段:加入世贸组织之后,费率市场化改革全面启动。首先,引入更多的非寿险市场主体,2000年底,我国只有15家产险公司,到2006年年底共有36家产险公司。其次,开放非寿险市场,加入WTO后3年内,我国取消了对外国非寿险公司控股比例、地域和业务种类限制。对市场准入的管制放松,加剧了市场竞争,使得我国非寿险市场集中度显著下降,国内非寿险市场前三家财产险公司的市场份额由2001年的95.42%下降为2006年的67.25%,下降了28.17%。

伴随市场化进程的加快,2001年10月1日,中国保监会决定在广东省实行机动车辆保险(以下简称"车险")的费率市场化改革试点。2002年10月28日通过的《保险法》将保险条款和费率由监管机构统一制定,改为特定险种由监管机构事先审批。2003年1月1日,保监会在全国范围内启动了车险费率市场化改革,由保险公司自行制定车险费率和条款。

第三阶段:恢复对车险费率的管制。2005年12月,中国保监会颁布《非寿险公司保险条款和保险费率管理办法》,规定机动车辆保险,包括机动车辆损失保险、商业第三者责任保险及其附加险等的保险条款和保险费率,应报送审批。车险费率市场

---

① 阎建军、王治超:《非寿险费率市场化的生成机制研究》,《保险研究》2009年第4期。

化短短几年的试验以挫折告终。由于2001年后,车险在非寿险市场(包括非寿险、健康保险和意外保险)的业务占比始终维持在60%以上,2004年以后更是超过了66%,车险费率市场化进程遇挫,标志着我国非寿险费率市场化进程遭受了一定挫折。

目前,保险监管人员、学者、保险公司研究部门正积极开展对车险费率管理制度改革问题的研究,研究如何建立科学的车险费率形成机制、建立车险市场准入和退出机制、建立区域市场差别费率等,以及如何发挥车险在汽车产业链中的作用,使经营车险的公司既能对汽车建造环节提供保险保障,又能利用行业风险数据为汽车产业提供风险管理建议。对这些问题的研究,旨在探索如何能科学、稳步地推进我国车险费率市场化的进程。

# 第四节　非寿险业务准备金与寿险业务准备金

## 一、保险准备金的概念及作用

由于保费的收取通常发生在保险期间的期初,而保险公司承担赔付责任将持续整个保险期间,也就是说,支出赔款和收取保费之间会有一个时间滞后期,在寿险中,这个时滞期的长度还可能会长达几十年。由于存在这样的时间滞后期,需要保险公司在保费收入中提留一部分资金,作为未来赔付的准备。

保险准备金就是保险公司为保证其如约履行赔偿或给付保险金义务,根据政府有关法律规定或业务特定需要,从保费收入或盈余中按期和按一定比例提留的资金。准备金一般是保险公司的负债,是公司将于未来某一时期向被保险人偿付的资金。为了保证保险公司的正常经营,保护被保险人的利益,各国一般都以保险立法的形式规定保险公司应提存保险准备金,以确保保险公司具备与其保险业务规模相应的偿付能力。

## 二、非寿险业务准备金

### (一)非寿险业务准备金的分类[①]

非寿险业务准备金是保险公司要履行非寿险业务保单责任所需要提取的专项

---

① 吴小平:《保险公司非寿险业务准备金评估实务指南》,中国财政经济出版社,2005年。

资金额度。对于保险公司的非寿险业务，按有效保单约定的保险事故是否已经发生，将保单责任分为两部分，仍有可能发生保险事故的部分称为未到期责任，需要提取未到期责任准备金；已经发生保险事故但尚未结案需进行理赔的部分，称为赔款责任或未决赔款责任，需要提取未决赔款准备金。除此之外，还应该根据监管部门的规定提取其他准备金。

非寿险业务准备金的具体分类如图4－1所示：

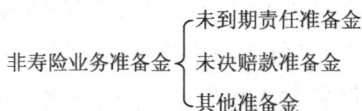

$$非寿险业务准备金\begin{cases}未到期责任准备金\\未决赔款准备金\\其他准备金\end{cases}$$

**图4－1　非寿险业务准备金**

1. 未到期责任准备金

①未到期责任准备金的概念：未到期责任准备金是指在准备金评估日为尚未终止的保险责任而提取的准备金，包括保险公司为保险期间在一年以内（含一年）的保险合同（短期险）项下尚未到期的保险责任而提取的准备金，以及为保险期间在一年以上的保险合同（长期险）项下尚未到期的保险责任而提取的长期责任准备金。

下面用一个简单的图来说明未到期责任准备金的产生（见图4－2）。

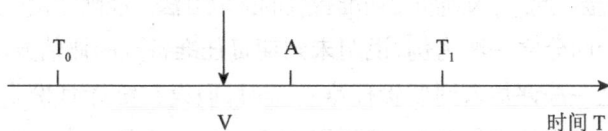

**图4－2　未到期责任准备金**

在图4－2中，横轴为时间轴，$T_0$表示保单生效日；A表示事故发生日；$T_1$表示保单自然终止日；V表示准备金评估日。由于评估日V在保单生效日$T_0$与保单自然终止日$T_1$之间，因此在评估日进行财务核算时，保单仍然有效。如图所示，保险事故发生在评估日V之后保单自然终止日$T_1$之前，其发生必然引起相应的索赔，这样在评估日保险公司必须要承担未来索赔引起的责任。因此，在评估日要进行相应的准备金评估来反映这一负债，这种准备金就是未到期责任准备金。

②未到期责任准备金的评估方法：通常可以分为比例法和风险分布法。如果被评估险种的风险在承保期内大致服从均匀分布（即保单在某时间单位：年、季、月

内均匀签发,保费均匀流入),可采用比例法对未到期责任准备金进行评估。比例法适用于大多数非寿险业务,具体又可分为二分之一法(又称年平均法)、八分之一法(又称季平均法)、二十四分之一法(又称月平均法)、三百六十五分之一法(又称日比例法)。此外,在实务中也会遇到被评估险种的风险在承保期内不服从均匀分布的问题,此时可采用风险分布法评估未到期责任准备金。风险分布法考虑被评估险种风险发生的实际分布状况,根据未来赔付与相关费用的预期流量分布来计提未到期责任准备金。风险分布法常用于农业保险、信用风险等。

在比例法的各类方法中,二分之一法假定年内每一天的保费收入相等,八分之一法假定各季内每一天的保费收入相等,二十四分之一法要求各月内每一天的保费收入相等,而三百六十五分之一法无任何先决条件。显然,三百六十五分之一法是现实的最真实反映,但工作量最大,而二分之一法、八分之一法、二十四分之一法只有在满足各自的假设条件时,才能准确计量未到期责任。实际上,这些假设条件大多不能满足,因而只能作为近似方法。后三种方法的准确性随假设条件对现实的背离程度增大而下降,但工作量也依次减小。在实践中,往往需要在计算量和准确性之间进行权衡,因此,我国保险监管机构规定保险公司宜采用二十四分之一法、三百六十五分之一法或其他更为谨慎合理的方法来评估非寿险业务的未到期责任准备金。

特别是对于机动车辆法定第三者责任保险,必须采用三百六十五分之一法评估其未到期责任准备金。此外,未到期责任准备金的提取方法一经确定,不得随意更改。

下面以二十四分之一法为例,说明未到期责任准备金的评估方法。

二十四分之一法评估未到期责任准备金时,假设在统计月份内承保保单的保单数量和保费金额服从均匀分布,这样可以近似地认为所有保单都从月中开始生效,即对于每一张保单当月仅能赚得半月的保费。对一年期的保单,当月已赚保费仅是年保费的1/24。

以一年期的保单为例,采用二十四分之一法,评估2004年的业务在2004年12月31日的未到期责任准备金,可根据下列未赚保费因子来计提(见表4-1)。

表4-1　各月未赚保费因子

| 2004 年起期月份 | 未赚保费因子 | 2004 年起期月份 | 未赚保费因子 |
|---|---|---|---|
| 1 月 | 1/24 | 7 月 | 13/24 |
| 2 月 | 3/24 | 8 月 | 15/24 |

| 3 月 | 5/24 | 9 月 | 17/24 |
| 4 月 | 7/24 | 10 月 | 19/24 |
| 5 月 | 9/24 | 11 月 | 21/24 |
| 6 月 | 11/24 | 12 月 | 23/24 |

对于 1 月份起期的保单的计提公式是：一月份起期保单的保费收入 ×1/24；

对于 2 月份起期的保单的计提公式是：二月份起期保单的保费收入 ×3/24；

……

对于 12 月份起期的保单的计提公式是：十二月份起期保单的保费收入 × 23/24。

将上述每个月计提的未到期责任准备金相加就得到当年业务在年末应提取的未到期责任准备金。

此外，保险公司在评估未到期责任准备金时，还要对其充足性进行测试，尽量避免准备金的计提不足。

**2. 未决赔款准备金**

①未决赔款准备金的概念：未决赔款准备金是指保险公司对尚未结案的赔案而提取的准备金，包括已发生已报案未决赔款准备金、已发生未报案未决赔款准备金和理赔费用准备金。已发生已报案未决赔款准备金是指为保险事故已经发生并已向保险公司提出索赔，保险公司尚未结案的赔案而提取的准备金。已发生未报案未决赔款准备金是指为保险事故已经发生，但尚未向保险公司提出索赔的赔案而提取的准备金。理赔费用准备金是指为尚未接案的赔案可能发生的费用而提取的准备金，其中为直接发生于具体赔案的专家费、律师费、损失检验费等而提取的为直接理赔费用准备金，为非直接发生于具体赔案的费用而提取的为间接理赔费用准备金。

下面用一个简单的图来说明未决赔款准备金的产生：

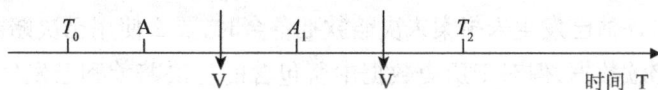

图 4 - 3　未决赔款准备金示意图

在图 4 - 3 中，横轴为时间轴；A 表示事故发生日；$A_1$ 表示事故报告日；$T_0$ 表示保单生效日;$T_2$ 表示支付赔款并结案,V 表示评估日。

当评估日 V 在 A 与 $A_1$ 之间时,事故已发生,但因为报案延迟,保险公司并不知道事故已发生。尽管如此,保险公司仍应对这种已发生但未报告状态的赔案负责,于是应该计提已发生未报案未决赔款准备金。

当评估日 V 在 $A_1$ 与 $T_2$ 之间时,保险公司已收到赔案报告,但还必须经过勘察并确定赔付金额之后才会进行赔付,此时,赔案处于已发生已报案但未赔付完毕的状态,包括尚未理算完毕和已经理算完毕但未完全支付两种状态。保险公司必须为这些已发生已报案但未决的赔案计提相应的准备金,即提取已发生已报案未决赔款准备金。

在处理未决赔案过程中,往往还会发生相关费用,例如专家费、律师费、损失检验费等,因此还需要为这些费用计提准备金,即提取理赔费用准备金。

②未决赔款准备金的评估方法:包括已发生已报案未决赔款准备金、已发生未报案未决赔款准备金和理赔费用准备金。对已发生已报案未决赔款准备金的评估,常用的评估方法有逐案估计法、案均赔款法等;对已发生未报案未决赔款准备金的评估,常用评估方法有链梯法、案均赔款法、准备金进展法、B—F 法等。

这些方法中,链梯法是历史上最早出现、在实践中使用最为广泛的方法,也是实践中评估已发生未报案未决赔款准备金最基本的方法。它通过对历史数据的发展趋势进行分析,选定累积赔款逐年递增的发展因子,进而预测赔款的发展趋势和最终损失。

案均赔款法也是应用较为广泛的一种方法,这种方法需要分别对案件数和案均赔款(即平均每案赔款额)应用链梯法,估计出各事故年的最终案件数与案均赔款,在此基础上再计算出各事故年的最终损失和已发生未报案未决赔款准备金。其基本假设是,不同事故年的案均赔款是相对稳定的。由于案均赔款法在链梯法的基础上增加了案件数信息,因此,相对而言,案均赔款法的评估信息更加充分,从而评估结果的准确性可以得到相对改善。但是,当数据量较小时,应特别注意重大赔案对案均赔款可能造成的扭曲。

链梯法在评估已发生未报案未决赔款准备金时,要么使用已决赔款数据,要么使用已发生赔款数据,但对于历史数据中所包含的已决赔款和已发生已报案未决赔款准备金之间的关系并未有效使用。准备金进展法是基于已决赔款和已发生已报案未决赔款准备金之间的关系来分析已发生已报案未决赔款准备金的充足性,并对未决赔款准备金进行估计。

在许多情况下,仅仅依靠已决赔款或已发生赔款链梯法进行准备金评估是不恰当的,而对于那些历史数据不足的新业务或常有异常赔款的业务,准备金进展法的结果也不可靠。此外,如果保险事故发生以后的报案过程很长(如10年以上),在最初的几年很少报案,那么前述的几种方法也难以胜任在这种情况下的准备金评估。因此,在这些情况下,就需要一种全新的准备金评估方法。B-F法就是为解决上述这些情况下的准备金评估而提出的一种方法。

事实上,对每个具体的险种来说,它们都具有自身特点,需要在评估未决赔款准备金时采用不同的处理方法。上面提到的每一种方法都是有效的准备金评估方法,但并不是在任何情况下都有效,都有各自并不适用的情况。因此,实务中评估未决赔款准备金时,通常会采用不同方法对同一业务进行评估。我国保监会也规定,保险公司在提取已发生未报案未决赔款准备金时,应采用至少两种方法进行谨慎评估,根据评估结果的最大值确定最佳估计值,并由保险公司精算责任人签署准备金评估报告报送给保监会。

### 3. 其他准备金

其他准备金指除未到期责任准备金和未决赔款准备金以外的中国保监会规定应当提取的非寿险业务准备金,如巨灾风险责任准备金等。

巨灾风险责任准备金是为了应对保险责任范围内的特大自然危害和意外事故所造成的损失后果而提留的一种准备金。一般而言,巨灾风险具有低频率,高损失的特点,一旦发生,一般中小型保险公司或区域性保险公司,甚至全国性的大型保险公司将难以承受,因此需要提取巨灾风险责任准备金来应对此类风险。

### (二)非寿险业务准备金评估的意义

非寿险业务准备金的准确评估,对保险公司、监管部门具有重要意义。

(1)从保险公司业务特征的角度看,要求必须准确评估非寿险业务准备金。

①保费的一次性收取与风险长期存在的矛盾,要求评估未到期责任准备金。非寿险的风险存在于整个保险期内,而与风险对应的保费则一般是一次性收取的,对于跨年度的保单,会计年度结束时不能对收取的保费全部确认,因此,应评估未到期责任准备金,在资产负债表的负债科目中加以体现,用以承担未到期的保险责任。

②索赔过程中各种延迟的存在,要求评估未决赔款准备金。一个完整的索赔周期包括事故发生、报告、理算、赔付结案,甚至还有重提赔案、再次结案等环节,因而从赔付责任产生到赔款支付完毕存在着各种延迟。根据权责发生制原则,对于已发生的赔付责任,必须在当期确认,因此,应评估未决赔款准备金,在资产负债表的负债科目中加以体现,用以承担尚未结案的赔款责任。

③巨灾风险的存在,要求评估其他准备金如巨灾风险责任准备金等。巨灾事故出现的可能性,意味着风险的剧增,因此,针对这种特大自然危害和意外事故可能造成的损失后果,应评估巨灾风险责任准备金,用以应对巨灾年份的巨额赔付。

(2)对保险公司的财务状况而言,非寿险业务准备金的评估是否恰当、准确,对保险公司的利润、所得税、股东分红等将产生重大影响。

保险公司只有科学、准确地计算、提取和转回非寿险业务准备金,各会计年度的损益才能较为客观地反映保险公司当年度的经营成果。如果保险公司未能进行准确评估而少提取了非寿险业务准备金,则会使保险公司的当年利润虚增,保险公司缴纳的所得税和股东分红也会相应增加,从而影响保险公司的财务状况。反之,如果保险公司未能准确评估而多提取了非寿险业务准备金,会使保险公司当年已实现的利润在账面上发生不当减少,从而减少所得税的缴纳。

(3)对监管部门而言,要求非寿险业务准备金的评估必须恰当、准确,从而满足对保险公司偿付能力的监管要求。如果由于少提取非寿险业务准备金而使保险公司的当年利润虚增,多缴纳的所得税和股东分红的过多流出会削弱公司的偿付能力,进而可能损害被保险人的利益。同时,保险公司少提取非寿险业务准备金,使保险公司账面上对保单持有人负债金额减少,但实际上对被保险人承担的保险责任并不因此而减少,这样也削弱了公司的偿付能力。如果保险公司不能准确提取非寿险业务准备金,会给监管部门客观评估保险公司的偿付能力带来不利影响,对偿付能力不足的保险公司也就不能及时进行处理。

### 三、寿险业务准备金

在寿险业务中最重要的准备金是责任准备金,这是寿险公司资产负债表中最大的负债项目,也是寿险保单现金价值的来源。在人寿保险发展历史中,曾经有赋课式保险和自然保费保险。在赋课式保险下,保险费由不分年龄大小的参加者平均分担,多退少补,每期收入的保险费与给付的保险金相等,不会产生给付不足或多余问题。在自然保费下,每年根据被保险人的年龄大小重新计算保费,使每年的保险费收入和保险金支出相等,也不会产生不足或多余。但在均衡保费制下,每年收入的保险费与给付的保险金是不同的。例如,终身寿险的保险费在各个年度均衡不变,但随着被保险人的年龄增大,死亡率不断提高,相应要给付的保险金也越来越大,这使前期保费收入大于保险金给付,后期保费收入却小于保险金给付。这样保险人就必须把前期剩余的保险费收入以复利积存起来,以弥补后期给付的不足。这种保险人以保险合同为根据,为将来发生的给付而提存的基金称为责任准备金。

责任准备金是保险人对被保险人的负债,并不是保险人的收入,是保险人对均衡保费依据保险事故发生的风险大小进行的合理分配。趸缴保费制下也会产生责任准备金。

因而随着财务报告的使用目的不同,通常会使用三类寿险责任准备金:法定准备金、额盈余准备金和税收准备金法定准备金是用于保险监管人员估计保险公司的财务状况而使用的准备金。一般情况下,由于保险监管机关比较重视保险公司的偿付能力问题,因此法定准备金比较保守,产生较高的负债。额盈余准备金是保险公司希望得到最佳经营状况估计而使用的准备金,它是在运用最佳的精算假设基础上评估出来的,比较真实地反映了公司的负债状况。在美国的 GAAP 评估报告中一般都使用这种准备金,比较真实反映公司的经营状况,为公司的内部经营管理提供有力的基础。税收准备金是税务部门为了确定保险公司的税收而使用的准备金。税收准备金以公司的法定评估准备金为基础,在某些项目上进行调整。通常,税收准备金比盈余准备金保守,而比法定准备金要激进。

责任准备金的提存和计算以净保费为依据,依计算时点的不同而不同。从过去保险费收入看,某时点的责任准备金就是保险人已收取的净保费积累值与已给付保险金积累的差额,或者说是投保人缴纳的净保费的剩余部分,这种方法称为过去法。从保险人未来给付责任看,责任准备金就是保险人未来保险金给付与未来净保费收入的差额,或者说保险人未来的净责任,这就是未来法。

## 四、从精算角度看保险公司的运作

精算的应用范围包括费率厘定、准备金评估、再保险等方面,下面仅从费率厘定和准备金评估两个方面简单介绍精算在保险公司经营中发挥作用的位置。

如前所述,收支平衡原理和大数法则是保险经营要遵循的重要原则。保险公司的经营首要建立在大数法则的基础上,在可保风险的范围内,根据自己的承保能力,积极组织拓展保险业务,在维持、巩固原有业务的同时,不断发展新客户,扩大承保数量。这样,保险标的实际发生事故的概率才能更接近预先测算的事故发生概率(因为后者正是基于大数法则测算),精算工作才能发挥最大作用。在满足大数法则的前提下,遵循收支平衡原理,使保险期内收取的纯保费收入现金价值与未来预期应支出的保险金现金价值相等,也就是根据未来保险金的预期支付额,运用前述各种费率厘定法倒推出当前应收取的纯保费,然后在纯保费基础上附加保险公司的经营费用估计值(有时还会加入利润),得到最终向投保人收取的毛保费。

在保险期间的期初收取保费以后,支出赔款和收取保费之间会有一个时间滞后期,在寿险中,这个滞后期的长度还可能会长达几十年。保险公司必须在保费收入中提留一部分资金进行保值增值,作为未来赔付的准备,以保证其如约履行赔偿或给付保险金义务。提留的这部分资金就是各类准备金的总和,运用前面介绍的各种评估方法合理评估具体提留金额。

判断保险公司某一类险种的经营状况好坏,需要将保险公司该险种的赔款及费用之和与保费收入相对比,如果赔款及费用之和大于保费收入,则保险公司在该险种的承保方面是盈利的;如果赔款及费用之和小于保费收入,则保险公司在该险种的承保方面是亏损的。这里需要注意的一点是,在对比赔款及费用之和与保费收入时,要使赔款及费用与保费收入的发生时间段相一致,不能简单将当年赔款及费用之和与保费收入相对比。这是因为,保险公司当期已支付赔款只占保险公司当期售出保单最终赔付额的一部分,其他部分以未决赔款形式存在。

因此,在精算学上,往往采用"综合比率"反映某类险种承保盈亏情况,综合比率是损失率和费用率之和,其中,损失率是指某类业务在某一特定时期内的已发生损失(包括直接理赔费用)除以同一时期的已赚保费,这样就保证了赔款与保费收入发生时段的一致性;费用率是指某类业务在某一特定时期内发生的承保费用(包括展业费用和其他费用,但不包括直接理赔费用)除以它在同一时期的承保保费,衡量了保险公司的管理成本状况。

若综合比率小于100%,则说明该类业务存在承保利润;若综合比率大于100%,则说明该类业务存在承保亏损。

## 小结

保险精算学是从保险业经营实践中发展而来的,是一门运用数学、统计学、保险学的理论和方法,对保险经营中的保费确定、准备金提取、利润分配、投资安排等问题做定量分析,对各种保险经济活动未来的财务风险进行分性、估价和管理,以保证保险企业经营的稳定性和安全性的学科。最早起源于寿险业务的保费计算。

保险精算的主要内容有三大类:一是保险产品的成本核算;二是保险业务的准备金评估;三是保险公司的金融管理。

收支平衡原理和大数法则是保险精算的基本原理。

所谓收支平衡原理,是使保险期内纯保费收入的现金价值与支出保险金的现金价值相等,这是保险精算的最基本原理。大数法则是一系列定理的统称,说明大量随机现象的发生由于具有偶然性而相互抵消,呈现出必然的数量规律,这种数量规律就是保险经营的基础。

保险费率是保险人按每单位保险金额向投保人收取的保费,也就是保费与保险金额的比率,即:费率 = 保费 ÷ 保险金额。

纯保费法是直接计算每一危险单位费率的方法,通常适用于已有险种。纯保费法确定的费率能够弥补预期赔付额与费用,并可以提供预期的利润水平。

$$R = \frac{P + F}{1 - V - Q}$$

其中,$R$ 是毛保费;$P$ 是纯保费;$F$ 是保险公司的单位固定费用;$V$ 是保险公司的单位可变费用与保费之比;$RV$ 则表示保险公司的单位可变费用;$Q$ 代表保险公司的单位利润与保费之比;$RQ$ 是保险公司的单位利润。

准备金一般是保险公司的负债,是公司将于未来某一时期向被保险人偿付的资金。

未到期责任准备金是指在准备金评估日为尚未终止的保险责任而提取的准备金。它的评估方法通常可以分为比例法和风险分布法。

比例法适用于大多数非寿险业务,具体又可分为年平均法、季平均法、月平均法、日比例法。风险分布法考虑被评估险种风险发生的实际分布状况,根据未来赔付与相关费用的预期流量分布来计提未到期责任准备金。风险分布法常用于农业保险、信用风险等。

# 中篇　保险市场与产品

# 第五章　保险市场

## 引言

　　本章首先概述保险市场的含义及特性,从不同角度对保险市场进行分类,分析保险市场的构成要素、保险市场的价格机制,认为保险市场价格反映保险供给需求竞争,保险机制同样遵循价值规律、供求均衡定价规律。

　　保险的供给与需求受多种因素影响,保险供给是指保险人在一定时期内各种可能的价格下愿意提供并且能够提供的保险商品的数量;影响保险供给的因素有保险资本的成本收益率、保险企业的数量和类型、再保险网络的形成、跨国经营能力、保险产品质量、利率和监管政策等方面。保险需求是指消费者在一定时期内各种可能的价格下愿意购买并且有能力购买保险商品的数量;影响保险需求的因素主要有经济发展程度、风险管理手段、传统文化、人口、技术进步、市场利率变化等。

　　中国现代保险市场发展历程大致分三阶段,中国保险市场目前处于快速发展时期。

　　保险中介对保险市场的发展起着重要的桥梁作用,保险中介市场主要包括保险代理人市场、保险经纪人市场和保险公估人市场。

## 关键词

保险市场构成　保险市场供给与需求　保险中介市场

# 第一节　保险市场概述

## 一、保险市场的含义

　　一般意义上的市场有两种含义:一种是狭义的市场,指商品交换的场所;另一种则是广义的市场,它是指商品生产者之间全部交换关系的总和。市场总是与商品交换联系在一起,而商品交换最终在供给方与需求方之间进行,如何使供给方和需求方成功达成交易,成为市场研究的核心内容。

根据市场的定义,我们可以界定保险市场的含义:保险市场是指保险商品进行交换的场所,是保险交易主体之间所产生的全部交换关系的总和。保险市场既可以有固定的交易场所,如各保险公司都设立了营业大厅和银行柜台,可以进行投保咨询和缴费服务,也可以利用网络支付、电话委托等非固定场所交易方式达成交易,这种场所不受时间和空间的限制。保险市场不是静止、孤立的,而是一个动态有着多方联系的系统。因此,保险市场研究的视角不仅有需求方,也要考虑供给方、监管方的机制。

保险市场包括交易主体、交易客体、市场定价机制等内容。市场交易的主体主要包括保险市场中的需求者、供给者以及促成保险市场交易的其他主体如保险监管者等。保险交易的客体则是各类保险商品。较早的保险市场出现在英国的保险中心——伦巴第街;后来在海上保险市场形成"劳合社",随着保险业的不断发展,保险技术的不断成熟,保险中介市场应运而生,借助网络和信息技术,保险市场取得快速发展。

## 二、保险市场的特征

保险市场具有一般市场的共性,也有其独特性,保险市场客体不是普通的商品,而是对未来的不确定性损失提供补偿的各类保险产品。

1. 保险市场客体的"非物质性"

保险市场交易的对象是为未来不确定损失提供补偿,具有"无形性"或者称"非物质性",这与一般的商品交易对象有实体物理特征的不同,如果保险合同有效期内,没有发生保险事故,就不会产生保险理赔。因此,保险市场客体普通人接受和认识需要一个渐进过程。

2. 保险市场具有"期权性"

相对于即刻交易市场,保险市场具有"期权性",是指保险合同双方不是立刻就能清算投入与产出,并不能确切知道保险交易的最终结果。这是由保险经营对象风险的不确定性来确定的,保险合同的射幸性使得保险交易双方都不能确切知道最终交易结果。支付保险费和享受保险保障服务之间存在着时间差,有的数周或数月,还有的甚至长则几十年直至被保险人终生,保险市场的交易方式,具有预期性。

### 3.保险市场经营对象是风险

一般的市场交易对象是商品和劳务,而保险市场交易对象是风险,它通过"大数法则"对同类风险产品进行市场定价,保险缴费形成保险基金,并对不确定时间发生的风险事故进行风险分散和损失分摊,由同类风险的全体投保人分摊发生保险事故投保人的损失,保险市场交易对象的特殊性使得保险经营具有专业性、经营涉及面及其广泛的特点,成为现代社会风险管理的有效工具。

### 4.保险市场受政府干预性较强

保险市场经营对象是风险,涉及人身、财产、责任等诸多领域,保险市场运行是否良好,关系到很多家庭和个人的利益,也会深刻影响到社会稳定,因此,政府必须对保险市场进行强有力的监管,对保险单审核、费率监管、风险准备金合规检验、保险资金投资风险监管等,保险市场具有浓厚的政府干预特征。

## 三、保险市场的分类

根据不同的标准,将保险市场进行多种分类。

### (一)按照保险承保标的,可分为人身保险市场和财产与责任保险市场

人身保险市场指保险公司承保的标的是人的生命和身体健康。人身保险市场可分为人寿保险市场、意外伤害保险市场、健康保险市场等。财产责任保险市场指保险公司承保的标的是各种财产与责任,如汽车、房屋等事物形态的财产以及民事损害赔偿责任。财产与责任保险市场是保险市场的重要组成部分,又可以细分为财产保险市场、责任保险市场、信用保证保险市场等。

### (二)按照保险活动的空间,可以分为国内保险市场和国际保险市场

国内保险市场发展与其所在国家的国民经济发展状况相关,当国内宏观经济运行良好,保险业发展的就会很好,国内的文化传统、社会伦理等也会影响本国保险业的发展。国内市场按照其经营区域范围又可分为全国性保险市场和区域性保险市场。国际保险市场就是国内保险公司经营国外保险业务的保险市场,国际保险市场又可以细分为全球性保险市场和区域性保险市场。目前,保险市场国际化的趋势在逐渐增强,许多保险公司实施国际化战略,以期抢占更大国际保险市场份额。

### (三)按照保险实施方式,可分为自愿保险市场与强制保险市场

在自愿保险市场上,投保人是否投保,保险金额和保险期限都由投保人根据实际情况决定,在自愿平等的基础上签订保险合同,确定权利和义务关系,中国保险市场绝大多数的保险产品都是自愿投保的。强制保险市场,政府通常以法律的形式对保险产品的性质进行规定,并强制要求被保险人投保,个人没有选择的余地,

必须参加保险,如我国的交强险。

**(四)按照保险承保方式,可划分为原保险市场与再保险市场**

原保险市场上,投保人与原保险人直接进行交易,由原保险人承担全部风险理赔责任。再保险市场,也称分保市场,是指原保险人在签定保险合同之后,将其承担保险业务的部分或全部以新的保险合同分转给其他保险人,以规避自己承担高额理赔的风险而形成的市场。

**(五)按市场的竞争程度划分,可分为完全竞争市场、竞争垄断市场、寡头垄断市场和完全垄断市场**

1. 完全竞争型

完全竞争型保险市场,是指在一个市场上存在数量众多的保险公司,任何公司都可以自由进出市场,市场不受任何阻碍和干扰,同时存在大量买方和卖方,资源流动自由,每一买卖者均掌握或通过中介人掌握充分信息。投保人与保险人参加保险市场的交易活动是自由的,价值规律和供求规律充分发挥作用,市场自发地调节保险商品的价格。外国保险公司可以自由进入该市场,保险公司的数量基本上由市场供求自行调节,保险行业公会在保险市场管理中发挥重要作用。

2. 竞争垄断型

在竞争垄断型保险市场上,大小公司并存,少数大公司在保险市场上取得垄断地位。垄断公司与垄断公司之间、垄断公司与非垄断公司之间、非垄断公司与非垄断公司之间同时存在着激烈的竞争。如 20 世纪 80 年代,英国保险市场上有 849 家保险公司,其中 12 家最大的公司垄断了非寿险业务的 80% 以上,其余 837 家则分享不到 20% 的业务。

3. 寡头垄断型

寡头垄断型保险市场,是指在同一国家和地区仅有几家保险公司,这几家保险寡头瓜分垄断绝大部分保险业务。寡头垄断型市场又可分为专业寡头垄断型、地区寡头垄断型和混合寡头垄断型三种。专业寡头垄断型,是指在一个保险市场上同时存在两家或两家以上的保险公司,各垄断某一类业务,互不交叉;地区寡头垄断型,是指一个国家的市场,由两家以上的保险公司按地区划分,互不交叉;混合寡头垄断型,是指该国中几家垄断保险公司经营的险种互有交叉,它们按市场份额瓜分市场。

4. 完全垄断型

在经济学中,完全垄断型又称垄断或独家垄断,是指市场处于完全由一家所控制的状态。保险市场的完全垄断,是指保险市场完全由一家保险公司控制。这家公司既可以是国营公司,也可以是民营公司。由于独家保险公司控制了保险市场,在这种市场上没有竞争,其垄断者根据已知的供给与需求情况,在高价少销和低价多销之间进行选择以取得最大限度的利润。在这种保险市场上,保险供给者只需改变供给量就可改变价格,从而获得较大的利润。

### 四、保险市场要素

保险市场的构成要素,有保险市场主体、保险市场客体、保险市场价格和保险市场机制等。

#### (一)保险市场的主体

市场主体就是市场活动的主要参与者,保险市场的参与者由保险保障的供给者、需求者以及监管保险活动的政府等组成。具体说保险市场就是由保险人、投保人或被保险人以及政府等主体组成,保险市场的主体的分类见图5-1。

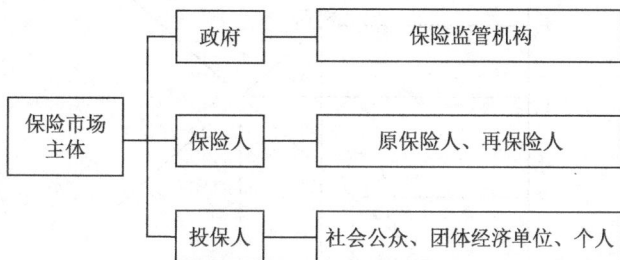

**图5-1 保险市场主体分类**

在我国,保险人是指提供保险服务的各类保险公司,是各种保险产品的供给方。社会保险的供给主体是各级政府的劳动和社会保障机构,政府运营社会保险的目标是解除社会人在年老、疾病、工伤、失业、生育等风险的后顾之忧,化解社会矛盾,实现社会成员平等、共享社会经济发展成果。投保人或被保险人是由社会团体、经济单位及个人组成。鉴于保险市场的特殊性,政府监管部门是保险市场中不可缺少的重要主体。

#### (二)保险市场客体

保险市场客体就是用于交易的各类保险产品和保险服务,保险商品具有不同于其他商品的特征:非渴求性、无形性和复杂性。这些特征将在本书第六章中详述。

#### (三)保险市场价格

保险价格,也即保险费,有理论价格和市场价格之分,理论价格是单纯以影响保险供给的内在因素如成本等为基础而形成的价格;市场价格则是通常所说的交易价格,要受市场竞争、货币价值、保险标的、国家有关政策及替代品的价格等诸多外部因素的影响。保险产品价格通常由净保费和附加保费两部分组成,净保费用于保险金的给付,通过精算技术核定该风险成本;附加保费则包括保险人的经营管理费用及其应得到的利润部分,要充分考虑市场变化因素,保险人经营保险业务盈利主要取决于其附加保险费的运营。

保险市场价格是保险供给需求双方博弈的结果,保险市场供求平衡,是指在一定的费率水平下,保险供给等于保险需求的状态,即保险供给与需求达到均衡点,如图 5 -2 所示。P 表示保险费率,Q 表示保险的供给(需求)量,需求线与供给线的交点 E 就是均衡价格,在此点,保险公司通过一定量的保险商品提供,实现利润的最大化,而保险消费者通过该价格下对一定量的保险商品的购买,实现效用最大化。

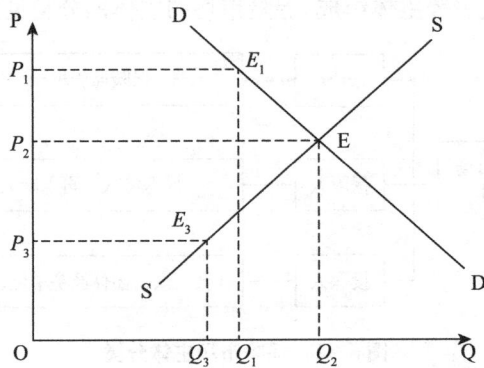

图 5 -2　保险市场的均衡状态

### (四)保险市场机制

1.市场机制的一般原理

市场机制是指价值规律、供求规律和竞争规律三者之间的相互联系、相互作用、互为因果的关系。竞争是市场经济的灵魂,优胜劣汰以达到资源的优化配置。价值规律是商品经济的基本规律,要求商品交换以价值为基础,实行等价交换。商品价格由价值决定,受供求关系的影响,价格以价值为中心,围绕价值上下波动;供求规律体现的是供给和需求之间的必然联系,供给总是随着需求的变化而变化,需求旺盛,供给将增加,需求乏力,供给将减少;竞争规律包括生产者之间竞争、消费者之间竞争以及生产者与消费者之间的竞争。市场机制的定价机制取决于供求关系,如果供求平衡,价格就会趋同于价值;如果供大于求,价格将低于价值;反之,价格则高于价值。

2. 保险市场机制的作用

在保险市场上,价值规律、供求规律和竞争规律都起着重要的作用。

保险价值规律的作用是实现保险资源的合理配置,在保险市场上,竞争性与盈利性是衡量保险公司价值的重要指标,价值规律将引导保险的资金、技术、人才等要素实现合理配置。在信息化、全球化的新时代,保险市场遵循价值规律,优化保险公司的竞争力。

供求规律是保险市场在流通领域的主要规律,通过保险商品的供求关系,影响保险价格。但保险商品的独特性,决定了供求关系影响保险价格的时效性,短期来看,保险供给与需求关系对价格的影响较大,保险公司需要及时了解保险市场需求,制定适宜的产品价格,也避免保险价格的短期波动;但长期来看,保险供给与需求依据大数法则精算是平衡的,价格会趋于稳定。保险市场价格的另一重要因素是危险发生的概率,如果概率高,其价格就高;反之,其价格就低,还要考虑长期保险费的投资收益,保险公司的营销成本与管理成本。

保险市场的竞争机制是严格的依靠业绩优胜劣汰,保险企业为了生存和发展,必然采取成本最小,收益最大的运营策略,那些业绩好、竞争力强的公司将获得持续发展,而业绩差、竞争力弱的公司将会被市场淘汰。各家保险公司由此更注重从人性化服务、产品创新性能等方面作出突破,获得发展。

# 第二节 保险市场的供给与需求

## 一、保险供给

保险供给是指保险市场上保险人在一定时期内各种可能的价格下愿意提供并且能够提供的保险商品的数量。

### (一)影响保险供给的因素

#### 1. 保险资本的成本收益率

保险人的赔款及各种经营管理费用构成保险成本。在保险市场上,保险供给的决定性因素是"成本—收益"分析。这里的成本不完全指财务成本,而是一种机会成本。如果保险人将一定的资本投资于保险业,所得收益小于将这笔资本投资于别的行业所得的利益,那么保险人就会转移这笔投资;同样,如果某一产品的成本收益率较高,而另一产品的成本收益率较低,那么保险人就会增加前一种产品的供给,收缩后一种产品的供给。决定保险供给的扩张和收缩的杠杆就是"成本—收益"分析。当然"成本—收益"也并非一个静态的统计指标。保险人对于成本,可通过有效的管理,如承保控制、防损工作、规模经济等来加以控制,而资金的灵活运用就会增加收益总额,提高成本收益。因此,"成本—收益"分析是一个综合分析过程。通过有效的"成本—收益"分析,保险人就能将保险的供给控制在最佳的规模和水平上。

2. 保险企业的数量和类型

(1)垄断性强的保险市场,会导致保险企业,特别是非寿险保险企业的供给下降。这一结论已被许多事实证实。

(2)西方国家最主要的保险企业类型是股份公司和相互保险公司。这两种类型的保险企业的供给能力各有所长。相互保险公司以投保人所有、利润归投保人特点的供给具有无限的潜力,而股份公司以其可以在股市募集资本的优势提高保险供给能力。

(3)国际化公司的数量是影响保险供给的重要因素。国际化公司,即能在全世界为客户提供服务的公司。世界上只有十几家是真正的国际化公司。

3. 再保险网络的形成

再保险公司在保险供给中起相当重要的作用。有了再保险公司作后盾,直接保险市场的供给能力可大大提高。目前国际上最大的再保险公司在欧洲前 10 家中,德国 3 家,英国 2 家,瑞士、法国、意大利各 1 家,欧洲之外的美国有 2 家。

4. 保险企业的经营状况

(1)保险企业经营的预期安全性,直接关系到保险供给,而考察预期安全性的数据,是看保险企业资本与承保保费之和与保险负债的比值大小(资本 + 承保费/负债)。其比值越高,即债股比例越低,则预期安全性越高。

(2)专业知识和管理经验。保险企业人员的专业知识水平和管理经验,直接影响保险的供给水平。而专业水平和经验,是通过对保险产品定价、承保及理赔实务水平来考察的。

(3)保险企业的投资管理决策水平也影响保险供给。

5. 保险产品的分销

保险产品分销渠道是否畅通,直接关系到保险产品的供给状况。分销渠道有三种:直销、通过代理人销售和通过保险经纪人销售。通过互联网、邮件、电话、报纸广告等方式直接面对客户销售,称为直销。利用银行销售是较好的直销方式。

而保险代理则分独立代理和专用代理两种。经纪人则是投保人合法的代理人。经纪人和独立代理人的角色,在一定程度上改变了保险产品购、销两者之间信息不对称的状况。可以说,没有完善的保险产品销售渠道,就没有保险产品的最佳供给。从这个意义上讲,保险经纪人公司在保险供给中的地位和作用举足轻重。

6.跨国经营能力

保险企业的跨国或跨地区经营能力越强,该企业的保险供给能力就越大。从国家角度来看:当一个国家保险供给水平在本国已饱和、或当该国企业要求寻找更高的保险收益、而保险企业又具备跨国经营能力时,该国的保险综合供给能力便加强了。当然,那些一开始就具备跨国经营能力的保险企业,其保险供给能力肯定是较强的。

7.保险产品质量

保险产品质量与该产品的供应量呈正相关关系。人们关注保险产品的质量,一般有这几个方面:产品设计是否科学、价格是否公平、服务是否满意、承诺是否能兑现。那些能够满足客户需求的保险产品,其供给量相对较高。

8.利率

在保险产品价格一定的情况下,银行利率的上下波动,会引起保险供给的相反波动。

9.监管政策

政府对保险业的监管政策,对保险业的影响关系极大。如,选择何种保险体制、运用何种监管方式、市场准入政策如何等。又如,是否允许无当地执照的保险人经营,也会对保险的供给产生影响,因为这意味着保险供给的扩大。关于监管政策,将在本书第十一章中详述。

10.周期性卖方市场

西方经验发现,在保险市场,特别是非寿险市场,每隔5~8年会出现一个卖方市场。原因是,投资者不愿意提供额外的资本,或者,经营者不愿意让一定的资本水平承担额外的风险,这时,就会产生承保能力危机,使有些险种变得稀缺甚至绝迹,出现了所谓卖方市场。但随着市场的变化,保险产品价格上升,利润率也上升。盈利机会增加会吸收更多的资本投入该保险产品,经营人员就想承保更多的业务,于是买方市场出现。

(二)保险供给量

保险供给量是所有影响该供给量的因素的函数,可以表示为

$$Q^s = f(a_1, a_2, a_3, \cdots)$$

其中,$Q^s$是保险供给量,$a_1, a_2, a_3$等为各影响因素,假设其他因素不变,保险

供给量仅受价格变动的影响,供给函数就可以表示为:

$$Q^s = f(P)$$

P是保险商品价格,从图5-3可以看出,保险价格与供给量成正相关关系。

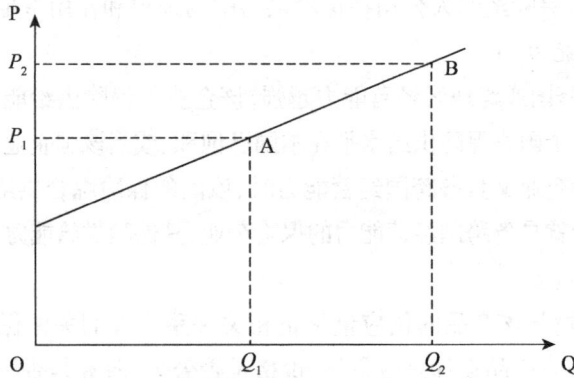

图5-3 保险供给曲线图

## (三)保险供给弹性

保险供给弹性是指在一定时期内保险商品的供给量相对于该商品其他因素变动的反应程度,可分为价格弹性和利润弹性。

### 1.保险供给价格弹性

保险供给价格弹性反映了保险商品的供给量对保险价格变动的反应程度。如果用Q代表供给量,P代表价格;$\Delta Q$和$\Delta P$分别表示供给量和价格的变动;Es表示供给价格弹性系数,那么保险供给的价格弹性系数可表示为:

$$Es = (\Delta Q/Q)/(\Delta P/P)$$

根据Es的取值大小,保险供给价格弹性可分为五类:

(1)富有弹性。当$Es > 1$时,表示保险价格的变动程度小于保险供给量的变动程度。

(2)单一弹性。当$Es = 1$时,表示保险价格的变动程度等于保险供给量的变动程度。

(3)缺乏弹性。当$Es < 1$时,表示保险价格的变动程度大于保险供给量的变动程度。

(4)完全无弹性。当$Es = 0$时,表示保险价格的变动程度与保险供给量的变动程度无关,无论价格如何变化,保险供给量均不改变。

(5)完全有弹性。当$Es = \infty$时,表示保险价格的变动程度与保险供给量的变动程度相关度较大,保险价格稍有变动,保险供给量便会大幅度的增加或减少。

2.保险供给的利润弹性

保险供给的利润弹性是指保险商品的供给量变动对利润变动的反映程度。可以用下面的公式来计算保险供给的利润弹性:

$$E^{\Pi} = (\Delta Q/Q)/(\Delta \Pi/\Pi)$$

其中,$E^{\Pi}$利润弹性系数;Q 为供给量;$\Pi$ 为利润率。保险供给对利润率比较敏感,一般来看,二者之间存在正相关关系,利润率提高,将会带来保险商品供给量的增大,当利润率下降时,保险商品供给量也会下降。

## 二、保险需求

### (一)保险需求概念

需求是针对消费者的购买能力而言的,保险需求是指消费者在一定时期内各种可能的价格下愿意购买并且有能力购买的保险商品数量。保险不仅是补偿经济损失的有效手段,而且,当投保人利用保险工具将自己的风险转嫁给保险公司之后,自身会获得安全预期的心理安慰,具有较其他商品获得精神上的满足感,从两方面理解保险需求:第一,消费者有购买保险的意愿;第二,消费者具有支付保险费的经济能力。保险需求反映人们对安全保障等的需要,满足人们保险保障需求的方式有很多种,例如,可以用个人储蓄为老年退休生活做提前规划,也可以用非保险的方式将风险转嫁给他人,但保险是较为有效的风险管理工具,一般来说保险需求量 Q 与价格 P 呈现反比关系,如图 5 – 4 所示。

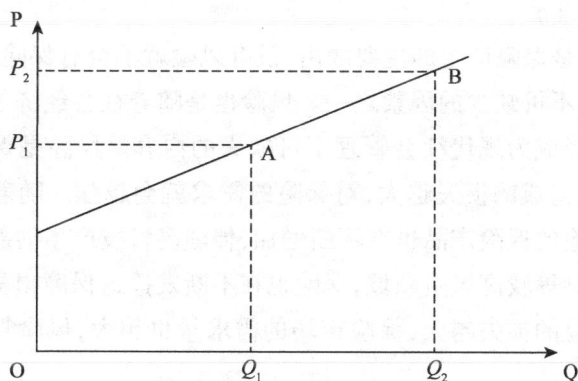

图 5 – 4  保险需求曲线图

### (二)影响保险需求的因素

保险需求是随着时间、空间条件的不断变化而变化的,不同时期、不同年龄阶段,人们的保险需求各异,影响保险需求的因素很多,主要有以下方面:

#### 1.经济发展程度

保险是社会分工的产物,也是经济发展的必然产物。最原始的保险产生于海上货物运输,随着经济发展,社会分工的细化,保险产品逐渐从海上货物运输增加到对人的身体、各种法律责任等领域的风险管理,后来又增加了投资理财的功能,使得保险业成为金融业的主要组成部分。因此,保险需求是随着经济的发展而不断完善的,经济发展使得社会分工越来越精细化,科学技术不断开拓新的领域,如航空航天等,社会生产力发展水平越高,产业结构越复杂,人们面临的风险就会越大,人们对保险的需求程度和投保额度也就越大。

根据马斯洛的需求理论,随着经济条件的改善,人们对需求的预期是逐渐改善的,由最初的衣食住行等满足基本生活需要开始,逐渐增加到追求安全的需要、社会交往、尊重的需要,到最高层次的自我实现的需要。人们对风险的认识和防范风险的意识随着经济条件的改善和提高而改变,不再停留在低层次的生存安全保障需要的基础上,保险在人们消费结构中占据日益重要的地位,成为人们生活不可缺少的部分。

保险产生的历程表明保险需求是随着经济的发展而不断发展的,经济发达的国家,都是保险历史比较悠久,保险在国民经济的作用得到充分发挥,国民收入的水平也与保险需求成正比例的。

#### 2.风险管理因素

风险的存在是保险产生的主要缘由,没有风险就不会有保险。因此,风险成为影响保险需求不可缺少的因素之一。风险也是随着社会经济的发展不断变化的,风险管理已经成为现代社会管理不可缺失的内容。风险是保险需求存在的前提,风险越高,造成的损失越大,对保险的需求就会越强。随着风险种类的不断增加,应对风险的保险产品也在不断憎加,伴随高科技产生的新型行业比如航天科技、深海探测等较高风险领域,保险也在不断发挥这保障损失的功能。风险的种类越多,风险的损失越大,保险市场的需求量也越大,风险管理水平影响保险市场的发展。

#### 3.传统文化因素

一个国家或地区的保险需求程度与该地区的传统文化理念相关,不同文化背景,人们的观念不同,接受保险的意识就有差别,保险意识强,保险市场的需求就高。我国长期受自给自足的封建文化的影响,倡导自助、互助、扶养、赡养等传统的伦理道德观念,把安全保障依托于菩萨的保佑,传统的"养儿防老"的理念根深蒂固,依托血缘关系,家庭是养老的可靠保障,这种传统的养老模式必然与社会化的商业保险养老模式相抵触,限制了商业保险的需求,公众接受保险这种付费保平安的"洋产品"需要长期的过程。但是,随着社会经济的发展,文化因素对保险的影响也在发生变化,人们的风险与保障意识在随之改变,保险以其专业性、科学性不断被越来越多的人们所理解和接受。

4.人口因素

保险突出以人为本发展理念,日益彰显人性化特色的发展方向。因此,人的因素是影响保险需求的必然要素。在人寿保险中体现尤其明显。首先,人的规模影响保险市场需求,人口规模越大,潜在的保险产品需求越多;其次是人口结构对保险市场的影响,目前,我国正经历着人口老龄化的挑战,老年人口越多,社会对老年风险的抵御就会越发严峻,对养老金保障的需求就更加强烈。从职业类别来看,传统的农业从业人员职业风险较低,而现代新兴职业却对从业者的危害增加,依靠保险来提早预防风险。现代家庭从过去的大家庭逐渐小型化、核心化,由于独生子女政策的实施,家庭的保障功能尤其是养老能力在持续弱化,昔日的大家庭依靠家族势力里化解风险,但现代家庭,风险的防御能力降低,保险需求明显增加。

此外,影响保险需求的因素还有技术进步、利率变化程度等方面。

(三)保险需求函数

保险需求函数意味者保险需求量与影响需求量各因素之间的关系,用数学公式来表示,如下:

$$Q = aA + bB + cC + dD + eE + fF + pP$$

其中,Q 指一定时间内保险经济需求总量;A 是风险因素;B 是经济发展程度因素;C 是传统文化因素;D 是技术进步因素;E 是人口因素;F 是利息率因素;P 是价格因素;公式中的 a、b、c、d、e、f、p 分别代表影响保险需求总量的各种因素变化对保险经济需求总量的影响参数,即各种因素每增加对保险需求总量的影响的程度。

(四)保险需求价格弹性

保险需求价格弹性是保险需求量对保险价格因素变化的反应程度,即保险价格的变动所引起的保险需求量的变动情况,假设保险需求函数为 $Q = f(P)$,$\Delta Q$、$\Delta P$分别表示需求量 Q 和保险价格 P 的变动量,$E_d$ 为保险需求弹性系数,则需求价格弹性计算公式可以这样表示:

保险需求价格弹性系数 Ed = $-\Delta Q/\Delta P$,前面加负号,是因为保险需求量与价格一般成反方向变动。

保险需求价格弹性有下面五种情况:

①当需求价格弹性 Ed > 1 时,表明需求富有弹性,含义指当某保险产品价格下降时,保险需求量的增加程度将大于价格的减少程度,如图5-5所示。

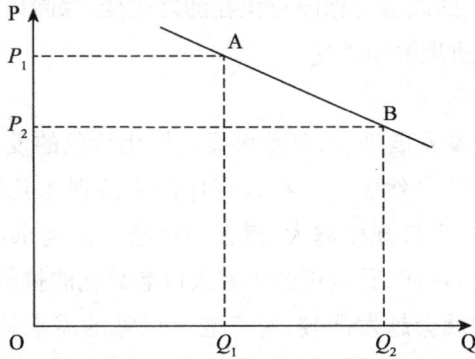

图5-5 保险需求富有价格弹性

②当需求弹性系数 Ed = 1 时,表示需求弹性是单一弹性,其含义是指当某种保险产品价格与保险需求量的增加程度相同是的情形,如图5-6所示。

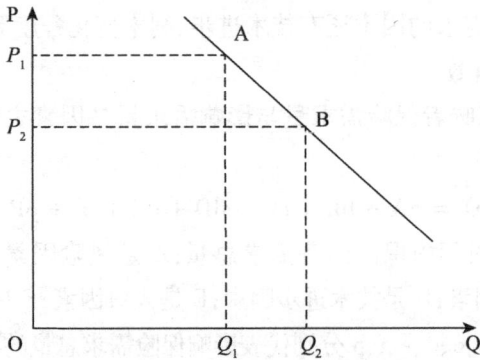

图5-6 保险需求单一价格弹性

③当需求弹性系数 Ed < 1 时,表明需求缺乏弹性,其含义是指当某保险产品价格下降时,保险需求量的增加程度将小于价格的减少程度,如图5-7所示。

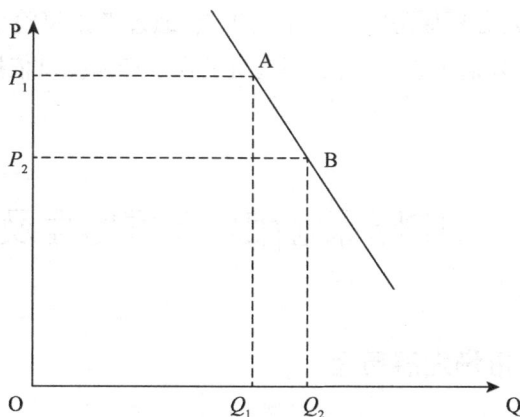

图5-7  保险需求缺乏弹性

④ 当需求弹性系数 Ed =0 时,表示需求完全无弹性,含义是指无论保险产品价格如何变化,保险需求量的均不发生变化的情形,这种情况如我国的交强险,如图5-8所示。

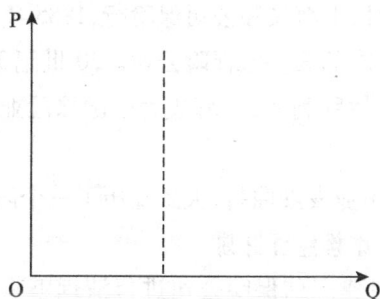

图5-8  保险需求完全无弹性

⑤当需求弹性 Ed = ∞ 时,表明保险需求完全有弹性,在这种情况下,即使保险价格发生轻微的上升或下降,保险需求量也会发生较大幅度的下降或上升,如图5-9所示。

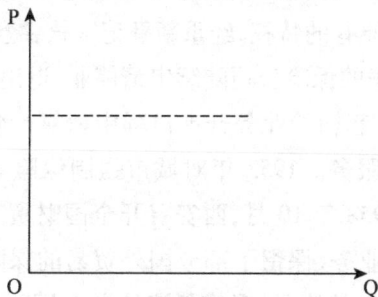

图5-9  保险需求完全有弹性

保险需求弹性是分析保险需求的常用工具,通过考察保险价格与保险需求量的关系,可以界定保险需求程度,为选择适宜的保险产品提供依据。

# 第三节　中国保险市场发展历程及现状

## 一、中国保险市场发展历程

我国现代保险制度已有将近 200 年历史,可以划分为新中国成立前、后两个发展历史阶段。

新中国成立之前,保险市场一直被外资保险公司垄断,1805 年,英商在广州开设了广州保险社,也称谏当保安行(Canton Insurance Society),是中国开设的第一家保险机构,鸦片战争之后,除英国外,资本主义国家保险公司进驻中国。中国民族保险业首创于 1865 年 5 月,上海义和公司保险行,1885 年上海"仁济和"保险公司被认为是中国自己民族资本的第一家保险公司。20 世纪 30 年代,中国民族资本保险公司发展到 30 多家,抗战胜利后,上海成为中国保险业的中心,解放前夕,上海共有 232 家保险公司。

新中国成立后,保险事业发展曲折,大致经历了三个阶段。

### (一)1949—1979 年,计划经济时期

1949 年新人民政府对建国前保险公司进行清理整顿改造。首先是接管改造官僚资本保险机构,大多集中在上海市,中国产物保险公司和专营船舶保险、船员意外保险的中国航联意外责任保险公司被改造后恢复营业,其余官僚资本保险都停办。对私营保险企业由军管会的接管,进行公私合营方式的社会主义改造,并由 1949 年 10 月 20 日成立的中国人民保险公司托管。对解放前在中国设立的外国保险公司,人民政府废除其原有的特权,经重新登记审核,缴纳保证金,并限制其经营范围,1952 年底,外国在华的保险公司陆续申请停业,退出保险市场。

中国人民保险公司在起初的业务开展过程中依靠行政命令,有的地方只求业务数量,不求质量和后续服务。1953 年对城市强制保险业务进行调整,增加了自愿投保的险种和范围。1958 年 10 月,西安召开全国财贸工作会议,由于人民公社化,停办国内的所有保险业务,保留了部分国外贸易的保险业务。1966—1976 年,"文化大革命"期间,保险被认为是"私有经济的产物"而全部停办。

（二）1979—2001 年，我国保险业的恢复与发展时期

1978 年，党的十一届三中全会开创了我国改革开放的新时代，提出了把工作重点转移到经济建设为中心的现代化建设上来，1979 年 2 月中国人民银行提出恢复保险业经营。中国人民保险公司在全国恢复了分支机构，1984 年从中国人民银行分离出来，成为企业化的金融公司。1986 年我国新疆兵团保险公司成立，1988年，中国平安保险公司成立，是中国第一家股份制性质的保险公司。随后 1991 年中国太平洋保险公司成立，1992 年美国友邦保险公司在上海成立中国分公司，开创了代理人营销保险产品的新时代，保险市场被人保、平安、太保等少数几家大公司垄断。1995 年《保险法》出台，1998 年 10 月，成立了中国保险监督管理委员会，保险业走向了法制化、规范化、制度化的轨道。1999 年 10 月，中国平安保险公司将保险的保障功能附带投资功能，推出"投资连结险"，接着推出各种分红型、万能型保险产品，给保险理财市场发展带来了新的发展机遇，我国保险市场进入全新的发展时期。

（三）2001 年至今，中国保险市场竞争发展新时期

2001 年，我国加入了 WTO，外资保险公司纷纷抢占中国市场，中国保险市场呈现出中资、中外合资、外国独资等多种类型的保险公司。截至 2010 年 12 月，中国保险市场总计有保险公司 130 多家，中国保险市场已经进入了竞争主体由单一向多元、竞争模式由国内走向国际，经营模式由人寿财产混业走向分业，发展模式由粗放走向集约，对保险市场的监管由行政指令走向依法监管，保险产品从单一、传统型走向多元、复合型转变，中国保险市场迎来飞速发展和竞争白热化的新时代。

## 二、我国保险市场现状

保险市场的发展可以用保险费额度、保险密度和保险深度等指标来衡量，截至 2011 年 9 月，我国保险市场共有保险集团公司 8 家，保险资产管理公司 10 家，保险公司 130 多家，保险从业人员 360 多万人，保险行业整体呈现快速发展的良好态势，顺利实现"十一五"规划的主要任务和目标，实现了速度、规模和效益的有机统一，整体实力迈上新台阶，行业发展进入新阶段。2010 年，保险业保费收入达到 1.45 万亿元，是 2005 年的 2.7 倍，总资产突破 5 万亿元，是 2005 年的 3.2 倍。保险业成为我国国民经济发展最快的行业之一，我国成为全球最重要的新兴保险大国。2011 年度我国保险业经营数据见表 5 - 1。

表 5 – 1　2011 年度中国保险业经营数据

单位:万元

| 原保险保费收入 | 143 392 512.22 |
|---|---|
| 1.财产险 | 46 178 231.58 |
| 2.人身险 | 97 214 280.64 |
| (1)寿险 | 86 955 913.67 |
| (2)健康险 | 6 917 212.77 |
| (3)人身意外伤害险 | 3 341 154.20 |
| 养老保险公司企业年金缴费 | 4 104 683.73 |
| 原保险赔付支出 | 39 293 732.38 |
| 1.财产险 | 21 869 338.06 |
| 2.人身险 | 17 424 394.32 |
| (1)寿险 | 13 009 348.85 |
| (2)健康险 | 3 596 650.21 |
| (3)人身意外伤害险 | 818 395.26 |
| 业务及管理费 | 18 823 799.47 |
| 银行存款 | 177 371 710.33 |
| 投资 | 377 366 746.59 |
| 资产总额 | 601 381 032.44 |
| 养老保险公司企业年金受托管理资产 | 13 781 773.16 |
| 养老保险公司企业年金投资管理资产 | 13 246 962.68 |

数据来源:中国保险业监督管理委员会网站 http://www.circ.gov.cn/web/site0/tab61/i181899.htm.

《2010 保险统计年鉴》数据显示:2009 年保险业实现原保险费收入 11137.3 亿元,同比增长 13.83%,保险费规模是 2000 年的 6.92 倍(见图 5 – 10),其中,财产险业务原保险费 2875.83 亿元,较上年增加 539.12 亿元,同比增长 23.07%。寿险业务原保险费收入 7457.44 亿元,较上年增长 799.04 亿元,同比增长 12%;健康险业务原保险费收入 573.98 亿元,较上年减少 11.59 亿元,同比下降 1.98%;人身意外险原保险业务收入 230.05 亿元,较上年增加 26.49 亿元,同比增长 13.01%。

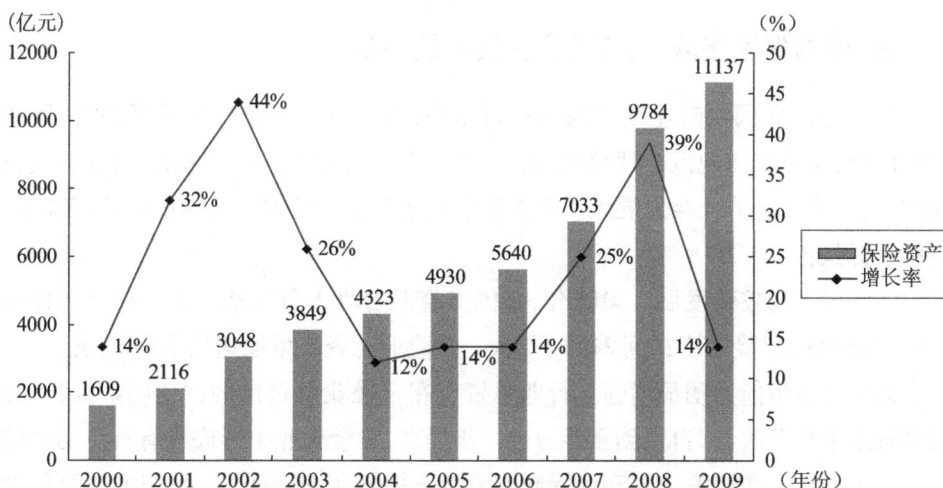

**图 5 - 10 2000—2009 年我国保险业保险费收入增幅比较**

数据来源:《中国保险统计年鉴(2010)》,中国保险统计年鉴编委会

截至 2009 年 12 月,我国保险公司总资产共计 40634.75 亿元,较 2008 年增加 7215.92 亿元,增长 21.59% ,从 2000—2009 年的数据比较来看,保险业总资产呈现逐年增长的势头,见图 5 - 11。

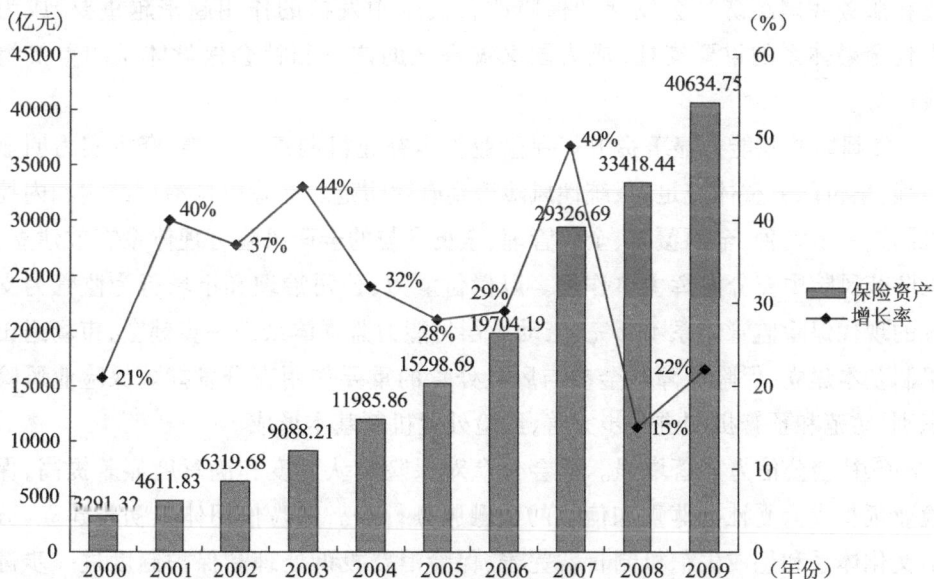

**图 5 - 11 2000—2009 年我国保险业总资产增幅比较图**

数据来源:《2010 中国保险统计年鉴》,中国保险统计年鉴编委会

### 三、中国保险市场"十二五"主要发展目标[①]

"十二五"我国保险业发展的总体目标是,初步建成一个市场体系完善、服务领域广泛、经营诚信规范、风险防范有效、综合竞争力较强,发展速度、质量和效益相统一,与国民经济社会发展水平和人民群众生产生活需求相适应的现代保险业。具体目标是:

①实现平稳较快发展。2015年,全国保险保费收入争取达到3万亿元。保险深度达到5%,保险密度达到2100元/人。保险业总资产争取达到10万亿元。

②综合竞争能力明显增强。行业总资产在金融业总资产的占比明显提升,经营管理水平显著改善,自主创新能力进一步提高,在金融业中形成具有特色的比较优势。大型保险集团竞争力和国际影响力稳步提升,中小型保险公司稳健发展,专业性保险公司初步形成差异化竞争优势,形成主体多元、竞争有序、充满活力的市场格局。承保领域进一步扩大,产品种类、服务形式丰富多样。

③功能作用得以充分发挥。承保金额在国民财富中的比重、保险赔付在全社会灾害事故损失中的比重等反映保险对经济社会贡献度的指标显著提高,逐步向中等发达国家水平靠近。保险作为风险管理工具的应用更为广泛,保险业在服务我国经济社会发展和保障改善民生中发挥的作用越来越重要,成为现代金融体系的重要支柱,成为国家灾害救助体系和社会保障体系的重要组成部分。

④风险防范能力显著提升。保险业资本补充机制逐步完善,资本实力明显增强,偿付能力整体充足,系统性风险得到有效防范。保险机构治理结构和内控机制进一步完善,全面覆盖、全程管理、全员参与的全面风险管理体系有效建立,在防范风险中充分发挥主体作用。以偿付能力、公司治理和市场行为监管为支柱的现代保险监管体系不断完善,动态偿付能力监管体系进一步健全,市场退出机制基本建立,保险保障基金参与风险处置的重要作用充分发挥。保险业风险识别、防范和预警机制进一步完善,风险处置机制基本形成。

⑤社会公信力显著增强。社会公众对保险的认可度和满意度显著提高,保险业逐步成为受社会尊重和信赖的金融服务行业。保险信用体系初步建立,诚信文化体系和惩戒失信机制日益完善,保险消费投诉处理和保护制度进一步健

---

① 资料来源:中国保险业监督管理委员会网站 http://www.circ.gov.cn/web/site0/tab3150/i175322.htm.

全,形成科学有效的保险纠纷调处机制和权益保障机制,销售误导和理赔难等问题得到有效遏制,消费者利益得到有效保护。保险企业和从业人员诚信意识显著增强,诚信理念贯穿到企业经营的各个环节,体现在从业人员的具体执业行为,诚信文化与企业文化深入融合,服务更加标准、更加规范、更加优质。

# 第四节  保险中介市场

随着我国保险业纵深发展,保险的功能在各个领域得到充分发挥,保险业的系统化、专业化、社会化日益明显,保险巨大的市场需求是通过保险中介桥梁作用来实现的,中介组织为保险业提供展业、理赔等专业性服务,是以赢利为目的的自然人或者法人机构。保险中介市场还有一些专门为保险业提高服务的其他专业机构,如:会计事务所、律师事务所、保险咨询公司、保险评级公司和保险同业协会等,这些中介机构都为保险市场运营发挥重要的作用,是保险市场不可缺少的组成部分。

## 一、保险中介市场概述

保险中介包括保险代理人、保险经纪人、保险公估人。

### (一)保险代理人

保险代理人是指根据保险人的委托,在保险人授权的范围内代为办理保险业务,依法向保险人收取代理手续费的单位或个人。代理人与保险人之间是委托代理关系,代理人依据合同在授权的范围产生的法律责任,由保险人承担。保险代理人的产生必须经保险主管部门的资质审批,经过考核和批准方可职业。

1. 保险代理人的分类

根据代理人业务的性质,可以将保险代理人分为专业代理人、兼业保险代理人和个人保险代理人。专业代理人是指专门从事保险代理业务的保险代理公司;兼业保险代理公司是指受保险人委托,在从事自身业务的同时,指定专人为保险公司代办保险业务的单位,主要有行业兼业代理、企业兼业代理和机构兼业代理等形式;个人保险代理人是指根据保险人的委托,在保险人授权的范围内代办保险业务并向保险人收取代理手续费的个人。

2. 保险代理人的业务范围

保险代理人因为类型的不同,业务范围有差别,保险代理公司的业务范围通常在代理合同或授权书中予以规定,其业务范围包括代理推销保险产品、代理收取保费、协助保险公司进行事故损失的勘察和理赔;兼业保险代理人业务范围是代理推销保险产品及代理收取保险费;个人保险代理人分人寿保险个人代理人和财险保险个人代理人,人寿保险公司的个人代理人代理个人人身保险、个人人寿保险、个人意外伤害保险和个人健康保险等业务,个人财险代理家庭财产保险和个人所有的经营用途的运输工具保险及第三者责任保险等。

3. 保险代理人的一般特征

保险代理具有民事代理的一般特征:一是保险代理人以保险人名义进行代理活动;二是保险代理人在保险人授权范围内做独立的意思表示,代理行为产生于保险人的委托与授权;三是保险代理人与投保人实施的民事法律行为,具有确立、变更或终止一定的民事权利义务关系的法律意义;四是保险代理人与投保人之间签订的保险合同所产生的权利义务,视为保险人自己所做的民事法律行为,遵循民法基本原则。

（二）保险经纪人

保险经纪是代表投保人的利益,与保险人签订保险合同,依法向保险人收取佣金的保险中介单位,保险经纪人是代替保险需求者选择保险产品,代表被保险人购买保险产品。在再保险市场上有再保险经纪人,接受再保险分出公司委托,为再保险分出公司与再保险分入公司办理再保险业务提供中介服务,按照约定收取佣金。

保险经纪人必须具备较高的保险专业知识和技能,熟悉保险市场及经营规则,为投保人适合各自需求的保险方案,因经纪人的过错给投保人和被保险人造成损失的,由保险经纪公司承担责任。经纪人是投保人的代理人,但客观上却为保险公司承揽了保险业务,因此经纪人的佣金由保险人按照一定的业务比例给付。保险经纪人是站在投保人的立场上为客户提供专业化的风险管理服务,在监管部门对经纪公司的资质审核较为严格。对保险经纪公司的设立和运作实行严格的准入和监管制度,《保险经纪人管理规定》中明确规定:保险经纪公司的注册资本不少于1000万元,经纪公司的高级管理必须具备任职资格条件,保险经纪公司必须具备不少于15名持有保险经纪从业资格证的从业人员,保险经纪公司必须将其资本金的40%存放在保监会指定的账户上,作为营业保证金。

保险经纪市场与代理市场的区别主要体现在：

①从定义上看。保险经纪人是基于投保人的利益，代表投保人与保险人签订保险合同，向投保人和保险人收取手续费的保险中介机构；保险代理人根据保险人的委托，在授权范围内代为办理保险业务的单位和个人，向保险人收取手续费。

②从法律地位上看。保险经纪人代表投保人，在职业过程中出现疏忽、过失或越权行为为保险人和投保人造成的损失，由其独立承担责任，而保险代理人的行为则被视同为保险人的行为，《保险法》明确规定："保险代理人根据保险人的授权代为办理保险业务，其行为后果由保险人承担。"

③从利益关系看。保险代理人是受保险人的委托，代表保险人的利益办理保险业务，是保险人自营业务的延伸；保险经纪人则是投保人的代理人，代表投保人的利益，为其提供各种保险咨询服务，进行风险评估和依据投保人的实际情况选择适宜的保险产品。

④从佣金来源看。保险代理人一般按照保险合同的规定向保险人收取代理手续费或佣金；而保险经纪人则是根据投保人的要求向保险公司投保，保险公司接受业务后，向经纪人支付手续费，经纪人也可以向投保人或被保险人收取手续费。

**（三）保险公估人**

保险公估人是指依照法律规定设立的受保险公司、投保人或被保险人委托办理保险标的的勘察、鉴定、估损以及赔款的服务，并向委托人收取佣金的公司。公估人既不代表保险人也不代表投保人或被保险人，而要看委托方是谁，对保险标的进行检验、鉴定和理算，并出具公估报告，因为其处在中间地位，出具的报告比较中立，又趋于公平合理，有利用维系保险市场的诚信经营和健康发展。保险公估人的作用主要体现在以下方面：

**1. 有助于保险市场的健康运行**

保险市场发展到一定的规模后，保险的理赔、核保、定损等环节就应该市场化而不是由保险公司自己完成，原来保险公司理赔人员的专业局限性会制约保险市场的发展。保险公司从经营成本的角度考虑，不可能配备人数众多，工作效率较低的专业技术人员，解决难题的有效途径就是发展保险公估市场，有不相关的公估公司完成理赔、检验、定损等环节的服务，从而促进了保险理赔市场的健康运行。

**2. 有利于树立保险业的良好信誉**

保险发展初期，保险公司既是承保人又是理赔人，对保险标的的损失鉴定和核赔环节存在信息不对称，做出的理赔结论难以让被保险人信服，如果定损和理赔环节交给保险公估公司，处于中立的地位来公正评价损失，就减少投保人与保险人之间的矛盾,使得保险业加快诚信体系建设,树立良好的市场信誉。

3. 有利于保险理赔工作的专业化

理赔是保险业务的最关键环节,投保人之所以选择保险,其目的就是一旦标的发生预想不到的风险事故后,能够得到及时的损失理赔。保险公估公司是专业化、市场化的理赔服务中介,能使得理赔技术不断提升,服务高效便捷,也降低保险经营成本。

## 二、我国保险中介市场发展现状

### 保险中介市场运行规模情况[①]

截至 2010 年底,全国共有保险专业中介机构 2550 家,其中,保险代理公司 1853 家,保险经纪公司 392 家,保险公估公司 305 家,分别占 72.67%、15.37% 和 11.96%。全国保险专业中介机构注册资本达到 90.80 亿元,同比增长 24.33%;总资产达到 135.91 亿元,同比增长 26.77%。兼业代理机构 18.99 万家,营销员 329 万余人。全国保险公司通过保险中介渠道实现保费收入 10941.25 亿元,同比增长 19.43%,占全国总保费收入的 75.46%。全国中介共实现业务收入 971.62 亿元,同比增长 10.17%,如表 5 - 2 所示。

表 5 - 2  截至 2010 年底保险兼业代理机构数量情况

| 类型 | 数量(家) | 占比(%) |
|---|---|---|
| 银行 | 113 632 | 59.85 |
| 邮政 | 24 845 | 13.08 |
| 铁路 | 435 | 0.23 |
| 航空 | 2 171 | 1.14 |
| 车商 | 23 859 | 12.57 |
| 其他 | 24 935 | 13.13 |
| 合计 | 189 877 | 100.00 |

截至 2010 年年底,保险兼业代理机构实现保费收入 5464.42 亿元,同比增长 22.50%;占全国总保费收入的 37.68%,同比下降 2.37 个百分点,如表 5 - 3 所示。

---

① 资料来源:中国保险业监督管理委员会网站。

表 5-3 截至 2010 年底保险兼业代理机构业务情况

| 类型 | 保费收入(亿元) | 占比(%) |
|------|----------------|---------|
| 银行 | 3 503.79 | 64.12 |
| 邮政 | 895.99 | 16.40 |
| 铁路 | 3.07 | 0.06 |
| 航空 | 7.18 | 0.13 |
| 车商 | 424.82 | 7.77 |
| 其他 | 629.57 | 11.52 |
| 合计 | 5 464.42 | 100.00 |

### 三、我国保险中介市场发展目标

一个国家的保险中介市场发展模式,一定要结合本国保险业的发展现状,同时考虑经济、文化等多方面的影响因素,世界各国保险中介发展特点各异,具有不同的制度模式。英国采用的是以经纪人为主体的保险中介制度,日本采用以代理人为主的保险中介制度,而保险业发达的美国采用保险代理人与保险经纪人并行的保险中介制度。

我国保险中介市场由保险代理人、保险经纪人和保险公估人组成,但鉴于目前我国保险市场的现状,保险中介市场发展模式根据保险市场的成熟程度分阶段发展:第一阶段,着力发展保险代理人市场,我们目前正处于这一阶段,保险市场在迅速扩张,但法律与监管尚不健全,保险业务竞争依靠垄断实力,保险中介公司粗放式经营,竞争及其激烈,市场淘汰率较高;第二阶段,完善保险代理人市场,同时培育发展保险经纪人和保险公估人市场,第三阶段,着力同步发展保险代理人、公估人与经纪人市场。我国保险中介市场发展目标有:

#### (一)法律化

法律化是我国保险中介发展的首要目标,也是规范其中介行为的必然趋势,法律以其至高无上的权威规定了保险中介的权利与义务,也规定了保险中介的法人治理结构和组织框架,按照现代企业制度构建的保险中介公司,有健全的董事会、监事会及管理机构,依法设立的规章制度和有效的内控机制,使得保险中介公司内部权责分明、平衡制约、规章健全、运转有序。依法建立保险中介的行业自律组织或行业协会,形成资源信息共享的平台。

### (二)市场化

保险市场主体繁多,关系错综复杂,保险中介的发展要面临众多的市场主体利益协调,保险中介与投保人、保险人之间存在着服务与被服务的关系,这些中介行为的产生主要依靠市场化的合同来约束,市场化是实现保险中介机制发展的基础目标。通过市场化的合同约束机制,将保险市场中的保险代理人、保险经纪人、保险公估人、保险人以及投保人等各主体联系在一起,通过市场化的竞争机制明确各自职能,发挥特有的市场作用,提高保险市场的运行效率,降低交易成本,更好发挥保险市场的功能。

### (三)专业化

保险业是人才密集型行业,保险的竞争最终是人才的竞争,保险中介发展必须依靠专业人才队伍。因此,造就一支高素质的保险中介专业人才队伍,是其必然的目标选择。保险中介从业人员不仅具备基本的金融保险基础知识,而且在职业道德、诚信本质、职业操守、职业形象、从业服务等方面更加严格,有一套相当完善和严格的执业和品行规范,这样才能赢得投保人、保险人与社会公众的认可和接受。保险中介人员通过接受系统的专业化培训考核,形成较高的职业素养,热爱保险行业、热爱保险中介公司和自己的岗位,积极宣传保险保障功能,有从事保险业的光荣感、责任感和使命感。

### (四)国际化

在全球经济一体化的今天,闭关锁国只能是自取灭亡。发达国家的保险业已经走过了几百年的历程,形成了极其完善的保险监管制度和运营体系,我们有效利用后发优势,从制度的设立起点就在经济规则、理念、运营模式等诸多方面向发达国家的保险中介公司学习借鉴,取其所长补己之短,少走弯路,少做试点,争取时间和机会,融入国际交流的平台,才能获得更快的发展。

## 小结

保险市场是金融市场的重要组成部分,保险市场遵循市场价值规律和竞争规律,保险产品价格受保险供给与需求的共同影响,政府监管者成为保险市场的主体之一,保险市场要素包括主体要素和客体要素。

中国现代保险市场发展经历了三个阶段:计划经济时期的国有保险公司垄断,加入 WTO 后迎来了外资保险公司进驻与竞争,目前我国保险业处于快速发展的良好时期。

保险中介市场是中国保险业不可缺少的部分,发挥着桥梁和纽带作用,中介市场已经初具规模,形成保险代理市场、保险经纪市场、保险公估市场三足鼎立的格局。保险中介的发展目标是实现法律化、市场化、专业化、国际化。

## 拓展阅读

## 中国保险业发展"十二五"规划纲要(摘录)

第六章　诚信立业　提升行业社会公信力

以维护保险消费者合法权益为根本,牢固树立诚信理念,完善服务标准,规范服务流程,提高服务质量。大力加强保险诚信文化建设,营造和谐发展环境,切实提升保险业社会形象。

(十九)切实维护保险消费者合法权益。确立保险消费者利益为根本的行业理念,以解决销售误导、理赔难问题为切入点,建立健全统一的涵盖销售、承保、回访和理赔各个环节的服务标准。继续推进保单通俗化、条款标准化,进一步强化产品销售环节的诚信合规要求,提高销售人员职业操守,严格执行保单售后回访制度。建立欺诈误导销售责任追究机制。确立保险活动争议中保险消费者合理期待保护原则。完善赔付标准和理赔流程,健全理赔信息自主查询机制,强化理赔信息公开披露,增加理赔服务的透明度。建立保险公司理赔服务满意度测评体系,完善纠纷调解机制。

(二十)建立健全失信惩戒机制。构建由保险法律制度、市场监管、信用评价和标准化体系组成的保险诚信监督体系。加强从业人员诚信教育,建立健全失信惩戒机制,完善保险从业人员诚信档案,严格落实行业禁入和"黑名单"制度。充分利用社会征信系统、评级机构等社会资源,研究建立保险企业信用评价体系,强化对保险机构失信行为的惩戒力度。

(二十一)构筑诚信为本的行业价值观。弘扬"我为人人,人人为我"、"扶危济困"的互助文化,倡导"服务大局、勇担责任、团结协作、为民分忧"的行业精神,充分发挥保险机构的主体作用,监管机构引导监督,行业组织协调推动,共同构筑以诚信为核心的行业价值观。保险机构要把诚信作为企业安身立命和长远发展之基,作为企业文化建设的重要内容,贯穿到企业经营管理的各个环节,加强以服务客户为核心的保险企业品牌建设。强化企业的社会责任意识,积极参与社会公益事业,扩大保险业的社会影响力。深入推进职业道德建设,加强对从业人员在法律、职业道德等方面的教育培训,强化职业操守。

资料来源:中国保险业监督管理委员会网站 http://www.circ.gov.cn/web/

site0/tab3150/i175322. htm.

## 参考文献：

1.徐文虎.中国保险市场转型研究［M］.上海：上海社会出版社,2005.

2.周道许.中国保险业发展若干问题研究［M］.北京：中国金融出版社,2006.

3.张洪涛,郑功成.保险学［M］.北京：中国人民大学出版社,2002.

4.刘连生,申河.保险中介［M］.北京：中国金融出版社,2007.

5.孙祁祥,等.中国保险市场热点问题评析 2008—2009［M］.北京：北京大学出版社,2009.

6.齐瑞宗.国际保险学［M］.北京：中国经济出版社,2001.

7.2010 中国保险年鉴［M］.中国保险年鉴出版社,2010.

8.魏华林,林宝清.保险学［M］.北京：高等教育出版社,2006.

9.付菊,徐沈新.保险学概论［M］.北京：电子工业出版社,2007.

10.中国保险业监督委员会网站 http://www. circ. gov. cn/web/site0.

11.中国保险报 – 中保网 http://www. sinoins. com.

12.中国保险行业协会网站 http://www. iachina. cn.

# 第六章 保险产品

## 引言

保险产品是一种特殊的金融类服务产品,它包括保险合同以及相关服务的全过程。随着经济全球化推动金融业在全球范围内的兼并与扩张,保险公司面临着更加复杂多变的经营环境,保险产品的开发和更新的速度也在不断加快。本章在研究保险产品的基本概念、要素、层次结构及特征的基础上,讨论了保险产品的设计要素、导向、方式及产品的定价和竞争战略,并针对目前保障型产品占比较低和产品同质化倾向,论证危害,探讨应对措施,以期不断推进保险产品的发展与创新。

## 关键词

保险产品 保障型保险产品 非保障型保险产品 产品设计 产品结构

## 第一节 保险产品概述

### 一、保险产品的概念

现代市场营销学之父菲利普·科特勒把产品定义为"能够提供给市场,引起人们注意,供人取得使用或消费,并能够满足某种欲望和需要的任何东西"。

保险产品是保险人为市场提供服务的综合体。狭义上的保险产品是指由保险人或有关保险服务组织设计、用来在保险市场上交易的、可供客户选择的金融工具。广义的保险产品是指保险人向市场提供并可由客户取得、利用或消费的一切产品和服务的总称。

保险公司和其他金融组织都是金融中介服务行业,这些企业的竞争力来源于产品和服务的高度整合。没有产品,服务就是空的,但是有了好产品,服务跟不上,市场份额也难以扩大。

## 二、保险产品的要素

保险产品要素可以从性能要素、标准要素和价值要素几个方面来考察。

（一）性能要素

①保险产品是无形产品，它区别于以特质形态方式存在的任何有形产品，它是一种以（劳动）服务形态为客体而存在的无形产品，同时兼有技术形态和知识形态。保险产品所具有的较高的专业性和技术性是保险产品的特质。保险公司经营的是一种看不见、摸不着的风险，生产出的商品不能以某种物理属性直接满足人们生活和生产上的需要，不像一般的物质形态的商品可以让人立即感受到它的使用价值和价值。保险商品对保险消费者来说是一纸承诺，只有在约定的保险事故发生或约定的保险期满，这种承诺才得以履行，才能让人真正感受到保险的存在。

②保险产品以有偿承担风险为宗旨，它区别于政府组织的社会救济方案，也区别于任何提供的无偿服务。被保险人依照要求交付的保险费，是保险产品承担经济赔偿和给付的前提。不交纳保险费的保险产品得不到保险公司的赔偿。

（二）标准要素

保险产品的标准要素有以下几个方面：

①规范的条款：保险条款是保险产品的核心，保险条款是否规范，直接关系到保险产品的生命。保险业经过几百年的锤炼，保险条款的规范性特点越来越明显。

②权利义务的对等：保险产品中权利义务的对等，体现了等价交换的原则，符合民法中平等的原则。

③严谨的合同形式：保险产品以法律契约的方式设置修订，以其精练的文字结构面世，尽管法律规定保险合同为非要约式合同，也不妨碍保险合同的完整性和严密性。

④科学的收费标准：保险产品的价格合理性，是保险产品生命力的保证，利用概率论和大数法则确定的收费标准，既可保证保险公司的经营，又能保障消费者的利益。

（三）价值要素

与一般商品一样，保险产品本身具有价值和使用价值。保险产品的价值是由抽象劳动产生的，生产保险产品所消耗的社会必要劳动量决定了保险产品的价值。而保险产品的使用价值是具体劳动产生的，这些具体劳动即保险公司的经营活动，包括展业、承保、理赔等。使用价值体现在该产品为社会、为人民生活提供的保障性的服务上。

### 三、保险产品的特征

*1. 保险产品的非渴求特征*

保险商品是一种非渴求商品。所谓非渴求商品是指消费者一般不会主动购买的商品。由于保险商品给予消费者的是一种风险事故发生后的经济补偿,风险虽然是客观存在,但风险是否发生,何时发生,发生的方式、状态,造成损失的严重程度都是不确定的,因此很多人在风险事故发生前存有侥幸心理,除非法律有强制性的规定,一般都不会主动去购买保险。因此,保险商品与其他商品比较,不是一种顾客明显需要的商品。非渴求性物品的性质,决定了保险公司必须加强对保险产品的广告、营销工作,使消费者对这些保险产品有所了解。

*2. 保险产品的广泛特征*

在以高科技、法制和市场经济为特点的现代社会,新型风险生成加速,客户的个性化需求越来越强烈。为此,保险人必须提供范围非常广泛的产品和服务以满足不同区域不同顾客的需求,这决定了保险产品范围的广泛性。

*3. 保险产品的整体性特征*

保险产品是一个整体的概念,包括核心部分(一个保险产品的主要条款)、形式部分(保险合同或者保单)和扩展部分(主业务服务于延伸服务或售前与售后服务),所以,我们不能只重视条款部分,而忽略形式部分和扩展部分。

### 四、保险产品的类别

(一) 按照产品创新的层次,可以把保险产品划分为核心产品、形式产品、扩展产品。

*1. 核心产品*

核心产品是指保险产品满足客户需求的属性;核心产品也称利益产品,是指客户购买到的基本服务或者利益,因此,它在保险产品中的三个层次中处于中心地位。如果核心产品不能符合客户的需求,那么形式产品和扩展产品再丰富也不会吸引客户。

*2. 形式产品*

形式产品也称为有形附加层产品,是指保险产品的具体形式,用以展现产品的外部特征。保险产品的无形性,使其形式产品无法通过外形、颜色、式样、标签、品牌来展示,而主要通过质量和方式来表现。随着人们消费水平、生产方式和生活需求的不断提高,人们对保险产品外在形式的要求也越来越高。

### 3. 扩展产品

扩展产品也称无形附加产品,是指在满足客户的基本需求之外,保险产品还可以为客户提供额外服务,使其得到更多的利益。如车险救援服务等与业务相联系配套服务等。保险产品具有较大相似性,不同保险公司为客户提供的多种服务本质上是相同的。为了使自己公司的产品有别于其他公司同类产品,吸引更多的客户,公司必须充分认识扩展产品在保险产品中的重要作用。

(二)按照产品是否标准,可以把保险产品划分为标准保险产品和非标准保险产品。

### 1. 标准保险产品

标准保险产品是指由保险监管部门或保险行业协会制定的,各保险公司统一使用的保险产品。如我国的机动车商业、强制第三者责任险、保监会推出的要求统一使用的健康险、环境污染保险等。在美国,各保险公司出售的产品大部分是由保险服务局设计的,而英国,则是由保险学会制定的,都属于标准保险产品。标准保险产品的优势在于:

(1)标准化的保险产品从设计到使用既经济又防伪,可降低经营成本,进而降低费率,吸引更多的保险消费者;

(2)标准化保险产品在费率计算方面可减少人工和时间成本,因为保险公司使用保险协会公布的标准费率,不需要每个保险公司单独计算;

(3)标准化保险产品的费率计算以大量使用同一规范产品的保险公司赔付资料作为统计数字基础,将这些公司的损失与赔偿金额合并计算费率,可确保费率厘定的精确;

(4)标准化保险产品使用广泛,它的措辞含义被律师、法院、保险公司雇员和消费者熟知,会使保险涉案诉讼大大减少;

(5)标准化保险产品由于其消费者认知率高而占据更高的市场份额;

(6)标准化保险产品可以避免或减少逆选择,因为标准化产品提供的是预先确定的一系列风险保障,而非投保人最可能发生的导致损失的风险。

标准化保险产品的劣势在于满足不了投保人对特殊风险保障的需求,当然保险公司在经营时可通过批单来解决这一问题。标准化产品承保的风险一般只有经常发生的风险,这样才能减轻投保人的负担。如果标准化产品中包含不经常发生的风险,那么所有的标准产品消费者都要为他们所不需要的保障分担费用,这无疑是不公平的。

### 2. 非标准保险产品

非标准保险产品指不是由监管部门或保险行业协会制定的统一使用的标准产

品,而是保险公司独自推出的只有自己公司或少数公司出售的保险产品。非标准保险产品的优劣与标准保险产品相反,就在于可满足投保人对特殊风险保障的需求,劣势在于从印刷到使用的经营成本高;由于公众认知率低而导致诉讼率高;赔付资料缺乏使得费率厘定的精确度低及逆选择风险高。非标准保险产品的最大缺陷是,各家保险公司对同一风险的承保风险、除外责任、索赔条件以及保险费率等各不相同,不便于保险消费者的选择。

（三）按照产品的设计功能,可以把保险产品划分为保障型产品与非保障型产品、消费型产品与返还型产品、传统产品与非传统产品、储蓄型产品和风险保障型产品,短期产品与长期产品等。

保障型产品一般指非寿险产品,即保障功能较强的财产险、健康险和意外险;消费型产品指那些如果在保险期限内不发生保险事故,则保单到期时投保方得不到任何资金返还的产品,如普通财产险、健康险和意外险产品;返还型产品指在保险事故发生或保单到期时,投保方可以得到所交保费的本利返还,如长期寿险和养老险等产品;传统产品指由保险公司承担利率变动风险的寿险产品,非传统产品指保险公司将部分或全部利率变动风险及投资风险转嫁给投保方的寿险产品;储蓄型产品类同于返还型产品;风险保障型产品类同于消费型产品。

值得注意的是,目前存在保障型产品与非保障型产品的比例失调,财产保险市场相对寿险市场发展薄弱,险种结构不尽合理的现象,经营效益令人堪忧。因此,应重视保障型产品与非保障型产品、寿险业务与非寿险业务等产品比例结构的合理性,注重以价值和效益为核心的内涵式增长,防范和控制寿险业风险,提高社会风险的总体保障水平。

（四）按照产品销售地域范围,可以把保险产品划分为国内产品和国际产品。

1. 国内产品

凡用来仅在国内销售的保险产品,在本国人（自然人、法人）之间交易的保险产品属于国内产品。一国保险产品的质量状况直接代表和反映该国的法制状况、经济水平、生产能力、生活习惯、传统文化和社会保障状况。同时,也直接代表和反映了设计制造该保险产品的公司经营水平和管理能力。国内保险产品的特点:(1)国内保险产品所面对的消费者是本国的公民;(2)国内保险产品经营仅以本国文字表达;(3)国内产品可能是某国家政府的强制或优惠的政策性产品,或问世不久、正在试行的产品,或仅适合本国优/劣的经济状况和特殊的宗教文化的产品以及规范性较差的产品等。

2. 国际产品

国际保险产品也称涉外保险产品。凡用来在国际范围内销售的保险产品,在本国人(自然人、法人)和外国人之间交易的保险产品,或者所涉及的范围跨越国境以及涉及具有不同国籍的人的保险产品,一句话,与外国有关系的保险产品统称国际保险产品。例如,当某一保险产品发生跨越国界的交易时,该保险产品即具有国际性,称为国际保险产品。国际保险产品的特点:(1)所面对的消费者是两国和两国以上的公民;(2)国际保险产品至少要用两国以上的文字(源自英语国家除外)表达;(3)国际保险产品不可能是国家政府的强制或优惠的政策性产品,或问世不久、正在试行的产品,或仅适合本国优/劣的经济状况和特殊的宗教文化的产品以及规范性较差的产品等;(4)国际保险产品通常以其技术性、规范性、稳定性和长期性的优势,而被各国消费者乃至经营者采纳。因此,某些国际性保险产品具有权威性,甚至已经成为国际习惯的一部分。

(五)按照产品发育程度,可以把保险产品划分为成熟保险产品和实验性保险产品。

成熟保险产品指经过多年反复使用的、技术性较高的、比较成熟的保险产品,也称成熟保险产品或传统保险产品。

实验性保险产品指未经较长时间使用的保险产品,又称为初级保险产品。

另外,根据保险产品中条款的灵活程度,人们经常将保险产品分为选择性保险产品、可调整保险产品和可剪切保险产品等。

## 五、保险产品的一般构件

保险产品一般由投保单、保险单、保险条款及其说明、费率测算说明及费率表、赔款计算书、产品开发的可行性报告、产品推介策略以及产品报批材料等构成。

(1)投保单。投保单是投保人向保险人申请订立保险合同的书面文件。在投保单中列明订立保险合同的所需事项,由投保人如实填写,保险人据此考虑是否承保或以何种条件承保。

(2)保险单。保险单是用来由保险公司签发并证明保险合同成立状况的主要单证。它连同投保单、现金价值表、保险条款等文件,一起证明投保人与保险人所签订的保险合同的内容。以财产和责任保险为例,保险单通常包括以下几个构成要件:

①承保协议:作出契约性承诺;

②承保标的:主要是对保险标的情况的描述,用来决定保险费率的事实情况;

③承保风险:保险人承担的保险责任事故;

④免赔条款:使被保险人支付最初损失的金额;

⑤定义:使重要术语意义更清晰;

⑥除外责任:限制保险人的责任,排除不宜承保的危险事故和风险因素;

⑦批单:允许对险别的裁剪,以适合个别的情况;

⑧条件:为履行合同条款提供框架基础。

这里的保险条件一般为:

①隐瞒和欺诈

②除外损失

③风险增加

④空置或无人居住

⑤注销权

⑥另有保险条款

⑦损失发生之后被保险人的义务

⑧损失鉴定程序

⑨保险人理赔时限

（3）费率表。保险费率表是保险公司向不同的投保人依据保险标的风险的高低而收取不同保费情况编制的表格。即根据不同类型风险组合列出相对应的收费标准,包括免赔额率的设定等。费率表分为寿险费率表和非寿险费率表。寿险费率表包括均衡费率表和自然费率表。寿险费率计算的三要素是死亡率、预订利率和费用率。非寿险费率主要依据历年保额损失率的统计资料。

（4）产品开发的可行性报告等。

# 第二节　财产保险产品和人身保险产品

保险产品包括财产保险产品和人身保险产品两大类。

## 一、财产保险产品

财产保险是指以各种财产物资和有关利益为保险标的,以补偿投保人或被保险人的经济损失为基本目的的一种社会化经济补偿制度。它是现代保险业的两大部类之一,起源于共同分摊海损的制度,经过海上保险、火灾保险时代,在 18 世纪因工业保险与汽车保险的出现和普遍发展而跨入现代保险阶段,19 世纪末产生的责任保险和 20 世纪下半叶出现的科技保险则使现代财产保险产生了新的飞跃。

对财产保险概念的界定,不同的学者有着不同的阐述,但概括起来,不外乎如下两种分类法:(1)根据经营业务的范围,财产保险可以分为广义财产保险与狭义财产保险。其中,广义财产保险是指包括各种财产损失保险、责任保险、信用保证保险等业务在内的一切非人身保险业务;而狭义财产保险则仅指各种财产损失保险,它强调保险标的是各种具体的财产物资,可见,狭义财产保险是广义财产保险中的一个重要组成部分。(2)根据承保标的的实虚,财产保险又可以分为有形财产保险和无形财产保险。其中,有形财产保险是指以各种具备实体的财产物资为保险标的的财产保险,它在内容上与狭义财产保险业务基本一致;无形财产保险则是指以各种没有实体但属于投保人或被保险人的合法利益为保险标的的保险,如责任保险、信用保险、利润损失保险业务等。在上述四个概念中,广义财产保险是最高层级的概念,狭义财产保险则是广义财产保险的有机组成部分,而有形财产保险和无形财产保险的相加亦等于广义财产保险。

在国际上,财产保险及相关保险业务在不同的国家被称为产物保险、损害保险或非寿险,这些概念与中国的财产保险概念存在着差别。如产物保险强调以各种财产物资为保险标的,经营业务范围较窄;而非寿险则将各种短期性的人身保险业务包括在内,范围最广。不过,根据各种保险业务的性质和经营规则将整个保险业划分为非寿险和寿险,却是一种国际惯例,这一点可以从国际保险市场的惯常分类及保费统计指标等得到证实,从而表明了财产保险业务范围的异常广泛。

财产保险的业务体系主要由以下部分组成。

1. 火灾保险

(1)团体火灾保险,是以企业及其他法人团体为保险对象的火灾保险,它是火灾保险的主要业务来源。在国外,通常直接用火灾保险的名称;在国内的各种保险学书籍中,通常用以往的企业财产保险险种来取代火灾保险的名称;然而,企业财产保险从理论概念上似乎不能包括非企业法人的财产保险在内,加之企业财产保险这一险种在中国已经成为历史,被财产保险基本险、财产保险综合险所替代,因此,本书采用团体火灾保险的名称。

在团体火灾保险经营实践中,工商企业构成了主要的保险客户群体,凡是领有工商营业执照、有健全的会计账簿、财务独立核算的各类企业都可以投保团体火灾保险,其他法人团体如党政机关、工会、共青团、妇联、科研机构、学校、医院、图书馆、博物馆、电影院、剧场以及文化艺术团体等,亦可投保团体火灾保险。至于个体工商户,包括小商小贩、夫妻店、货郎担、家庭手工业等个体经营户,不属于团体火灾保险范围,只能以家庭财产的投保人投保。因此,团体火灾保险强调的是保险客户的法人资格。

(2)普通家庭财产保险是面向城乡居民家庭的基本险种,它承保城乡居民存放在固定地址范围且处于相对静止状态下的各种财产物资,凡属于被保险人所有的房屋及其附属设备、家具、家用电器、非机动交通工具及其他生活资料均可以投保家庭财产保险,农村居民的农具、工具、已收获的农副产品及个体劳动者的营业用器具、工具、原材料、商品等亦可以投保家庭财产保险。经被保险人与保险人特别约定,并且在保险单上写明属于被保险人代管和共管的上述财产,也属可保财产范围。但下列财产一般除外不保:①金银、首饰、珠宝、货币、有价证券、票证、邮票、古玩、字画、文件、账册、技术资料、图表、家畜、花、树、鱼、鸟、盆景以及其他无法鉴定价值的财产;②正处于紧急危险状态的财产。

还本家庭财产保险是在普通家庭财产保险基础上衍生出来的一种火灾保险,它也是面向城乡居民的一个基本险种。与普通家庭财产保险相比较,还本家财险在保险范围、保险责任、保险赔偿方式等方面均与普通家庭财产险相似,但又具有如下明显的特点:①以保户储金所生利息抵充保险费;②期满退回保险储金;③保险责任期限较长。

盗窃是城乡居民面临的一项主要危险,但性质特殊,保险人一般不在基本险中承保,而是列为附加责任,由保险客户选择投保。不过,多数城乡居民投保家庭财产保险时均会选择附加盗窃保险。因此,盗窃保险虽然是一项附加责任,却又是家庭财产保险中的重要内容。只要加保了附加盗窃险,保险人就对存放于保险地址室内的保险财产因遭受外来的、有明显痕迹的盗窃损失负赔偿责任;但对被保险人及其家庭成员、服务人员、寄居人员的盗窃或纵容他人盗窃所致保险财产的损失不负责任。

**2. 运输保险**

运输保险是财产保险的重要支柱,它承保各种交通运输工具及所承运的货物在保险期间因各种灾害事故造成的意外损失。运输保险的业务体系,可以按照投保标的的大类划分为运输工具保险与运输货物保险两大类,但在具体的业务经营中则通常分为如下险别:

(1)机动车辆保险。它承保各种机动车辆在陆上营运中可能遭遇的自身损失危险及可能导致的第三者责任危险。机动车辆保险不仅是运输工具保险的主要业务来源,也是整个财产保险的主要业务来源。在中国的财产保险体系中,更占有第一大险种的地位。

(2)船舶保险。它承保各种船舶在内河及海洋航行中可能遭遇的自身损失危险及其碰撞责任危险,是历史最悠久的保险业务之一。

(3)航空保险。它承保各种飞机在地面及空中运行过程中可能遭遇的自身损失危险及其他责任危险。

(4)货物运输保险。它承保处于运输中的各种货物,对其在运输过程中可能遭遇的保险损失负责赔偿。

此外,运输保险事实上还有着其他一些险种,如摩托车保险、拖拉机保险等在保险市场上多是作为独立的险种来经营的。

### 3. 工程保险

工程保险是指以各种工程项目为主要承保标的的财产保险。它是适应现代工程技术和建筑业的发展,由火灾保险、意外伤害保险及责任保险等演变而成的一类综合性财产保险险别,它承保着一切工程项目在工程期间乃至工程结束以后的一定时期的一切意外损失和损害赔偿责任。一般而言,传统的工程保险仅指建筑、安装及船舶建造工程项目的保险;然而,进入20世纪以来,尤其是第二次世界大战以后,许多科技工程活动获得了迅速的发展,又逐渐形成了科技工程项目保险。因此,建筑工程保险、安装工程保险、科技工程保险构成了工程保险的三大主要业务来源。

(1)建筑工程保险。建筑工程保险是指以各类民用、工业用和公用事业用的建筑工程项目为承保对象的工程保险,保险人承担着对被保险人在工程建筑过程中因自然灾害和意外事故引起的一切损失的经济赔偿责任。它适用于房屋建筑物、道路、水坝、桥梁、港埠以及各种市政工程项目的建筑,上述工程在建筑过程中的各种意外危险均可通过投保建筑工程保险而得到转嫁危险损失和保障。

(2)安装工程保险。安装工程保险是指以各种大型机器设备的安装工程项目为承保对象的工程保险,保险人承担着对被保险人在机器设备安装过程中及试车考核期间的一切意外损失的经济赔偿责任。如各种工厂的机器设备、储油罐、钢结构工程、起重机、吊车等的安装,均可投保安装工程保险。

(3)科技工程保险。由于科技工程中具有特别的危险,加之深受多种因素的影响与制约,无论人们采取多么严密的防范措施,都不可能完全避免科技工程事故的发生,一旦发生灾祸,其损失往往数以亿元计乃至数以百亿元计,并进而波及政局与社会的稳定。因此,世界各国尤其是发达国家的科技工程无一不以保险作为转嫁危险损失的工具和后盾。

在财产保险市场上,保险人承保的科技工程保险业务主要有海洋石油开发保险、航天工程保险、核能工程保险等,其共同特点就是高额投资,价值昂贵,且分阶段进行,保险人既可按工程的不同阶段承保,又可连续承保,与建筑工程和安装工程保险有许多相似之处。

### 4. 责任保险

责任保险,是指以被保险人依法应负的民事损害赔偿责任或经过特别约定的合同责任作为承保责任的一类保险。它属于广义财产保险范畴,与一般财产保险具有共同的性质即都属于赔偿性保险,从而适用于广义财产保险的一般经营理论;然而,责任保险承保的又是法律危险,且具有代替致害人赔偿受害人的特点,在实务经营中亦有自己的独特之处。因此,在各国保险市场上,通常将责任保险作为独成体系的保险业务。

责任保险适用于一切可能造成他人财产损失与人身伤亡的各种单位、家庭或个人。具体而言,责任保险的适用范围包括如下几部分:

①各种公众活动场所的所有者、经营管理者。如体育场、展览馆、影剧院、市政机关、城市各种公用设施等,均有可能导致公众的人身或财产损害,这些地方的所有者或经营管理者就负有相应的法定赔偿责任,从而需要且可以通过责任保险的方式向保险公司转嫁;

②各种产品的生产者、销售者、维修者;

③各种运输工具的所有者、经营管理者或驾驶员;

④各种需要雇用员工的法人或个人;

⑤各种提供职业技术服务的单位;

⑥城乡居民家庭或个人。

## 二、人身保险产品

人身保险产品包括寿险产品、健康险产品和意外伤害险产品。

### (一)寿险产品

寿险主要是兼具保障功能和储蓄功能的长期保险保障产品。从精算学原理来看,由于风险的发生通常属于小概率事件,因此保障功能较强的保险品种往往具有较高的杠杆率,即保险保障额度通常为保险费的上千倍。

### 1. 传统寿险产品

传统寿险产品包括生存保险、死亡保险和两全保险。

(1)生存保险就是当被保险人投保后,一直生存到保险合同上约定的年龄,保险公司就会支付生存保险金。这种保险保的是生存,一般不单独销售。

(2)死亡保险是指被保险人在保险合同还有效的时候,不幸去世,保险公司即向保单上制定的受益人支付保险金。根据保险期限,可分为定期寿险和终身寿险两种。

(3)两全保险就是我们常说的生死合险或是储蓄寿险、养老保险,是指无论被保险人在保险期内死亡或保险期满时生存,都能获得保险人的保险金给付的保险。它是死亡保险与生存保险的结合,既为被保险人提供死亡保障,又提供生存保障。在保险有效期内,被保险人死亡,保险人给付受益人约定数额的死亡保险金;若被保险人生存至保险期满,被保险人得到约定数额的生存保险金。

随着我国寿险市场的发展完善,市场上又出现了多种混合寿险品种以及为特殊需要而设计的特种人寿保险,在我国比较流行的是:简易人寿保险、团体人寿保险和年金保险。

2. 投资型寿险产品

(1)分红保险。分红适应于各种类型的寿险险种,可与定期寿险、终身寿险和两全保险等结合形成多种分红保险,因此在国际寿险市场上占据重要地位。在美国,大约80%的寿险保单具有分红性质;在德国,分红保险占该国人寿保险市场的85%;在我国香港,这一数字更是高达90%。

(2)万能保险。万能保险的最大特点在于其灵活性,即保费缴纳的可选择性和保险金额的可调整性。并且,保单运作具有透明性。万能保险设有独立的投资账户,个人投资账户的价值有固定的保证利率,且当实际个人账户资产投资回报率高于保证利率时,保险公司与客户还可分享此部分收益。

(3)投资连结保险。投资连结保险是一种将保险和投资结合起来的新型金融产品,相当于美国的变额寿险或变额万能寿险。投资连结保险在近年中国寿险市场上十分引人注目,其销量增长迅速。我国的投资连结保险有两种类型:一种是固定保费、固定保额性质的变额寿险,如"平安世纪理财",客户定期、定额缴纳保费,每期保险费扣除各种费用(包括销售费用、保险成本、维持费用等)后,其余部分进入投资账户用于投资,停止缴纳保费则保单失效;另一种是万能变额寿险,如"新华创世之约",保费缴纳和保险金额均可调整,保险费扣除销售费用后全部进入投资账户,保险成本、维持费用以卖出投资账户各基金单位的形式扣除。

(二)健康保险产品

健康保险产品是以人的身体为保险标的,保险人对被保险人在疾病或遭受意外伤害时的医疗费用或收入损失提供补偿的保险。

健康保险产品险种类型：

①单独型。医疗费用保险（包括普通疾病、住院、总括、特种疾病保险）、收入损失保险和长期护理保险等。

②结合型。国外的伤害疾病险、我国的学平险。

③主辅型。意外、寿险为主险，医疗险为附加险。

医疗费用保险的险种及补偿费用：

①普通医疗保险。一般性医药费（医药费、检查费、化验费）。

②住院医疗保险。被保险人因住院而发生各项费用（住院费、医药费、手术费、检查费、化验费）。

③总括医疗费用保险。被保险人因疾病或意外伤害所至的医疗费用（住院费、医药费、手术费、检查费、化验费）。

④特种疾病保险。保险人仅以合同工特定的疾病为依据给付保险金。当被保险人被确诊患有特种疾病后，保险人一次支付保险金。

⑤母婴安康保险。该险仅承担分娩过程中发生的产妇、新生儿死亡赔偿责任，不负责被保险人因分娩所指出的住院费、医疗费、手术费等费用。

### （三）意外伤害保险产品

意外伤害保险是指当被保险人因遭受意外伤害使其身体残疾或死亡时，保险人依照合同给付保险金的人身保险。

意外伤害是指在被保险人没有预见到或违背被保险人意愿的情况下，突然发生的外来致害物对被保险人的身体明显、剧烈地侵害的客观事实。伤害由致害物、侵害对象、侵害事实三要素构成。

意外伤害保险种类：

①普通意外伤害险。该险以意外事故造成被保险人死亡或伤残为保险责任。如期限一年的学平险。

②特种意外伤害险。该险责任仅限于特定地点，特别原因造成的意外伤害。如游泳、登山、索道、电梯等。

③旅行意外伤害险。该险承保被保险人因特别原因造成的意外伤害或特定地点造成的意外伤害。保障项目通常有死亡和伤残，也经常将医疗费用保险以特约条款方式附加投保。

# 第三节　保险产品的设计生产

## 一、保险产品设计概述

### (一)保险产品设计

保险产品设计就是根据保险市场上人们转移风险责任、生存保障等的需求和欲望,依据保险产品的概念和原理,组织各方面的力量,对于所需开发的产品进行研究、引进、设计和对现有的产品进行更新、修订的一系列工作。保险产品的设计是一个系统的过程,它包括保险产品开发的策略研究、市场研究和产品的整体设计、产品报备和产品上市所需要的一系列配套协调工作。

### (二)保险产品组合的宽度、深度及关联性

保险产品组合的宽度是指公司有多少条不同的产品线。产品组合的深度则是指产品线中每一产品有多少种。产品组合的关联性是指各个产品线在目标市场、业务处理条件、分销渠道或其他方面相关联的程度。无论是产品项目宽度增加,还是产品线长度和深度延伸,都应尽可能地使产品组合具有较强的关联性,充分运用公司的资源条件,积极发挥公司管理能力的长项。

关于产品长度、宽度、深度和关联性的可行举措称为产品组合与产品结构策略。在决定产品组合与产品策略时,必须以市场为主导,以市场的有效开发、渗透为手段,实现业务收入的可持续增长;同时,保险产品是金融类产品,新产品的推出不可避免地影响公司的资产、负债、资本等财务状况,因此保险公司需要以谨慎稳健为原则,运用各种资产负债的有效手段,合理分配风险资本,在保证偿付能力的条件下,充分挖掘公司的资本潜力,实现公司内含的有效提升。也就是说,有效的产品组合与产品结构策略必须经得起业务和财务两方面的绩效检验。

## 二、保险产品设计生产的条件

### 1. 客体条件

(1)企业和个人在客观上有转嫁风险的要求。

一般来说,在危险发生频率较高、每次危险造成的损失不严重、人们自我预测危险发生的把握性较大的情况下,不大可能产生转嫁风险的要求。反之,如果危险

事故发生的频率较低、每次事故造成的经济损失较严重,而且人们自我预测危险事故发生的把握性较小,人们对转嫁风险的要求就产生了。

（2）利益制约。

对投保人来说,当损失发生具有偶然性和足够大的损失可能性时,才会认为购买保险产品较为合算。要有大量的危险单位,即有大量的要求购买这种保险产品的人,才能使产品经营者稳定经营。

另外,所发生的损失要能够以货币计算来衡量,而且保险产品的价格要合理,双方都能接受。这些都是保险产品产生的客体条件。

2. 主体条件

保险产品产生的主体条件:一是要有依法成立的保险公司;二是保险公司要有足够的保险基金;三是保险公司应具有经营保险业的技术做支持。

### 三、保险产品设计中应考虑的因素

#### （一）保险行业的特殊类型

保险行业是知识密集型、资金密集型、技术密集型和负债经营风险的金融服务业。与消费商品的典型生命周期相比,保险产品的生命周期有独特的一面,即一个保险产品的生命周期可以是限的。对已有的产品进行改进通常会延长产品的生命,所以保险公司绝大多数现金流来源于现有的保险产品。因此,升级和修改现有的产品比开发全新的产品更为有效。处于初级阶段的我国保险业,改良、更新现有的保险产品,有选择地引进国际保险市场上成熟的保险产品,不失为明智之举。

#### （二）地区因素

保险公司所在的地区和国家的经济环境是保险产品设计开发策略中必须考虑的重要因素之一,它包括:(1)经济环境,指社会经济情况和国家经济政策,包括社会经济结构、经济体制、宏观经济政策、产业政策导向、科技发展水平等,其衡量指标有平均实际收入、消费支出趋势和分配规模、国民生产总值、利率和通货供应量、保险密度和深度等;(2)社会文化环境,指社会结构、风俗习惯、信仰和价值观念、行为规范、生活方式、文化传统及人口因素等;(3)自然环境,包括森林、土地、河流、海洋、矿产、能源、生态等。

如我国保险市场区域差异较大,东部和西部、南部和北部、西北和东北等不同区域,在经济发展水平、地理环境、经济和行业结构、自然环境、消费习惯、居民收入和物价水平等方面的差距和差异相当大,产品设计和开发策略的制定必须考虑目标市场的地区差异。

## （三）当地法规

政治、法律和法规环境是制约和影响产品设计和运行的重要因素。为了规范产品设计中的一系列问题，2005 年，中国保监会颁布了较多的产品设计和管理的规定和主席令，如关于保险合同的通俗化、简单化的相关监管规定。

## （四）客户的需求和购买力

任何产品的设计都是以消费者的需求以及其产生这一需求的背景、所处市场的周围环境为出发点。保险设计人员要细分客户群体，分析市场潜力，根据客户的需求和购买力来思考产品开品。一般来说，只有在消费者安排好其优先支付的项目后，有转移风险的欲望，才会购买保险。

## （五）公司经营发展战略

公司经营发展战略最终决定和影响产品设计和开发策略的制定，包括产品创新的定位，创新的方法等。公司经营发展战略选择因素如下：一是产品差别化。产品差别化是指公司向市场提供与众不同的产品和服务，满足客户的需求，形成竞争优势。它依靠的是产品和服务的特色，保险公司面对的客户需求来自各种原因引起的消费心理、理财投资需要、责任风险转嫁需要和安全需要等，它们可以通过不同的产品和服务加以满足。二是市场细分。保险公司制定的产品设计方案首先要明确所满足的对象。在界定对象目标时，保险公司可以根据客户的需求或偏好的差异，运用市场细分的方法，将客户分成不同群体，形成不同的保源目标，从而制定具体的保险产品社会开发目标。三是特殊竞争力。这是保险公司为了满足重要顾客群体需要，采取资源配置、产品组合和最佳质量管理的办法。

## 四、保险产品设计的导向

产品开发的导向是一家公司文化和价值观的体现，是保险公司在未来市场中定位的方向，要创新保险产品，应遵循以下导向：

### （一）国家宏观政策导向

保险公司的经营要体现自身的盈利能力，从而获得自身不断发展的动力，同时更要注重研究宏观经济发展方向和政府监管导向，要考虑自身效益与社会效益的结合，在发挥保险职能的基础上行使社会管理职能，为社会稳定和谐做出贡献。

### （二）以市场需求为导向

产品开发要以市场需求为导向，强调市场需求分析、研究。为了满足客户需求，保险公司要站在客户的立场去了解客户的需求，逐步实施保单通俗化。尽可能听取消费者对保险产品的开发设计的意见和建议。

### （三）市场细分导向

随着社会发展趋向多元化,消费者的需要也有个性化的趋势,保险产品要满足的已不再是单一的市场,而是个别的、有个性的消费者。强调目标市场的细分,根据不同销售渠道、不同保险消费阶层、不同年龄层次,进行产品的开发,形成完整的保险产品框架体系;

### （四）竞争导向

保险公司面对竞争所采用的营销策略和做法,针对的往往是特定的竞争者,使客户导向转变为竞争者导向。这样做固然有其优势,但也可能被误导为随竞争者的步伐亦步亦趋,而使自己脱离了保险消费者,忘记自己的核心优势和条件。

### （五）客户需求导向

虽然都强调要以满足保险消费者的需求为目的,但在一个流动性很强的保险市场,往往会忽视了与保险消费者建立长期关系。因此,保险人必须牢牢把握客户需求的导向。

## 五、保险产品的设计主体

### （一）保险监管部门组织设计

有些国家的保险监管法规规定,保险产品,尤其是全国性保险产品的设计和修改由保险监管部门来主办。这种方式在世界范围内运用很少,我国曾经一段时间就是这么规定的,要求全国性乃至区域性的保险产品必须由保监会来组织相关人员设计,如此一来,保险监管部门不能站在公正的立场上来裁判、维护被保险人的利益。我国自21世纪初产品设计开始实行市场化后,这种方式随之被废弃。

### （二）保险学会（协会）设计

全国保险学会（协会）是专门研究或协调保险业发展的专业化学术组织和行业组织,它应牵头研究对保险行业主要条款的设计开发,制定标准条款;区域性的保险行业学会（协会）则应从本地区保险市场的特点、风险需求特征等出发,研究设计区域性标准保险条款,或一些区域性性的附加条款。2006年3月,中国保监会召集主要保险公司、专家学者、保险行业协会等有关单位,就研究制定行业标准条款进行了专题研讨。会议确定由中国保险协会牵头成立专项工作委员会,整合行业力量,以制定行业示范条款为主要内容,有步骤、有计划地推进条款标准化工作。

### （三）保险公司自主开发

由保险公司自己组织力量设计,需要保险总公司或被授权有能力开发新产品的分公司,设置专门的机构或责成有关部门组织人员力量进行研究设计。保险公司要恰当地选择产品创新的定位,正确思考公司开发重点,全面审视产品创新的范围,进行自主开发、改良,丰富保险产品。

保险公司可以通过招标的方式,委托其他机构进行产品设计,如精算师事务所、大学、保险研究所和保险同业公会等。

被保险人对保险的需求在全世界范围内有一定的相通性,西方发达国家的保险市场发展相当成熟,保险产品丰富,保险公司考察后,可将符合我国情况的产品加以改良,为我所用。

### (四)保险经纪公司设计开发

保险经纪公司是被保险人的代表,是站在被保险人的立场上思考被保险人的保险需求和保险方案的设计,所以他们开发出来的产品应该是以客户为导向的、符合市场需求的。中国保监会允许经纪公司从事产品开发是非常及时和正确的。需要注意的是,我国保险市场尚不成熟,要防止保险经纪公司在产品设计时无限扩大保险责任范围。

### (五)联合开发

这种方式有三类:一是保险人、保险中介人、被保险人、保险业相关专业人士联合起来开发,它可以改变目前被保险人被动选择的现象,调动被保险人的积极性,倾听他们的呼声,使新产品的设计更贴近市场;二是保险公司之间或保险业界相关单位联合开发;三是国内保险公司与国外保险公司合作开发。

## 六、保险产品设计生产的一般过程

保险产品生产的一般过程是:市场调研—方案设计—试行调整—批准推广四个阶段。

#### 1.市场调研

市场调研的主要内容是:该地区保险业发展状况;现有各种险种的业绩和优劣状况;当地经济发展潜力和保险需求;当地文化、宗教、法律及政府对新产品推行的影响力;消费者的现有购买力和潜在购买力;此产品所涉及风险的可保性;生产销售此种保险产品的可行性;同类产品在各国销售的比较以及本产品的营销方案等。

#### 2.方案设计

方案设计是在上述市场调研的基础上,得出设计销售此种保险产品可行性的肯定结论,并作出发展该产品的战略决策之后,对新的保险产品的规划设计。其主要内容是:

(1)保险产品所承保的主要风险和附加风险;

(2)对所承担风险的界定、组合和控制方案；

(3)保险产品的除外风险；

(4)保险产品的制式是采用列明责任式还是一切险除外责任式(或称敞开式)；

(5)保险费率表的设定,即根据不同类型风险组合列出相对应的收费标准,包括免赔额率的设定等；

(6)保险条款的拟定要采用精炼的语言及严谨的结构、合乎当地法律要求的准确清楚的概念及定义；

(7)赔付或给付方式及其依据,特别要在如何界定损失、如何减少争议、如何防止欺诈等方面既考虑到保险公司的核算,同时更重要的是要达到服务消费者的目的；

(8)各种单证的制作,包括投保单、保险单、批单、检验报告、理赔单据的格式和内容等。

总之,应根据市场的需求,迅速设计出具有现代化水平的保险产品。

3.试行调整

试行调整是指在试行阶段争取各方面的意见和反映,进一步调查研究,根据发现的问题,对产品各方面的内容作相应的调整,使保险产品更为完善。

4.批准推广

是指向当地保险监管部门按照当地的法律予以报批,并根据营销方案迅速推向市场。

保险产品的生命力,取决于消费者对该产品的需求,同时,也取决于该产品的质量。除政府的因素外,一个好的保险产品,应该是经过市场锤炼的、根据市场需要不断予以调整修改并完善的产品。经过保险市场激烈竞争的考验,保险产品将具有更强的生命力。

# 第四节　保险产品的定价及竞争战略

## 一、保险产品的定价原则

### (一)适当性

保险费率应该满足保险合同中保险金额的要求,即当保险人需要向被保险人赔付时,保险人所收取的保费和投资所得可以满足赔付的需要,不会出现由于费率不足而导致保险公司破产或发生严重财务问题的后果。

**(二)公平性**

相同的保单对所有保单持有人的费率应该都一样,同时公平性也意味着保险人所收取的金额应该与其所承担的风险相当,所有的保险人都应该获得公正的待遇。

**(三)可行性**

费率的高低应和消费者的负担能力相一致,费率过高不仅不利于保单的销售,也不利于续保的收取。

**(四)稳定性**

保险费率一经确定,在很长时间内应该保持相对稳定,这样不仅有利于被保险人做出预算,按时缴纳保费,而且也可以避免投保人退保。保险人在制定费率时,应该详细收集过去的大量相关数据,在结合预测未来的发展趋势的基础上,确定费率。

**(五)灵活性**

保险费率在保持稳定的同时,在一定时间内随着情况的变化,可以做适当的调整,尤其是当外部情况发生较大变化时,适当调整费率也有利于商品的销售。

**(六)激励性**

保险人在制定费率时,应当对被保险人采取措施预防损失的行为进行奖励,并适当降低保险费率。

## 二、保险产品的定价策略

保险产品的定价策略是指保险公司在费率制定过程中,为实现定价目标而应遵循的总体方针。定价策略是作为营销整体策略的一部分而存在的。一般来说,保险产品的定价策略可以分为以下几种。

**(一)成本驱动定价策略**

成本驱动定价策略主要是指有些保险公司将保险产品定价的基础建立在产品生产、销售及服务环节发生的所有成本上,以此来决定价格。成本驱动定价策略可分为以下两种:

**1.成本加成定价策略**

成本加成定价策略是指保险公司在制定价格过程中,在单位产品成本的基础上,加上预期的利润额作为销售价格。例如一家保险公司希望自己的利润率为5%,那么该公司只要确定了开发产品及销售商品过程中需要的成本,在此基础上加上5%的利润就可以了。

2. 投资回报定价策略

这是指保险公司为了保证投资于保单开发、销售和服务中的资金按期收回并获得利润,根据投资的成本费用和预期的保单销售数量,确定能够实现利润的费率。这种方式确定的价格在投资回收期不仅包括单个保单应分摊的投资额,也包括了单个保单新发生的或经常性的成本支出。采用这种策略应关注保单的销售量,否则不一定能达到原定的目标。

成本驱动定价策略一般适合垄断性市场,一旦市场竞争比较激烈,保险商品的价格就会同市场需求和供给密切相关,而市场竞争的结果是各家公司的价格也会越来越低,各家公司的利润也不再完全由自己决定,而是由市场来决定。

**(二)竞争对手驱动定价策略**

竞争对手驱动定价策略是指保险公司以主要竞争对手的价格为基础,以定价来确保自己在市场体系中的地位。保险公司可以根据自己的整体营销策略、企业目标和定价目标,以通行价格、高于市场价格和低于市场价格来制定自己的产品价格。

1. 通行价格策略

这是指保险公司以通行价格来设定自己的费率,将自己的价格定在保险市场的平均价格水平上,属于"迎接竞争"的策略,此策略通常以市场上主要的大保险公司定价作为参考基准。由于这种追随类型的定价策略在竞争对手突然降价时可能会陷入困境,因此通行价格策略比较适合在完全竞争或者寡头垄断的保险市场上实施,因为在这两种市场环境下降价的空间比较小,一般不会出现突然降价的情况。

2. 竞争价格策略

这种策略的主要目的是打击竞争对手,一般只有那些实力雄厚或者具有独特细分市场的公司才会采用。适用这种策略的保险商品的价格通常以主要的保险公司的最低价格为基准,独有的单个保险商品也要以较低价格出售。

采用低价策略,保险公司首先要确定自己的目标市场和市场地位,同时在定价中要确保保险产品的相关变量可以被控制在一定范围,因而在低价策略中关键是设计或改进产品以适应一个选定的价格区域。

3. 渗透价格策略

这是指保险企业可以利用相对较低的费率获得市场份额并使销售量迅速上升的定价策略。这种策略的主要目的是以合适的价格取得最大的客户群。

渗透价格策略主要在以下情况下比较有效:新产品进入市场时,需要取得市场份额；市场竞争激烈，降低费率能够延缓竞争对手进入市场；市场潜力大，对价格敏感，降低费率可以扩大公司的市场份额。

4. 弹性定价策略

这是指保险商品的费率可以在与客户协商后再决定。弹性定价策略主要在团体保险产品的销售时采用，大多数销售团体保险产品的公司采用的是可变价格策略，这主要是由于团体保险产品的销售一般采取竞标的方式，竞争非常激烈，单纯的根据竞争对手的历史情况而确定报价很难中标。采取弹性的策略，根据客户的需求来确定价格是比较有效的竞争方式。

（三）客户驱动定价策略

客户驱动定价策略是指保险商品的价格能够让分销商和顾客都愿意接受。

对于分销商而言，客户驱动定价策略意味着产品设计中可能考虑更多的补偿因素，即销售该公司的产品时可以获得更高的佣金。而对于客户而言，则意味着较低的保费；对看重保单现金价值的客户，可能意味着早期的高现金价值；对看重公司偿付能力的客户，则意味着公司的财务实力强大、信誉优良。采用客户驱动定价策略的关键是保险公司要明确客户看重的价值取向，并且制定出合适的产品价格，让客户感觉自己希望实现的价值可以在这家保险公司的产品上得以实现。

客户驱动定价策略一般有以下三种方式。

1. 心理定价策略

心理定价策略是以消费者为驱动的定价策略，即消费者认为保险公司制定的价格会比其他的价格更有吸引力。这种策略的主要方法就是让消费者在心理上产生价格差异，比如，一份其他公司卖 100 元的意外保险产品，如果某家保险公司以 99 元的价格出售，肯定会在消费者心理上产生差异，一般消费者也更愿意购买 99 元的产品，而实际上两者之间并没有太大的差别。心理定价一般比较适合对价格比较敏感的顾客采用，也比较容易产生效果，尤其是短期意外保险或者健康保险产品，采用这种定价策略也更为有效。

2. 早期获利价格策略

早期获利价格策略是指保险公司在销售产品时向最希望购买该产品的客户收取最可能高的价格，这种策略比较适合在保险新产品销售的初期采用。由于新开发产品的消费者认知度较小，市场上也没有同类产品可比较，消费者这时看重的就不会是价格，而主要看重产品能带来的效用或者产品能带来的身份地位。但是一旦市场上出现类似的新产品时，早期获利价格策略就很难继续采用。

## 3. 促销定价策略

促销定价策略是指通过以低于正常价格的价格销售某些产品以达到销售某种产品的目的。促销定价策略的常用手法是通过价格先导来吸引消费者购买公司产品,形成一定的客户基础,进而带动其他相关产品的销售。保险行业的新市场进入者也可以采取类似的手段,一般长期寿险产品不适合以低价出售,因此更适合以比较低的价格出售短期意外险产品,进而带动其他相关险种的销售。

### (四)产品组合策略以及产品组合定价策略

#### 1. 产品组合策略

产品组合策略就是在销售产品时将不同的产品进行组合销售的策略。衡量产品组合通常根据产品组合的宽度、长度、深度以及产品组合的一致性,即产品组合中不同产品之间相关程度的高低。一般来说,同类产品组合销售的一致性较好,管理难度也小,但是风险相对比较大;而一致性差的产品组合虽然管理难度大,但是涉及的范围比较广,风险也相对降低了。因此产品组合的关键在于努力提高产品组合的宽度,延伸产品组合的长度,加大产品组合的深度,并在此基础上实现产品组合的多元化,分散风险,扩大经营的范围。产品组合是金融行业也是保险行业发展的一个趋势。现在客户需要的不仅仅是保障类的保险,保险已经成为消费者一个重要的投资工具。因此,保险公司也不再是单一保险产品的提供商,而越来越成为全方位的金融产品组合顾问,帮助客户实现自己的投资目标。

#### 2. 产品组合定价策略

产品组合的定价策略包括以下两个层次的定价策略。

(1)产品线定价策略。产品线定价的关键是要忽略产品线中不同产品的细小差别,拉开不同产品之间的差距,即要在产品线中确定一个基本的产品项目作为定价的基准,将其他产品的定价与该基准产品进行比较,以相等的定价差异来表现不同的产品项目差异。这种定价方法的好处是降低产品线的总体成本,尤其是产品线的目标客户和市场一致时,不会导致顾客的流失。

(2)产品组合定价策略。产品组合定价的前提是定价必须确保安全性的原则,即产品组合的费率能满足提取准备金和费用以及未来赔付的需要,同时在此基础上还要保证一定的利润额。如果市场的风险因素发生了变化或环境发生了变化导致需要调整费率,就应该对可能发生的风险进行考虑,及时采取措施,以确保费率的充足性。

### (五)新产品定价策略

新产品能否顺利进入市场,价格是非常重要的因素。新产品的定价策略和保险公司的目标市场以及整体营销策略密切相关。一般来说,新产品的定价主要有以下几种策略。

**1. 高费率策略**

高费率策略主要在市场没有同类商品的情况下使用,由于没有竞争对手,采用高价格策略可以吸引一定数量的客户,借以弥补新产品开发的成本。对于一些独特的细分市场或者是垄断性的保险市场,由于没有竞争,新产品开发后一般可采用高费率的策略。高费率策略的缺点是使新产品的推广变得比较困难。因为保险商品属于有弹性需求的商品,如果价格过高,销售量就会有限,不利于扩大市场,一旦新的竞争者低价进入,不仅会丧失产品优势,而且也会丧失一定的市场份额。

**2. 低费率策略**

如果当新产品开发者是市场新进入者,在目标市场的潜力比较大,而且潜在的客户对产品价格比较敏感的情况下,企业就可以采用低费率的策略来迅速抢占市场。但是由于保险商品开发的技术难度较低,很容易被竞争对手模仿,价格优势很快就会失去,而且低价的结果是利润很低,很难收回成本。

**3. 中间费率策略**

中间费率策略是指保险商在制定价格时,不仅考虑到自身成本和利润的因素,而且还考虑到顾客是否会接受价格。中间费率策略兼顾了自身成本和顾客需求,因此可以较快收回成本,同时由于受到消费者的欢迎,也容易占领市场,避免了低价带来的竞争,这是新产品推出时采用的比较明智的定价策略。

## 三、保险产品的定价方法

保险商品的定价方法是指在保险商品的实际销售过程中采用的定价方法,是相对于定价策略而言的。

**(一)折扣定价法**

折扣定价法是保险行业常用的定价方法之一,即保险公司在收取保费时,根据客户的不同情况给予一定比例的折扣。折扣定价法主要在以下情况采用:

**1. 优质客户**

优质客户一般面临的风险比较小,而且优质客户会采取各种措施减小发生危险的概率,因此保险公司对这类客户一般都会给予一定的费率折扣,这种折扣方式在人身保险和财产保险中比较常见。

**2. 数量折扣**

数量折扣是指在收取保费过程中,根据客户的不同级别收取不同费率。一般来说,保险公司都会根据客户的不同层次决定所缴保费的多少,保额越高的保单,所收的费率也相对较低。数量折扣的另一做法是设置最低费率,即在消费者购买某种保险商品时,若低于某个设定的保额,则费率是固定,若高于设定的最低保额,则采取根据保额的大小加收一定比例保费的做法,结果是保额越高,消费者实际支付的保费就越少。这种做法的主要目的也是鼓励消费者购买更多数量的保险商品。

## (二)认知价值定价法

所谓认知价值定价法就是把产品的价格建立在顾客对产品的认知价值的基础上,即定价的关键不是卖方的成本,而是买方对价值的认知。认知价值定价法是利用营销组合中的非价格变量在购买者心目中建立起认知价值。

认知价值定价法的基础是产品定位思想,即保险公司以计划好的质量和价格开发出针对目标市场的产品概念。一般在采用认知价值定价法前,保险公司都会进行详细的市场调研,确定采用这种定价方法能够开发的目标客户市场,只有保险公司确定这种方法可以实现可观的利润时,才会去进行产品开发。

认知价值定价法一般挖掘的是独特的保险细分市场,这种方法的特点是抓住消费者希望以比较适中的价格购买高价值商品的心理,因此,要求保险商家在产品推出后要对目标客户群体进行有力的宣导,让客户了解自己商品的特点。只有当目标市场对产品的价值认知后,他们才有可能购买保险商品,很多采用认知价值定价法的商品之所以没有成功,关键在于没有进行有力的宣传。

## (三)价值定价法

所谓价值定价法是指保险公司在定价时以低费率出售高价值的商品。价值定价法的核心观点是价格应该代表向消费者提供高价值的产品。价值定价法并不是以低价来吸引顾客,价值定价法的核心在于通过降低成本来降低价格,但降价的前提是保证商品的质量。

在保险行业中,由于保险费率是预先设定的,一般变动的可能性不大,因此较少采用价值定价法。但是可以吸取价值定价法的经验并运用到保险商品的营销中,比如,提高服务的质量以增加保险商品的附加值,让投保者觉得物有所值;同时加快核保、理赔工作的速度,为客户提供方便,节省时间等。

## (四)分类定价法

分类定价法是指根据客户的不同分类收取不同费率。保险行业中主要的分类定价法有两种:一种是根据性别的不同收取不同的费率,这种做法在人寿保险中比较明显。由于男女患病以及死亡的风险差别比较明显,因此,一般人寿保险商品对男性和女性收取不同的保费。另一种是根据被保险人的职业不同进行分类,因为不同职业的被保险人所面临的风险是不同的。保险公司一般都会根据职业不同编制专门的费率手册,对不同的职业群体进行费率细分。比如,登山运动员、飞行员、机动车驾驶员和探险者等就属于高风险职业,当这些职业的客户投保时,保险公司都会相应提高保费。

### (五)资产份额定价法

资产份额是某一保单组在某一给定时刻累计而成的资产数额,由保费和投资收益构成。资产份额计算是依据对未来的利率、死亡率、发病率及其他因素的假定,模拟一组保单资产增长的过程。资产份额计算的目的是以一群保单的预期销售量来决定保险公司的利润、准备金提存以及其他费用。资产份额定价法的基础是以前的经验和数据积累,再加上一定程度的调整。因此,资产份额定价法要求有丰富的经验和数据资料,否则就可能出现和现实出入比较大的情况。

### (六)不确定保费定价法

不确定保费定价法是指保险公司可以根据预期的利息率、死亡率和合同条款收取保费,保险公司可以定期提高或降低保费,但不能超过合同规定的最高限额。

修正定价法和不确定保费定价法有相似之处。修正定价法是向被保险人收取可以变动的费率,变动的基础是预期的损失或者实际损失,也可以以两者为共同基础;在采用修正定价法的情况下,费率可能降低也可能提高。

但这两种定价方法都会出现费率变动的情况,难以操作,而且如果增加费率容易引起被保险人的不满,可能会丧失客户,所以较少采用。

# 第五节　我国保险产品发展

## 一、我国财产保险市场现状

中国财产保险业的格局体现了较强的垄断性,就市场份额而言,仅中国人民保险公司就占有 70% 的比重。而机动车险市场中中国人民保险公司占 80% 左右。中国财产保险公司由于市场竞争激烈,不顾一切地"跑马圈地"加速扩张,使其综合成本居高不下。加上雪灾、震灾、洪灾,2008 年以来的一系列自然灾害,更加导致了其行业偿付能力水平的下降。自 2007 年 5 月以来,产险保费收入同比增速持续下滑,2008 年中国财产保险公司原保险保费收入 24 462 492 万元,截至 2009 年

11月,中国财产保险公司原保险保费收入27 526 085万元。2009年上半年,产险业面对复杂多变的经济金融形势,抓住国家实施积极财政政策和适度宽松货币政策,基础设施投资力度加大的机遇,实现业务平稳增长。上半年财产险业务实现保费收入1511.8亿元,同比增长16.4%。车险业务较快增长,实现保费收入1 111.1亿元,同比增长18.3%。各产险公司基本停售了非寿险投资业务,投资金余额较年初减少297.5亿元,下降31.8%。家财险、工程险、农业险等业务得到较快发展,同比分别增长12.9%、23.6%和59.8%。责任保险保费收入51.9亿元,同比增长8%。

我国财产保险市场的特点:首先,从险种份额来看,我国主要大类险种为车险、企财、工程、货运险,而恰是这些大类险种,满足不了市场的需求;责任险占比还很低,但近年来增长很快。其他险种份额较少,远远不能满足众多消费者广泛的财产保险需求。其次,从产品创新来看,中国人保2001年成立了产品开发中心,主导着国内产险的主流创新,其他产险公司创新产品较少,力量单一。目前产险产品种类更新仍滞后于产险市场需求,不能形成丰富的市场供给。特殊风险产品大都由保险公司总部负责安排,大都针对风险个案。这些产品本身具有较强的个性特征,属于非标准产品。

随着中国改革开放的进步深化,无论从风险层面的环境变化,还是宏观经济及制度环境的变化,都为财产保险的长远发展提供了充分的空间,也同时为财产保险业务开展的各个方面提出了更高的要求。在短期内,受世界宏观经济放缓以及中国监管方式转变的影响,中国财产保险保费收入的增长幅度在未来几年内不会过高。但就长期而言,财产保险行业仍会保持高速的增长。中国的财产保险将以从短期的平缓到长期的行业增长速度,从外延式到内涵式行业增长方式,从短期的行业集中到长期的竞争,从单纯的物质保障到全面综合性风险管理,从传统业务到更多的金融创新,组织结构从单化到多元化的方向发展。预期中国的财产保险的前景是广阔的。

## 二、我国寿险产品的现状

近些年来,我国的国民经济持续地快速发展,带动了保险业逐渐发展壮大,1997年,全国寿险保费收入达600亿元,比上年增长近一倍,从总量上首次超过财产险。寿险产品也明显增多,但也存在很多问题。本文主要以中国的寿险业为基础,着重谈论了我国这些年来寿险种类、主要产品、存在的问题以及发展的趋势。

### (一)我国的寿险产品

在我国,随着人们对寿险产品需求的日益增加,人寿保险的产品种类发展的越来越快。寿险的分类也因考虑角度的不同而不同。按保险的性质分为普通人寿保险和特种人寿保险;按保险利益分配与否分为分红人寿保险和不分红人寿保险;按保险事故不同分为死亡保险、生存保险和两全保险;按风险程度分为健体保险和弱体保险;而本文则是按被保险人的不同将保险分为个人寿险、团体保险、少儿保险、其他特色保险。

1. 个人寿险

个人寿险是每一家人寿保险公司的主要业务,下面大致按四个种类介绍个人寿险险种:

(1)定期返还型。定期返还性保险的主要特点是投资回报快,第三年(或第五年)即进入给付期,以后每三年(或五年)可领取保险金额的一定比例作为保险金,而且还可获得终身保障。有点两全保险的意思。

定期返还型的优点是:

①对象广泛、老少皆宜。一般从周岁起到60岁的人士,无论老幼,符合条件的均可参加。

②返还迅速、补贴家用。投保后,可在每三年获五年领取相当于保险金额一定比例的生存保险金,每三年或每五年定期返还,更显迅速! 可用于子女上学或补贴家用也可以将钱存于保险公司赚取利息到年老时一并取用。

③交费限期但保障永久。投保后,只需交10~20年,停止交费后继续领取生存保险金,可令投保人对晚年生活无后顾之忧。

④投保人可获取终身保障。投保人除定期可从保险公司领取一定的保险金外还可终身或的寿险保障,一旦遇有疾病或意外,可获取保险公司的赔偿。

此外还有增加保额低于通货膨胀、高度残疾预支保额的功能。

以下是各公司推出的此类险种:

- 平安保险公司:平安长寿保险
- 泰康寿险公司:常青树保险
- 新华忍受保险公司:长寿安康保险
- 中国人寿保险公司:"潇洒明天"增额终身寿险

(2)终身寿险。此类险种为被保险人提供终身保障。其特点是:投保年龄宽、交费方式灵活、灵活设定保险期限、费率较低、有的还有还本功能。值得注意的是此类寿险种类较多,特点也不尽相同。

以下是各公司推出的此类险种:

太平洋保险公司:终身还本寿险 常顺安全保险(含两款即将意外、疾病所致后果分开)

- 泰康寿险公司:还本终身寿险
- 平安保险公司:平安永乐保险
- 新华人寿保险公司:全家福联合寿险
- 中保人寿保险公司:88 鸿利保险

（3）养老保险。此类保险是未被保险人的老年生活提供经济来源的保险多以养老年金的形式出现并附有终身寿险保障。其特点是:交费低廉工薪阶层能够接受,医生到老不愁生活保障,投保方便领取也很方便。

以下是各公司推出的此类险种:

- 中保人寿保险公司:鸿寿养老金保险
- 新华人寿保险公司:递增养老年金保险
- 太平洋保险公司:老来福终身寿险
- 平安保险公司:福临门保险、夕阳红综合保障养老保险

（4）简易人寿保险。所谓简易人寿通常是指以劳工或工薪阶层为对象办理得月交半月交或周交,无体检的低保额保险,通常有保险人按时收取保费。此类保险因不需要体检、保费低、手续简便、也有一定市场。

2. 团体保险

团体保险是用一张总的保单对一个团体的成员提供人身保障。此时投保人是团体组织,被保险人是团体中的在职人员。

（1）养老金系列保险（团险）。平安保险公司推出:①养老金保险②养老金保险（甲款）③养老金保险附加终身保险

（2）团体人身保险。由中保人寿保险公司推出的"团体福利保险"是集养老身故给付祝寿金给付看护金给付等多种功能为一体的综合保险险种。是一种交费低、保障高、功能齐全的险种。

新华保险公司推出的一年期的"团体综合保障保险""团体定期保险"价格适宜,可保障意外伤害致死、致残、病故、大病等全面保障。

3. 少儿保险

少儿是祖国的未来,许多家长把孩子视为自己的命根。所以,越来越多的家长开始为自己的孩子选择一份保障,即少儿保险。

在购买少儿保险的时候应主要考虑以下几点:

①培养储蓄性。孩子的成长教育和婚嫁是一个家庭不小的开支。如果投保人每期向保险人按时交纳小额的保费,那么等孩子长大后可领取可观的大学教育金或婚嫁金。

②医疗保障性。小孩子抵抗力弱,最容易得病,如果严重的话会给家庭带来严重的经济负担,甚至没有能力支付昂贵的医药费而酿成悲剧。所以,医疗保障性显得尤为重要。

③安全保障性。小孩子天生顽皮,也不懂自我保护,所以,也较容易发生意外事故,如果参加了意外伤害保险,就可获得赔偿。

以下是各公司主要的少儿保险险种:

- 少儿一生幸福保险
- 66 鸿运保险
- 子女教育婚嫁保险
- 少儿终身平安保险
- 少儿终身保障保险
- 小博士计划保险
- 子女教育安家保险
- 独生子女两全保险

### 三、目前人寿险种存在的问题

**1. 注重投资宣传效应,忽视保险的基本保障功能**

传统保险产品应是寿险业的主流。人寿保险作为一行业应该以减少投保人在保险事故中的损失为根本目的,更确切地说应该是以为投保人提供个人(养老金)或家庭提供经济保障为目的,而不应该片面地追求投资为保户提供高收益、高利率为目的。否则,就会犯本末倒置的错误。

**2. 重综合保障,忽视单一险种,缺乏针对性**

一份保单中提供多种保障,确实能为许多投保人带来方便与满意,但是所有保险公司设计的产品都以综合保障为目的,又会将许多人士拒之门外。不同的投保人有不同的状况,不同的需求。不同的人需要的保障也不尽相同,同一个人在不同时期需求也会不同。单一险种有自己的长处:(1)能满足不同人的不同需求;(2)使承保的风险同质性提高从而更有效的适应大数定律,降低公司的风险及经营稳定性提高;(3)使投保人的保费能够物尽其用,减少浪费,保险效率提高。

由于关心的问题不同,对保险的需求必然不同。保险公司应该针对不同的保险需求,设计开发出不同的产品以满足不同保户的需求。就像食堂打饭一样,让同学们自己去选,自己去拼凑、组合。

3.有效需求不足、有效供给不足

2002 年我国的保险深度为 2.98%，保险密度为 237.64 元 。虽然较前两年有较大增长，但与世界其他国家相比仍有较大差距。

寿险市场潜在需求不低。首先，居民有购买保险的经济基础。96 年居民储蓄额为 38000 亿元人民币，如果仅分出 4% 就可使保费增加 1500 亿元。其次，巨大的人口基数以及人口的老龄化、家庭结构的小型化(由正金字塔结构向倒金字塔结构的转变，年轻子女赡养老人负担的加重)是保险的潜在需求量增加。

我国寿险行业的有效供给也不足。供给水平决定于首先产业的规模。保险产业规模指标包括保险机构的数量与分布从业人员的数量与质量。

如今的寿险公司多按经济区域分布，即只在发达地区设立分支机构。寿险公司数量少，直接导致了寿险产品缺乏多样性，分布不均使寿险产品更趋于单一化，使百姓的诸多需求难以实现从而影响寿险产品的有效供给。

4.产品雷同

中国寿险业保险产品的名字可谓"琳琅满目"。乍看上去感到中国的寿险产品真不少，但做更深一步的研究就会发现各家保险公司的主力险种较为类似，一般是一家保险公司推出的险种比较好(从经营、收益、市场反应等多方面考虑)，其他的保险公司马上就会加以模仿，局部稍作变动或创新，换一个名字就推向市场，造成了寿险市场上的产品都多有雷同。虽然名义上险种不少，但实际上供百姓选择的险种反反复复就那么几种，缺乏创新。笔者认为，在寿险产品方面应申请专利或在国家知识产权法中加寿险产品一项，使其能够得到知识产权法的保护，谁先开发谁用，鼓励产品创新，有了创新才会有发展。

5.寿险生命表的准确性不强

我们国家寿险行业起步较晚，所以生命表的编制工作较其他国家晚，没有经过长时期的实践考核，所以准确性不强，存在着潜在风险。

## 四、未来寿险产品及寿险业的发展趋势

1.少保费高保障类险种

此类险种保险费较低，利率变化带来的风险较小。对投保人而言保费低，保障高。对保险公司而言，发生概率较小。此险种将会使双方都比较满意，当然，保险人承包的保险责任应该是损失幅度较大但损失频率较小的产品。

2.投资连结保险潜力巨大

投资连结保险是一种将保险和投资结合起来的新型金融产品。其建立了保险

账户和投资账户及保证了投资泽的保障需求又保证了投资者的投资需求。而且其不受利率风险的影响。既满足了投保人的需求又使保险人不受太大风险,应该是个比较竞争力的险种。但是近年来股市低迷,投资收益很低,造成保户的不满。听说前一阵平安的投连也不太好卖。

### 3. 简易人寿逐渐不适应发展

从技术上看,这种保险的期限、保险费和保险金额都是标准化的,便于被保险人的理解和投资是前些年较受欢迎的险种之一。不过尽管简易人寿保险的保费绝对额较低,但其费率较高。这是因为此类业务较为分散,管理费用支出较高。同时这类保险免体检存在着道德风险,死亡率较其他险种高,所以,在费率厘定的时候保险公司只能用高于普通寿险死亡率的生命表。再者,简易人寿交费频繁,容易造成保单中止合同,影响保单的利息收入。所以,简易人身保险并不是一种最经济的保险。

### 4. 传统寿险推陈出新

各公司的传统寿险产品,将会较为注重单一风险的承保,针对性增强,保障单一,组合灵活性强。

### 5. 国家政策对保险市场影响重大

我国的国家政策对对保险业的影响主要分为利率政策、税收政策、社会医疗政策、社会养老金政策等。

利率政策:我国近些年来正处于通货紧缩阶段,我国的总供给大于总需求,人们总是习惯于把收入大部分存入银行(可能是前几年的高利率是老百姓养成了储蓄的习惯)而不是用于消费,这不仅造成了保险的有效需求不足,还严重影响了我国经济的发展。国家为了鼓励消费连续多次调低利率,使部分资金流入寿险公司,而且大量的同质风险的集中,使保险公司更加充分运用大数定律,风险损失更接近预期,既有利于公司的财务稳定性,还有利于保险公司的发展。

税收政策:寿险产品有很多是免税的。所以,当国家提高税率的时候,人们可以通过寿险来实现合理避税。

社会医疗政策、社会养老金政策:近些年来,我国的医疗政策及养老金政策也有所改变。20世纪80年代时期,人们的医疗养老全部由国家承担(可能是仅对国营和集体企业的职工)。当时的人们在国营企业找到了工作就等于抱上了"铁饭碗",吃穿不愁,吃饭国家发粮本粮票,生病了单位给报销药费(亲属报一半),到退休以后国家按期发放养老金或退休金。但是近些年来,国家的政策有了很大的改变:吃饭穿衣都是自己买,如果单位没有给上保险,生病住院的钱要自己掏(这几年的住院花费越来越高,小病几百几千元,大病几万几十万元)。虽然现在已没有什么"铁饭碗"了,只有合同工和临时工,但都可以享受医疗养老待遇。近几年,国家投入大量资金扩大社会保障受益范围和提高保障水平,当人们拥有了医疗养老的基本保障后,使得人们的可自由支配收入增加,人们通过购买商业保险实现获得更高层次的保障成为可能,从而大大促进寿险公司的发展。从我国经济的发展趋势看,国家对医疗养老的管理将更加放宽,个人通过购买商业寿险来保证正常的生活秩序的运行,提高保障水平的发展潜力巨大。所以,寿险业的发展趋势在很大程度上受到国家政策的影响。

# 第七章　国际保险与再保险

## 引言

自保险诞生至今,保险业发展迅速,不断创新。伴随着经济全球化的进程,保险业在全球经济中发挥的开拓、捍卫职能日显突出。同时,保险业面对的风险也愈加复杂化、全球化。各方面的因素都要求保险寻求新的发展和创新。

本章就关于国际保险和再保险的相关知识进行分析。首先阐述国际保险与再保险的相关内容,其次了解国际保险的国际环境及国际保险市场和再保险市场。最后通过比较研究各再保险市场,了解我国保险市场和再保险市场发展。

## 关键词

国际保险　再保险　保险市场

## 第一节　国际保险概述

### 一、国际保险的概念

国际保险属于世界经济学范畴,是国际经济体系中不可缺少的组成部分。同时国际保险属于涉外经济领域,与国际贸易、国际运输、进出口实务、国际投资以及国际金融都有密不可分的关系。在当今生产社会化、资本国际化、金融全球化、经济一体化的时代,国际保险为世界经济的平稳发展提供保障支持,发挥不可替代的作用。

国际保险产生于海上保险和再保险。国际保险的发展进程是始终伴随着国际贸易这一中心而同步变迁发展的,并与商品经济的发展程度相吻合。随着世界经济一体化发展趋势的要求、各国对外开放程度的深化以及风险国际化趋势的凸显进一步推动国际保险在实践中不断完善发展。

从本质上而言,国际保险就是在世界范围内以科学技术为测算基础,有效地组合、转嫁和分散世界经济中各类风险的一种机制,是世界范围内通过保险界合作互助、共担损失的一项系统工程,是跨越国界的一种保障网络。"国际保险"的广义概念涵盖了在本国发生的为国际经济活动提供的涉外和国际风险保障的保险活动——"涉外保险"、本国的保险商对承保的风险进行的国际分保活动——"国际再保险",以及在国家间发生的跨境保险经营与服务提供——"跨境保险"三方面内容。即:广义的"国际保险"是指基于涉外和国际风险的承保、承保风险的国际化分散和保险资源的跨越国界流动产生的保险活动。它包括:涉外保险、国际再保险、跨境保险等活动。而其中的"跨境保险"应该是"国际保险"的狭义概念所指,即狭义的"国际保险"是指基于保险资源的跨境流动而发生的国家保险关系形成的活动,包括:跨境销售保险产品活动、跨境提供中介或其他辅助性保险服务活动、跨境设立保险经营机构或兼并及并购活动、跨境投资及跨境再保险等跨境经营活动。

## 二、国际保险活动与国际保险关系

国际保险关系存在于国际保险活动之中。由于国际保险活动的不断进行,从而不断形成国际保险关系。所以,国际保险活动是国际保险关系的基础。

### (一)国际保险活动

一般而言,国际保险活动是指国家间的保险活动。国家之间的保险活动一般都是由保险活动主体、保险活动客体、保险活动内容、保险活动形式和保险活动场所等多种要素构成。其中国际保险活动中的主体主要是指参与国际保险活动的双方当事人;国际保险活动的客体主要是指保险商品和各种保险要素;国际保险活动的内容和形式主要是指国际保险商品和各种保险要素在国际间的买卖活动和流动行为及其方式;国际保险活动场所,是指国际保险活动的空间。

国际保险活动可以分为直接的保险活动和相关的保险活动。直接的保险活动是指保险商品的买卖活动和保险要素的转移活动。其中包括保险商品的开发与设计,保险商品的宣传、销售活动、保险承保活动、保险理赔活动、保险资金运用活动、保险分保活动等。

与直接保险活动相关的保险活动包括保险管理活动、保险中介服务活动、保险咨询服务活动以及保险市场监管活动等。

### (二)国际保险关系

保险资源及其流动性是国际保险关系产生的客观基础。国际保险作为一种国家区域间的国际性活动在世界范围内形成一定的国际保险关系,从国际保险经济属性、政治属性和法律属性中体现出来。

**1. 国际保险经济关系**

保险是一种服务型态的商品,保险经济关系是商品经济关系。国际保险经济关系是在现有的国际政治、法律、社会及文化环境下发生的保险资源配置的活动过程和调节机制。国际保险经济关系主体各方利益合理分配和实现是通过国际保险市场范围内的市场调节机制与国际组织和各国政府参与的国家主权权利和经济利益的相对让渡得以实现。因而,国际保险经济关系的内涵是基于跨国界保险活动和市场调节机制而体现的国际保险经济关系各主体之间的经济利益分配与再分配及其协调关系。从经济学角度看,国际保险实现风险分散更大化的根本动力是经济利益关系和供求影响的结果。

国际保险经济关系基于跨国界的经济行为而产生,其内容也随着一国国内经济与世界经济发展的互动逐步丰富起来。总的来说,国际保险是处于国际经济的分配领域,是国家间收入的再分配。

**2. 国际保险政治关系**

跨国界的经济行为在很大程度上影响着一个国家的政策。同样,一个国家的政策和法律的制定也深深影响着国际经济行为的发展。因此,政府的行为直接关系到保险活动的国际化。国际保险政治关系正是保险资源在国际范围内逐步实现自由流动的进程中体现的各国政府实施或采取的政治措施的全部内涵。

国际保险的进一步发展在很大程度上依赖于各国政府的态度以及采取的行动。同时,一国的政治状况譬如战争、罢工也会直接影响出口信用保险、投资保险、海上货运险等险种的出险、理赔等相关保险行为的发生。

**3. 国际保险法律关系**

在国际保险活动中,所涉及的法律问题主要体现在国际保险合同法律关系以及国际保险经营监管法律关系两大类。其中保险合同法律关系是维系整个国际保险活动的基础和根本。

国际保险合同法律关系的核心内容是国际保险产品销售合同关系即基于保险合同在保险人与投保方之间建立的权利义务关系。跨国界保险产品的销售和经营产生的合同的订立、履行以及争议处理都会面对国际间保险法律规范的制约和调整。

在国际保险监管法律方面,监管对象是国家间、国际区域内、国际组织间进行的保险活动;监管内容是以维护被保险人利益和国际保险市场竞争秩序。国际保险监管的法律依据是国家间相互认可的保险监管原则、制度等。

### 三、国际保险在世界经济中的作用

在经济全球化浪潮推动下,各国间的经济交往日趋频繁,相互之间的依存度更为紧密,每个国家都不同程度地融入统一的世界经济体系之中。国际保险作为世界经济中重要的风险转移和风险分散机制,对世界经济的发展起着重要的作用。

**(一)国际保险在世界贸易中的作用**

保险的产生源于贸易的发展。最早的海上保险就是从城堡贸易货运船舶开始的,并一直为国际贸易提供有力保障。伴随着国际贸易的深化,不同国家间对外经济交往不断扩大,国际分工日益细化。国际保险业务在国际交往中的作用日趋明显。不断涌现的大型跨国金融保险集团为国际贸易的顺利开展提供诸多便利。

在国际货物贸易活动中,国际保险的作用主要体现在提供出口信用保险和国际货物运输保险两大方面。出口信用保险对国际贸易的促进作用主要体现在:

(1)有利于企业防范和控制国际贸易风险。出口信用保险的过程是一个风险防范和控制的过程。保险机构会对贸易双方进行详细的资信调查,充分了解债权、债务双方支付能力,为评估出口业务提供充分的风险评价。

(2)有利于出口商采取灵活的贸易结算方式。随着国际贸易的发展和竞争的加剧,买卖双方越来越多的采取非信用证付款结算方式,国际结算风险加大,建立出口信用管理机制倍加重要。

在国际货物运输过程中,保险的存在有利于进出口企业加强经济核算,保持正常的营业秩序,使贸易双方的合法权益不致因运输途中不可抗力风险损失不能及时得到补偿而中断经济交往,从而有效促进国际贸易的发展。

**(二)国际保险在资本流动中的作用**

资本逐利的本性是资本自身固有属性。资本的国际流动是世界经济发展的必然趋势,也是资本追求高回报率的必然产物。根据联合国贸易发展会议《世界投资报告2001》统计,全球对外直接投资由1990年的2090亿美元上升到2000年的1.3万亿美元。其中1984—1998年的15年间,国际FDI的年均增长速度达13.52%,远远超过同期世界经济总产值和国家贸易的增幅。

当今国际资本输出规模已相当可观,其中保险的推动作用不容忽视。在国际资本流动过程中,由于各国政治、经济、制度、政策、市场环境的差异和不断变动,会对资本寻求增值的前景带来一定的变数,存在资本损失的不确定性。如何防范和化解对外资本输出的风险,往往需要借助投资保险,鼓励各国资本的国际流动,从而促进世界经济的稳定发展。

投资保险对促进国际资本流动的具体作用,可以分别从微观和宏观两个层面上加以解释。从微观层面看,投资保险可以确保海外投资企业稳定经营,通过风险分散、损失分担的原理以单个企业确定的小额保费来代替不确定的大额损失,起到防损减损的目的。从宏观层面看,资本输出可以确保宏观经济福利的增长和发展,提高一国国民经济的增长水平和社会福利水平。投资保险可以在一定程度上化解对外投资的政治和信用风险,保持和激励企业对外投资的积极性,推动世界经济增长。再者,通过投资保险操作来鼓励资本输出,可以调节国内投资需求的不足,把过剩的国内储蓄转化为国际投资金额以起到稳定国内经济的总量平衡和结构平衡,摆脱国内投资不足的困境,从而达到促进经济增长的作用。所以,投资保险实质上是宏观经济政策的一个强有力部分。

世界许多国家都成立了海外投资保险机构,以保障本国企业在对外投资中的合法权益。这些海外投资保险机构多由政府制定的官方或半官方机构办理。

### (三)国际保险在促进高新技术发展中的作用

现代科学技术发展日趋复杂,尤其是高新技术开发需要更多的资金、时间,蕴含更高的开发和市场风险。通过保险来分担高新技术发展的风险是现代科技发展的内在要求。即便如此,对于海上石油勘探、核电站建设、航空事业等高风险行业,一国保险企业难以独立承担风险相对集中且保险责任巨大的保险标的。国际保险企业间的合作就显得至关重要。

国际保险对国际高新技术发展提供保障,对全球经济、科技和社会的发展产生积极的推动作用。首先,国际保险业务增强了高新技术产业投资的安全感。高新技术的研发者和投资者把技术研发、试制和产业化过程中的一系列风险让渡给保险人,增强了高新技术研发的信心,安定了心理。其次,国际保险加快了科学技术的发展。高新技术从研制到产业化过程中,往往要投入大量的人力、物力和财力。高科技项目在启动过程中会因为所有权人的项目保险更容易筹集到资金,加快推进高新技术研发工作。

## 拓展阅读

## 劳合社

1688 年,英国人爱德华·劳埃德在伦敦塔街附近开设了一家以自己名字命名的咖啡馆。由于地理位置之便,劳埃德先生经常从国外归来的船主那里打听最新的海外新闻,逐渐将咖啡馆办成了一个发布航讯消息的中心。

由于这家咖啡馆消息十分灵通,每天富商满座。保险经纪人就利用这一时机,将承保便条递给来这里喝咖啡的保险商,让他们在便条上按顺序签上自己的姓名及承保金额。随着海上保险不断发展,劳埃德承保人的队伍及影响不断扩大,成为一个颇有实力的团体。该团体于1774年租赁皇家交易所的房屋,在劳埃德咖啡馆原有业务的基础上成立了劳合社。但由于该团体是自发形成的民间组织,没有得到政府机构的认可,限制了它进一步发展。1871年英国议会通过法案,批准该团体成为一个正式的社团组织,劳合社又称"劳埃德保险社"。

在保险史上,劳合社设计了第一张盗窃保险单,为第一辆汽车和第一架飞机出具保单,近年又是计算机、石油能源保险和卫星保险的先驱。劳合社承保的业务包罗万象,其对保险业的发展,特别是对海上保险和再保险作出的杰出贡献是世界公认的。2007年,劳合社正式以再保险公司形式在我国运营。

事实上,劳合社并非一个独立的公司,而是一个由保险经纪人与保险公司组成的保险市场。截至2008年年底,劳合社共有51个管理经纪人和80个辛迪加组成,管理经纪人的职责是代表劳合社成员的利益雇佣承保人并管理辛迪加,而辛迪加是由全球各大保险公司组成,每个辛迪加由一个管理经纪人经营管理。这些辛迪加与劳合社的关系是一种相对松散的特许经营关系,即辛迪加独立经营,而劳合社提供法律、会计等中介服务和交易所等硬件设施。

劳合社还设有一个劳合社委员会,这是根据1982年劳合社法案建立的。劳合社委员会负责劳合社保险市场的经营与监管,一般拥有6个常务委员、6个外部委员和6个由辛迪加提名的委员。劳合社接受英国金融服务监管局(FSA)监管,各辛迪加提名的委员会委员(包括CEO)须获得英国央行批准。劳合社委员会有权发布劳合社市场的规范、要求和注意事项等。

为了防范辛迪加在出现风险事故时无法提供足额的保险金,劳合社设立了三个层次保障网:第一个层次是辛迪加用自有资金进行赔付;第二个层次是当辛迪加缺乏足够资金赔付时,由会员单位共同筹集的辛迪加基金池将代为赔付余额,而这个基金池的资金来源即是各家辛迪加所缴纳的会费;第三个层次是若会员基金池仍然无法偿付足够的理赔金额,那劳合社将会动用其自身基金进行赔付,而劳合社基金的资金来源是劳合社历年来的利润与资本积累。

劳合社2008年度年报显示,虽然遭受金融危机影响导致投资收益有所下滑,但在严格的业绩管理下,该年仍然实现盈利约为19亿英镑。劳合社仅针对飓风的净赔付支出达14.3亿英镑,综合比率达91.3%,偿付能力指标为26亿英镑,偿付能力比率超过1000%。

（资料来源：本文根据《中国保险报》2005 年 4 月 18 日"昔日劳埃德咖啡馆今日世界级保险市场：劳合社传奇色彩发展之路"及"2008 年劳合社年度报告"（www. lloyds. com）整理。）

### 四、国际保险产品及其创新趋势

#### （一）国际保险产品

国际保险产品面对的消费者是其他国家的公民，体现的关系是国家内部的经济关系。由于世界经济联系日益紧密，各种贸易、投资等相关风险在世界范围内扩散客观要求保险产品的国际化。同时由于跨国企业逐步发展，一些保险巨头也纷纷抢滩国际保险市场，成为国际保险企业，在国际保险市场范围内销售保险产品。国际保险企业的介入使保险商品具有国际性的特征。国际保险产品来源于两个渠道：一是国际保险企业为国际保险市场直接设计；二是由国内保险产品转化而来即国际保险企业将国内保险产品直接国际化。

一国保险市场上国际保险产品的数量、质量、种类等状况主要取决于东道国的经济发展水平、保险密度、保险深度、社会生产能力、社会保障水平等方面。影响保险产品转化为国际保险产品的因素包括：一国的经济总体实力、对外贸易发达程度、保险产业发展程度和保险公司经营水平等。

在内容上国际保险产品和国内保险产品并无本质上的区别，国际保险产品分类的划分同国内保险的产品也并无太大差异，基本涵盖火灾保险、机动车辆保险、工程保险、农业保险、人身保险、航空保险、责任保险、海上保险、信用与保证保险、投资保险等险种。按保险标的分类，国际保险产品可以分为财产保险产品和人身保险产品。按承保方式分类，国际保险产品分为原保险产品和再保险产品。

#### （二）国际保险产品的创新

保险产品创新的内在动力：①市场竞争的需要。成熟市场中的过度竞争导致了保险业利润的下降，特别是在产险市场。由于竞争加剧，传统产品领域承保能力过剩，导致了产险市场上近些年来承保利润为负。非寿险业在传统市场上承保能力过剩，但在新的市场领域却存在巨大的市场空间，承保能力严重不足。这促使非寿险业通过产品的创新进入这些领域。②资产负债管理中的要求。资产负债管理（ALM）最初是为应对利率风险而发展起来的。此后随着技术的完善，非利率风险也被包括其中。它已成为管理产品特定风险和公司整体风险的一种重要手段。保险公司所面临的风险主要来自于他们所拥有的资产、负债以及二者间的关系。

③自然灾害和人为灾祸对保险业的影响。自 20 世纪 80 年代后期开始,自然灾害和人为灾祸发生的频率加大,导致巨大的保险损失。巨灾再保险市场也面临着巨大的市场风险压力。通过资本市场融通资金的巨灾债券也就相应出现。

国际保险产品创新的外部原因:①金融业的创新发展。a. 创新化(金融创新:资产证券化,金融衍生产品);b. 多元化(服务多元化:保险和银行结合,全能银行模式发展);c. 国际化(经营国际化:金融支付体系的国际化、国际间并购)。②金融和保险服务的一体化和全球化。一站式金融服务成为金融业的一种发展趋势。金融与保险一体化客观上是因为市场竞争激烈、金融管制放松、客户寻求成本更低、更便捷的金融服务等多种原因。在国际性金融、保险集团在不同市场发展、欧盟市场一体化以及金融管制的放松趋势下,金融与保险业也呈现全球化的趋势。

### (三)国际保险产品的发展

随着世界经济的发展,国际保险也经历着深层的变革。金融创新与深化使得国际保险业可以更好的借助资本市场,加快产品的融合。另外,IT 技术与互联网的发展,改变了保险公司原有的经营管理模式,风险管理技术大大向前推进。原本一些不可保风险再借助 IT 技术及金融工具后也成为可保风险。

国际产品创新按照其属性呈现出两种不同的趋向。一种是开发间隙市场,弥补传统保险的不足。如有限保险产品,多触发器(多因素)保险产品,其内涵从总体判断没有超越保险单的基本属性。另一种是渗透到保险以外的金融领域所发展的"融合型"保险创新产品,如保险连接型证券、信用保险产品等。此类保险产品是在传统保险的基础上嫁接了金融因素的保险创新产品,具有保险和金融的双重属性。其内含的风险和性能仍包含诸多的保险性因素,其保险功能还是占主导的。

国际保险产品创新的三个基本类型:①储蓄投资型保险产品。是以保单为载体的,同共同基金、退休基金以及投资银行等投资理财机构共同分享个人资产管理市场的个人储蓄投资型产品创新(如万能寿险保单、投资连接型寿险保单等)。②证券化保险产品。习惯上称作是保险证券。这是利用资本市场资金力量和证券融资的方式,来提高保险经营能力的创新活动,是以证券和衍生品为工具实现风险的融资和承保风险的证券化(如气候保险单,灾害期权等)。③金融信贷和经营风险保险型产品。这是通过保单来承保金融和证券活动中的信用风险、货币风险以及企业经营中的市场风险等(如信用担保保单等)。

# 第二节　再保险

## 一、再保险概述

### (一)再保险概念

再保险亦称分保,是保险人在原保险(直接保险)合同的基础上,通过签订再保险合同,将其承担的风险和责任,部分或全部转嫁给其他保险人的经营活动。在国际上又称为"保险的保险"。受风险责任转嫁的一方叫再保险人、分保接受人、分入人;向再保险人转嫁风险责任的一方叫原保险人(直接保险人)或分保分出人。再保险同原保险一样都是对保险风险和责任的承担、分散和转移。再保险合同与原保险合同所使用的保险原则都是相同的。

### (二)再保险与原保险

再保险的基础是原保险。再保险的产生正是基于原保险人分散经营风险的需要。因此,再保险与原保险是相辅相成的,二者都是对风险的承担与分散。

1. 再保险与原保险的联系

(1)原保险是再保险的基础,再保险是由原保险派生的。即再保险同原保险有依存关系,原保险的存在是再保险存在的前提。再保险是以原保险人承保的风险责任为保险标的,以原保险人的实际赔款和给付为摊赔条件的。其保险责任、保险金额、保险期限等都必须以原保险合同为基础。

(2)再保险是对原保险的保险。当原保险人承保的保险标的发生损失时,再保险人必须按保险合同的规定分担相应的赔款。再保险作为原保险的保险,是对原保险人所承保的风险的进一步分散,原保险人通过再保险可以控制自己的保险责任,扩大承保能力。

2. 再保险与原保险的区别

(1)保险关系的主体不同。原保险关系的主体是保险人与投保人或被保险人,原保险体现的是保险人与被保险人之间的经济关系;而再保险关系的主体是原保险人与再保险人,再保险体现的是保险人之间的经济关系。

(2)保险标的不同。原保险的保险标的包括财产、人身、责任、信用以及有关利;而再保险的保险标的则是原保险人所承担的风险责任,是一种具有责任保险性质的保险。

（3）保险赔付的性质不同。原保险合同包括补偿性合同和给付性合同两种；而再保险人对原保险合同的分摊，都是对原保险人承担的风险损失的补偿，所以再保险合同均为补偿性合同。

**（三）再保险与共同保险**

共同保险是由两个或两个以上的保险人联合直接承保同一保险标的、同一保险利益、同一保险责任而总保险金额不超过保险标的保险价值的保险。数个保险人可能以某一保险人的名义签发保险单，每个保险人在各自承保金额限度内按照约定的比例承担保险责任。

共同保险与再保险皆有分散风险、控制损失、扩大承保能力、稳定经营成果的功能，但两者之间又有明显的不同之处。

①与投保人或被保险人的法律关系不同。在共同保险中，投保人与保险人建立的保险关系是横向的，与每个保险人之间有直接的法律关系。在再保险中，再保险是保险人同保险人建立的保险关系，是纵向联系，投保人与再保险人之间没有直接的法律关系，再保险人仅与原保险人之间有直接的法律关系。

②风险分散的方式不同。就风险的分散方式而言，共同保险是属于第一次危险分散，而再保险则为第二次危险分散。

比较而言，共同保险是横向之危险分散，再保险是纵向之危险分散。共同保险必须为同一个保险契约，投保人当然必须同一，保险利益、保险事故、保险期限等亦均必须同一；而再保险与原保险之间则为完全独立的两个不同的保险契约，投保人、保险利益，保险事故亦均各不相同。

共同保险与再保险虽然存在一定的差异，但近年来随着保险风险的不断增大和集中，各种保险标的的危险累积增大，保险金额大量增加，在保险市场上两者渐趋接近，相互渗透，彼此之间相辅相成，综合运用的趋势逐渐明显。因此，在保险市场中，共同保险与再保险结合采用可以达到危险迅速彻底分散的效果。

①共同保险的再保险化——采用连带式的共同保险方式。连带式的共同保险方式，就是承保同一危险的各个共保人承担连带责任。每个共同保险人均有义务赔偿被保险人的全部损失，但共同保险人在向被保险人履行全部赔偿义务之后，应向其他共同保险人要求承担其分摊的份额。这种形式的共同保险在具体做法上完全再保险化。

②再保险的共同保险化。近年来，伦敦保险市场的做法表现了再保险与共同保险共存的趋势：在再保险合同内，明确规定再保险人要与原保险人为共同保

人。通过这种方式,再保险人直接参与直接保险业务。

## 二、再保险的作用

再保险的产生主要是基于保险人分散风险的需要,是保险经营活动的稳定器。同时由于再保险行为经常在国际间进行,影响广泛。因而再保险的作用可以从微观、宏观两方面加以说明。

### (一)再保险的微观作用

再保险活动的微观作用主要体现在对于分保分出人、分入人双方经营活动的影响。

再保险对于分保分出人的作用主要体现在:

(1)分散风险,均衡业务质量。根据大数法则,保险人承保标的的风险单位越多,风险的分散也就越彻底,保险的财政稳定性也就越好。但实现这一目的的前提是不仅要求保险标的的性质(特别是损失经验)一致,还要求保险金额大致相等。前者通过承保时的风险选择易于满足,但保险作为风险的承担者不可避免会有一些高额保险责任,保险金额很难限定在某一标准,该类业务的稳定性较差。通过再保险,将超过一定标准的责任转移出去,自留的同类业务其保额实现的均衡化,既不减少所接受的业务量,又保证了保险经营的财务稳定性。

(2)控制责任,稳定业务经营。由于承保风险的偶然性,保险公司每年的损失率必然呈现一定的波动,造成保险业务经营的不稳定。再保险可以使保险人根据自己的技术、资金能力确定自留额度,将自身的责任限定在一定范围,使每年都能获得均衡的利润,保证经营的稳定性与安全性。

(3)扩大承保能力,增加业务量。扩大承保面,承保尽可能多的风险单位,是保险企业经营保险业务必须坚持的基本原则之一,即"取之于面,用之于点"。承保的风险单位越多,保险企业的经营就越具有规模经济的效应。保险公司的承保能力受其资本和准备金等自身财政状况的限制,资本额不能低于业务量的10%,否则业务的经营就存在潜在威胁,需要清理,所以10%的比例又被称为"清理界限"。资产薄弱的财产保险公司不能承保超过自身财力的大额业务。即使资本雄厚的保险公司也不敢轻易承保大额业务。这势必影响业务来源及业务量。通过再保险,保险公司在计算保费时可以扣除分保费,因而可以在不增加资本金的情况下大胆承保超过自身财力的大额业务,从而扩大业务量。同时自身承担的责任仍在正常标准的范围之内。

(4)降低营业成本,提高经济效益。再保险增加保险公司盈余机会同时还可以在财务上给予强有力的支持。第一,再保险使分出公司增加业务量,保费收入增加,但营业费用、管理费用并不会按比例增加,降低了营业成本。第二,发生损失时,分出公司向再保险人分摊赔款,因而与没办理再保险相比,减少了赔款支出,从而降低了自身的赔付率。第三,增加了直接保险人的可运用资金。通过办理再保险,分出人可以在分保费中扣存未满期保费准备金和未决赔款准备金,还可以获得分保收入。同时,保险公司办理再保险后,在收到保户的保险费和支付再保险费之间有一定的时间差,这样分出公司可以保持一定的可运用资金。

再保险对于分保分入人的作用主要体现在:

(1)扩大风险分散面。再保险分入人对自己所接受的分保业务也寻求风险的分散,争取风险单位的大量化。在许多情况下,再保险人同时也是直接承保人。当他接受分出公司分来的同类业务时,无疑扩大了同类业务的风险单位数,风险分散面也就扩大了。特别是业务来自不同地区时也实现了风险在空间地域上的分散。

(2)节省营业费用。相对来说,再保险公司接受分入业务所负担的费用比直接承保业务所负担的费用少,因为再保险公司不必为招揽业务而到处设立分支机构或代理机构,也不必为处理赔款而培训及设置许多专职理赔人员。此外,再保险可依靠少数几个合同分入大量的业务,所需的人力、物力要少于直接业务。虽然再保险公司在接受分入业务收取分保费的同时还要支付佣金,分摊赔款,但由于营业费用的节省,收支相抵后收益往往还很大。

**(二)再保险的宏观作用**

保险是社会的稳定器。再保险作为保险的保险,从而也是社会的稳定器。

(1)再保险为国民经济的发展积累巨额保险基金。保险人通过国内和国际再保险活动,相互分保,从而将彼此独立的,数额较少的保险基金联合起来,形成一个巨额保险基金,客观起到联合保险基金的作用。通过这种联合的、巨额的、全球性的保险基金就可以承保一家保险公司或一国保险市场无法承担的巨额风险,满足现代化生产和高新技术发展对巨额保险的需要。

(2)促进国际贸易和经济全球化的发展。目前,在经济交往中,无论是国际贸易还是人员、技术交流都离不开保险。货物运输保险和投资保险等已成为国际贸易和经济全球化发展的重要保障。而再保险作为保险的保险自然也是不可或缺。同时,国际再保险本身也是一项国际经济合作的重要手段,对世界经济一体化具有重要的支持和推动作用。

(3)为国家创造外汇收入。由于再保险在很大程度上需要越出国界在国际间进行,所以其分入业务所收取的外汇再保险费以及向国外再保险公司分出业务摊回的赔款均可增加国家的外汇收入,弥补贸易逆差,平衡国际收支。

### 三、再保险的安排方式

按分保安排方法(或合同形式)分类,再保险可以分为临时再保险、合同再保险和预约再保险。

#### (一)临时再保险

临时再保险是最早采用也是最古老的再保险安排方式,是指保险人(或分出公司)有分保需要时,临时与再保险人协商、订立再保险合同,合同的有关条件也都是临时议定的。临时再保险具有以下特点:

(1)在临时再保险业务中,分出公司和分入公司对每笔再保险业务的分出分入都有自由选择的权利,不具有强制性。分出公司可以视风险程度和自留能力决定是否分出,分出多少。分入公司也可以根据分出业务的质量和自身承受能力自由决定是否接受。

(2)临时再保险以个别保单或风险单位为基础,针对性强。临时再保险是对风险或责任的临时分出,所以一般是分出公司对个别特殊保单或风险单位采取的临时处理措施。同时由于临时再保险是逐笔办理,分保的风险责任、摊赔的条件等都具有很强的针对性。

(3)临时再保险业务条件清楚,分保费支付及时。临时安排分保,分出公司需将分出业务的具体情况和分保条件毫不保留地告诉分入公司,以便分入公司决定接受与否。临时再保险是逐笔办理,支付再保险费也较为迅速,有利于分入公司的资金运用。

(4)业务手续烦琐,时间性强。由于临时再保险是逐笔办理,所以手续烦琐,费用开支也较大。另外,由于临时再保险只有在分入公司同意接受以后,分保安排完毕,分出公司才能承保原保险标的,时间性强,所以分出公司必须迅速将业务情况和分保条件告知分入公司,以免贻误时机,影响业务的争取,或者发生了赔案,原保险业务还没分出去,分出公司就好承担全部责任。

由于临时再保险上述特点,它适合于以下业务:第一,新开办的业务或不稳定的业务。第二,合同规定的除外业务或不愿置于合同的业务。如航空险再保险合同,有的将劫持险除外。分出公司对于这类业务只能安排临时分保。第三,超过合同再保的限额或需要超赔保障的业务。如遇有较大保额的业务超过了合同再保的限额,分出公司就需要运用临时再保险安排分保,以增强其承保能力。同时,分出公司为自身安全可对其自留额部分或全部安排临时超赔分保,以减少所承担的责任。

### （二）合同再保险

合同再保险也称固定再保险，是由分出公司和分入公司事先签订再保险合同，约定分保业务范围、地区范围、除外责任、分保手续、自留额、合同最高限额、账单编制和费用等。在合同期内，对于约定的业务，分出公司必须按约定的条件分出，分入公司也必须按照约定的条件接受，双方无须逐笔洽谈，也不能对分保业务进行选择，合同约定的分保业务在分出公司和分入公司之间自动分出和分入。订约双方都有终止合同的权利，通常是要求终止合同的一方于当年年底前3个月以书面形式通知对方，在年底终止合同。

合同再保险有如下特点：

（1）合同再保险对于分出公司和分入公司在合同范围内均具有约束力。合同再保险合同一经双方签订，双方就得共同遵守合同的各项规定，分出公司有义务将合同范围内的业务分出，分入公司有义务接受按合同规定分出的所有业务，没有自由选择权。

（2）合同再保险一般是不定期，或者期限较长，分保条件比较优越。由于合同再保险是预先签订的，所以往往不定期限，或者期限较长，因而业务比较多。分保条件比临时再保险优越，对双方都有利。

（3）合同再保险以分出公司某种险别的全部业务为基础。凡是该类业务，包括来自分支机构、代理机构的业务，分出公司必须纳入合同进行分保，不能挑选，以免分出入的逆选择，同时简化了手续。

### （三）预约再保险

预约再保险也称临时固定再保险，是一种介于临时再保险和合同再保险之间的再保险合同形式。它规定对于约定的再保险业务，分出公司可以自由决定是否分出，而分出公司一经决定分出，分入公司则必须接受，不能拒绝。其特点是：

（1）预约再保险对于分出公司具有临时再保险性质，对于分入公司具有合同再保险性质。分出公司就某类业务同分入公司签订预约再保险合同后，对该类业务可自由选择办理，但对分入公司而言没有挑选的余地，凡是分出的属于预约再保险范围内的业务，必须接受。

（2）预约再保险较临时再保险手续简便，节省时间。分出公司根据自己的业务需要，随时决定将合同范围内的业务纳入合同。同时分入公司没有选择是否接受的余地。因而预约再保险比临时再保险逐笔安排更为简便，也节省时间。

（3）预约再保险业务稳定性差。预约再保险对分出公司较为有利，可以享有临时再保险的灵活性,同时享有合同再保险分散风险的优点,将稳定性好的业务自留,将风险大、质量欠佳的业务分出,而分入公司却没有对分入的业务进行选择的权利,对预约再保险的业务质量不易掌握,特别是由经纪人中介订立的预约合同业务更难了解。因此,分入公司业务来源的稳定性较差。

预约再保险与合同再保险相比,有许多不同之处。例如,预约再保险佣金较少,也没有盈余佣金;预约再保险期限较短,通常为1年;预约再保险应用范围较小,常用于某一特定风险,在支付再保险费时,没有留存保费准备金的规定。

预约再保险实际上是合同再保险的一种补充,一般适用于火险和水险的比例再保险方式。当有的业务虽然已经列入合同再保险合同,但由于合同分保限额不能满足需要,则需将溢额另行安排分保。若采用临时再保险,手续烦琐又难以及时分散风险,而采用合同再保险业务量又不够。在这种情况下,可以采用预约再保险。

## 四、再保险的合同形式

再保险的业务方式可分为两大类:一类是比例再保险,另一类是非比例再保险。

### (一)比例再保险

比例再保险是以保险金额为基础,按照保险金额的一定比例确定分出公司自留额和分入公司分保责任额的再保险业务方式。在比例再保险中,分出公司的自留额和分入公司的责任额都表示为保额的一定比例。同时,该比例也是再保险双方分配保费和分摊赔款的依据。

比例再保险的实际操作方式主要有三种,即成数再保险、溢额再保险和成数溢额复合再保险。我们在这里主要介绍前两种保险。

#### 1.成数再保险

成数再保险是指原保险人将每一风险单位的保险金额,按约定的比率向再保险人分保的方式。按照这种再保险方式,不论分出公司承保的每一风险单位的保额大小,只要是在合同规定的限额之内,都按照双方约定的比率来分担责任,每一风险单位的保费和发生的赔款,也按双方约定的固定的比率进行分配和分摊。所以,这种再保险方式的最大特点是绝对化的、按比例的再保险,也是最简单的再保险方式。在实际运用中,成数再保险的再保险人数量一般没有限制,各个再保险人接受的份额也不必相同。但分出公司的自留比例一般较大,在40%~50%。

由于成数再保险对每一风险单位都按一定比例分配责任,因而在遇到巨额风险责任时,原保险人和再保险人承担的责任依然很大。因此,为了使再保险双方承担的责任有一定的范围,每一份成数再保险合同都按每一风险单位或每张保单规定一个最高责任额,分出与分入公司在这个最高责任额中各自承担一定的份额。

成数再保险有如下两个优点和缺点:

优点之一:合同双方利益一致。成数再保险对每一风险单位的责任均以保险金额为基础由分出公司和分入公司按一定比例承担。因此,不论业务良莠、大小,不论经营的结果是盈是亏,再保险双方利害关系一致。因此,成数分保合同很少发生争执。此外,因为成数再保险原保险人自留的比例往往较高,所以对业务的选择往往较为谨慎,业务成绩通常较稳定。

优点之二:手续简便,节省人力和费用。成数再保险是典型的比例分保,分出公司和分入公司之间的责任、保费、赔款的分摊都很简单,使分保实务和分保账单的编制手续简化,节省人力、时间和管理费用。

缺点之一:缺乏弹性。对分出公司来说,只要属于成数再保险合同的承保范围,任何业务分出公司均应按照约定的比例自留和分配保额,失去灵活性,导致质量好的业务不能多留,质量差的业务不能少留。这样,成数再保险往往不能满足分出人获得准确再保险保障的需求。

缺点之二:不能均衡风险责任。由于成数再保险的每笔业务的保险金额均按固定比例分配,分出人对于保险标的危险度的高低、损失的大小无法加以区别并作适当安排。因而,它不能使风险责任均衡化,原保险保险金额高低不齐的问题依然存在。虽然成数再保险合同通常有最高责任额的限制,但这只能起到防止责任累积的作用,而且有了该最高责任的限制,对于超过限额的部分还需另作其他再保险安排。

成数再保险上述特点决定了它比较适用于:①新公司。由于缺乏经验,这类公司对再保险合同自留额等要素的把握缺乏经验,采用成数再保险可以得到再保险人在风险分析、承保审定、赔款处理技术等方面的帮助。②新险种。新开办险种时由于缺乏实际经验和统计资料,采用成数再保险较为稳妥。③汽车险、航空险。这两类险种出险频率高,赔款频繁,运用成数再保险可发挥其手续简便、双方共命运的优势。④保额和业务质量比较平均的业务。如粮食运输及其运输船舶。每船的保额大致相同,采用成数分保时限额不会太高,业务比较稳定,并可收取较高分保佣金,同时免去了责任累积之虑。⑤各类转分保业务。转分保业务由于其手续繁琐,采用其他方式分保比较困难,一般也都采用易于计算的成数再保险。⑥交换业务。由于成数再保险条件优惠,分出公司对于保险金额和业务质量比较平均的业务,在国际分保交往中可以组织安排成数再保险,以此作为交换取得回头业务。⑦公司内部分保。属于同一保险公司系统的母公司和子公司之间,以及集团内部分保,为简化分保手续,一般也采用成数方式进行分保。

2. 溢额再保险

溢额再保险是分出公司对每一风险单位的保额确定一个自留额,而将保额超过自留额的部分即溢额,分给再保险人承担,并按照自留额和溢额对保额的比例来分配保费和分摊赔款的再保险业务方式。

溢额再保险与成数再保险的共同之处是:都以保额为基础来确定分保关系,自留额与分出额都表示成保额的一定比例关系。它们的区别在于:溢额再保险的自留额是一个确定的金额,不随总保额的大小而变动。也就是说,自留额对总保额的比例因总保额不同而变动;而成数再保险的自留额表现为保额的固定百分比,随总保额的大小而变动。

在溢额再保险中,自留额是确定再保险限额的基本单位,超过自留额的部分,即溢额通常是以自留额的一定倍数(再保险中成为线数)来限定的。

例如,某溢额再保险合同的分保限额为 20 线,则一线的责任为分保限额的5%。假定自留额为 100 万元,则合同限额或合同容量即为 2100 万元。

溢额再保险线数的确定要根据原保险人的业务内容和自留能力综合考虑。由于承保业务的保额增加或由于业务的发展,分出公司有时需要设置不同层次的溢额,依次称为第一溢额、第二溢额等。当第一溢额的分保限额不能满足分出公司的业务需要时,则可组织第二甚至第三溢额等。

溢额再保险优缺点表现在:第一,可以灵活确定自留额。在溢额再保险中,分出公司可以根据不同业务种类、质量和性质以及自身承担风险的能力,可以灵活确定最佳自留额。这不论是在业务的选择上还是在节省保费支出方面,溢额再保险都具有优越性。对于保额较大业务,分出公司可以设置不同层次的溢额,在分散巨额业务的风险方面具有较大的弹性。第二,均衡风险责任。对于保额不均匀的业务,采用溢额再保险可以通过灵活确定自留额,均衡风险责任,解决原保险合同保险金额高低不齐的问题。第三,比较烦琐费时。溢额再保险的业务账单是逐笔按保险单计算其自留比例和分保比例,并按各自比例计算保险费和赔款的分配。因此,在编制分保账单和统计分析方面较为麻烦。

(二)非比例再保险

非比例再保险是一种以赔款作为再保险当事人确定责任基础的再保险业务方式。对于分出公司的赔款超过一定额度或标准时,其超过部分由分入公司负责,直至某一额度或标准。非比例再保险一般又称为超过损失再保险。

从概念可知,非比例再保险合同有两个限额,一是分出公司根据自身财力确定的自负责任额即非比例再保险的起赔点,也成为免赔额,二是分入公司承担的最高责任额。非比例再保险有多种方式,其中以超额赔款再保险和赔付率超赔再保险为代表,运用最多。

**1.超额赔款再保险**

超额赔款再保险简称超赔分保,对原保险人因同一原因所发生的任何一次损失,或因同一原因所导致的各次赔款的总和,超过约定的自负赔款责任额时,其超过部分由分入公司负责到一定额度。在实务中,超赔分保又有险位超赔和事故超赔分保之分。

(1)险位超赔再保险。险位(风险单位)超赔再保险是以每次保险事故中每一风险单位所发生的赔款来计算自负责任额和再保险责任额。假若一个风险单位赔款总金额不超过自负责任额,全部损失由分出公司赔付;若一个风险单位赔款总金额超过自负责任额,则超过部分由分入公司负责到约定限额。

关于险位超赔在一次事故中的赔款计算有两种情况:一是按风险单位分别计算,所有发生损失的风险单位都按合同分摊赔偿责任,没有险位限制,对一次事故的总赔款没有额度限制;二是每次事故中的损失,分入公司负责摊赔的险位有限制,一般为险位限额的2~3倍,即每次事故分入公司只摊赔2~3个风险单位的损失。在有险位限制的情况下,若发生损失的风险单位损失额不等,则依合同约定的方式计算摊赔额。

(2)事故超赔再保险。事故超赔再保险是以一次巨灾事故所发生的赔款总和来计算分出公司自负责任额和分入公司再保险责任额的。这种再保险方式,是以一次事故、群体风险所导致的总赔款为基础,不管列入摊赔的保单数目有多少,保额有多大,其目的是保障一次事故造成的责任累积,常用于巨额和巨灾风险的再保险,故又称为异常灾害再保险。

事故超赔分保的最高责任额,依当事人的协议而定,通常依起赔点的大小、业务内容与密集程度以及过去赔款的经验等情况来确定。若起赔点太高,即将最高责任额度定的过低,则不能满足分出公司的需要;若起赔点太低,即最高责任额度太高,则可能使分入公司责任过分沉重,再保险费也很高昂。于是分层再保险的做法应运而生,即将整个超赔保障数额分成若干层,便于不同的再保险人接受。每一层的再保险额度虽然不高,但各层次额度累计会达到很高的金额。

在这种合同中,第一层的起赔点就是分出公司的自负责任额;第二层的起赔点或称基数为第一层自负责任额与该层再保险责任额的合计;第三层的起赔点则为第二层起赔点加上第二层再保险责任额之和,以下各层类推。

2. 赔付率超赔再保险

赔付率超赔再保险是在某特定期间内(通常为 1 年),分出公司某一特定部门业务的赔付率超过自负责任比率时,超过部分由分入公司负责到一定程度。分入公司的责任有一最高限度,以赔付率表示,同时还有一定金额限制。由于这种再保险业务方式可以将分出公司某一年度的赔付率控制于一定的标准之内,所以对分出公司而言,又有停止损失再保险之称。

赔付率是赔付率再保险的中心问题。在实务中,通常采用以签单年度的净保费收入与同一年度赔款净额之比,作为该年度赔付率。即赔付率 = (赔款净额 ÷ 年净保费额) ×100%

其中:

赔款净额 = 发生赔款(包括理赔及诉讼费用) – 收回的赔款 –
摊回的再保险赔款
年净保费收入 = 毛保费 + 加保费 – 退保费 – 佣金 – 再保费支出 –
保费税款 – 盈余佣金

对于小额损失集中、发生损失频率高的保险业务,采用这种再保险方式较多。因为小额损失多,若采用超赔再保险,则起赔点要定的很低,势必要支付大量再保险费。因而最经济简便的方法是安排赔付率超赔再保险,既节省再保险费,又保障分出公司不致发生严重亏损。赔付率超赔再保险在农作物保险方面运用较多。

3. 复合再保险

在实务中,再保险各种业务方式经常相互配合运用,以取得分散风险、转移损失、节省再保险费的更佳效果。

(1)成数、溢额复合再保险。成数、溢额复合再保险是将成数和溢额再保险组织在一个合同里,以成数再保险部分作为溢额再保险的自留额,以自留额的若干倍数作为再保险的最高限额。这种混合合同有两种方式:

其一,分出公司先安排一个成数分保合同,规定合同的最高责任额,再以此合同最高责任额为自留额,安排溢额再保险。保额超过此自留额时,按溢额分保合同处理。

其二,分出公司先安排一个溢额合同,但其自留额部分按另订的成数合同处理。

(2)溢额超赔、成数超赔复合再保险。溢额再保险与超赔再保险之组合,或成数与超赔再保险之组合通常运用在自留部分。

当然,分出公司应注意提高自留额所节省的再保险费应大于安排超赔再保险的再保险费才合算。

(3)超赔、成数复合再保险。这种组合方式是将超额赔款再保险之起赔点提高,然后在自负责任部分采用成数再保险。

# 第三节　国际保险市场

## 一、国际保险市场的概念

各国贸易及各种双边、多边经济关系,引起了国与国之间的双边或多边的保险交换关系。这种双边或多边保险交换关系主要体现在:国际间的共同保险、跨国销售保险业务、国际再保险交换、国际间保险业的合作经营与合资经营、保险资本国际范围的融通、保险集团的兼并与收购。

上述保险交易促进了国际间保险业的合作与发展,从而形成了国际保险市场。国际保险市场是国际间一切保险活动的载体。从广义的角度讲,国际保险市场可以理解为全球保险供给和保险需求的总和,或是各种保险交易活动的总和,包括各国保险市场及其延伸。从狭义的角度讲,国际保险市场可理解为保险商品在国际范围内的交易场所,即国际保险市场作为一个常用的经济范畴,是在国际范围内办理各种保险产品的交易以及处理各种与之相关事宜的活动场所。

### (一)国际保险市场的构成要素

概括而言,国际保险市场的构成要素主要包括:国际保险市场的主体、国际保险市场的客体和国际保险市场的价格。

#### 1. 国际保险市场的主体

国际保险市场主体是指国际保险市场活动的参与者,包括:保险商品的供给方、保险商品的需求方和国际保险市场的媒体。

(1)保险商品供给方。保险商品的供给方是指在保险市场上,提供各类保险商品,承担、分散和转移他人风险的各类保险人。特别以各类保险组织形式出现在保险市场上,如国有保险人、私营保险人、合作保险人、个人保险人等。

(2)保险商品的需求方。保险商品的需求方是指保险市场上所有现实的和潜在的保险商品的购买者及各类投保人或被保险人。需求方可以是各类型企业、组织或个人等。

（3）国际保险市场的媒体。国际保险市场的媒体，是指在国际保险市场上充当交易媒介、从事交易或促使交易完成的机构或个人。国际保险市场的主要媒体是：保险经纪人、保险公估人、保险代理人、保险理算人、证券公司和投资银行等。由于各国国内市场发育程度不同，市场媒体的种类、数量和作用也不尽相同。

2. 国际保险市场的客体

保险市场的客体是指保险市场上供求双方具体交易的对象即保险经济保障。保险企业经营的是看不见摸不着的风险，生产的"商品"仅仅是对保险消费者的一纸承诺，不像普通商品可以实质性的感受其价值和使用价值。保险商品的消费同样也是一种隐性消费。

3. 国际保险市场的价格

保险价格也是国际保险市场的额基本构成要素之一。保险产品的交易价格同交易者实际利益密切相关。个别保险产品的价格差异，又受到多种因素影响。

**（二）国际保险市场的特征**

国际保险市场的特征是由国际保险市场的交易对象即保险经济保障的特殊性所决定的。

1. 国际保险市场是多元化市场

所谓多元化，是指多种独立而相对依存的实体现象。多元化现象主要表现为市场多元化、主体多元化和产品多元化，即各个国家的保险市场独立存在、自主管理。各国的保险市场不管其市场类型如何，各公司独立存在、独立经营。

2. 国际保险市场是依附性市场

国际保险市场的依附性，是指国际保险市场的存在、运营、发展和壮大对于经济、贸易、金融的发展状况、货币和资本市场发达程度的依赖以及对各国法制和国际法律秩序的依赖。其依附性还表现在各国保险市场对国际再保险市场的相互依赖。

3. 国际保险市场是不平衡性市场

国际保险市场的不平衡性主要表现在：在世界范围内、地区范围内及市场范围内的不同国家之间，某一国家内不同地区之间、不同保险公司之间、不同保险产品之间，甚至不同市场的相同保险产品之间存在着不平衡，包括保险供求状况不平衡、保险产品价格不平衡、经营管理水平不平衡以及保险业发展速度不平衡等。

（三）国际保险市场分类

（1）以保险市场的竞争开放程度为衡量标准,国际保险市场可分为完全竞争市场、垄断竞争市场、寡头垄断市场和垄断市场四种类型。

（2）按照业务性质,国际保险市场可以划分为寿险市场和非寿险市场两大类。

（3）按照区域或地理位置,国际保险市场可以划分为北美市场、伦敦市场、欧洲大陆市场、亚洲市场、非洲市场、拉美市场等子市场。

（4）按承保方式划分。按承保方式的不同,可以将国际保险市场划分为原保险市场、再保险市场和自保市场。

①原保险市场。原保险市场主要是指经营直接业务的保险人。原保险市场的构成,包括各国经营直接业务的保险公司,以及这些公司在国外开办的从事直接业务的海外分支机构。同时,还包括各种相互保险公司、合作保险公司等。

实际上,原保险市场与再保险市场并非是板块式组合关系,这两个市场往往是相互交叉的。世界上由不少经营直接业务的公司兼营再保险业务,作为其分散风险的一种机制。

②再保险市场。再保险市场主要由专业再保险公司、兼营再保险公司以及区域性、国际性的再保险集团公司等组成。

专业再保险公司市值那些只从事再保险业务的保险人。它通过接受来自世界各地的分入业务,分享直接保险人的部分保费。

再保险集团市值由两家或两家以上的保险公司组织起来的一个集团。集团内部的成员公司将其自身承保的业务在集团内部办理再保险。通过成立再保险集团,可以减少保费的外流,但同时也潜伏着危险性相对集中的因素。再保险集团以国际性的再保险集团为主,还包括区域性再保险集团和国内的再保险集团。

目前,国际性的再保险中心主要有伦敦、苏黎世、慕尼黑、纽约、日本等。

③自保市场。自保市场主要指一些自营保险公司的集合。自保公司是指由工商企业设立的,主要承保自身业务的保险公司。建立自保公司主要出于以下目的:经营的灵活性;通过内部自留风险基金直接进入国际再保险市场等。

自保市场的兴起,是企业危险管理日益专业化和规范化的产物。它对国际保险市场的影响是广泛的。这种保险类型适应企业多样化、综合化经营的态势,也代表了企业危险处理的一个方向。

④再保险市场与原保险市场的关系。首先,再保险市场是国际保险市场的重要组成部分,具有广泛的国际性。

在再保险市场上,全世界的保险人可以充分安排再保险业务,保障业务的稳定性。特别是国内和国际间的重大的贸易活动,如航空航天项目、核电站工程等都有巨大风险责任,更加需要保险。尽管再保险市场是从保险市场发展而来的,但它不是简单的延伸,而是国际保险市场不可缺少的重要组成部分。

其次,再保险市场的交易体现了保险人和再保险人的合作。

在保险人与再保险人之间,双方的良好接触起决定性的作用。对于签订长期再保险合同的分出人往往在订约前或订约后,要对可能发生的技术问题、市场问题,与分保接受人进行磋商。所以,再保险交易在某种程度上也是一种合作经营。

再保险市场的市场价值是指各个原保险市场直保公司的保费分出额加总。2002—2005 年全球再保险市场价值占保险市场价值的比重基本保持在 6.1% ~ 6.3% 的区间内,每当 CDP 总量增加 10 亿没缘,其保费收入则相应增加 9500 万美元,而再保险市场价值则平均增长约 590 万美元。

从再保险的业务结构来看,全球再保险市场 80% 以上的业务都来自非寿险,寿险只占到 17%。而从全球保险业的业务分类来看,寿险的规模则占到 59%;从保险业的增长率来看,也主要由寿险业务带动。直保市场上寿险的规模比非寿险略强,保险公司对寿险的再保险分出需求相对较小。

### (四)西方再保险市场的特点

欧洲和北美是现代保险、再保险的发源地,其发达的市场经济孕育了发达的保险和再保险。欧洲再保险市场、伦敦再保险市场、纽约再保险市场发展较快都源于一些共同的特点:

(1)广阔、成熟的直接保险市场作支撑。观察国外发达再保险市场的现状,可以看出,经济越发达、直接保险市场越活跃,在保险的发展就越快。

(2)拥有高比例的分保费市场份额。英国《再保险》的统计现实,2001 年全球再保险市场上,北美分出保费占世界份额的 43%,西欧占 34%,日本占 12%,而世界其他地区总共仅占 11%。同时,在前 100 家垄断世界业务的国际最大的再保险公司中,美国占 26 家,德国有 11 家,可见欧美再保险市场在世界再保险市场上占据主导地位。

(3)再保险市场组织形式更加多元化。第一,专属自保公司大量兴起。第二,直接保险公司承接的分入业务急剧上升。

(4)大型再保险集团以其资本、价格和服务优势在市场竞争中占据主导地位。统计发现,排名前四位的慕尼黑再保险、瑞士再保险、通用再保险、安裕再保险四大集团子保险保费收入占全球再保险保费收入的 1/3。

## 二、国际主要保险市场发展现状

保险业的发展离不开全球经济的发展,保险作为金融服务业,是国民经济的重要组成部分,与世界经济的联系日益紧密,关联度不断加强,经济的放缓与复苏会影响保险需求的增长。根据瑞士再保险公司 Sigma 的统计,2009 年全球经济进入了 1930 年以来最为严重的衰退,GDP 实际下降 1.9%,全球保费总额缩减到 3.7%,下降至 40660 亿美元。而随着全球经济于 2009 年中旬的开始复苏,又支撑了全球保费收入的增长。2010 年全球 GDP 实际增长了 4.0%,达到 63 万亿美元,保费收入在经历连续两年缩减之后,已成功地走出了金融危机,保持着持续的增长前景。2010 年全球保险业的直接保费收入增长了 2.7%,达到了 43390 亿美元。因此,全球经济的复苏与发展,为世界保险业发展创造了良好的外部环境。目前,国际主要保险市场仍然集中在比较发达的国家和地区。依据地域位置,国际主要保险市场可以分为北美保险市场、欧洲保险市场、亚洲保险市场及大洋洲保险市场,其市场份额总和占全球保险市场的 90% 以上。

(1)北美保险市场。以美国、加拿大为代表的北美保险市场,其保险市场高度发达,保险公司实力雄厚,保险产品种类繁多,保险从业人员的素质较高,人们的保险意识也比较强,其市场份额占到了全球保险业的 1/3 左右。2008 年的美国次贷危机给全球经济造成了严重的影响,全球所有金融机构几乎无一幸免。金融危机导致了北美寿险市场和非寿险市场保费收入双双下降。2009 年北美寿险市场保费同比下降 14%,下跌至 5360 亿美元,非寿险领域保费收入下降 1.5%,至 7030 亿美元。受金融和经济危机的影响,美国寿险保费史无前例地下跌了 15%,非寿险保费收入继续萎缩。随着全球经济的复苏,北美保险市场在逐步恢复到金融危机前水平。2010 年,北美首先保费虽然继续萎缩,但寿险保费在 2010 年仅下跌 0.6%,非寿险行业基本持平,其中美国非寿险保费增长 0.2%,是自 2006 年次贷危机以来的首次增长。展望未来,预计北美保险市场仍是全球最大的保险市场,寿险保费将随着经济的复苏会逐步增长,但由于就业的复苏是一个缓慢而又漫长的过程,因此寿险保费的增长速度将低于其长期增长趋势。同样,非寿险行业也会随着经济的增长获得动力。

(2)欧洲保险市场。截至 2010 年,欧洲保险市场的份额占全球份额的 37.35%。从寿险市场来看,2010 年西欧寿险保费增长 2.8%,达到 9460 亿美元。整体上看,西欧的寿险与健康险行业虽然在危机后逐渐恢复了增长,但各国之间仍存在着差异。比如在丹麦、挪威和比利时,2010 年寿险保费恢复了适度增长,在卢森堡,保费收入实际增长达到22%以上。但在欧洲最大的寿险市场英国,其保费下降3.3%,荷兰的寿险保费下跌幅度达13%。随着人们对保障、储蓄和养老产品的需求不断增加以及社会保障福利的减少,西欧未来寿险业前景依然可观。在非寿险领域,2010年西欧国家的非寿险保费相比2009年微增0.6%,达到5870亿美元,其中德国、意大利和荷兰对其增长的贡献最大。然而,英国和西班牙的非寿险保费却出现了下跌。

(3)亚洲保险市场。亚洲保险市场主要集中于日本和亚洲新兴工业化经济体的国家。2010年,日本和亚洲新兴工业化经济体的寿险保费增长至6090亿美元。然而,由于2011年3月11日的日本地震导致了23000多人丧生和失踪,预计死亡赔付以及义务医疗和理赔等问题会给日本保险业造成巨额的保险损失。此外,韩国和我国台湾地区的保费收入也取得了正增长。在非寿险方面,截至2010年亚洲工业化国家的保费收入达1830亿美元。日本非寿险市场在地震之前保险损失较为适度,但预计地震会导致其保险行业蒙受显著的损失。在其他的亚种工业化市场中,非寿险保费继续稳步增长,在韩国,由于其国内对长期产品需求的增加推动了韩国在2010年中取得了15%的强劲增长。

(4)大洋洲保险市场。2010年大洋洲寿险保费收入达到390亿美元,非寿险保费收入达到420亿美元。在澳大利亚,由于消费增加,经济稳健增长,从而驱动了寿险保费的增长,其2010年的寿险保费就达380亿美元,非寿险领域的大多数险种保费收入都保持了稳定的增长。在新西兰,2010年寿险保费的增长中个人和团体风险产品增长较快,而终身寿险和养老保单的销售比较低迷。

### 三、世界主要再保险市场

#### (一)欧洲再保险市场

在欧洲,再保险业务主要由专业再保险公司和一些实力较强的大型保险公司承担。欧洲再保险市场的特点是完全自由化、商业化,竞争比较激烈,世界上最大的20家经营再保险业务的保险和再保险公司,其中有7家在欧洲。欧洲各国对保险都有严格的立法及管理办法,但国家不进行行政干预,也没有关于法定分保的规定。欧洲的再保险市场主要有伦敦再保险市场、德国再保险市场和瑞士再保险市场。

(1)伦敦再保险市场。伦敦市场是完全自由竞争的国际化的保险及再保险市场,由劳合社再保险市场和保险公司市场两部分组成,劳合社市场更为重要。劳合社成立于1688年,是一个规模甚大的保险集团,同时也是全球最大的再保险集团。

劳合社是许多大型再保险业务的主要承保者,同时也是许多保险市场的再保险首席承保人,由许多辛迪加(Syndicate)组成,辛迪加的成员是个人或公司。近年来,由于保险业的快速发展,核保技术的发福改变,往日保守拘谨的英国传统承保人已日趋没落;劳合社面对欧美大型保险公司级再保险公司在国际保险市场上的强势已日趋减弱。伦敦保险协会是除劳合社以外的另一家大规模的再保险市场,它由保险公司组成,历史悠久,成立于1884年,主要目的是与劳合社竞争业务。伦敦保险协会承保业务可由经纪人中介,也可直接承受,较之业务来源偏重经纪人的劳合社而言自由得多。过去欧洲大陆的再保险业务多为专业再保险公司所控,伦敦保险协会以其巨大的能量加强竞争力,获得了不少再保险业务,对亚洲新兴工业国家的再保险市场也积极介入。

(2)德国再保险市场。德国是欧洲大陆最大的再保险中心,世界前15家最大的再保险公司中,德国占了5家。德国再保险市场很大程度上是由专业再保险公司控制的,直接再保险公司做再保险业务量有限。慕尼黑再保险公司成立于1880年,是世界上第一大再保险公司,2000年净保费收入达到152.89亿美元。慕尼黑再保险公司在全世界150多个国家从事经营非寿险和寿险两类业务,并拥有60多家分支机构,多年来连续被美国标准普尔评级公司评定为AAA级。1997年,慕尼黑再保险公司在北京和上海分别成立了代表处。慕尼黑再保险公司保费收入40%左右来自国外,56%来自欧洲,16%来自北美,13%来自中东远东和澳大利亚。

(3)瑞士再保险市场。欧洲大陆有世界上最大的两家再保险公司——德国慕尼黑再保险公司和瑞士再保险公司。瑞士是欧洲大陆第二大再保险中心。与德国再保险市场相似,瑞士再保险市场上也是专业再保险公司占统治地位。在瑞士,除了有瑞士再保险公司以外,还有著名的苏黎世再保险集团和丰泰集团。虽然瑞士再保险公司的总保费收入在慕尼黑再保险公司之后,但其国外再保险保费收入居世界首位,这也是瑞士再保险公司与慕尼黑再保险公司在经营业务结构上的最大区别。瑞士再保险公司建立于1864年,其保费收入的90%来自国外,从欧洲来的大约为53%,北美的为22%,亚洲的为8%。瑞士再保险公司在发展中国家的影响较大,公司一般的业务由苏黎世的总部办理,其余的在德国、伦敦、纽约等分公司办理。

**(二)纽约再保险市场**

美国再保险市场的发展偏重于业务交换、共同保险和联营的方式,与伦敦再保险市场有很大差别。虽然纽约再保险市场已跃居世界再保险市场前列,但它仍然是最近几十年才发展起来的。一方面原因在于美国保险业比较发达,使其可以自留相当比例的保费,这比欧洲再保险公司的自留额高许多。另一方面原因在于美国的法律与欧洲相比不利于再保险的发展。在世界名列前茅的再保险公司中,美国通用再保险公司 2000 年的保费收入达到 81.91 亿美元,世界排名第三,当年林肯再保险公司净保费收入以 13.75 亿美元排名世界第十。纽约的再保险市场主要有纽约保险交易所、协会和经纪人公司组成。纽约保险交易所成立于 1978 年,为再保险交易提供了场所,其组织方式和运作方式仿照伦敦劳合社的做法,由一些辛迪加组成,接受再保险业务,但是它的成员是公司,负有限责任。还有一种组织是协会。这种形式的保险及再保险组织为多家公司所组成,类似于伦敦保险协会。美国保险经纪人公司类似于英国经纪人公司,部分大型经纪人公司兼具有再保险功能。由于美国再保险市场不够活跃,美国再保险经纪人的功能自然不及英国的经纪人公司。

(三)亚洲再保险市场

亚洲新兴的再保险市场与西方发达国家再保险市场相比规模并不算大,但它们富有生气,发展速度迅速,前景引人注目。以日本再保险市场为例,再保险业务在日本主要靠市场调节,是纯商业性的行为。日本再保险市场主要通过与某些再保险集团的成数分保或业务交换来实现市场的稳定。日本再保险市场上除了东亚和西杰两家专业再保险公司外,其余都是兼营直接保险业务和再保险业务的公司。日本国内再保险市场向日本非寿险公司提供了大量的再保险责任,在全国范围内充分分散风险,获得了高水平的利润,有效地保证了再保险市场的稳定。

## 四、世界各国对原保险与再保险的监管

(一)美国

从结构看,再保险服务在美国保险服务中占有较大比重。在保险服务出口中,再保险服务占到了 60% 以上的比重,在保险服务进口中的占比更是高达近 90%。

巨大的国内保险需求是起步较晚的美国保险业发展的基础。经过不断的发展,美国已经形成了全球领先的大型跨国保险公司,再保险业务也随之快速发展。

再保险市场的发达,有利于保险服务产品增强流动性。美国的再保险发展时间较短,但实力不可忽视。纽约再保险公司跻身于世界再保险市场的前列,通用再保险公司占全球第三位。美国再保险市场偏重于业务交换、共同保险和联营方式。再保险市场规模的扩大和竞争者的增加促进了业务创新的发展,进一步促进了保险资源的分配能力,推动了保险服务贸易的发展。

（二）亚洲和非洲

在非洲及某些近东国家，如尼日利亚和肯尼亚，通常规定按直接保险公司每一合同业务的一定比例进行法定责任转让，如肯尼亚为25%，在国内保险市场开展业务的国家再保险公司要与国际再保险公司进行竞争。

阿尔及利亚拥有国家再保险公司，直接保险公司签订的每项合同责任及保费都应按规定的比例实施再保险。法律还规定，签订再保险合同的外国再保险人应在该国直接保险公司提存35%再保险合同未结算保险费准备金及100%损失准备金。

新加坡一方面为吸收保险及保险投资实施税收优惠，另一方面对再保险业务利润纳税采取硬性调节措施。在再保险人和原保险人之间没有法定分保额。

印度拥有4家国内直接保险公司和一家再保险公司。再保险公司主要经营巨额风险的分保业务。

土耳其组建了"DECREE POOL"，中文称为"法规再保险分保集团"，并授权该公司组织管理本国的分保集团。该集团是于1991年以《土耳其政府第2276号法案》通过实施的，其目的是为了提高当地保险公司的自留额和再保险承保能力。该法案规定：凡在土耳其境内的保险公司（包括外国保险公司分支机构），都应将超过以资本金、累积准备金计算并经财政对外贸易部次长批准的自留额部分的保险业务，按照该法案规定条件办理分保。并应将超过以资本金、累积准备金计算并经财政对外贸易部次长批准的净自留额部分和向第一部分办理分保之后的所有保险业务（寿险除外）的一定比例，按照向国际分保的条件办理分保。

土耳其、泰国各有一个区域性的再保险组织。设在土耳其的是"亚非保险再保险联合会"，简称FAIR POOL，设在泰国的是"亚洲再保险公司"。区域性保险组织的不断成立是国际间保险合作与交流的需要，它从一个侧面说明了保险是一种跨越国界的经济行为。这些组织无一例外地采取再保险方式进行，也说明再保险是一种能够超越每个直接保险公司个体之上的，具有沟通和桥梁作用的有效手段。

（三）拉丁美洲

拉丁美洲地区大部分国家或对直接保险人规定100%再保险合同保费进行法定债权转让，或按所有直接保险合同的一定份额实施法定再保险，但再保险业务的发展，特别是在发生全国性灾害或巨额保险事件时往往遇到国家再保险公司财务能力不足的问题。

（四）俄罗斯

在俄罗斯，再保险被视为增强保险人财务稳定性的因素。在承保大额风险时保险人必须将超过自身能力的部分进行分保。但目前俄国保险市场的主要问题是自身承保大额风险的能力低，这就必然导致向国外实施再保险业务。

# 第四节　我国保险市场

## 一、我国保险市场的发展

改革开放以来，随着国民经济的快速发展，我国保险业也得到了飞速发展，取得了骄人的成绩，主要表现在以下四个方面。

### （一）保费收入迅速增大

从保费收入规模来看，1980年，我国保险业保费收入仅有4.6亿元，而到了2010年保费收入已达到14527.97亿元，比1980年净增加了约3158倍。

从保费增长速度来看，保费收入的增长速度远远高于GDP的增长速度。从1981到2010年的30年里，我国GDP的增长速度基本维持在一个相对较平稳的水平，保费的增长速度始终高于GDP的增长速度，年平均增长率在20%以上，大约是GDP增长率的三倍，特别是从2000年以后，短短10年左右的时间里，保费收入从2000年的1599.7亿元迅速增长到2010年的14527.97亿元，保险业已成为我国经济中发展速度最快的行业之一（见图7－1），从国际比较来看，2009年我国保费收入水平仅次于美国、日本、英国、法国等发达国家（见图7－2），以1630.47亿美元排在世界第7位，占全球保险市场份额的4.01%，说明目前我国保险业的保费规模与发达国家还有一定差距。

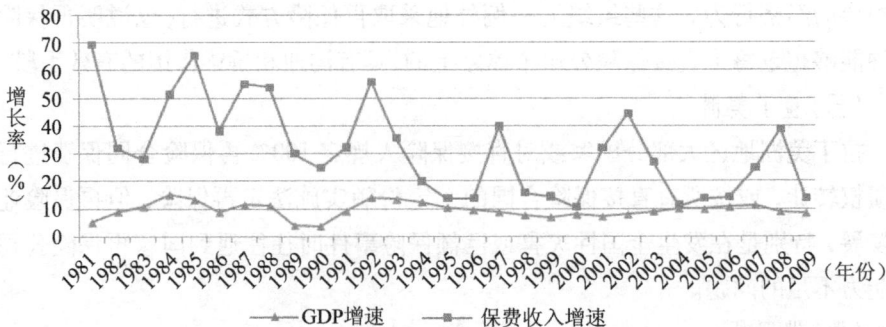

**图7－1　1981—2009年我国GDP与保费收入增速**

数据来源：《中国保险年鉴》(1981－2009)。

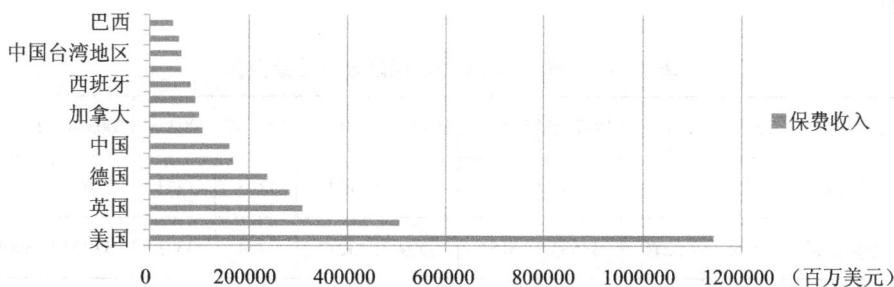

**图 7 - 2　2009 年世界主要保险市场的总保费量**

资料来源:瑞士再保险 Sigma,2010.

### (二) 市场规模不断扩大,市场主体不断增多

从资产规模来看,保险业的总资产已由起步时期国家注入的 5000 多万元增长到 2009 年的 4.1 万亿元,特别是从 2000 年至 2009 年,我国保险业的资产总额呈迅猛上升趋势,十年间增加了 12 倍。此外,保险资产总额占 GDP 的比重也不断在提高,从 2000 年的 4.40% 上升到 2009 年的 12.12% (见图 7 - 3),始终保持增长的趋势,表明保险业在国民经济中的地位日趋显著。

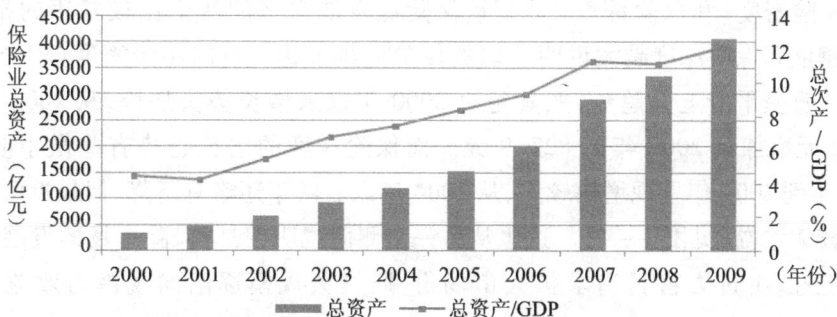

**图 7 - 3　2000—2009 年我国保险业总资产与 GDP 比重**

资料来源:历年《中国保险年鉴》以及《中国统计年鉴》。

在市场主体方面,保险公司数量从 2002 年的 42 家增加到目前的 146 家,保险集团和控股公司 8 家,非寿险公司 53 家,寿险公司 61 家,再保险公司 9 家,保险资产管理公司 9 家。从保险公司资本国别属性看,中资保险公司 77 家,外资保险公司 54 家。在发达国家中,美国的保险公司数目是较多的。表 7 - 1 列出了 1995—2004 年各年度美国保险公司的数目,不难看出,尽管美国保险公司数量因新公司的成立和部分公司的倒闭而不断波动,但是保险公司的总数目一直

维持在较高水平。

**表 7 – 1   1995—2004 美国保险公司数量变化**

| 公司类型 | 1995 年 | 1996 年 | 1997 年 | 1998 年 | 1999 年 | 2000 年 | 2001 年 | 2002 年 | 2003 年 | 2004 年 |
|---|---|---|---|---|---|---|---|---|---|---|
| 寿险公司 | 1524 | 1496 | 1448 | 1396 | 1320 | 1291 | 1395 | 1371 | 1367 | 1393 |
| 非寿险公司 | 2765 | 3276 | 3363 | 3151 | 3309 | 3282 | 3764 | 3378 | 3792 | 3908 |
| 再保险公司 | 441 | 390 | 303 | 271 | 278 | 246 | 279 | 262 | 247 | 231 |
| 合计 | 4700 | 5162 | 5114 | 4818 | 4907 | 4819 | 5438 | 5411 | 5406 | 5532 |

资料来源：《美国保险业资金运用》，国研网。

目前，我国保险公司总资产规模虽已初具规模，但保险业资产在整个金融行业中的份额还是偏低，相对于保险就业人员占整个金融行业的 40% 这一比重而言，我国整个保险资产占金融总资产的比重仅有 5% 左右，而成熟保险市场上的保险行业资产占金融总资产的比重在 15% 左右。

**（三）保险密度和保险深度逐步提高**

保险密度[①]和保险深度[②]是衡量保险业发展水平的两个比较常用的指标。保险密度和保险深度越大说明一国的保险业越发达。我国保险密度自 1980 年以来一直呈平滑上升趋势，尤其是自 2000 年以来增长势头加快，从 2000 年的 126.2 元增加到 2009 年的 827.9 元。而保险深度的增长趋势有些微小波动，2000 年到 2004 年呈现增幅较大，从 2004 年以后两年还略有下降，但最近两年又出现较大增幅（见图 7 – 4）。这也从另一个侧面说明，我国保险市场的发展逐渐趋于理性，由过去盲目追求扩大市场份额、增大规模逐渐向规模与效益并举转变。

---

① 保险密度是指按照一个国家的全国人口计算的人均保费收入，它可以反映一个国家保险的普及程度和一国公民的平均保障水平。
② 保险深度是指保费收入占国内生产总值的比例，它是反映一个国家的保险业在其国民经济中的地位的一个重要指标，也可以看作一国经济的整体保险保障水平。

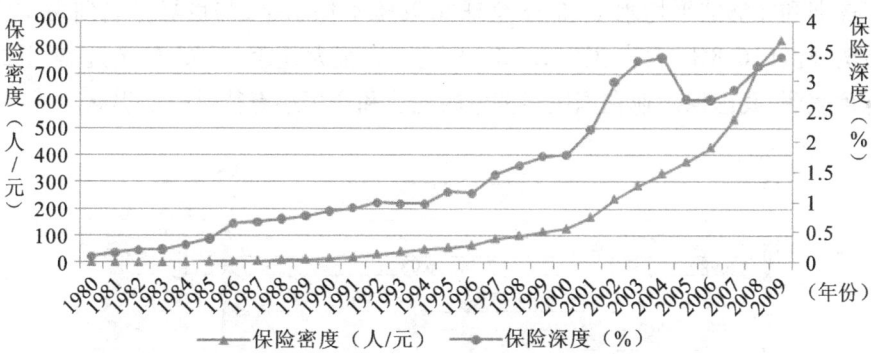

**图7-4 1980—2009年我国保险密度、深度变化**

资料来源:历年《中国保险年鉴》以及《中国统计年鉴》。

在保险密度方面,2009年我国的保险密度为121.2美元,世界排名第64位,低于亚洲243.1美元和拉丁美洲192.2美元的平均水平,更低于595.1美元的世界平均水平,仅为世界排名首位的荷兰(6554.6美元)的1.85%,相当于日本3.05%(见图7-5)。保险密度偏低一方面说明我国保险市场开拓仍然不足,这与我国保险业的地区差异和城乡差异显著有关。东部地区经济比较发达,相应的保险业务发展也比较快,保险密度较高,而广大中西部地区和农村地区的保险业发展相对滞后,保险密度较低。另一方面,由于我国人口众多,可支配收入较低的农村人口占我国人口的大多数,因而保险密度的状况在短期内难以有较大程度的改观。

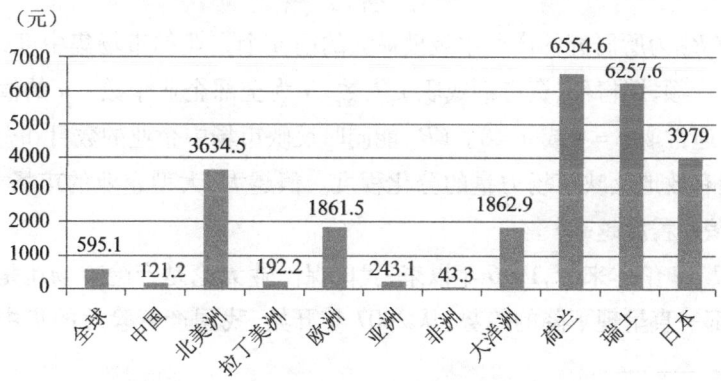

**图7-5 2009年世界各地区及国家的保险密度**

资料来源:瑞士再Sigma,2010。

在保险深度方面,2009年我国的保险深度为3.4%,排在世界第44位,仅高于拉丁美洲和非洲的平均水平,低于全球 6.98% 平均水平,与世界排名前两位的我国台湾地区(16.8%)和英国(12.9%)相比还有很大差距(见图 7-6)。较低的保险深度表明,我国保险业在国民经济中的地位和作用还有待进一步提高。

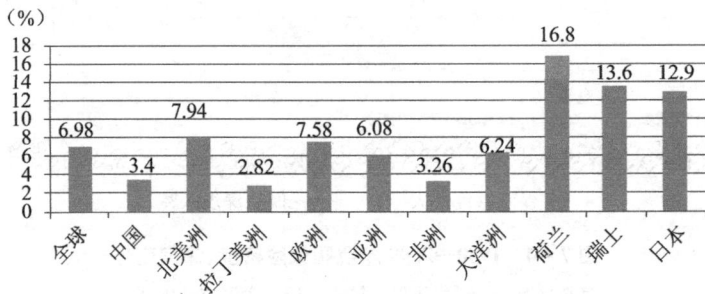

**图 7-6 2009 年世界各地区及国家的保险深度**

资料来源:瑞士再 Sigma,2010。

### (四)市场集中度不断下降,行业竞争力不断增强

一般情况下,一个行业中的企业数量越多,市场集中度越低,该行业竞争程度也越高。对一个行业的集中程度可以有多种度量方式,其中国际上通用的有两种度量标准——市场集中比率(Concentration Ratio,CR)市场集中度是指市场上少数几家最大企业所占的份额,计算公式为:

$$CR_n = \sum_{i=1}^{n} X_i / \sum_{i=1}^{N} X_i$$

其中 $CR_n$ 为所研究的产业中规模最大的前 $n$ 个企业的市场集中度,$X_i$ 为第个 $i$ 企业的生产额、销售额、资产额或职工人数,$N$ 为全部企业个数。$n$ 的值取决于计算的需要,通常取 $n=4$ 或 $n=8$。$CR_n$ 能同时反映市场中企业的数目和企业分布规模,但不能有效地反映市场力量的分化程度。值越大,大型企业的市场力量越大,相应市场垄断程度越高[①]。

从表 7-2 整体来看,1996 年以来,我国保险业无论是产险市场还是寿险市场的集中度都一直呈现下降的趋势,从 2007 年开始,我国产寿险业的集中度均低于

---

① 美国学者贝恩根据前 4 位和前 8 位市场集中度指标将不同产业的市场结构分为 6 类,其中 $CR_4 \geq 75\%$,属于寡占 I 型(极高);$65\% \leq CR_4 \leq 75\%$ 或 $CR_8 \geq 85\%$,属于寡占 II 型(高);$50\% \leq CR_4 \leq 65\%$ 或 $75\% \leq CR_8 \leq 85\%$,属于寡占 III 型(中上);$35\% \leq CR_4 \leq 50\%$ 或 $45\% \leq CR_8 \leq 75\%$,属于寡占 IV 型(中低);$30\% \leq CR_4 \leq 35\%$ 或 $40\% \leq CR_8 \leq 45\%$,属于寡占 V 型(低);$CR_4 < 30\%$ 或 $CR_8 < 40\%$,属于竞争型。

75%,属于寡占Ⅱ型。

### 表7-2　我国保险业集中度统计

单位:%

| 年份 | 1996 | 1997 | 1998 | 1999 | 2000 | 2001 | 2002 | 2003 | 2004 | 2005 | 2006 | 2007 | 2008 | 2009 |
|------|------|------|------|------|------|------|------|------|------|------|------|------|------|------|
| 寿险 $(CR_4)$ | 99.0 | 97.8 | 98.0 | 97.9 | 97.5 | 97.3 | 96.8 | 93.5 | 88.0 | 77.0 | 78.1 | 72.9 | 71.0 | 69.0 |
| 产险 $(CR_4)$ | 99.1 | 98.1 | 97.6 | 97.7 | 97.0 | 96.9 | 95.7 | 90.5 | 85.7 | 80.7 | 76.8 | 72.7 | 71.7 | 70.7 |

数据来源:2001-2009年保险年鉴及保监会网站。

在保险业比较发达的国家,保险业经过多年的发展,保险公司的数目相对来说也比较多,市场竞争比较激烈,市场集中度较小。以美国为例,2003年美国个人寿险市场的 $CR_4$ 为30.44%,团体寿险的 $CR_4$ 为43.86%,而同时期我国寿险市场的 $CR_4$ 高达93.5%。法国2002年保险市场集中度 $CR_4$ 接近于40%。从世界范围来看,垄断竞争已成为各国保险市场模式的主流,在开放的经济条件下,尤其是全球一体化的趋势下,一方面,有效的竞争有利于促进市场公平、服务的改善、成本的降低;另一方面,我国保险市场具有巨大的潜在需求,根据2006年9月标准普尔的预测,我国在未来10年内将进入世界最大的保险市场行列。长远来看,我国保险市场将会呈现竞争主体多元化、保险产品多样化、市场竞争有序化的局面。

总的来说,我国保险业之所以取得令人瞩目的成绩,归纳起来主要有以下两方面原因。一是国民经济的平稳快速发展为保险业发展奠定了基础。世界保险业的发展历史证明,保险的发展与经济发展水平相适应,经济增长是保险扩张的基础,经济越发达,保险也越发达。改革开放30年来,我国GDP年均增长速度超过9%,经济的高速增长使人们的生活水平从温饱逐渐步入小康,收入、消费水平也逐步得到提高,为保险业的发展提供了不竭的动力。二是市场化改革的不断深入推动了我国保险业的快速发展。市场化改革一直是我国保险业发展的重要推动力,保险业在发展中不断建立和完善市场机制,激活了行业的竞争因素,充分发挥了看不见手的作用,不断地推动行业的自我发展。

## 二、再保险市场的发展状况

自2006年起,我国彻底取消了法定分保,全面实行商业分保,再保险市场步入了新的发展阶段。再保险市场作为保险市场的重要组成部分,与直接保险市场相互依存、相互促进。直接保险市场的发展是再保险市场发展的基础和前提,再保险市场的发展也将在资本融通、风险管理和技术传导方面,为直接保险市场的发展提供可靠的支持与保障。

近年来,随着直接保险市场的快速发展,我国再保险市场也取得了长足的进步。再保险市场主体稳步增加,业务规模较快增长,承保能力进一步提高,监管力度不断加强,市场化程度显著增强。

再保险业务稳定发展。1996 年至 2006 年,全国专业再保险公司分保费收入年平均增长速度为 9.16%,低于国内生产总值年平均增长速度 2.23 个百分点,低于直接保险公司保费收入年平均增长速度 12.76 个百分点。1997 年至 2006 年,专业再保险公司分保费收入与同期直接保险公司保费收入之比在 4% ~ 9% 之间。其中,2004 年至 2006 年,这一比例一直保持在 4% 左右;2004 年至 2006 年,财产再保险总分保费收入与同期财产险保费收入之比在 11% ~ 14% 之间,人身再保险总分保费收入与同期人身险保费收入之比在 1.05% ~ 1.67% 之间。专业再保险公司资产实力增强。截至 2006 年底,全国总分保费收入 216.90 亿元,全国直接保险公司总分出保费 338.97 亿元(不包括 9.18 亿元财务再保险业务),再保险公司总资产达到 312.08 亿元,同比增长了 5.06%。其中,专业再保险法人公司 275.82 亿元、外资再保险分公司 36.26 亿元。

顺利实现了从法定分保向商业分保的转变。履行入世承诺,从 2003 年起法定分保比例逐年递减,国内再保险分保费收入曾一度呈现负增长。此后,随着中、外资专业再保险公司(分公司)的相继成立,我国再保险市场以商业分保为主的竞争格局逐步形成。2005 年商业分保费收入超过法定分保,达到总分保费收入的 67.94%。我国再保险市场逐步完成了由法定分保向商业分保的市场化转变,再保险业务的商业化运作标志着中国再保险市场进入新的发展阶段。

改革开放深入推进,多元化的市场格局初步形成。我国再保险市场初步形成了国有控股(集团)公司、股份制公司和外资公司多种形式并存、专兼业经营相结合、公平竞争、多元化发展的市场格局。截至 2005 年年底,我国专业再保险公司共6 家,其中,中资公司 3 家(包括 1 家集团公司和 2 家股份公司)、外资分公司 3 家。2003 年,中国再保险公司完成了集团化改制,控股了中国财产再保险股份有限公司、中国人寿再保险股份有限公司、中国大地财产保险股份有限公司、中再资产管理股份有限公司、中国保险报业股份有限公司、华泰保险经纪有限公司六家子公司,并参股了保险职业学院。通过改制,中国再保险(集团)公司成为一家集再保险、直接保险、资产管理、保险中介、行业传媒、保险职业教育于一体、涵盖保险上中下游产业的多元化经营保险集团。

再保险功能作用不断增强。再保险在分散风险、扩大承保能力、改善偿付能力、提高公司治理水平、促进保险市场的安全稳健运行等方面发挥着日益重要的作用。再保险通过和直接保险之间的技术传导，提升了保险行业的风险管理水平，促进了行业规范与标准的健全完善；通过提供替代资本的产品及其增值服务，使直接保险公司的业务结构得以优化，风险得以有效控制。特别是，再保险有力地支持了交通、通讯、水利等基础设施和能源、钢铁、电力等基础工业的大规模投资以及其他为数众多的大型项目的建设，极大地推动了我国航天事业与和平利用核能事业的发展；同时，积极协助直接保险公司推动医疗健康保险试点，在完善社会保障体系、推动医疗体制改革、参与新型农村合作医疗试点、服务"三农"、促进社会主义新农村建设等方面发挥了重要作用。此外，在我国遭受地震、台风等巨灾侵害较多的地区，再保险的及时赔付有效地弥补了直接保险公司的部分巨灾损失，极大地缓解了受灾地区灾后经济衰退的压力，为我国经济和社会的稳定发展起到了保驾护航的作用。

再保险监管迈上新台阶。为适应入世后再保险市场发展的新形势，中国保监会加快了再保险监管体系建设的步伐，颁布实施了世界上第一部成文的专业再保险业务监管法规——《再保险业务管理规定》，奠定了我国再保险专业化监管的基础，为我国再保险市场的健康发展提供了根本性的制度保证。此外，还颁布了《再保险公司设立规定》《财产险危险单位划分方法指引》《外资保险公司再保险关联交易的审批规程》，建立了外资再保险关联交易信息披露制度，规范了共保业务流程，探索有限再保险的监管政策，完善再保险统计分析制度，研究制定再保险业务的现场以及非现场检查办法。再保险监管逐步步入了专业化监管道路。

## 小结

广义的国际保险是指基于涉外和国际风险的承保、承保风险的国际化分散和保险资源的跨越国界流动产生的保险活动。它包括涉外保险、国际再保险、跨境保险等活动。狭义的国际保险是指基于保险资源的跨境流动而发生的国家保险关系形成的活动。包括：跨境销售保险活动、跨境提供中介或其他辅助性保险服务活动、跨境设立保险经营机构或兼并及并购活动、跨境投资及跨境再保险等跨境经营活动。

再保险亦称分保，是保险人在原保险（直接保险）合同的基础上，通过签订再保险合同，将其承担的风险和责任，部分或全部转嫁给其他保险人的经营活动。风险责任转嫁的一方称再保险人、分保接受人、分入人;向再保险人转嫁风险责任的一方称原保险人(直接保险人)或分保分出人。

再保险合同形式按再保险安排方法(或合同形式)分类,再保险可以分为临时再保险、合同再保险和预约再保险。

再保险的业务方式可分为比例再保险和非比例再保险。

比例再保险是以保险金额为基础,按照保险金额的一定比例确定分出公司自留额和分入公司分保责任额的再保险业务方式。实际操作方式主要有三种,即成数再保险、溢额再保险和成数溢额复合再保险。

非比例再保险是以赔款作为再保险当事人确定责任基础的再保险业务方式。

国际主要保险市场集中在比较发达的国家和地区。依据地域位置,可分为北美保险市场、欧洲保险市场、亚洲保险市场及大洋洲保险市场。

## 参考文献:

1. 江生忠. 中国保险业发展报告:2004 年[M]. 北京:中国财政经济出版社,2004 年.

2. 中国金融学会. 中国金融年鉴(2004)[M]. 北京:中国金融出版社,2004 年.

3. 吴定富. 中国保险业发展蓝皮书(2006)[M]. 北京:中国广播电视出版社,2006.

4. 陈文辉,吴焰,李杨. 2005 年中国人身保险发展报告[M]. 北京:中国财政经济出版社,2006.

5. 胡炳志,陈之楚. 再保险(第二版)[M]. 北京:中国金融出版社,2006.

下篇　保险探索与创新

# 第八章　商业保险与社会保险

## 引言

商业保险是指投保人根据合同约定向保险人支付保险费,保险人对合同约定的可能发生的事故所造成的财产损失承担赔偿保险金责任,或者当被保险人死亡、伤残、疾病或者达到合同约定的年龄、期限时承担给付保险金责任的保险行为。商业保险是一种经济行为,也是一种合同行为。

社会保险是指国家通过立法强制实施的,对劳动者和一定范围内的社会成员在其生、老、病、死、伤、残、失业以及发生其他生活困难时给予一定的物质帮助,满足其基本生活需要的一项社会保障制度。

商业保险与社会保险在保险性质上分属于市场机制与政府机制,就其保险内容而言,商业保险与社会保险具有相同的业务和相同的数理技术基础,都是社会安全机制的必要的组成部分。

## 关键词

商业保险　社会保险　区别与联系　互动与互制

# 第一节　商业保险与社会保险范畴的界定

## 一、商业保险范畴

根据 2009 年 10 月 1 日修订实施的《中华人民共和国保险法》第二条的定义,商业保险是指"投保人根据合同约定,向保险人支付保险费,保险人对于合同约定的可能发生的事故因其发生所造成的财产损失承担赔偿保险金责任,或者当被保险人死亡、伤残、疾病或者达到合同约定的年龄、期限等条件时承担给付保险金责任的商业保险行为"。也就是说,商业保险是按照等价交换、自愿成交的原则,以保险人与投保人或被保险人签订保险合同的形式来实现合同双方权益的一种市场交易行为和风险管理机制,包括人身保险与财产保险两个子体系(国际上按寿险与非寿险划分)。其中,人身保险包括人寿保险(即养老保险)、健康保险及意外伤害保险等险别;财产保险包括财产损失保险、责任保险、信用保险与保证保险等险别。

### (一)财产保险

财产保险是指以各种财产物资和有关利益为保险标的,以补偿投保人或被保险人的经济损失为基本目的的一种社会化经济补偿制度。它是现代保险业的两大部类之一,起源于共同分摊海损的制度,经过海上保险、火灾保险时代,在18世纪因工业保险与汽车保险的出现和普遍发展而跨入现代保险阶段,19世纪末产生的责任保险和20世纪下半叶出现的科技保险则使现代财产保险产生了新的飞跃。

对财产保险概念的界定,不同的学者有着不同的阐述,但概括起来,不外乎如下两种分类法:(1)根据经营业务的范围,财产保险可以分为广义财产保险与狭义财产保险。其中,广义财产保险是指包括各种财产损失保险、责任保险、信用保证保险等业务在内的一切非人身保险业务;而狭义财产保险则仅指各种财产损失保险,它强调保险标的是各种具体的财产物资,可见,狭义财产保险是广义财产保险中的一个重要组成部分。(2)根据承保标的的实虚,财产保险又可以分为有形财产保险和无形财产保险。其中,有形财产保险是指以各种具备实体的财产物资为保险标的的财产保险,它在内容上与狭义财产保险业务基本一致;无形财产保险则是指以各种没有实体但属于投保人或被保险人的合法利益为保险标的的保险,如责任保险、信用保险、利润损失保险业务等。在上述四个概念中,广义财产保险是最高层级的概念,狭义财产保险则是广义财产保险的有机组成部分,而有形财产保险和无形财产保险的相加亦等于广义财产保险。

在国际上,财产保险及相关保险业务在不同的国家被称为产物保险、损害保险或非寿险,这些概念与中国的财产保险概念存在着差别。如产物保险强调以各种财产物资为保险标的,经营业务范围较窄;而非寿险则将各种短期性的人身保险业务包括在内,范围最广。不过,根据各种保险业务的性质和经营规则将整个保险业划分为非寿险和寿险,却是一种国际惯例,这一点可以从国际保险市场的惯常分类及保费统计指标等得到证实,从而表明了财产保险业务范围的异常广泛。

财产保险的业务体系主要由以下部分组成：

1. 火灾保险

（1）团体火灾保险。团体火灾保险，是以企业及其他法人团体为保险对象的火灾保险，它是火灾保险的主要业务来源。在国外，通常直接用火灾保险的名称；在国内的各种保险学书籍中，通常用以往的企业财产保险险种来取代火灾保险的名称；然而，企业财产保险从理论概念上似乎不能包括非企业法人的财产保险在内，加之企业财产保险这一险种在中国已经成为历史，被财产保险基本险、财产保险综合险所替代，因此，本书采用团体火灾保险的名称。

在团体火灾保险经营实践中，工商企业构成了主要的保险客户群体，凡是领有工商营业执照、有健全的会计账簿、财务独立核算的各类企业都可以投保团体火灾保险，其他法人团体如党政机关、工会、共青团、妇联、科研机构、学校、医院、图书馆、博物馆、电影院、剧场以及文化艺术团体等，亦可投保团体火灾保险。至于个体工商户，包括小商小贩、夫妻店、货郎担、家庭手工业等个体经营户，不属团体火灾保险范围，只能以家庭财产的投保人投保。因此，团体火灾保险强调的是保险客户的法人资格。

（2）家庭财产险。普通家庭财产保险是面向城乡居民家庭的基本险种，它承保城乡居民存放在固定地址范围且处于相对静止状态下的各种财产物资，凡属于被保险人所有的房屋及其附属设备、家具、家用电器、非机动交通工具及其他生活资料均可以投保家庭财产保险，农村居民的农具、工具、已收获的农副产品及个体劳动者的营业用器具、工具、原材料、商品等亦可以投保家庭财产保险。经被保险人与保险人特别约定，并且在保险单上写明属于被保险人代管和共管的上述财产，也属可保财产范围。但下列财产一般除外不保：①金银、首饰、珠宝、货币、有价证券、票证、邮票、古玩、字画、文件、账册、技术资料、图表、家畜、花、树、鱼、鸟、盆景以及其他无法鉴定价值的财产；②正处于紧急危险状态的财产。

还本家庭财产保险是在普通家庭财产保险基础上衍生出来的一种火灾保险，它也是面向城乡居民的一个基本险种。与普通家庭财产保险相比较，还本家庭财产保险在保险范围、保险责任、保险赔偿方式等方面均与普通家庭财产险相似，但又具有如下明显的特点：①以保户储金所生利息抵充保险费；②期满退回保险储金；③保险责任期限较长。

盗窃是城乡居民面临的一项主要危险，但性质特殊，保险人一般不在基本险中承保，而是列为附加责任，由保险客户选择投保。不过，多数城乡居民投保家庭财产保险时均会选择附加盗窃保险。因此，盗窃保险虽然是一项附加责任，却又是家庭财产保险中的重要内容。只要加保了附加盗窃险,保险人就对存放于保险地址室内的保险财产因遭受外来的、有明显痕迹的盗窃损失负赔偿责任;但对被保险人及其家庭成员、服务人员、寄居人员的盗窃或纵容他人盗窃所致保险财产的损失不负责任。

### 2. 运输保险

运输保险是财产保险的重要支柱,它承保各种交通运输工具及所承运的货物在保险期间因各种灾害事故造成的意外损失。运输保险的业务体系,可以按照投保标的的大类划分为运输工具保险与运输货物保险两大类,但在具体的业务经营中则通常分为如下险别:

(1)机动车辆保险。它承保各种机动车辆在陆上营运中可能遭遇的自身损失危险及可能导致的第三者责任危险。机动车辆保险不仅是运输工具保险的主要业务来源,也是整个财产保险的主要业务来源。在中国的财产保险体系中,更占有第一大险种的地位。

(2)船舶保险。它承保各种船舶在内河及海洋航行中可能遭遇的自身损失危险及其碰撞责任危险,是历史最悠久的保险业务之一。

(3)航空保险。它承保各种飞机在地面及空中运行过程中可能遭遇的自身损失危险及其他责任危险。

(4)货物运输保险。它承保处于运输中的各种货物,对其在运输过程中可能遭遇的保险损失负责赔偿。

此外,运输保险事实上还有其他一些险种,如摩托车保险、拖拉机保险等在保险市场上多是作为独立的险种来经营的。

### 3. 工程保险

工程保险是指以各种工程项目为主要承保标的的财产保险。它是适应现代工程技术和建筑业的发展,由火灾保险、意外伤害保险及责任保险等演变而成的一类综合性财产保险险别,它承保着一切工程项目在工程期间乃至工程结束以后的一定时期的一切意外损失和损害赔偿责任。一般而言,传统的工程保险仅指建筑、安装及船舶建造工程项目的保险;然而,进入20世纪以来,尤其是第二次世界大战以后,许多科技工程活动获得了迅速的发展,又逐渐形成了科技工程项目保险。因此,建筑工程保险、安装工程保险、科技工程保险构成了工程保险的三大主要业务来源。

(1)建筑工程保险。建筑工程保险是指以各类民用、工业用和公用事业用的建筑工程项目为承保对象的工程保险,保险人承担着对被保险人在工程建筑过程中因自然灾害和意外事故引起的一切损失的经济赔偿责任。它适用于房屋建筑物、道路、水坝、桥梁、港埠以及各种市政工程项目的建筑,上述工程在建筑过程中的各种意外危险均可通过投保建筑工程保险而得到转嫁危险损失和保障。

(2)安装工程保险。安装工程保险是指以各种大型机器设备的安装工程项目为承保对象的工程保险,保险人承担着对被保险人在机器设备安装过程中及试车考核期间的一切意外损失的经济赔偿责任。如各种工厂的机器设备、储油罐、钢结构工程、起重机、吊车等的安装,均可投保安装工程保险。

(3)科技工程保险。由于科技工程中具有特别的危险,加之深受多种因素的影响与制约,无论人们采取多么严密的防范措施,都不可能完全避免科技工程事故的发生,一旦发生灾祸,其损失往往数以亿元计乃至数以百亿元计,并进而波及政局与社会的稳定。因此,世界各国尤其是发达国家的科技工程无一不以保险作为转嫁危险损失的工具和后盾。

在财产保险市场上,保险人承保的科技工程保险业务主要有海洋石油开发保险、航天工程保险、核能工程保险等,其共同特点就是高额投资,价值昂贵,且分阶段进行,保险人既可按工程的不同阶段承保,又可连续承保,与建筑工程和安装工程保险有许多相似之处。

4.责任保险

责任保险,是指以被保险人依法应负的民事损害赔偿责任或经过特别约定的合同责任作为承保责任的一类保险。它属于广义财产保险范畴,与一般财产保险具有共同的性质即都属于赔偿性保险,从而适用于广义财产保险的一般经营理论;然而,责任保险承保的又是法律危险,且具有代替致害人赔偿受害人的特点,在实务经营中亦有自己的独特之处。因此,在各国保险市场上,通常将责任保险作为独成体系的保险业务。

责任保险适用于一切可能造成他人财产损失与人身伤亡的各种单位、家庭或个人。具体而言,责任保险的适用范围包括如下几部分:

(1)各种公众活动场所的所有者、经营管理者。如体育场、展览馆、影剧院、市政机关、城市各种公用设施等,均有可能导致公众的人身或财产损害,这些地方的所有者或经营管理者就负有相应的法定赔偿责任,从而需要且可以通过责任保险的方式向保险公司转嫁。

(2)各种产品的生产者、销售者、维修者。

(3)各种运输工具的所有者、经营管理者或驾驶员。

(4)各种需要雇用员工的法人或个人。

(5)各种提供职业技术服务的单位。

(6)城乡居民家庭或个人。

**(二)人身保险**

人身保险是以人的寿命和身体为保险标的的一种保险。人身保险的投保人按照保单约定向保险人缴纳保险费,当被保险人在合同期限内发生死亡、伤残、疾病等保险事故或达到人身保险合同约定的年龄、期限时,由保险人依照合同约定承担给付保险金的责任。

人身保险的险种多种多样,从不同的角度有不同的分类,通常有以下几种分类方法:

(1)按照保险范围分类,人身保险分为人寿保险、人身意外伤害保险、健康保险。

人寿保险是以被保险人的生命为保险标的,以生存和(或)死亡为给付保险金条件的人身保险。人寿保险所承保的可以是人的生存,也可以是人的死亡,也可以既有生存,也有死亡。年金保险是人寿保险的特殊形式。随着时代的不断发展,人寿保险的形式也在不断的发展和变化,出现了许多创新的险种,如投资连结保险等。在人身保险中,人寿保险占有相当的比重,是人身保险的主要的和基本的种类。

人身意外伤害保险是以被保险人因遭受意外伤害事故造成死亡或残疾为保险事故的人身保险。人身意外伤害保险的保费较低,保障性大,投保简便,无须体检,投保人次很多。但此类险种的保单不具有现金价值。

健康保险是以人的身体为对象,以被保险人在保险期限内因患病、生育所致医疗费用支出和工作能力丧失、收入减少及因疾病、生育、致残或死亡为保险事故的人身保险。其保险责任包括医疗、疾病造成的残疾、生育、收入损失,等等。通常,将不属于人寿保险和人身意外伤害保险的人身保险都归为健康保险。

(2)按照保险期限分类,人身保险分为长期保险、1年期保险和短期保险。

长期保险是保险期限超过1年的人身保险业务;人寿保险大多为长期保险业务;1年期保险是保险期限为1年的人身保险业务。1年期保险大多为人身意外伤害保险。健康保险也可以是1年期保险。短期保险是指保险期限不足1年的人身保险业务。人身意外伤害保险中的许多险种为短期保险,如航空旅客人身意外伤害保险,仅为1个航程。

(3)按照投保动因分类,人身保险分为自愿保险和强制保险。

自愿保险是投保人与保险人在公平自愿基础上,通过签订保险合同而形成的保险关系。投保动因是投保人的意愿和需求。自愿保险的投保人可以自由选择险种、保险期限和保险金额。只要符合承保条件,保险人一般不得拒绝;合同一经成立,具有法律效力之后,保险人不得随意终止合同。人身保险中,绝大部分为自愿保险。

强制保险是根据法律法规自动生效,无论投保人是否愿意投保,都依法成立的保险关系,又称为法定保险。在保险法规规定的范围内,无论投保人或保险人是否愿意,都必须保险。凡属于保险承保范围内的保险标的,其保险责任自动产生。其保险金额和保险期限投保人不能选择,统一规定。

(4)按照投保人数的不同,人身保险分为个人保险、联合保险和团体保险。

个人保险是指被保险人只有1人的人身保险。

联合保险是将存在一定利害关系的2个或2个以上的人视为联合被保险人,如父母、夫妻、子女、兄弟姐妹或合作者等多人,作为联合被保险人同时投保的人身保险。联合保险中第一个被保险人死亡,保险金将给付其他生存的人;如果保险期限内无一死亡,保险金给付给所有联合被保险人或其指定的受益人。

团体保险是以团体为保险对象,以集体名义投保并由保险人签发一份总的保险合同,保险人按合同规定向其团体中的成员提供保障的保险。它不是一个具体的险种,而是一种承保方式。团体保险一般有团体人寿保险、团体年金保险、团体意外伤害保险和团体健康保险四类。

## (三)再保险

再保险,也称分保,是对保险人所承担的危险赔偿责任的保险。原保险是发生在投保人和保险人之间的业务活动,称为直接保险业务。当保险人承保的直接保险业务金额较大且危险过于集中时,就有必要进行再保险。通过与其他保险人订立再保险合同,支付规定的分保费,将其承保的危险和责任的一部分转嫁给其他保险人,以分散责任,保证自身业务经营的稳定性。再保险就是保险人向另一个保险人投保。

再保险是一种特殊性质的责任保险。无论原保险是财产保险、人身保险还是责任保险,原保险人在原保险合同下对被保险人都负有损失补偿或给付责任。以此责任为基础,原保险人和再保险人签订再保险合同,再保险人承保的是原保险人对被保险人所负的保险责任。再保险合同与原保险合同虽然在法律上是相互独立的,但在经济赔偿责任和给付责任方面是相互依存的。

再保险人不直接对原保险合同的标的损失给予补偿,而是对原保险人所承担的责任给予补偿。所以再保险合同的标的是分出人承担的损失补偿责任或给付责任,再保险合同的标的是非物质性的。再保险合同的保险事故是指原保险人对被保险人损失补偿责任的发生,是保险合同约定的保险责任范围内的责任事故。

## 二、社会保险范畴

界定社会保险,首先要界定社会保险与社会保障的关系,中国官方和社会保障界主流的观点是大社会保障制度概念,即社会保障包括社会保险、社会救助、社会福利及其他具有经济福利性的、社会化的生活保障性质的制度,是国家而向全体国民、依法实施的、具有经济福利性质的;是用经济手段解决社会问题进而实现特定政治日标的重大制度安排;是维护社会公平、促进人民福社和实现国民共享发展成果的再分配手段,社会保障是国家基本制度安排。

社会保障制度的本质特征可以概括为以下几点:一是社会保障的终极责任主体是国家,政府建设社会保障制度体系和监管其运行;二是社会保障制度的目标为全体社会成员的基本生活权利提供保障,确保其在遭遇不幸事件陷入生存困境时能够维系并摆脱危机;三是社会保障制度以基金运营为基础,其资金来源有国家财政,也有企业和个人的缴费;四是社会保障遵循"公平"理念,形成收入分配与再分配的调整机制,维系社会的公平与正义,促进社会经济的协调发展,让全体国民分享经济发展的成果。

社会保险制度起源于德国,1883 年 5 月通过第一部社会保险法律,即《疾病社会保险法》,接着 1884 年 6 月通过《工伤保险法》,1889 年 5 月通过《老年和残疾社会保险法》,1927 年 7 月通过《失业保险法》,建立了较完整的社会保险制度。社会保险是以劳动者为保障对象,以劳动者的年老、疾病、伤残、失业、死亡等特殊事件为保障内容的一种生活保障政策,强调权利与义务结合,劳资分担缴费责任,制度目标是解除劳动者的后顾之忧,维护社会和家庭的和谐与安定。社会保险的待遇水平与劳动者的收入相关联,劳动者承担缴费义务方能享受到社会保险的相关待遇。因为劳动者是社会主流群体,因此,社会保险制度是社会保障制度的核心内容。

依据我国《劳动法》第七十一条规定:国家发展社会保险事业,建立社会保险制度,设立社会保险基金,使劳动者在年老、患病、工伤、失业、生育等情况下获得帮助和补偿,以及《劳动法》第七十三条规定:劳动者在下列情形下依法享受社会保险待遇:退休;患病、负伤;因工伤残或患职业病;失业;生育。劳动者死亡后,其遗属依法享受遗属津贴。我国社会保险包括养老保险、失业保险、医疗保险、工伤保险和生育保险。

## （一）养老保险

养老保险是国家通过立法对劳动者因达到规定的年龄界限,按国家规定解除劳动义务后,给他们提供一定的物质帮助以维持其基本生活水平的一种社会保险制度。享受养老保险待遇的同时要解除劳动义务,因此养老保险制度建设必须结合退休制度。人的实际劳动年龄因个体差异会有所差别,国家规定的法定养老(退休)年龄是以劳动者平均劳动年龄上限为依据的,它是以立法形式确定的一个全国统一的退休养老的年龄标准。劳动者到了退休年龄后,国家依据退休制度一方面保障他们有获得物质帮助和社会服务的权利;另一方面要妥善地安排他们退出原来的职业或工作,不再承担社会劳动的义务。劳动者退休后享受一定的养老待遇,这是他们履行了一生的劳动义务后应享受的权利。为使社会劳动力不断更新,保证社会生产的正常发展,劳动者到达退休年龄后,无论其实际劳动能力是否丧失,都应按时退休,这是他们在享有养老社会保险待遇时应该放弃和解除劳动义务的道理。

养老保险作为社会保险制度的主要项目,具有以下特征:

一是养老保险需求的普遍性。年老是人生不可避免的自然规律,养老保险是化解老年风险的基本工具,老年是确定的、可以预见的事件,随着我国家庭核心化和小型化,家庭保障功能弱化,参加养老保险成为普遍需求。

二是养老保险的期限较长。养老保险是劳动者在年轻时参加,达到退休年龄办理退休手续再领取,缴费和领取时间均比较长,几乎伴随着劳动者从参加工作到退休生活较长时间,相对社会保险的其他项目,养老保险的期限较长。

三是养老保险涉及关系较复杂。养老保险制度涉及基金的监督、管理、运营等多方面,尤其是较大规模的基金投资运营,面临基金的保值增值,养老保险还包含有职工基本养老保险、企业年金保险及商业保险个人储蓄等多层次。

养老保险责任承担模式有政府负责型,如北欧福利国家,采用高税收高福利,普遍性待遇中体现制度的公平性;由单位、雇主和个人等多方分担养老责任,是世界很多国家的养老保险模式,基于责任分担原则,体现了劳动者权利与义务统一,具有互助共济的特点;个人负责制的模式,典型国家是智利的养老保险制度和新加坡的强制公积金制度,强调个人责任,自我负责,养老责任完全是个人的事情,缺乏互助共济和风险分散功能。

## （二）医疗保险

医疗保险是指社会劳动者因为疾病、受伤等原因需要诊断、检查和治疗时,由国家和社会为其提供必要的医疗服务和物资帮助的一种社会保险制度。医疗保险所保障的是一般疾病、患病和伤残,其中,这种疾病或患病系劳动者自身身体所致,并非职业病,其伤残是指非工伤致残丧失劳动能力,其发病、致残原因与劳动无直接关系;其保障对象一般是劳动者,也有的包括家属;其给付条件是劳动者因疾病丧失劳动能力,失去收人;给付方式可以是现金给付,也可以是医疗给付。

由于疾病或非工伤残系劳动者自身原因所致,与其工作或社会经济因素没有必然联系,因而,实行医疗保险所需的经费主要来源于被保险人和雇主,政府一般只提供少量的补助或不提供补助(对所有居民实行普遍免费医疗服务的国家,其医疗费用由政府从一般税收中拨付,或征收国民健康税等)。但不同国家雇主、被保险人和政府三方各自负担的保险费比例通常是不同的。

医疗保险制度在实践中体现如下特征:

一是医疗保险是费用补偿机制。参加医疗保险享受相应的医疗服务达到康复的目的,这种权利不是以缴纳多少医疗保险费为前提,费用补偿并不与缴费相关,区别于养老保险的定额支付,而是依据每个患者疾病的实际情况确定补偿额度。

二是医疗保险的补偿不确定。跟养老保险不同,医疗保险缴费期限可能较短,但享受医疗补偿的时间不确定,因此会伴随参加医疗保险人员的一生,区别于其他社会保险项目。

三是医疗保险涉及的关系较多。医疗保险涉及政府、用人单位、医疗机构、社会保险机构、药品市场、患者等多方面的复杂关系,医疗保险市场的有效性取决科学、合理的处理多方关系,平衡多方利益,还与公共卫生资源合理配置、医疗卫生体制、医药流通体制等紧密相关。

四是医疗保险费用较难控制。医疗费用涉及多方面的复杂关系,不仅取决于疾病的情况,还与医疗技术及医疗服务相关,患者是被动接受而不是主动选择,难以真正通过市场手段来选择医疗服务和控制费用。

(三)失业保险

失业是指在劳动年龄之内,具有劳动能力,又要求就业的部分人员尚未能就业的一种社会现象。

失业保险的特点,主要表现在如下几个方面:

①实施保障的前提条件不同。其他社会保险项目,都是以丧失劳动能力为前提,如年老、疾病、伤残、死亡等。而失业社会保险是以失去劳动机会为前提条件,

是对虽有劳动能力但没有劳动机会的人提供的保障,因丧失劳动能力而失去劳动机会的人恰恰不包括在失业社会保险的范围之内。

②实施保险的对象范围不同。各个社会保险项目的对象范围各有差别,有些项目以全体社会劳动者为保障对象,其中还包括尚未进入劳动年龄和已经超过劳动年龄的人。而失业社会保险是以劳动年龄之内的社会劳动者为主要对象,不包括已经超过劳动年龄的老年人。

③劳动危险事故形成的原因不同。其他社会保险项目中劳动危险事故的形成,均属自然原因,主要是因身体健康的损害或工作中的疏忽大意,受到外界自然力的意外打击所致。而失业保险针对的失业现象,主要是社会经济方面的原因。例如,人口、劳动力资源与经济增长的比例失调,产业结构调整以及就业政策的变化等,都可能成为失业的原因。

④保险的具体职能不同。社会保险的一般职能是为了维持劳动力的一般再生产,使劳动者恢复健康或继续生存有一定的经济保障,但这种经济保障对劳动能力的恢复并不起到直接的、决定性的作用,因而被称为"被动式"的保险制度。而失业保险除了为失业人员提供基本生活保障外,还同就业保障制度相协调,通过转业训练、生产自救和职业介绍等途径,积极促进失业人员尽快就业,促进劳动力资源合理配置,促进社会化大生产,繁荣经济,安定社会,因而可称其为"主动式"的保险制度。

失业保险的功能有:

①保障基本生活。一方面,通过失业补贴,失业者失业期间的基本生活,维持劳动力的再生产;另一方面,通过加大就业培训建立就业指导,促进再就业。

②劳动力的合理配置,失业者找到新工作,实现劳动者能力的合理配置,单位由于失业保险的存在,竞争上岗,提高效率,实现人力资源的合理利用和理性流动。

### (四)工伤保险

工伤保险是指劳动者因工作原因受伤、患病、致残乃至死亡,暂时或永久丧失劳动能力时,从国家和社会获得医疗、生活保障及必要的经济补偿的社会保险制度。

同其他社会保险相比,工伤保险具有显著的赔偿性质,保险费一般都由企业负担,待遇比较优厚,服务项目较多。而且由于工伤事故是劳动者在为企业工作期间发生的,劳动者不仅付出了劳动,而且可能为此付出了健康乃至生命的代价。因此,各国的劳动法或社会保险法均明确规定,在企业劳动者工伤事故中,企业应当承担经济赔偿责任。

工伤保险的原则有：

一是无过失补偿原则。劳动者在工作过程中遭遇工伤事故或职业疾病，无论企业或雇主是否有过错，只要不是劳动者本人故意行为，均应按照工伤保险规定的标准支付劳动者相应的工伤待遇补贴。

二是个人不缴费原则。工伤保险是职业责任，是劳动者在劳动生产过程中遭遇的不幸，因此，其费用只能是企业或雇主承担。

三是工伤保险补偿直接经济损失原则。即直接补偿劳动者工资收入方面的损失，而不包括兼职收入、业余劳动收入等方面。

### (五)生育保险

生育保险是妇女劳动者因妊娠、分娩等导致不能工作，收入暂时中断，由国家和社会给予医疗保健服务和物质帮助的一种社会保险制度。

生育保险有其自身的特点，具体为：(1)生育保险的对象是女性劳动者。在我国，只适用于达到法定结婚年龄，并符合国家计划生育规定者；(2)生育行为属于正常的生理活动。这一点与疾病有区别，疾病带来的收入中断虽然也是暂时的，但疾病属于非正常的生理活动；(3)生育保险待遇不仅可以弥补女性劳动者的收入损失和维持女性劳动者的劳动力简单再生产，而且也对保障劳动力扩大再生产起着重要作用；(4)生育保险实行"产前与产后都应享受的原则"。在临产分娩前一段时间，由于行动不便，女性劳动者已经不能工作或不宜工作，而分娩以后，需要一段时间休假，恢复健康和照顾婴儿。这是生育社会保险不同于其他险种的又一点，其他险种都是带有善后的特点。

# 第二节　社会保险和商业保险的关系

事实上，无论是单一的社会保险还是单一的商业保险，都不能充分发挥保险在经济、社会发展中的作用，不能为公民提供充分的经济保障。同时，两者都吸收了对方的长处。福利国家在出现保险财政危机后，先后在社会保险的经营中引入了商业保险的一些原理和技术，而商业保险为求得进一步的发展，亦开办了一些与人民生活密切相关的保险项目，从富裕阶层、业主走向平民社会，两者呈现出相互融合的趋势。国内诸多学者较早关注了商业保险与社会保险的互动,如刘茂山(1998年)、郑功成(1993年)、陈朝先(1995年)、林义(1996年)、邓大松(1998年),且多以较早开办保险学专业的几所高校的教学科研人员的论述为代表,在国内产生了较大范围的影响,成为商业保险与社会保险互动理论研究的萌芽。

### 一、商业保险和社会保险的区别

#### (一)保险的目的不同

社会保险作为政府的一项社会政策,其基本目的在于使劳动者的生活获得基本保障。这种"政策性"特征决定了它不以营利为目的,而以社会效益为主,运作过程中有明显的行政强制性特点。政府是社会保险的实施者,对其财务盈亏负有最后责任,发生亏损时则由国家财政拨款弥补,使被保险人有永久获得保障的权利。而商业保险,首先是一种商业活动,人们自愿投保,没有任何强制性,是以营利为主要目的的企业经营活动。保险公司是自负盈亏的经济实体,作为企业,其经营的首要目的就是经济效益。因此,保险人要精确地计算危险发生概率,确立合理的保费率,积极运用保险基金。当然,商业保险业务客观上也有很好的社会效益,对稳定社会生活有积极意义。

#### (二)权利与义务关系不同

社会保险的权利与义务关系建立在劳动关系的基础之上,只要劳动者履行了为社会劳动的义务,就能获得自身及其供养的直系亲属享有相关社会保险待遇的权利,劳动者缴纳一定保险费,但给付金额与其所缴纳的保费无绝对联系,而以被保险人基本生活需要为标准,社会保险的权利与义务关系并不对等,各人应缴纳保费的多少并不取决于将来给付的多少或危险程度的高低,而是决定于投保人当时的收入水平。而商业保险的权利义务建立在合同关系上,是一种自由契约关系,保险人严格遵循商业盈利性原则。被保险人享有保险金额的多少取决于根据危险率计算出来的保险费数额的多少和投保期限的长短,即保险公司与投保人之间的权利与义务关系是一种等价交换的对等关系,表现为多投多保,少投少保,不投不保,二者成正相关。

#### (三)经办主体和管理特征不同

社会保险的经办主体是政府或由政府指定的专门的职能部门,它除了管理社会保险基金的征集和给付之外,还要管理与之相关的其他活动,如负责某些服务工作等;由于社会保险的政策性和"人、财、物"的统一管理,决定了国家财政对其负有最后保证责任。而商业保险经营主体主要是以营利为目的的商业保险公司,商业保险业务的开展,在法律规定的范围之内,可以由保险双方自行订立条款,保险公司自主经营、自负盈亏,国家财政不以任何形式负担其保险金给付的开支需求。

### (四)实施方式不同

社会保险主要采取强制方式实施,属于强制保险。凡属于社会保险范围的保险对象,无论其是否愿意,都必须参加,并缴纳保费;当被保险人在遇到生育、年老、疾病、伤残、失业等情况而没有收入时,政府必须按法定标准给付,这种强制性保证了社会保险的大规模,有效地减少了逆向选择。而商业保险一般采取自愿原则,属于自愿保险,投保人是否投保、投保什么险种、投保多少等,由投保人自行决定。

### (五)保险关系建立依据不同

社会保险中的保险人与被保险人之间的保险关系主要以有关的社会保险法律法规和社保政策为依据,如保险对象、保险资金来源、保费负担、受益人的资格、给付标准等均由法律法规和政策规定,双方当事人不能另有约定。而商业保险人和投保人之间的保险关系的建立,在有关商业保险法规允许的范围内完全依据保险合同签订,通过保险合同确立双方的权利义务关系。

### (六)保险的资金来源不同

社会保险的资金来源主要有政府财政拨款、企业缴纳保险费、劳动者个人自己缴纳保险费三个渠道,是集国家、企业、个人等社会各方面力量来保障社会成员的基本生活要求。而商业保险的资金只能来源于保险客户所缴的保险费,虽然通过对保险资金的运用可以获得一定的投资收益,但是保险公司管理费用却需要保险客户承担。

### (七)保险给付标准依据和保障水平不同

社会保险的给付标准主要取决于能提供满足基本生活需要的保障水平,其保障水平一般在贫困线以上,而在一般水平之下,过高则会产生依赖和懒惰的副作用。社会保险统一的基本保障水平,有利于低收入阶层、不幸者及退休者。而商业保险给付标准与所缴保费之间有密切联系,奉行多投多保、少投少保的原则,保险水平高低悬殊,明显有利于高收入阶层巩固自己的生活保障。

### (八)保险对象不同

社会保险的保险对象是社保法规规定的劳动者,有的国家扩展到全体公民,因为社会保险是为了实施社会政策,解决社会问题,而少数人之间的问题,不能成为社会问题,也无所谓社会政策。而商业保险的保险对象灵活,不论是劳动者还是非劳动者,都可由个人根据需要投保,但在事实上,往往劳动者,尤其是低收入的劳动者无力参加。

（九）与财税的关系不同

国家对社会保险承担最后的保证责任，国家财政有对社会保险拨款的义务，这是国家财政的收入分配职能的重要表现。而国家对商业保险的经营并不承担任何责任，而且商业保险公司同一般的工商企业一样要向国家缴纳税收，一般情况下，国家不会给商业保险公司财政拨款和财政补贴。

## 二、社会保险和商业保险的互动与互制

社会保险与商业保险都是人类应对自身生活风险的风险管理机制，社会保险是为了解除国民后顾之忧并促进社会公平的法定保障，而商业保险是基于追逐投资和收益的市场交易行为。从社会保障角度出发，商业保险可以作为社会保障体系的组成部分，构成了对基本社会保障制度的重要补充。

（一）社会保险与商业保险的互动关系

（1）商业保险只对那些有经济条件参加保险的人提供保障，保险范围上比较狭窄，而社会保险具有社会性的特点。这表现在社会保险范围广泛，对象众多，对整个社会政治经济和日常生活的影响极大，社会保险面向全体劳动者。商业保险投保人要想得到较为充分的人身保障就必须缴纳高额的保险费，而实际中大量需要生活保障的普通劳动者难以承担这种经济负担。社会保险有福利性特点，不以营利为目的，管理费用大多数是由政府负担或补助。同时，社会保险的权利义务关系不对等，劳动者个人保险费的缴纳一般比例较小，或者象征性地缴一小部分，或者根本不需要缴纳，而由国家、企业等承担，所以社会保险部分解决了被保险人经济负担过重的问题，使更多的人有加入保险，获得保障的机会。

（2）社会保险还增开了商业保险所不宜承保的险种，比如失业保险，这就解决了因为失业产生家庭生活危机，以致社会问题不断等难题，从而维护了社会稳定。社会保险具有有利于低收入劳动者的再分配原则，具有调节社会收入，维护社会公平的作用，是在商业保险效能上的进一步发展。而且社会保险的强制性特点，强制人们参加保险，使人们在实践中得以提高保险意识，对商业保险的普及十分有利。同时，社会保险的发展，也可以直接或间接地减少商业保险金的支出。当然，社会保险的发展也使得商业保险如果只依靠传统业务，必然要降低利润水平，这就刺激了商业保险为寻找、弥补社会保险之不足而不断设计新险种，创造新业务，于是推动商业保险在社会保险产生之后更加迅速发展。

（3）社会保险与商业保险在经营技术方面可以相互借鉴并相互推动。如生

命表的制定,投资技术的借鉴,以及管理经验的借鉴等,都有助于各自的健康发展。

(4)社会保险制度的健全和发展,并不意味着否定或者排斥商业保险的作用。由于社会保险保障的范围广,保障的内容多,加之为保持劳动者就业的兴趣和积极性,防止出现"动力真空",社会保险的保障水平不可能也不允许越过满足人们基本生活需要的界限。如果某些劳动者随着个人收入增加,要求获得更高水平的保障,那么他们就只有参加商业保险。因此,自本世纪初以来,商业保险不仅没有因社会保险的发展而消失,反而势头更加旺盛。

**(二)社会保险与商业保险的相互制约关系**

社会保险与商业保险许多方面有着实质性的区别。社会保险与商业保险既有相互统一的一面,又有相互制约的一面,它们之间共同发展是有一定界限的。在保险资源空间一定的前提条件下,社会保险与商业保险相互制约,即一方的发展往往会削弱另一方的发展,商业保险的发展以社会保险只能保障人们的基本生活水平为条件;同样,社会保险的发展也只能以商业保险仅仅保障那些具有投保资格的人们为条件。倘若社会保险的保障水平超出人们基本生活需要的界限,或者商业保险没有投保条件的限制,那么,任何一方越位都会给对方造成压力,乃至影响和制约对方的发展,这一点已被实践证明。例如,美国和日本的寿险业务,虽然起步晚于某些欧洲国家,但如今该两国的寿险业务却大大超过了欧洲国家的发展水平。究其原因,是美国和日本的社会保险保障水平低于欧洲国家,人们对生活安全保障水平感到不足,从而促进了商业保险业以前所未有的速度向前发展;相反,由于部分欧洲国家的社会保险为人们提供了较为充裕的生活条件,人们对商业保险的需求弱,影响和限制了商业保险业的发展。

最近十多年来,新的职工基本养老保险制度、城乡居民社会养老保险制度、职工基本医疗保险制度(简称"职工医保")、新型农村合作医疗制度(简称"新农合")、城镇居民基本医疗保险制度(简称"城居医保")、失业保险制度、工伤保险制度和生育保险制度陆续颁行,社会保险的覆盖而由原先的国有、集体企业职工扩大到私营企业和个体工商户,再扩大到全体社会成员。这必然形成了对于商业保险的挤出效应。事实上,在保障需求和缴费能力一定的前提下,由于强制性的社会保险满足了社会成员一部分保障需求,也就是说商业保险的部分需求被强制替代。

### 三、社会保险深化改革与商业保险发展

社会保险和商业保险既存在紧密联系又有质的区别,我们不能随便将商业保险经营社会保险化,也不能将社会保险经营商业保险化。但也不能将两者对立,而应将两者配合设计,相互拾遗补缺,共同构建一个比较完善的保险体系。

#### (一)社会保险深化改革带来的商业保险发展空间

在现代社会中,政府具有为全体社会成员提供基本风险保障服务的职责,除了社会救助和公共福利之外,政府主要通过社会保险来实现这一职责。需要强调的是政府所提供的社会保险服务只是基本的保障,而不是高水平的充分保障,否则就会影响社会效率,培养出"懒汉"来。对于基本项目以外、基本保障水平以上的那部分风险保障需求,应该借助社会的力量和市场的机制来满足,此时政府的职责是制定有关规则,并承担监管之职责,以保证其规范、健康、有序地运行,而不是直接包办。此外,还需要明确各级政府之间的职责,妥善处理中央与地方关系、上下级政府关系和地区之间的利益关系。基于这样的理解,未来一个时期,社会保险制度改革和建设的重点以及由此产生的商业保险发展空间应当是在以下几个方面:

1. 机关事业单位社会养老保障制度改革与职业年金的发展

从社会公平的角度出发,应当朝着社会养老保障制度全社会统一的方向,改革机关事业单位退休保障制度,改造职工基本养老保险制度,实现全体工薪劳动者(国家机关、事业单位、企业及各类经济和社会组织中的从业人员)社会养老保险制度的统一,再创造条件逐步实现全体国民基本养老保险制度的统一。在这一背景下,职业年金(含企业年金)的发展将有新的空间。

2. 城乡居民社会医疗保障制度整合与补充性医疗保险的发展

我国现行社会医疗保障体系由职工医保、城居医保、新农合和医疗救助组成,简称"二险一助"或"3+1"模式。未来的发展趋势是从"3+1"模式展成为"2+1"模式,再发展到"1+1"模式。这里的"2+1"是指"职工医保+城乡居民医保+医疗救助",其中城乡居民医保是指将新农合与城居医保整合之后的社会医疗保险制度,在这一模式下,凡有工作单位的劳动者强制参加职工医保,其他劳动者和社会成员参加城乡居民医保。"1+1"是指"全民医疗保险+医疗救助",在这一模式下,全体社会成员均参加统一的社会医疗保险制度,再辅之以医疗救助。事实上,新农合与城居医保制度是性质完全相同的社会医疗保险制度,由于分属不同的部门经办管理,制度之间缺乏衔接与协调,出现两个参保群体间待遇攀比、重复参保等现象,造成财政重复补助、重复建设和社会资源浪费。因此,要根据城市化和社

会医疗保障体系发展的趋势,按照社会医疗保障制度公平性、可持续性和资源优化配置的原则,积极推进这两项制度的整合,提高其筹资水平与保障待遇水平,并创造条件逐步与职工基本医疗保险制度并轨,朝着全民医疗保险制度(有的学者称其为"全民健保制度")的方向努力。在这一背景下,职工基本医疗保险和公务员医疗补助水平将被稳定在一个适当的水平上,政府的重点是加快提高城乡居民的社会医疗保险水平。所以,对于国家机关、事业单位和部分效益较好的企业,补充性医疗保险的需求开始增长。

**3. 农民职业伤害保障水平提高与人身意外伤害保险的发展**

按照现行制度安排,国家机关、事业单位和企业及其他经济、社会组织均有职业伤害保障制度(工伤保险制度)。农民也是劳动者,但是一直没有职业风险保障制度。倘若农民劳动受伤,只能由自己负责,主要原因是,作为自雇者的农民,无法运用社会化筹资手段,建立社会保险机制。因此,应该积极探索农民职业伤害保障机制。对此,不一定要采取纯粹的社会保险手段,而是可以采用政府补贴、支持并委托商业保险公司经办的方法来进行。

**4. 人口老龄化、高龄化与护理保险的发展**

随着人口老龄化,尤其是高龄化社会的到来,老年护理的需求增加,为此,需要加快建立老年照护体系。除了必要的人员、设施和技术之外,还需要有足够的资金准备。从国际经验看,建立护理保险制度是筹集护理资金的一种重要途径,是实施护理制度的财务基础。老年护理保险制度是指被保险人因为年老患病或伤残导致身体上的某些功能全部或部分丧失,生活无法自理,需要入住专门的护理机构接受长期康复和护理服务,或在家中接受他人的专业护理服务,由保险基金支付有关费用的一项保险制度。这种护理通常包括医疗护理、日常生活照顾、精神心理帮助等。从发达国家的情况看,护理保险有两种模式:一是以美国为代表的商业保险模式,二是以德国和日本为代表的社会保险模式。从中国大陆的情况看,老年护理的需求未来必然是持续增长,但准备明显不足,尤其是未来所需资金的筹措机制尚未建立。因此,需要积极探索发展护理保险。目前,我国大陆运用社会保险普遍实施护理保险的条件尚不成熟,但考虑到一部分人群具有护理保险的现实需求,政府出台相应的优惠政策,鼓励保险公司开办商业性护理保险业务,并且创造条件使之与公办或民办的养老机构和城乡社区居家养老服务机构(或服务项目)相衔接应为目前条件下的现实选择。

**(二)商业保险发展的动力和实现路径**

随着社会保险的转型,商业保险在整个社会保障体系建设中将发挥越来越重要的作用。胡锦涛在中共十七大报告中明确指出："加快建立覆盖城乡居民的社会保障体系，保障人民基本生活"。"要以社会保险、社会救助、社会福利为基础，以基本养老、基本医疗、最低生活保障制度为重点，以慈善事业、商业保险为补充，加快完善社会保障体系"。据此，我们应当积极创造条件，充分发挥商业保险在社会保障体系中的补充作用。现阶段，重点要解决以下问题：

1. 角色定位

社会保障领域各社会主体地位的合理确定，对于优化风险保障资源配置、提高全社会福利和保障水平具有十分重要的现实意义。从政府的职责看，在保险领域，政府应通过社会保险直接提供基本风险保障服务；同时对于商业保险通过优惠政策促进其健康发展。对于用人单位而言，既是一个生产经营或服务主体，同时也是一个社会责任主体和风险管理主体，必须依法为员工办理社会保险，在此基础上，通过购买商业保险等途径实施员工福利计划，吸引人才、留住人才，以最低的成本获得最优的人力资源。对于劳动者和社会成员而言，需要制定自己的风险管理计划，要依法参加社会保险，积极争取自己的福利权益，并力所能及地购买一部分商业保险作为补充。在政府、用人单位、劳动者和社会成员职责清晰的基础上，保险公司应当找到自己合适的位置，明确自己应该做而又可以做的事情，不是把重点放在要求有关部门让出市场，而是在政府实施的社会保险基础之上为老百姓提供补充性保障。从这个意义上说，保险公司也需转变观念，准确定位，寻找新的发展空间。真正形成政府主导社会保障与市场主导商业保险的格局，并在尊重各自规律的条件下获得共同发展。

2. 险种开发

新的发展空间需要通过开发适合于市场需要的新险种来实现。虽然这几年各家保险公司在险种创新方面已经做了很多工作，但是与社会实际需求还有较大差距。事实上，现有保险资源未能被充分挖掘。究其原因，主要是体制机制的制约。因此，建议政府制定合理的政策，促使相关保险公司适当扩大在本地分支机构的职权，使他们的保险服务能够紧贴当地实际；鼓励保险公司改革考核机制，使基层管理和销售人员具有为本地经济社会发展服务的原动力；鼓励保险企业运用现代信息技术，加强经验数据的分析并加以充分利用，逐步提高精算工作水平；制定并有效执行保护保险创新知识产权的政策。根据需要强制推行部分有利于公共风险管理的责任保险险种。与此同时，建议政府制定部分保险业务的税收优惠政策，如健康保险、养老保险、公众责任保险、职业责任保险等。

3.环境优化

如同社会保险制度一样,商业保险制度运行也需要适宜的环境。就当前的情况而言,重点是医疗卫生体制、药品流通体制、社会诚信体系、金融体系等。因此,要加快医疗卫生体制和药品流通体制改革,有效控制医疗费用上涨。现阶段,保险领域的不诚信现象比较严重,投保方和保险方都存在欺诈行为,医疗卫生机构和药品流通企业存在严重的非道德行为,需要建立有效的机制,惩恶扬善,健全社会诚信体系。

## 拓展阅读一

## 2011年7月新颁布的《社会保险法》解读

2011年7月1日起,《中华人民共和国社会保险法》(以下简称《社会保险法》)开始颁布施行。《社会保险法》是中国特色社会主义法律体系中起支架作用的重要法律,是一部着力保障和改善民生的法律。它的颁布实施,是我国人力资源社会保障法制建设中的又一个里程碑,对于建立覆盖城乡居民的社会保障体系,更好地维护公民参加社会保险和享受社会保险待遇的合法权益,使公民共享发展成果,促进社会主义和谐社会建设,具有十分重要的意义。

一、《社会保险法》确立了我国社会保险体系的基本框架

第一,基本养老保险包括职工基本养老保险、新型农村社会养老保险和城镇居民社会养老保险。本法总结二十多年来我国养老保险制度改革的经验,对职工基本养老保险制度的覆盖范围、基本模式、资金来源、待遇构成、享受条件和调整机制等作了比较全面的规范,并规定了病残津贴和遗属抚恤制度。根据开展新型农村社会养老保险试点这一重大实践进展,本法对新型农村社会养老保险的主要制度做出规范。此外,本法还规定国家建立和完善城镇居民社会养老保险制度,同时授权省、自治区、直辖市人民政府根据实际情况,可以将城镇居民社会养老保险和新型农村社会养老保险合并实施,为逐步建立统筹城乡的养老保障体系奠定了法律基础。

第二,基本医疗保险包括职工基本医疗保险、新型农村合作医疗保险和城镇居民基本医疗保险。本法对职工基本医疗保险制度和城镇居民基本医疗保险制度的覆盖范围、资金来源、待遇项目及享受条件、医疗保险费用结算办法等作了比较全面的规定,对新型农村合作医疗制度作了原则规定,并授权国务院规定管理办法。

第三,工伤保险、失业保险和生育保险制度经过十多年的实践,已经比较成熟。

本法在总结实践经验的基础上，对工伤保险、失业保险和生育保险也分别单独成章，对其覆盖范围、资金来源、待遇项目和享受条件等作了具体规定。

二、《社会保险法》明确了各项社会保险制度的覆盖范围

《社会保险法》将我国境内所有用人单位和个人都纳入了社会保险制度的覆盖范围，具体是：

第一，基本养老保险制度和基本医疗保险制度覆盖了我国城乡全体居民。即用人单位及其职工应当参加职工基本养老保险和职工基本医疗保险；无雇工的个体工商户、未在用人单位参加社会保险的非全日制从业人员以及其他灵活就业人员可以参加职工基本养老保险和职工基本医疗保险；农村居民可以参加新型农村社会养老保险和新型农村合作医疗保险；城镇未就业的居民可以参加城镇居民社会养老保险和城镇居民基本医疗保险；进城务工的农村居民依照本法规定参加社会保险；公务员和参照公务员法管理的工作人员参加养老保险的办法由国务院规定。

第二，工伤保险、失业保险和生育保险制度覆盖了所有用人单位及其职工。

第三，被征地农民按照国务院规定纳入相应的社会保险制度。被征地农民到用人单位就业的，都应当参加全部五项社会保险。对于未就业，转为城镇居民的，可以参加城镇居民社会养老保险和城镇居民基本医疗保险，继续保留农村居民身份的，可以参加新型农村社会养老保险和新型农村合作医疗保险。

第四，在中国境内就业的外国人，也应当参照本法规定参加我国的社会保险。

三、《社会保险法》规定了社会保险制度的筹资渠道

国家多渠道筹集社会保险资金。《社会保险法》规定了各项社会保险制度的筹资渠道，明确了用人单位、个人和政府在社会保险筹资中的责任。具体是：

第一，城镇职工社会保险基金的主要来源是社会保险缴费。本法规定，职工基本养老保险、职工基本医疗保险和失业保险费用，由用人单位和职工共同缴纳，工伤保险和生育保险费用由用人单位缴纳，职工个人不缴费。

第二，居民社会保险基金主要由社会保险缴费和政府补贴构成。本法规定，新型农村社会养老保险实行个人缴费、集体补助和政府补贴相结合；城镇居民基本医疗保险实行个人缴费和政府补贴相结合。

第三，明确了政府在社会保险筹资中的责任。本法规定，县级以上人民政府对社会保险事业给予必要的经费支持，在社会保险基金出现支付不足时给予补贴；国有企业、事业单位职工参加基本养老保险前，视同缴费年限期间应当缴纳的基本养老保险费由政府承担；在新型农村社会养老保险和城镇居民基本医疗保险制度中，

政府对参保人员给予补贴;基本养老保险基金出现支付不足时,政府给予补贴;国家设立全国社会保障基金,由中央财政预算拨款以及国务院批准的其他方式筹集的资金构成,用于社会保障支出的补充、调剂。

四、《社会保险法》规定了各项社会保险的待遇项目和享受条件

为了保障参加社会保险的个人及时足额领取社会保险待遇,《社会保险法》在现行规定基础上,分别概括地规定了各项社会保险的待遇和享受条件,并在总结实践经验的基础上有所发展。

(一)基本养老保险待遇

第一,参加基本养老保险的个人,达到法定退休年龄时累计缴费满十五年的,按月领取基本养老金。基本养老金由统筹养老金(现行制度中称为基础养老金)和个人账户养老金组成,基本养老金根据个人累计缴费年限、缴费工资、当地职工平均工资、个人账户金额、城镇人口平均预期寿命等因素确定。缴费不足十五年的人员可以缴费至满十五年,按月领取基本养老金;也可以转入新型农村社会养老保险或者城镇居民社会养老保险,按照国务院规定享受相应的养老保险待遇。

第二,参加新型农村社会养老保险的农村居民,符合国家规定条件的,按月领取新型农村社会养老保险待遇。新型农村社会养老保险待遇由基础养老金和个人账户养老金组成。

第三,参加基本养老保险的个人,因病或者非因工死亡的,其遗属可以领取丧葬补助金和抚恤金;在未达到法定退休年龄时因病或者非因工致残完全丧失劳动能力的,可以领取病残津贴。

(二)基本医疗保险待遇

由于我国各地经济发展水平不同,医疗服务提供能力和医疗消费水平等差距都很大,国务院只对基本医疗保险起付标准、支付比例和最高支付限额等作了原则规定,具体待遇给付标准由统筹地区人民政府按照以收定支的原则确定。考虑到这个实际,本法没有对基本医疗保险待遇项目和享受条件作更为具体的规定。需要特别指出的有两点:

第一,为了缓解个人垫付大量医疗费的问题,本法规定了基本医疗保险费用直接结算制度。参保人员就医发生的医疗费用中,按照规定应当由基本医疗保险基金支付的部分,由社会保险经办机构与医疗机构、药品经营单位直接结算;社会保险行政部门和卫生行政部门应当建立异地就医医疗费用结算制度,方便参保人员享受基本医疗保险待遇。

第二,在明确应当由第三人负担的医疗费用不纳入基本医疗保险基金支付范围的同时,本法规定,医疗费用依法应当由第三人负担,第三人不支付或者无法确定第三人的,由基本医疗保险基金先行支付后,向第三人追偿。

(三)工伤保险待遇

在《工伤保险条例》规定的工伤保险待遇基础上,《社会保险法》有三项突破:

第一,将现行规定由用人单位支付的工伤职工"住院伙食补助费"、"到统筹地区以外就医的交通食宿费"和"终止或者解除劳动合同时应当享受的一次性医疗补助金"改为由工伤保险基金支付,在进一步保障工伤职工权益的同时,减轻了参保用人单位的负担。

第二,为保证工伤职工得到及时救治,本法规定了工伤保险待遇垫付追偿制度。即职工所在用人单位未依法缴纳工伤保险费,发生工伤事故的,由用人单位支付工伤保险待遇。用人单位不支付的,从工伤保险基金中先行支付,然后由社会保险经办机构依照本法规定追偿。

第三,规定由于第三人的原因造成工伤,第三人不支付工伤医疗费用或者无法确定第三人的,由工伤保险基金先行支付后,向第三人追偿。

## 拓展阅读二

### 商业保险与社会保险融合的国际经验

各国社会保障体制的形成均经历了一个漫长的时期,由于国情千差万别,各国的社保体制也各有不同,并无一个标准的模式。但这些改革的一个重要取向是市场化,即由过去政府包揽社会保障转向充分利用市场的力量和增加国民的自我责任。那么,这些改革的主要措施包括:

第一,在养老保险领域,减少政府在养老保障上的财务责任,改进养老保障运作制度,从现收现付向部分积累模式转变,从社会统筹向个人账户模式转变,最终建立一个多支柱(一般为三支柱)的养老保障体系。所谓三支柱,一是由国家依法强制建立,通过税收或缴费筹集资金,广覆盖、低水平的基本养老保险制度;二是国家依法推行,依靠企业和个人缴费筹集资金,通过个人账户管理的、完全积累式的补充养老保险制度;三是个人自愿购买的商业性养老保险制度。也有的国家在世行的支持下,抛弃了公共确定收益养老金体制,而用私人确定缴费体制取代之。采用这一方式的有阿根廷、玻利维亚、哥伦比亚、匈牙利、秘鲁、波兰、瑞典、乌拉圭等国家。

第二,在医疗保险领域,一是通过扩大缴费基数、取消不合理项目等措施减少财政压力。二是改变一般患者的费用负担方式,调整不同年龄阶段患者负担医疗费的比率。例如日本 2002 年医疗保险制度改革以后,工薪族患者自费负担的比率由 20% 提高至 30%,工薪家属住院费自负担比率由 20% 改为 3 ~ 69 岁自负 30%,同时自负担 10% 的对象也由改革前的 70 岁以上老人改为 75 岁以上老人。三是设立护理保险制度(例如 1995 年德国实施《护理保险法》,2005 年日本引入护理保险制度),利用民间的力量扩大老人护理服务的规模。换言之,政府试图通过改革护理制度而将原有的福利制度转变为社会保险制度。四是改进医疗服务体系,例如使用更广泛类别的服务提供者提供医护服务;订立国民保健服务医疗机构及非政府医疗机构的服务质素标准;加强对医疗费用支出的监督管理,推行新的拨款机制,奖励高效率的服务提供者,等等。

第三,通过财政支持、减免税收等手段,建立巨灾保险机制,特别是巨灾保险的再保险机制。

上述改革对商业保险的影响是深远的。由于从政府包揽养老、医疗等转向更多地利用市场机制实现对国民的保障,更加注重公共保障体制的效率,改革无疑需要商业保险机构来填补政府退出所造成的空间,并在提高资金使用效率方面发挥更大的作用。

那么,国外政府在支持商业保险公司发挥作用上的主要做法有哪些?

为充分发挥商业保险公司的作用,促进保险业发展,不少国家的政府都采取了一些支持措施,如税收优惠、财政投入等。

首先,扶持商业保险的税收政策在税收支持政策中,最著名的是美国的 401k 计划。该计划是由雇主建立的、可以为雇员提供税前缴费的养老金计划。参加该计划的企业和雇员的缴费可以在规定的限度内从应税收入中扣除,雇主所缴保费和养老金的投资收益享受税收递延的优惠政策。由于养老金延续的时间很长,税收递延政策给雇员带来的利益相当可观。

日本对消费者购买寿险和财险(包括人身伤害险、医疗费用险、看护费用险等)部分险种所支出的保费都有一定额度的免税扣除。例如企业为员工购买的寿险保费可计入亏损,企业为本公司资产投保的火灾保险、机动车保险的保费可计入亏损,企业为员工购买的医疗保险在一定条件下可全额作为亏损处理等。日本还为保险公司提供了税收政策优惠,例如对部分或全部责任准备金免税。包括普通责任准备金、返还保费储备金、支付储备金、巨灾储备金、地震风险储备金、交强险强制公积金等。

其次,支持商业保险发展的财政政策外国政府为促进和保护保险业发展的财政支持方式主要是:

第一,当保险公司面临商业无法承受的巨大风险时,由国家通过财政拨款成为主承保人。

第二,当保险公司承保有较大风险难以分散,因而不能长期稳定地为国民提供保险保障时,有政府为之提供再保险。

第三,对农业保险提供保费补贴。对弱势产业提供保费补贴是各国的通行做法,目前对农作物的保费补贴一般在 50% 左右,家畜、果树也有比例不同的保费补贴。

再者,规范商业保险公司在社保体系中发挥作用的监管政策。

智利等国的经验表明,无论是国有机构还是私营性基金管理公司都可能具有牺牲消费者利益为自己牟利的强烈动机,都可能出现违法违规活动。因此,在市场经济中如果政府要求商业性机构在社会保障体系中履行义务的话,就必须进行积极谨慎的监管,否则当事的各方就会找到逃避义务并捞取好处的多种方式。只有真正从保护投资者的立场出发,通过有效的制度和市场竞争,严格规范市场主体的行为,社保体系才能得到长足的发展。

基于上述理由,各国政府通常要对市场化运作的养老基金进行严格的监管,其监管内容,一是针对受托人的监管,包括受托人的成立方式和程序、受托人对投资管理人的选择过程、合约的制定程序和内容;二是针对投资管理人的监管,包括资质、投资方向、投资比例和绩效;三是对资金托管人的监管。美国 401k 计划的监管涉及各金融监管机构、国内税务局和劳工部。各金融监管机构的主要职责是对偿付能力、市场行为、公司治理、投资行为、信息披露等进行监管。国内税收局的主要职责是防止税收收入流失和税收待遇被滥用。劳动部的主要职责是确认计划发起人、计划参与者、计划本身的合格性,严格贯彻落实"非歧视"原则,监督受托人履行职责。

## 小结

作为社会保障体系中的两个重要支柱,社会保险与商业保险之间有着天然不可分割的联系,两者在实现保险服务社会化的过程中有可能借助保险资源的整合(包括保险客户资源,社会管理资源,机构人才资源等)寻求合作——社会保险的普遍实施有助于推动商业保险的发展,而商业保险也可以利用自身优势,借助社会保险部门强大的平台参与社会化风险保障服务。社会保险部门则可以利用商业保险公司的有利因素在社会保险管理中引入市场机制,提高社会保险体系运行效率,在保证决策权和监督权的前提下,让商业保险公司承担部分服务工作,例如购买服务、代办业务等,降低社会保险运行成本,造就"双赢"局面。

总之,在处理商业保险与社会保险的关系方面,既不能对商业保险寄予不切实际的期望,亦不能将商业保险排除在社会保障体系建设之外,而是要在尊重商业保险的市场规则的同时,根据社会保障制度可持续发展的需要,为商业保险的发展留下相应的空间,并采取行之有效的政策措施来加以推进。商业保险与社会保险的健康发展,对我国社会保障体系的完善具有重大意义。

# 第九章　政府保险

## 引言

作为经济活动的一种,保险有其独特的运作机制。尽管个别风险是否发生损失具有偶然性,但在大数法则下,当大量同质风险集中在一起时,总体的损失结果会趋于稳定。商业保险公司正是在此基础上,通过对历史数据的研究来总结出险概率,然后合理制定保险费率,从而实现个别损失在保险集合内的分摊。然而在现实中并非所有风险都具有可保性,尤其是某些风险一旦发生受灾面积很广、损失金额巨大,出于自身财务安全性的考虑,商业保险公司大多不愿承担这类风险。面对市场转移风险的客观需要,此时政府的参与也就顺理成章了,我们称这类保险为政府保险。

本章试图解决以下问题:什么是政府保险? 其具有哪些特点? 政府保险的对象和类别有哪些? 政府保险发挥着怎样的作用?

## 关键词

政府保险　地震保险　巨灾保险　农业保险　出口信用保险

# 第一节　政府保险概述

## 一、政府保险的界定

"政府保险"这一名词并不陌生,但至今没有关于它的明确定义。人们在使用这一概念时,经常将它等同于政策性保险。我们认为,政府保险是专指为弥补市场机制的不足,政府以国家财政为后盾给予扶持的商业保险。

为明确政府保险的范畴,我们将政府保险与其他相近的概念进行比较。

1. 政府保险与政策性保险

政策性保险是指政府为了某种政策上的目的,运用商业保险的原理并给予扶持政策而开办的保险,一般包括社会政策保险和经济政策保险两大类型,其中社会政策保险即社会保险,是国家为稳定社会秩序、贯彻公平原则而开办的;经济政策保险是国家从宏观经济利益出发,对某些关系国计民生的行业实施保护政策而开办的保险,包括出口信用保险、农业保险、存款保险等。可以看出,政策性保险是一个比较宽泛的概念,可以说只要政府为体现政策目的参与到保险经营中即可视为政策性保险,无论是社会保险还是商业保险;而政府保险则只考虑政府对商业保险的参与,不包括社会保险,因此概念的范畴相对较小。其次,政策性保险这一概念强调政府参与保险的原因是出于政策考虑,体现了政府的主动性,而政府保险则是强调政府参与保险的原因是为了弥补市场机制的不足,如果市场机制能充分发挥作用政府本无须参与,因此政府的参与是被动的。

综上所述,政府保险包涵于政策性保险,属于经济政策保险,但强调的是市场机制的不足。

2. 政府保险与强制保险

强制保险是指政府通过立法强制特定人群必须参加的保险,强调的是强制性,与商业保险的自愿原则截然不同,而政府保险大多采用自愿的做法,当然也可以采取强制的方式。

## 二、政府保险产生的背景和理论依据

尽管市场机制是一种有效率的经济机制,但有时也会失灵,如存在非对称信息等。特别在商业保险中,买卖双方都遵循自愿原则,这就意味着保险交易必须使双方都满意,即保险购买者认为以小额的确定的损失(保险费)去替换大额的不确定的损失(保险金)是划算的,同时保险公司收取的保险费不仅能满足保险赔付、各项业务开支和管理费用等,还能获得预期利润。用经济学语言来说就是双方都能获得效用的提升。在此条件下,保险费的大小就存在严格的上限和下限,上限为消费者买或不买保险在效用上无差异,下限为保险公司不能亏损。尽管多数风险能够满足这种保费约束,但还有一些风险正常条件下无法满足,这些被保险公司视为不可保风险,如地震风险、洪水风险、飓风风险、恐怖风险等,这类风险较难满足大数法则也很难预测,一旦发生往往带来巨额损失,如 1992 年美国 Andrew 飓风造成了 160 亿美元的损失,2005 年 Katrina 和 Rita 飓风造成的损失甚至高达 600 亿美元。保险公司为了保证盈利,只能收取很高保费,而消费者又因为这类风险较少发生,不愿高价购买,于是出现了市场失灵。此时要维持该市场就需要政府的干预,这就是政府保险产生的背景。

在政府保险中,政府干预市场的手段多数为提供财政补贴,这与在一般商业保险中,为鼓励保险业发展政府提供税收优惠不同。在享受税收优惠的保险业务中,不存在市场失灵的现象,而在政府保险中,没有财政补贴这类业务就无法经营。财政补贴政策即在结构失衡或出现供给"瓶颈"时,提供各种形式的财政补贴,以保护特定的产业及地区经济。财政补贴政策是国家协调经济运行和社会各方面利益分配关系的经济杠杆,也是发挥财政分配机制作用的特定手段,是世界上许多国家政府运用的一项重要经济政策财政补贴。作为一种宏观调控手段,可被政府用来实现多种政策目标,如对促进生产和流通的发展稳定市场价格、保障人民生活,以及扩大国际贸易等都有积极作用。但是,政府也不是万能的。政府保险如果运用不当,补贴范围过宽,数额过大,就会超出财政的承受能力;如果补贴造成了产品的价格扭曲和企业的经营机制混乱,就会使之从调节社会经济活动的杠杆变为抑制经济发展的包袱。因此在政府保险中,政府干预的原则应该是尽量发挥市场的作用,减少政府干预。

## 第二节 西方国家的政府保险

### 一、西方国家政府保险的现状

目前西方国家的政府保险主要包括农业保险、巨灾保险、出口信用保险和存款保险等。

#### (一)农业保险

农业保险的形成与发展是农业经济发展水平的一个重要标志,农业保险、农产品价格扶持政策、农业信贷补贴是当今世界各国支持和保证农业生产的三大政策性措施。农作物生产在露天进行,旱涝风雹极易造成农作物歉收,保险可以弥补灾害损失,农民有了保险契约的索赔权,就会放心地扩大农业再生产投资,政府也可以减少救灾财政的负担。但由于农作物收获保险风险大、赔付率高,一般情况下,私营保险公司难以单独承担农业保险的巨大风险,世界各国普遍以政府保险的方式来开办。以下我们以美国和法国的农业保险为例进行说明。

1. 美国的农业保险

美国是世界上最大的农产品出口国,其农业保险的发展也成为世界农业保险发展的成功典范。

美国政府采取扶持农业的政策,对农业保险给予多种补贴。为鼓励农场主和农民参加保险,对农业投保人给予保费补贴,最高达保费的 30%;政府对民营保险公司经营农险亏损,按法定补贴率给予定额补贴;承担民营保险公司经营农险人员的薪金费用;政府还为民营公司提供再保险。2002 年布什政府颁布的《新农业法》规定,在今后的 10 年里,政府对农业的各种补贴和财政支持达到 1900 亿美元,平均每年投入 190 亿美元,正好低于世界贸易组织规定的每年农业补贴不得高于 191 亿美元的上限。据美国农业部估计,目前大约 30% 的大农场获得了大约 70% 的补贴。联邦作物保险公司经营农险不以盈利为目的,该公司农作物险赔付率一直在 90% 以上。

目前美国农作物保险形式主要有:一是多种风险农作物保险。这是美国最早开设的农作物保险业务,保险的范围最广,保险作物约为 70 种,保险责任包括干旱、洪水、火山爆发、山体滑坡、雹灾、火灾和作物病虫害等。二是团体风险保险。该险种的保险产量与所在地该农作物的平均产量挂钩。当所在地平均产量因受灾损失而低于保险产量时,保险公司负责提供补偿,而不考虑各个农场实际产量的高低。三是收入保险。自 1994 年农作物保险改革法生效以来,收入保险成为美国农村地区最受欢迎的险种。四是冰雹险。在美国农业保险中,大型天灾险种一般都是由政府支持的,但唯一例外就是冰雹险,这是一个完全由私营保险公司开展的纯商业险种。

2. 法国的农业保险

法国为了确保农业的快速发展,政府对农业保险实行了低费率和高补贴的政策,法国政府对农民所交保险费的补贴比例在 50% ~80% 左右。也就是说,农民只需交保费的 20% ~50% 左右,其余部分由政府承担。由于政府通过农业保险制度的建立保障了农业生产的稳定发展,农民在政府那里得到了高额的保费补贴,分散了风险,减轻了受灾损失,调动和保护了农民进行农业生产的积极性。农业保险不同于纯粹性的商业保险,其原因在于农业保险不以营利为目的,所以法国的农业保险已经从商业保险中分离出来,在政府的支持下建立了专门的政策性农业保险机构。农业保险作为一种政府行为,其行政经费、农险基金赤字等都由政府实行直接的财政补贴。国家每年要做一次保险预算,总额不少于保费的 20%,不超过保费的 50%,这部分基金是用于满足国营保险公司入不敷出时的急需,从而有力地保障了农业保险机构业务的开展。法国的农业相互保险集团是以政府控股为主体，社会参股的形式建立起来的股份有限公司。公司按三级（出资者、董事会、经理制）控制群体结构而运行。法国农业相互保险集团下设 4 个保险公司，即农业相互保险公司、非农业财产保险公司、农民寿险公司和农业再保险公司。农业相互保险公司承保全国农民的所有财产、疾病和意外伤害中断间的损失；非农业财产保险公司主要承保农村的屠宰商、面包商、手工业商、小商、业者的财产、疾病和意外伤害保险；农民寿险公司承保农民和非农民的人寿保险和死亡保险业务；农业再保险公司负责对内对外的分保业务。集团在开展农业保险险种前，首先进行可行性分析，然后通过试点，再逐步扩大。其中养殖业保险主要承担牲畜因火灾、暴风雨、雪灾等自然灾害所造成的死亡保险，而且部分险种只承保规模经营的养殖场，分散养殖户不予承保。集团公司在制定业务规划和公司发展战略上，重点考虑内外部环境，掌握保户的需求，不断完善保单要素。在发展策略上不断加强风险管理，提高管理水平，降低成本，进一步保持和发展优势业务。

### （二）巨灾保险

巨灾风险具有损失不确定、逆向选择、道德风险和损失高度相关等特点，不符合大数定律的法则，属于不可保风险的范畴。商业保险公司很难主动提供相应的地震保险，即使提供，也会制定较高的保险费率，投保人只能望而却步，进而造成地震保险的供需不平衡，因此世界各国大多采用政府保险的方式来应对巨灾风险。巨灾风险包括洪水、飓风、地震、海啸等，其中最典型的是地震风险。

地震的发生具有较强的突发性，现代科技手段预测地震的能力有限，导致人类提前预知该类事故的可能性极低。地震风险具有较强的地域性，常常会使一定地域内的大量标的物同时受损，造成损失的集中与巨大。此时，保险人就会收取较高的保费才能在弥补平均损失的同时，避免发生地震损失时面临的偿付能力不足的情形。特别是对于一些经济条件差、灾害频发的地区来说，地震保险产品价格超过了普通居民的承受能力。以下我们以美国和日本的地震保险为例进行说明。

#### 1. 美国加州地震保险

美国加利福尼亚州位于环太平洋地震带上，是美国地震灾害最严重的地区之一，同时也是美国保险业最发达的地区。1995 加州出台《地震保险法》规定：凡在加州出售房主保险的保险公司必须出售地震保险，1996 年加州地震保险局（CEA）依此法应运而生，提供地震损失风险保障。

加州地震保险损失补偿机制以加州地震保险局为核心机构，其他商业保险公司自愿加入地震保险局成为参与公司的联合模式。CEA 是一个由民营保险部门筹集资金,政府特许经营的公司化组织,扮演准公共机构角色,类似民营公办方式。成立这个组织的目的是向加州居民提供价格适中的地震保险使其免遭地震损失。商业保险公司加入加州地震保险局最大的好处是可以分散单个公司所累积的地震损失风险,同时公司还可以继续在加州的房主保险市场上开展业务。目前,加州地震局主办的保险占整个加州地震保险市场的70%以上,加州地震保险局已经成为世界上最大的住宅地震保险人之一。CEA 的监管机构是加州地震局管理委员会,该委员会由加州州长、加州财政厅长、加州保险监督官、参议员临时主席及国会这五位民选成员组成,另外,该委员会还聘请了一个咨询小组,其成员由保险业者、消费者和地震专家组成。

CEA 的理赔金来自多渠道的资金支持,主要包括:参与公司向基金账户缴纳的资本金、日常保户的保费收入、再保险资金支持、投资收益、借款、投资收益享受的免税待遇等。针对地震灾害可能引致的不同程度的损失,CEA 制定了一套多层次的保险责任分摊机制,如表9 – 1 所示:

表9 – 1    加州地震保险损失补偿分摊规则

| 保险责任层次 | 损失金额(亿美元) | 损失分摊主体 | 分摊机制 |
|---|---|---|---|
| 第一层 | 0 ~ 10 | CEA 的资本金 | 由商业保险公司依其市场占有率缴纳的资本金分摊 |
| 第二层 | 10 ~ 40 | 商业保险公司 | CEA 可先用基金账户的累积盈余支付,若损失超过盈余部分或可营运资金降低至3.5 美元以下时,CEA 有权向保险公司摊收赔款,摊收金额不超过30 亿美元 |
| 第三层 | 40 ~ 60 | 超额损失再保险 | 由再保险公司负担20 亿美元。 |
| 第四层 | 60 ~ 70 | 政府公债 | CEA 可发行加州政府盈余公债10 亿美元,国库局负责公债销售 |
| 第五层 | 70 ~ 85 | 资本市场 | 可向资本市场发行15 亿美元的巨灾债券来筹措资金 |
| 第六层 | 85 ~ 105 | 超额损失再保险 | 可再向保险公司摊收20 亿美元 |
| 第七层 | CEA 所有可用资金全部用尽且无其他基金来源 | 管理委员会 | 管理委员会向加州保险监管厅报告一份以比例或分期支付保单持有人理赔金的计划,管理委员会将确保足够资金以继续经营 CEA |

资料来源:蔡升达.地震灾害风险评估级地震保险之风险管理[D].台湾:台湾中央大学土木工程研究所,2000.

加州地震保险的具有以下特点：(1)混合运用多种金融工具。在地震损失分摊规则设计中，有效利用了再保险市场及发达的资本市场转移地震风险，通过保险与多种金融工具的有机结合，构建了灾前与灾后一体化的融资机制，以避免一时庞大的资金需求在同一市场造成资金的供给不足。在地震发生前，通过保险人缴纳的资本金、再保险额度及通过资本市场发行地震保险债券等途径积累准备金；地震发生后，参与保险人在两次不同限额损失范围内分摊额外损失；通过发行盈余公债或其他举债融资混合工具筹措资金。(2)采用私营共保形式，充分发挥市场机制的有效性。加州地震保险局实际上是一个共保联合体，可以把各个成员之间的风险相互分散，以减轻由于不同公司因业务集中在不同区域而导致的风险相对集中。加州政府只是在法律及政策上给予支持，如税收减免、对保险费率的厘定给予技术支持、建立多方监管的管理机构等。因此，政府对地震保险的干预最大的目的是最大限度发挥市场机制的有效性，减轻政府对市场资源配置的扭曲。(3)通过竞争市场，有助于地震保险业的完善与发展。加州地震保险局对保险公司加入 CEA 与否采用自愿原则，目前，约有 70% 的承保住房保险的保险公司加入 CEA，按照加州法律，如果保险公司不加入 CEA，则必须自行向加州居民提供地震保险，因此，在CEA 承保地震保险之外还存在另外一个地震保险市场，与之形成竞争市场。这种竞争形式，有助于双方的优势互补，共同支撑起对地震损失的保险补偿。

2. 日本地震保险

日本地处太平洋火山地震带，是世界上少有的地震国，也是地震保险制度相当完善的国家。1966 年，日本出台《地震保险法》，并开始逐步建立地震保险制度。

日本地震保险损失补偿机制最大的特色在于其再保险制度的建立，是一个由民营保险公司和政府作为承保人共同参与的再保险体系，其成员组织由政府、民营保险公司、民营保险公司参股成立的日本地震再保险株式会社（JER）组成，政府以再保险方式分摊责任，JER 是其再保险体系的核心机构。具体程序是：投保人向民营保险公司投保地震保险后，保险公司将承保的地震保险向 JER 全额购买地震再保险（称为"A 特别签约"），然后 JER 将所承保的地震风险分为三个部分：一部分自留；另一部分分保回原保险公司，JER 与保险公司签订转再保险契约（称为"B 特别签约"），依各保险公司间的转再保险比例进行分摊；还有一部分转分保给政府，由 JER 与政府签订地震保险超额转再保险契约（称为"C 特别签约"），由政府承担超额的赔偿责任。这样，一个巨大的风险最终由各保险公司、JER 和政府共同分摊。日本地震保险损失补偿分摊规则以再保险为承保方式，依据损失大小分为三级：一级损失（0～750 亿日元）全部由民营保险公司负担；二级损失（750 亿～

10774 亿日元)由 JER 和民营保险公司承担50%,政府承担50%;三级损失(10774亿~45000 亿日元)由 JER 和民营保险公司承担5%,政府承担95%。由此可见,损失越大,政府承担的补偿份额越大。

日本地震保险具有以下特点:(1)将家庭财产与企业财产分开对待,家庭财产地震保险属于非营利性质,其费率厘定不含利润,实行以政策性保险为主的损失补偿机制,而对企业财产则实行完全意义的商业保险制度,从而集中有限的财力、物力以保障居民的基本生活需要,帮助他们提高应对地震风险的能力。(2)采用限额承保和差别费率。日本地震保险采取限额承保,保险金额限定为家庭财产保险金额的 30%~50%。即使发生全损,投保人也只能获得部分赔偿,从而有效克服了保险公司和政府承保能力不足的限制,同时使灾民获得必要的援助。日本地震保险费率主要根据不同地区的危险度和建筑物结构设定并根据建筑物年代和抗震等级对保费给予不同程度的补贴,以鼓励人们提高对地震风险投保的积极性及减灾水平。(3)风险准备金的累积和运用。各商业保险公司将每年的保费收入扣除相关管理费用后作为地震风险准备金全部交给 JER 管理,其资金收入亦并入准备金提存,除支付地震保险金外,该准备金不得挪用。政府赔偿责任所动用的财政支出要设立专项再保险会计管理,与一般财政分开。对于其所收取的再保险费,如果在支付保险赔偿金后尚有剩余,则剩余部分要全部结存,作为政府的地震风险准备金。此外,为保证地震风险准备金的安全性及流动性,该准备金只能以债券的形式加以运用。(4)充分利用商业保险机制。日本地震保险制度在政府的积极参与下,具有企业经营与国家保障的双重功能,属于政策性保险的范畴。然而,政府的财政资金并不是直接注入救灾系统,而是通过再保险方式纳入地震巨灾保险基金,通过保险的方式加以运用。这种方式有利于救灾资金的统一管理、统一运作,提高资金利用效率,从而使灾后的应急融资模式有效转化为灾前与灾后一体化的融资模式。

### (三)出口信用保险

出口信用保险(Export Credit Insurance),也叫出口信贷保险,是各国政府为提高本国产品的国际竞争力,推动本国的出口贸易,保障出口商的收汇安全和银行的信贷安全,促进经济发展,以国家财政为后盾,为企业在出口贸易、对外投资和对外工程承包等经济活动中提供风险保障的一项政策性支持措施,属于非营利性的保险业务,是政府对市场经济的一种间接调控手段和补充。

出口信用保险诞生于 19 世纪末的欧洲,最早在英国和德国等地萌芽。1919年,英国建立了出口信用制度,成立了第一家官方支持的出口信贷担保机构——英国出口信用担保局。紧随其后,比利时于 1921 年成立出口信用保险局,荷兰政府于 1925 年建立国家出口信用担保机制,挪威政府于 1929 年建立出口信用担保公司,西班牙、瑞典、美国、加拿大和法国分别于 1929 年、1933 年、1934 年、1944 年和 1946 年相继建立了以政府为背景的出口信用保险和担保机构,专门从事对本国的出口和海外投资的政策支持。

为统一各国出口信用保险业务规范,交流业务经验,共享风险信息,研究风险控制技术,总结和研讨业务发展方向,促进出口信用保险的健康发展,世界出口信用保险机构于 1934 年成立了名为《国际出口信用保险和海外投资保险人联盟》的国际性组织,由于首次会议在瑞士的伯尔尼召开,故该机构的简称为"伯尔尼协会",中国出口信用保险公司是伯尔尼协会的正式会员。

第二次世界大战后,世界各国政府普遍把扩大出口和资本输出作为本国经济发展的主要战略,而对作为支持出口和海外投资的出口信用保险也一直持官方支持的态度,将其作为国家政策性金融工具大力扶持。1950 年,日本政府在通产省设立贸易保险课,经营出口信用保险业务。20 世纪 60 年代以后,众多发展中国家纷纷建立自己的出口信用保险机构。

出口信用保险承保的对象是出口企业的应收账款,承保的风险主要是人为原因造成的商业信用风险和政治风险。商业信用风险主要包括:买方因破产而无力支付债务、买方拖欠货款、买方因自身原因而拒绝收货及付款等。政治风险主要包括因买方所在国禁止或限制汇兑、实施进口管制、撤销进口许可证、发生战争、暴乱等卖方、买方均无法控制的情况,导致买方无法支付货款。而以上这些风险,是无法预计、难以计算发生概率的,因此也是商业保险无法承受的。

**(四)存款保险**

真正意义上的存款保险制度始于 20 世纪 30 年代的美国,当时为了挽救在经济危机的冲击下已濒临崩溃的银行体系,美国国会在 1933 年通过《格拉斯—斯蒂格尔法》,联邦存款保险公司(FDIC)作为一家为银行存款保险的政府机构于 1934 年成立并开始实行存款保险,以避免挤兑,保障银行体系的稳定。运作历史最长、影响最大的是 1934 年 1 月 1 日正式实施的美国联邦存款保险制度。20 世纪 50 年代以来,随着经济形势和金融制度、金融创新等的不断变化和发展,美国存款保险制度不断完善,尤其是在金融监管检查和金融风险控制和预警方面,FDIC 作了大量成效显着的探索,取得了很好的成效,从而确立了 FDIC 在美国金融监管中的"三巨头"之一的地位,存款保险制度成为美国金融体系及金融管理的重要组成部分。美国经济学家、货币主义的领袖人物弗里德曼。对美国存款保险制度给予了高度评价:"对银行存款建立联邦存款保险制度是 1933 年以来美国货币领域最重要的一件大事。"20世纪60年代中期以来,随着金融业日益自由化、国际化的发展,金融风险明显上升,绝大多数西方发达国家相继在本国金融体系中引入存款保险制度,台湾、印度、哥伦比亚等部分发展中国家和地区也进行了这方面的有益尝试。

鉴于FDIC对稳定美国金融体系和保护存款人利益等方面的明显成效,尤其是20世纪80年代以来,世界上相继发生了一系列银行危机与货币危机,促使许多国家政府在借鉴国外存款保险制度的基础上,结合本国实际,着手建立或改善已有的存款保险制度。尤其是显性的存款保险在全球获得了快速发展,全球共有78个经济体建立了各种形式的存款保险制度,尽管其建立的时间各不相同,但在法律上或者监管中对存款保护进行了明确规定的已有74个经济体(即建立了显性的存款保险制度)。有人甚至将存款保险制度的建立看作是真正意义上的现代金融体系不可或缺的组成部分。建立显性存款保险制度的国家和地区数量增长了6倍多,由1974年的12个增加到2003年的74个。建立一个显性的存款保险体系已经成为专家们给发展中国家和地区提出的金融结构改革建议的一个主要特点(加西亚,2003年)。而且国家层面上的强制性保险已成为一种主流。几乎所有的国家从一开始就建立了国家层面上的存款保险。而且,无论发达国家还是发展中国家,强制要求所有存款机构全部加入保险体系的越来越多并成为主流形式。

### (五)美国的恐怖风险保险

尽管从1954年到2000年,在美国本土上发生了3228件恐怖袭击事件,致死660人,然而保险业的风险管理专家并不认为恐怖袭击事件会给保险经营带来显著的影响。但是在"9·11"恐怖袭击事件后,美国推出恐怖风险保险法案(Terror-ism Risk Insurance Act,TRIA)重新构建了恐怖风险保险体系。因而在"9·11"恐怖袭击事件之前的保险市场上,直接保险商以很低的保险费率(甚至零费率)承保了恐怖风险。相应地,再保险商也以这样的费率承保了恐怖风险。"9·11"事件的发生使保险商们转变了观点。"9·11"事件导致了高达360亿美元的保险损失,3056人在这次袭击中丧生,成为有史以来保险损失最为惨重的灾祸。事件的发生给保险业造成了巨大的赔付压力,美国保险业迎来了有市场数据记录以来(超过100年的时间)的第一次净亏损,导致很多非寿险公司财务评级被降低。"9·11"恐怖袭击事件揭示了恐怖威胁所造成的新的损失范围和程度,迫使保险公司重新考虑恐怖风险的可保性。"9·11"事件以后,国际再保险商迅速调整承保策略,改变了承保条件,一度将恐怖风险列入除外责任不予承保,或者将恐怖风险的保险费率大幅拉升。相应地,除了一些有监管部门强制要求保险公司承保恐怖风险的州(如纽约等5个州)之外,全国的绝大多数非寿险公司在"9·11"之后迅速撤出了恐怖风险承保市场,或者将恐怖风险的承保费率提高到了一个投保人难以承受的程度,财产和意外险市场的主要险种都面临着超高保费、高免赔额、低赔偿限额、承保能力受限的局面。

2002 年 11 月 26 日,美国国会通过了《恐怖风险保险法案》(TRIA,Terrorism Risk Insurance Act),意在避免保险市场崩溃,保证保险的广泛供给(availability)和适当价格(affordability)以保护消费者的利益。同时,提供一个过渡时期给私营保险市场(该市场承担了"9·11"恐怖袭击总损失的 60% 左右),使其从"9·11"事件冲击之后的混乱中稳定下来,恢复对恐怖风险保险的定价,并建立足够的准备金来应对未来的损失。TRIA 设定了"日落条款",即除非得到授权加以延伸,这一计划将在 2005 年 12 月 31 日结束。这一计划采取了私营和政府相结合的方式,规定在遭受外国恐怖分子攻击以后,在一定的自留额之内,先由私营保险公司支付赔款,超过自留额的部分,由美国财政部和保险公司按照一定的比例分摊损失,直到法案所规定的 1000 亿美元损失最高限额。在该计划中,政府扮演了再保险人的角色,而且该再保险是以零费率提供的,这使得私营保险公司的损失赔付额得到控制,不仅有利于保险公司对损失风险的估计以及对保险的定价,而且降低了恐怖风险保险的价格,使更多的投保人有能力购买。TRIA 中强制供给的条款要求在美国营业的非寿险公司提供与其他风险相同承保范围和保额的恐怖风险保险(除了CBRN 类恐怖风险)给消费者,但保险费率可由保险公司自己拟定。保险公司可根据自己对该风险的估计、承保策略和市场竞争状况等进行承保。TRIA 的实施有效地降低了恐怖风险保险的价格。2003 年,恐怖风险费率为财产保险全风险费率的10% 以上,到 TRIA 计划即将结束的 2005 年,该比例降至 4.5% 左右。在保险价格持续降低的同时,恐怖风险保险的投保率也持续得到提高,大中型客户的承保率(takeup rates)由 2003 年的 27%、2004 年的 39% 上升到 2005 年的 58%。在 TRIA 实施一年多以后,美国政府的调查发现,TRIA 的两个目标基本上只有一个得到了实现,即保护投保人、保障经济稳定运行的目标得以实现,"9·11"以后经济得到较快的恢复,但是保险业发展恐怖风险定价能力、独立提供私营保险的目标却未能实现。调查显示,如果 TRIA 结束,那么私营保险市场无法取代 TRIA 向投保人提供恐怖风险保险。与此同时,也找不出其他更好的替代方案。鉴于这种情况,国会颁布了《2005 恐怖风险保险修改和延伸法案》(Terrorism Risk Insurance Revision and Extension Act of 2005,TRIREA),授权将 TRIA 延伸至 2007 年 12 月 31 日。

## 二、西方国家政府保险的演变和经验借鉴

从历史上看,西方国家政府保险中农业保险的开办较早,演变脉络也较为清

晰,以下我们以美国和法国的农业保险为例进行分析。

1. 美国农业保险的演变

美国现行农业保险制度形成历经三个阶段。一是政府直接办理农作物保险业务,独家经营"单轨制"阶段。此间,联邦农作物保险公司直接开展农作物保险业务,以只承保小麦(资讯,行情)、棉花(资讯,行情)和烟草保险等为主,保险责任为多种风险,农作物保险承保面积有限,农民参与率较低。二是政府引进私营商业保险公司共同经营农作物保险业务的"双轨制"阶段。三是政府提供补贴并完全交由私营商业保险公司独家经营和代理农作物保险业务的"单轨制"阶段。

1922 年,美国在财政部设立了农业灾害保险部,农业灾害保险开始立案。1934 年、1936 年发生的两次严重旱灾,受灾耕地面积达到 80%,导致农业生产遭到极大破坏,迫使政府为恢复和振兴农业采取一系列政策措施,其中之一就是建立农业保险补偿制。1938 年,国会通过了《联邦作物保险法》。为农业保险提供法律依据,中央政府和各州成立了联邦作物保险公司,经营农作物保险。联邦农作物保险的特征是:保险产品是"农作物一切险",即是对生长期农作物的一切自然灾害(主要是农业气象灾害)以及由此产生的病虫害保险,保障农作物收获量由不可抗拒的自然因素引起的不确定性损失。并且联邦农作物保险公司是由国营保险机构经营。这是因为,如果发生大规模的灾害,国营保险能够负起全部保险责任。但是,政府渐渐发现由政府全面负责办理农业保险会使政府经营亏损很大,所以政府在1980 年修订了《联邦作物保险法》。此法规定:如果美国私营保险公司经营农作物保险出现亏损,美国政府给予一定的补贴,并且政府对投保农作物保险的农场主还给予保险费补贴,私营保险公司缴纳 1%～4% 的营业税外,其他各种税免征。这项法令大大鼓励了民间商业保险公司和相互制保险公司开展农业保险,使美国农业保险业迅速发展。

2. 法国农业保险的演变

19 世纪中叶,法国农业曾历经危机,一些农业行会组织应运而生。辛迪加、合作社和相互保险组织加强了与农村社会的联系,试图满足农民的不同需要。在保险领域,为保障自己的经济安全,法国农民发起并设立了地方相互保险公司以应付农业生产经营风险,包括火灾、冰雹、牲畜死亡等。

1900 年 7 月 4 日有关行业组织法律地位的法令实施之后,农业相互保险得到蓬勃发展。农业相互保险的扩张导致了几年以后区相互保险公司和相互保险总公司的创立。1900—1936 年,在不到 40 年的时间里,有 4 万家以上的相互保险公司成立。农业相互保险公司主要为农业提供以下 4 种风险保险:牲畜死亡、火灾、冰雹和意外事故抵御风险的保障,政府负责对商业保险所无法承保的巨灾风险(如农业自然灾害)进行必要的干预。

到20世纪40年代,为了扶持农业保险行业的发展,政府加大了干预和支持力度。政府对互助机构进行了联合、合并,并成立了中央的互助保险机构。很多保险集团在政府的扶持下迅速发展,并且根据农村现代化进程中的不同发展阶段推出了相应的保险服务。

为了加强承保能力和更好地分担风险,1966年法国在大区范围内还创立了再保险机构,众多的地方互助保险合作社由大区社再保险,大区社又由中央社再保险。1980年以后,为了防范农业生产经营过程中出现的种种风险,确保农业生产安全,在大学和有关部门逐渐出现了专门从事农业风险科学研究的机构,政府投入巨资进行资助研究。另外,保险公司在险种的设计和风险选择、差别费率区别上下了很大的工夫,通过特定的风险责任选择条款设计来谋求社会效益的平衡。

1986年,法国成立了农业相互保险集团公司,专门经营农业保险及其相关业务,集团公司根据农业保险市场特点,在险种设计上按市场和保户的需求,并通过自然和经济两个区域因素设计一揽子保险吸引保户。集团公司将农业作为一个系统进行承保经营,范围可扩大至人身保险。到目前为止,该集团净资产达45亿欧元,保费收入122亿欧元。这种通过成立国家保险公司独立经营农险业务的方式极大地促进了法国农业保险的发展。

**(三)西方国家政府保险的经验借鉴**

从西方国家政府保险的发展演变过程中,我们可以得到以下经验和借鉴:

(1)政府应该适度参与。商业保险公司无力单独承保的风险大多具有"准公共产品"的性质,政府必须进行干预,但同时要注意把握参与度,正如存在市场失灵一样,同时也存在政府失灵的现象,没有完美的市场也没有完美的政府,只能在市场和政府之间选择合适的平衡点。如果政府大包大揽,其经营结果往往是亏损的,正如初期的美国农业保险一样,因此必须同时利用市场的力量来承担风险。至于最终选择美国模式(政府提供补贴并完全交由私营商业保险公司经营)还是法国模式(国家保险公司和民营保险公司共同经营),则需要综合考虑政府理念、历史做法、市场发育程度等因素。

(2)建立风险承担的激励相容机制。对于参与政府保险的各市场力量,必须给予相应的利益,如对民营保险的经营亏损进行弥补,一定程度上免征税收,对投保人提供保费补贴等,但同时也要把握好尺度,如果补贴过多,一方面加重了政府财政的负担,另一方面会扭曲价格机制,削弱市场的竞争活力。

（3）完善相应立法。利用政府优势，完善相应立法，使政府保险的运作有法可依、有法必依，从而能够顺利开展。

（4）加大对相应风险的基础研究。政府保险所承担的风险大多涉及地域广、不易预测、损失严重，政府应投入资金资助相关研究，帮助保险公司在险种设计、风险选择、差别费率上下工夫，力争通过特定的风险责任选择条款设计来谋求社会效益的平衡。

# 第三节　我国政府保险的现状和展望

我国已经对出口信用保险施行完全政府保险。中央和各级地方政府目前正积极推行对"三农"实行政府保险。我国对洪水和地震风险已部分采用政府保险方式，而对存款保险等尚未采用政府保险方式。

## 一、农业保险

我国从 2004 年开始各地积极探索新的农业保险经营模式，并开展了一系列试点工作，目前主要形成以下五种模式：

### 1. 安信模式

2004 年 9 月，我国第一家专业性农业保险公司——上海安信农业保险公司开业。与传统的经营农业险的保险公司不同，上海农业保险公司走的是"政府财政补贴推动、商业化运作"的模式。资金来源采取"三家投"方式，即国家按 WTO"绿箱政策"投一点，地方财政出一点，参保个人拿一点；农村风险保障基金按"以丰补歉"的原则，滚动发展使用。在以往对种植业险种，如水稻、蔬菜、林木等实施补贴的基础上，增加了对小麦和西甜瓜的险种补贴。在标准方面，安信将原补贴办法中按亩、头、羽定额标准补贴，调整为按某一险种的保费比例进行补贴。

安信是目前运行较好的农险公司，主要原因是亏损少且没有历史包袱。从 1992 年开始，上海采取"以险养险"的方法，将农村建房险列入农业险范围，授权委托人保公司农险部负责独立经营，不仅弥补了原先农业险的连年亏损，还积累起 1.94 亿元风险基金。2003 年，上海还将农业险补贴列入公共财政体系，市区两级财政每年补贴达 1000 万元，约占上海农业险、农村建房险总保费的 25%。安信"政府财政补贴，以险养险"的模式在上海可行，但其他地区却很难复制，主要是因为上海经济发达，财力雄厚，且农业占 GDP 的比重小，政府可以同时在资金和政策上给予扶持,这不是经济欠发达地区可以效仿的。

2. 安华模式

安华农业保险股份有限公司是保监会于 2005 年 7 月 12 日正式批准设立的东北地区首家农险公司。该公司是商业化运作,综合性经营、专业化管理的全国性农险公司,主要经营农村保险、涉农保险、城市保险,同时为政府代办政策性农业保险业务。该公司由 5 家省内企业共同发起设立、实收货币注册资本金 2 亿元。目前已在吉林省与农信社合作开展"银保合作",进一步扩大了农业保险范围,与农民的实际需求更加贴近。

在销售渠道和方法方面,安华公司主要探索间接销售为主的渠道和模式,比如,将农险业务同农村信用社网络资源优势相结合。在农村,省农联社有网络、人员和社会优势,保险公司可以委托信用社代理业务,既减少保险公司运营成本,又增加信用社的经营收入。安华公司还将农业保险同新型农村合作医疗相结合;农业保险同农业机械化工作相结合;农业保险同农业产业化项目相结合;农业保险与订单农业相结合。

安华公司在经营运作过程中遇到的主要问题是:农民虽然对农业保险有需求,但投保能力弱是一个普遍性问题。许多贫困地区的农民连扩大再生产的基本资金都没有,大灾之年农民的生产、生活只能靠政府的救助,更别提保费的缴纳。农民承受能力低导致保险公司对保险标的测算和农民承受能力之差很大。如果政府补贴乏力,安华模式将很难长期运转下去。

3. 互助制模式

2005 年 1 月 11 日,在黑龙江垦区投入运营的阳光农业相互保险公司是一家相互制保险公司。"互助共济,风险共担"是农业互助制保险的原则和宗旨。按照"先农险、后商险,先局部、后放大"的原则,阳光农业相互保险公司把临时救灾的政府行为变为保险补偿的经济契约行为,淡化了农户长期养成的受灾后等政府补贴救济的思想,增强了农户在自我防范和分散风险的意识,减轻了各级管理机构救灾的压力。同时,通过运营实践转变了各界过去一直认同的开展农业保险"赔不起"的看法,从中看到了农业保险在解决"三农"问题中的积极作用。阳光农业相互保险公司的主要涉农经营项目有种植业保险、养殖业保险、农业机械保险等,承保对象包括水稻、小麦、玉米、大豆等多种粮豆作物。保费由农户承担 65%,财政承担其余 35%,直接补贴给种地的农户。

为了控制经营风险,阳光农业相互保险公司以现代科技为支撑,建立了以人工增雨防雹为主的防灾减灾网络。同时,该保险公司还与国际再保险公司签订了种植业超赔再保险合约,将农业灾害风险转移分散。

相互制保险是与股份制保险公司并列的一种保险公司的组织形式。它是由一些对某种危险有同一保障要求的人组成的一个集团。集团成员均交纳保费形成基金,发生灾害损失时用这笔基金来弥补灾害损失。它最本质的特征在于将保险人和被保险人的身份合一,从而达到减少道德风险,降低运行成本的目的。但相互制保险公司没有资本金,也不能发行股票。风险基金来源于会员缴纳的保险费,营运资金由外部筹措。同时,相互制保险公司是不以盈利为目的的法人,在经营上对被保险人的利益较为重视,名义上公司不通过对外经营获得利润。因此。相互制保险公司的资金。规模等都是有一定的限制的。而农业保险具有高风险、高赔付的特点,一旦某一年有大灾发生,保险公司要赔付的资金往往非常高,而且往往是参保的农民都要得到赔付。因此,只依靠农民之间筹描的这些资金,显然是难以承受赔付的需要。资金问题是制约农业相互制保险发展的最重要的因素。农业相互制保险的资金有限,直接导致了农业相互制保险的保障能力弱于其他类型的农业保险。

### 4. 共保体模式

浙江省经过试点,成立了"政策性农业保险共保体",而不设立专门的农业保险公司。其主要特点是"市场运作,政府兜底"。具体运作方式是:共保体模式是指两家及两家以上商业保险公司根据省政府授权,经营运作全省政策性农业保险项目,按照章程约定的比例,分摊保费、承担风险、享受政策,共同提供服务的保险组织形式。在"共保体"内,成员由"首席承保人"和"共保人"组成,以商业保险运作模式,实施对农业保险的承保、理赔、结算、风险准备金提存等,其中"首席承保人"具体负责经营。浙江目前已圈定了以承保份额最大的中国人保浙江分公司为"首席承保人"、11 家财产险公司组成的"共保体"。

根据浙江保监局《浙江省政策性农业保险试点共保体试点实施方案》规定,"共保体"将根据浙江巨灾风险状况和商业保险公司的承受能力,通过调整赔付方式实行有限责任赔付。当全省农业保险赔款不超过所收农业保险保费的 5 倍时,"共保体"按核定的赔款赔付;当保险赔款超过所收保费 5 倍时,则按比例赔付,由此实现最高承担农业保险保费 5 倍的赔付责任。赔款总额超过保费 2~3 倍的部分,"共保体"和政府将按 1:1 的比例承担赔偿责任;3 倍以上则以 1:2 比例分担。浙江决定将安排 1000 万元资金作为财政配套。

"共保"方式是国内外保险界对损失概率不确定的重大项目和罕见巨灾的一种理想的农业保险制度模式,可以降低独家承保的风险,提高对化解巨灾风险的承受能力。但现在的问题是"共保"试点的区域太小。因为农业保险的风险单位很大，对单个投保农户来说大部分农业灾害都具有较大的相关性，因此，要在空间上分散风险必须在较大范围内；从事保险经营，否则大灾面前，区域小且财力弱的政府是难以兜底的。如果能在一个省（自治区）范围内实行"共保"，效果可能会更好。

5. 安盟模式

法国安盟保险公司是首家进入我国农险市场的外资保险公司。其运作模式属于依靠强大的网络、资金、丰富的农险经验和管理优势占领市场。安盟三套产品包含 31 个险种，其中 15 个险种（含 9 个责任险条款，如农村和城市家庭保险中的个人责任险、农村旅游娱乐责任险、非房主居住房屋责任险等）为国内首创，填补了国内市场空白。另 16 个险种与国内相似，但保险责任范围比国内险种更广。每套产品均由一系列险种组成，涉及对被保险人"财产—责任—人身—健康"的综合保障。另外，安盟产品还对国内产品不予承保的风险以及不予承保的对象提供保障。安盟公司严格培训农村代办员，并要求代办员在销售产品的同时，还要做好本村的售后服务工作，以起到连接公司与农户的桥梁和纽带作用。

## 二、出口信用保险

我国的出口信用保险是在 20 世纪 80 年代末发展起来的。1989 年，国家责成中国人民保险公司负责办理出口信用保险业务，当时是以短期业务为主。1992 年，人保公司开办了中长期业务。1994 年，政策性银行成立，中国进出口银行也有了办理出口信用保险业务的权力。出口信用保险业务开始由中国人民保险公司和中国进出口银行两家机构共同办理。2001 年，在中国加入 WTO 的大背景下，国务院批准成立专门的国家信用保险机构——中国出口信用保险公司（中国信保），由中国人民保险公司和中国进出口银行各自代办的信用保险业务合并而成。

当前我国规定出口信用保险必须采用"统保"的方式。所谓统保，就是说承保出口商所有的出口业务。出口企业在一定时期或一定区域市场上所有业务都要一次性办理出口信用保险。从承保人的角度来看，这一规定使承保面扩大，有利于分散风险。但从出口商的角度来看，对于风险不大的出口业务，如老客户或信用证结算方式的贸易则没有必要进行投保。统保方式不被出口商认同，这是我国出口信用保险发展缓慢、没有和对外贸易同步发展的主要原因之一。

我国的出口信用保险有了近 20 年的发展，承保金额大为增多。1999 年当年的承保金额比 1989 年增长了 213 倍，年增长速度达到 46.9%。即便如此，我国的出口信用保险仍然处于较低的水平,与外贸的大幅增长不相符合。在我国出口总额中,只有 1.1% 左右投保了出口信用险,还有相当于我国出口总额 98% 左右的出口贸易并没有办理出口信用保险。我国投保出口信用保险的企业仅占我国出口企业的 3% 左右,有的企业甚至不知道出口信用保险的存在。

经过这 20 年的探索,出口信用保险有力地支持了大陆机电产品、成套设备等商品的出口,在保证企业安全收汇方面发挥了重要作用。据初步统计,到 1998 年 11 月,大陆出口信用保险金额约 24 亿美元,从 2001 年中国出口信用保险公司(中国信保)成立到 2009 年底,中国信保累计支持的国内外贸易和投资的规模约 4880 亿美元。目前,中国大陆的出口信用保险由中国信保一家经营。保险按付款期限长短分为短期出口信用保险和中长期出口信用保险。短期险又分为综合保险、统保保险、信用证保险、特定买方保险、买方违约保险和特定合同保险六种。中长期险分为出口买方信贷保险、出口卖方信贷保险和再融资保险三种。2007 年,办理出口信用保险的贸易额占一般贸易总额的 7%。而全世界范围内受到出口信用保险支持的贸易占到全球贸易总额的 12%。

### 三、地震保险

我国的地震保险由于国情原因,大体上是间断性经营的。新中国刚成立以后,由中国人民保险公司在财产保险中承保的地震责任,1951—1957 年间是作为普通火险的扩展责任自动承保的。由于受到计划经济的影响,1958—1979 年我国的国内保险业务开始停办,财产地震保险也就相继中断了 21 年。我国的保险业在此时并没有收到地震损失的太大影响,从而也掩盖了地震这种巨灾风险对保险公司经营的冲击、甚至是毁灭性的打击。1979 年以后,随着我国国内保险业务恢复,中国人民保险公司又重新把地震风险列入责任范围。当时计划经济体制下产生的保险由"人保独家经营、经营亏损由国家兜底"的做法,再加上没有科学精算基础和地震科学的配合以制定合理费率,掩盖了地震保险的风险。

随着我国保险市场化的不断发展和对外开放的深入,保险公司的风险意识也在不断加强。地震风险给保险业带来了巨大的经营风险,使得各家保险公司不得不重视地震风险对保险公司的经营风险构成的威胁。此时,各个保险公司一致要求中国人民银行在财产保险条款中将地震责任除外。鉴于此,1996 年中国人民银行在其颁布的新的企业财产保险基本险和综合险条款中将地震风险列为除外责任。但在实际保险业务开展过程中,由于这些公司出于竞争压力,或出于外国投资方的压力,以附加险的方式承保了地震保险,致使保险公司积累的地震风险越来越大。

为了促进保险公司经营稳定性,规避地震风险,中国保监会于2000年规定在开展企业财产险保险业务时,任何保险公司不得随意扩大保险责任承担的地震风险。未经批准,不得接受地震保险的法定分保业务或采取向国际市场全额分保的方式承保地震风险。2001年9月,中国保监会有条件地放宽了对商业财产保险公司经营地震保险的限制,保险公司逐步扩大了大型项目上的地震保险,与此同时,一些保险公司积极探索开展家庭财产险的模式,中国人民保险公司、大地保险公司陆续推出了"居家无忧""大地解忧"等针对家庭财产的地震保险业务。

纵观我国地震保险的发展历史,我国关于非工程险"减灾减损"措施还不够完善,而从国内外的经验来看,减灾建设是一个系统工程,需要各种减灾减损措施同步和协调,这样才能更好地发挥协同效果,而国家对灾害风险的分散管理体制难以有效地对日益严峻的灾害综合风险的挑战。

## 四、洪水保险

自20世纪70年代末恢复国内保险业以来,我国对洪水保险也开展了积极的研究,并进行了多种形式的尝试,积累了丰富的经验和教训。从20世纪90年代以来,全国的洪涝灾害的保险赔款累积近200亿元,对于受灾投保企业迅速恢复生产、受灾家庭重建家园,保障经济的平稳发展发挥了积极作用。我国从20世纪80年代以来已对洪水保险进行了多种形式的尝试,如中国人民保险公司商业性的财产保险和水利工程保险,由国家补贴的淮河行洪保险和蓄洪保险,以及民政部政策性的农业救灾保险等,具体主要分为以下四大类型。

### 1. 综合型洪水保险

我国保险业长期以来将水灾损失纳入赔付的范畴,但是洪水保险并不单独列出,只是各种自然灾害保险中的一项,它采取适用于各种自然灾害和意外事故的综合条款,因此被称为综合型洪水保险。20世纪90年代的主要大水年份有1991年、1996年、1998年、1999年,仅中国人民保险公司对水灾的赔付就分别达到26亿元、30亿元、25亿元和16亿元人民币。同时,保险公司为了减少灾害造成的损失,也不断加强防灾防损的力度,千方百计督促投保人采取防护与应急转移等措施,以减少政府与个人财产的损失和对人民生命的威胁。

但是,由于我国洪水风险空间分布差异较大,总体显得保险费率与具体地区洪水风险不挂钩,风险大的地方投保人积极性比较高,但保险公司不敢保,风险小的保险公司有积极性,但投保人有没兴趣。因此,依据各国的实践,保险公司经营的洪水保险若得不到国家的政策支持,就难以持续经营,而且参加的人越多,亏本的可能性就越大,一旦遇到特大水灾,保险公司甚至可能因之而破产。

2. 定向型洪水保险

1986 年 1 月至 1988 年 12 月以及 1992 年秋季至 1996 年秋季,原水电部、财政部、原民政部与中国人民保险公司分两个阶段开展了安徽省淮河行洪保险和蓄洪保险。在保险试点期限内,一旦行洪,农作物直接受淹的损失部分,将由保险公司按照保险条款的规定负责赔偿,国家不再拨付农作物直接水淹损失部分的救济费。同时,作为执行保险合同的先决条件,行、蓄洪区的围堤堤顶高度不得超过国家制定的标准,超高者必须铲除。淮河行、蓄洪区的洪水保险试点是一种享有国家补贴的商业性保险,因被保险对象限制在特定的行蓄洪区内,并有一定的强制性,因此被称为定向型洪水保险。

试办农作物行蓄洪保险是我国初次尝试将保险作为政府参与的措施引入治水,为建立类似的防洪经济补偿机制提供了经验。实施农作物行蓄洪保险,减少了行蓄洪区运用的阻力,也提高了农民秋收粮食的生产积极性,在农民中普及了保险知识。但是由于行蓄洪区域是相对比较贫困的地区,这种形式无论是国家还是群众都感到负担加重,因此尚未进入推广阶段。

3. 专业型洪水保险

我国的防洪工程战线长,重大水灾年份的受损的防洪工程必须及时修复,资金缺口比较大,国家财政负担很重。对防洪工程实施工程保险是一种专业型洪水保险。以浙江省为例,1992—1997 年的 6 年当中,浙江省有 3 年共 4 次出现超海塘防御标准的台风,保险公司对海塘工程的损失承担了较大的理赔费用。1992—1997年,浙江省合计投保海塘 487 条,投保额达到 62033.4 万元,收取保费 616.7 万元,赔款 1887.6 万元,保证了海塘及时修复的资金。1994 年以后,我国的保险体制改革,人民保险公司明确为商业性企业,1996 年后进一步改为集团公司,独立核算,自负盈亏,对海塘保险这样虽然社会效益好,但经济风险大的险种,积极性就不高了。

4. 政策型洪水保险

1985—1993 年,民政部推行的农村救灾保险是与洪水保险相关的政策性保险。全国设立了 102 个试点县,保险范围涉及房屋、耕蓄、劳动力与农作物等,实行"低保额、低保费、低赔付和高保面"的"三低一高"的原则。试点期间针对不同地区特点探索出 4 种保险模式,即商业性保险模式、借贷性保险模式、互保共济模式和储粮储金模式,对我国开展洪水保险具有借鉴意义。总的来说,我国已在实施洪水保险方面进行了多方面的探索,并积累了丰富的经验。通过实践,对洪水保险的基本特点也有了深入的认识。第一,洪水保险风险较大,在局部地区难以满足大数定理,商业性保险公司独自承担洪水保险,一旦遇到重灾,有亏损倒闭的危险;第二,洪水风险分布的地域性差异很大,受灾区域中多数人自愿参加专项洪水保险的积极性不会太高;第三,洪水保险的支付能力与经济发展水平密切相关;第四,洪水保险理赔时间过于集中,理赔对象分布面广、量大,纯商业性保险成本高、风险大;第五,洪水保险可能作为加强洪水管理的手段,是一项政策性、技术性很强的工作,需要大力加强法规、政策及基础技术研究,为全国大规模开展创造条件。

从洪水保险的发展回顾来看,我国整个洪水保险系统没有形成科学的补偿机制,不能够充分调动包括政府、保险公司、资本市场、居民个人等各种社会因素的积极性,各参与主体之间缺乏有效的配合协调。在我国未来的洪水保险体系的构建过程中,应该借鉴以往的经验教训,建立一个能够充分调动政府、保险公司、资本市场、居民个人积极性的洪水损失补偿制度,使各参于主体能够有效地配合协调。

## 五、存款保险

我国尚未建立该制度,但金融风险正困扰着中国的商业银行,广大存款人的利益正受到威胁,银行的信誉也正受到挑战,因此在提高中央银行监管水平的同时,建立中国的存款保险制度,特别是针对中小金融机构所吸收的存款进行保险,将对保护家庭和中小企业存款者的利益,对稳定金融体系,增强存款人对银行的信心十分重要,主要表现在以下四个方面:

第一,保护存款人的利益,提高社会公众对银行体系的信心。如果建立了存款保险制度,当实行该制度的银行资金周转不灵或破产倒闭而不能支付存款人的存款时,按照保险合同条款,投保银行可从存款保险机构那里获取赔偿或取得资金援助,或被接收,兼并,存款人的存款损失就会降低到尽可能小的程度,有效保护了存款人的利益。存款保险制度虽然是一种事后补救措施,但它的作用却在事前也有体现,当公众知道银行已实行了该制度,即使银行真的出现问题时,也会得到相应的赔偿,这从心理上给了他们以安全感,从而可有效降低那种极富传染性的恐慌感,进而减少了对银行体系的挤兑。

第二,可有效提高金融体系的稳定性,维持正常的金融秩序。由于存款保险机构负有对有问题银行承担保证支付的责任,它必然会对投保银行的日常经营活动进行一定的监督,管理,从中发现隐患所在,及时提出建议和警告,以确保各银行都会稳健经营,增加了一道金融安全网。同时由于这一制度对公众心理所产生的积极作用,也可有效防止银行挤兑风潮的发生和蔓延,从而促进了金融体系的稳定。

第三,促进银行业适度竞争,为公众提供质优价廉的服务。大银行由于其规模和实力往往在吸收存款方面处于优势,而中小银行则处于劣势地位,这就容易形成大银行垄断经营的局面。而垄断是不利于消费者利益的,社会公众获得的利益就会小于完全竞争状态下的利益。存款保险制度是保护中小银行,促进公平竞争的有效方法之一。它可使存款者形成一种共识,将存款无论存入大银行还是小银行,该制度对其保护程度都是相同的,因此提供服务的优劣,将成为客户选择存款银行的主要因素。

第四,存款保险机构可通过对有问题银行提供担保,补贴或融资支持等方式对其进行挽救,或促使其被实力较强的银行兼并,减少社会震荡,有助于社会的安定。

## 六、对我国政府保险的展望

总体来说,我国的政府保险发展还不够成熟,很多险种还处于摸索实验阶段,为使我国政府保险能健康发展,在借鉴西方国家的历史经验的同时,还要注意结合我国的具体国情,把握好以下几个方面的问题:

(1)除了中央政府适度参与政府保险外,如何发挥各级地方政府的积极性,允许各地根据自身条件,利用地方财政开展政府保险的问题;

(2)如何适度体现财政补贴的地区差异,向中西部和少数民族地区的政府保险作适度倾斜的问题;

(3)如何加强立法与监管,防止新型倾向性问题发生。这些倾向性问题包括:①不注意充分发挥商业保险本身的积极性,将本来不需要政府保险的项目和费用列入其中,过分依赖财政补贴的倾向;②有意扩大损失或虚报业务套取财政补贴的倾向等。总之,要把发生这些倾向性问题的可能性降到最小,保证政府保险功能的发挥。

## 小结

政府保险是指为弥补市场机制的不足,政府以国家财政为后盾给予扶持的商业保险。它包涵于政策性保险,属于经济政策保险,但强调的是市场机制的不足。

在政府保险中,政府干预的原则应该是尽量发挥市场的作用,减少政府干预。

西方国家的政府保险主要包括农业保险、巨灾保险、出口信用保险和存款保险等。

我国已经对出口信用保险施行完全政府保险。中央和各级地方政府目前正积极推行对"三农"实行政府保险。我国对洪水和地震风险已部分采用政府保险方式,对存款保险等尚未采用政府保险。

为使我国政府保险健康发展,在借鉴西方国家的历史经验的同时,还要注意结合我国的国情,把握好适度参与和加强监管等几个方面。

# 第十章　银保融合

## 引言

　　经济全球化、金融一体化是当前世界性发展趋势。保险业承保风险增大、公众保险需求的变化、保险市场竞争是推动保险与银行融合的基本因素,而金融法律制度的改革为保险与金融的融合提供了保障。保险与银行融合的本质是保险具有的融资职能,突出表现是银行和保险业的一体化以及保险经营方式的证券化。我国保险业要走与金融相融合的道路,应从发展资本市场、扩大寿险资金进入资本市场范围、完善金融监管制度等方面着手,逐步推进保险与金融相融合的进程。

　　本章在阐述银保融合的发展现状与背景基础上,重点探讨保险与银行融合的主要模式,并对我国未来银保融合的发展予以展望。

## 关键词

　　银行保险　融合

## 第一节　银保融合的现状与背景

　　在经济全球化趋势下,银保融合强调金融服务的融合和创新,主要表现为银行或保险公司采取相互融合渗透的战略,充分利用和协同双方的优势资源,通过共同的销售渠道、为共同的客户群体、提供兼备银行和保险特征的金融产品,以一体化的金融形式满足客户多元化的金融需求。

　　保险业在为大众民生和财物提供保险的过程中,日趋向金融服务业渗透转型,保险与银行、证券行业严格分业经营的界限逐渐打破,保险产品与其他金融产品之间的界限日益模糊,保险业务与银行、证券业务相互渗透相互融合。近10余年来,西方发达国家保险与金融的融合现象十分引人注目,并逐步发展成为世界性的趋势。

## 一、经济发达国家的银保融合

### 1.现代保险业职能的演进

现代日趋激烈的竞争使保险业的职能由简单地履行经济补偿功能,演变为既有补偿保障职能又具有重要融资职能的非银行金融机构,投资职能部门成为保险业特别是寿险业的核心部门。西方发达国家金融市场中,无论从资产总额还是经济重要性考察,保险业的作用都仅次于银行业,甚至在某种情况下还优于银行业。据统计,1993年美国货币和资本市场的总资金规模为78050亿美元,其中商业寿险资金为14370亿美元,占资金总供给的18.4%,仅次于共同基金和商业银行,成为美国国内货币和资本市场的第三大资金来源。1997年英国保险公司拥有英国所有公司1/4的股权和近2/3的英国政府发行的金边债券。日本寿险投资的地位与英美相比更加突出,日本寿险公司在该国金融市场上的资金实力已超过城市银行而位居第一。

保险资金不仅规模大,而且具有稳定性和长期性特点,保险资金入市可以有效地缓解股票市场中资金供给与需求的矛盾,改善证券市场投资者的结构和资金结构,成为稳定股市的核心力量之一。1996年,美国保险资金和养老基金在美国股票市场上的市值达26954亿美元,占美国当年股票市值100900亿美元的26.7%。而在欧洲、日本这一比例更高。发达国家寿险公司还是企业债券的最大投资者,银行、保险、证券被称为金融业的三大支柱。

### 2.现代保险业资本的壮大

银保融合的另一个标志是发达国家的保险公司向银行、证券部门渗透,银行向保险业渗透,两者由原先的各自平行发展,转为相互渗透,相互融合。在欧盟国家中,银保融通已有相当大的发展,银行广泛涉足保险市场已取得巨大成功。欧洲500家大银行中的46%拥有专门从事保险业务的附属机构。保险公司也广泛涉足银行业务,在英国有17家银行为保险公司所拥有;法国有9家保险公司拥有12家银行。由于受立法限制,美国在这方面的发展稍逊于欧洲,但也已成为一种潮流。据统计,美国有4088家银行已经开始从事保险业务。银行资本与保险资本的融合,无论是对保险公司还是对银行都带来了巨大收益。对于保险公司来说,可以快捷地进入银行强大的网络,例如在法国、瑞典、西班牙等国,银行保险所实现的保费已占寿险市场业务总量的60%,在产险方面也占5%~10%的比例,通过银行分销保险商品的成本比其他方式(如保险代理人)低廉;对于银行来说,银行因其现有网络获得保险公司给予的报酬，进一步向客户提供全方位的金融服务，既加强了客户对银行的信赖，使客户与银行的联系更为紧密，也使银行巩固和提高了市场地位。总之，银保一体化使得银行与保险各自服务范围都得到了拓宽，彼此利用对方的技术、经验、客户基础和分销渠道产生协同效应，使二者优势互补，占有更大的市场空间。

3. 现代保险经营方式的创新——保险证券化

保险金融化还表现在经营方式的创新上。保险业的基本经营技能就是如何转移风险。传统的保险经营只是运用再保险在保险成员间进行风险的转移和分散，而金融化的现代保险业，可以借助于证券发行的方式将某些巨灾风险证券化，使资本市场中的资金跨越市场界限，引到保险市场中来，从而达到保险人、再保险人和投资者共担巨灾风险，使巨灾风险得到进一步的分散，为保险业的发展注入了活力。其中最有代表性的是保险期货和巨灾债券。

在保险期货制度下，保险公司可以在承保的同时购入相应地区的与保险金额相当的预期合同。一旦灾害损失大于预期，期货市场价格会随之上升，保险公司可以从出售持有的期货合同中盈利，用以弥补增大的损失；一旦灾害损失小于预期，期货合同价格会下降，期货损失可以从承保盈利中得到补偿，保险公司的赔付额可以稳定在预期的水平上，从而可以保持保险经营的财务稳定性，而且还把保险市场风险的一部分转移到金融市场中。巨灾债券属于企业债券，当实际巨灾损失超过特定的比例或某一启动点时，债券持有人将会丧失或被推迟支付利息收入，严重时可能本金不保，保险人和再保险人可以利用这部分资金弥补损失。当然，当相反情况发生时，债券持有人可以获得高于其他投资领的利息回报。同时，标准化、上市交易的巨灾债券提供了比传统再保险更便宜的交易成本。到 1998 年 6 月止，世界各国通过保险证券化工具共吸纳超过 27 亿美元的资金用于巨灾保障。可以预测，在 21 世纪保险证券化将成为保险人分散风险的有力措施，成为再保险的重要补充。

## 二、银保融合的发展背景

银保融合的出现不是偶然的，而是有其深刻的社会经济背景的。

1. 承保风险增大是保险金融化的内在要求

保险业是一个经营风险的行业，随着社会经济和科学技术的发展，以及中心城市的形成，保险财产的价值趋于集中，保险人承保的风险越来越大。与此同时，由于人类活动的过度扩张，对各种资源的破坏性开发，使地球的生态环境遭到了极大的破坏，人类的健康状况下降、自然灾害的数量和严重程度一直在急剧上升。据统计，20 世纪 90 年代与 60 年代相比，世界上大的自然灾害数目增长了 3 倍多，造成的经济损失（已考虑通货膨胀因素）增加 8 倍多，由此造成的保险损失增加不小于 16 倍。灾害损失的急剧增加迫使保险业寻求分散风险和扩大偿付能力的新途径，研究和开发新型的财务保险工具。

2. 公众需求的变化是保险金融化的推动力量

随着现代社会经济的发展，保险需求不断变化和升级。投保人要求现代保险产品不仅具有补偿损失、死亡给付等功能，而且还应具有储蓄、投资的功能，以便有效地抵御通货膨胀，保证保险金保值、增值，以满足养老、疾病和各种意外的需求。为适应和满足客户的这一需求，现代西方寿险业便从传统的固定收入产品为主转向投资产品为主，同时，随着生活节奏的加快，人们寻求更为便捷的"金融超市"，即能为消费者提供包括信用卡、基金、外汇、保险、债券以及汽车、房屋贷款等一揽式服务的金融机构。银行、保险的融通和一体化恰好满足了这一需求。

3. 严酷的市场竞争是保险与金融融合的必然选择

由于保险竞争的加剧，保险人为了争夺更多的投保客户，其承保的业务范围越来越宽，保险责任不断扩大，保险服务价格节节下降，保险业边际利润不断下滑。为了保证赔偿与给付，形成与增加经营利润，保险业不得不通过投资渠道创造利润，以投资收益弥补保险亏损。从表 10 - 1 所列西方六国保险业的承保盈亏率和投资收益状况，我们不难发现各国保险业的生存和发展是以投资来保证的。

表 10 - 1　西方七国承保盈亏率和投资收益率一览表（1975—1992 年）

（单位：%）

| 国家（年份）<br>指标 | 美国<br>1996—2000 | 加拿大<br>1996—2000 | 英国<br>1996—1999 | 德国<br>1995—1999 | 法国<br>1995—1999 | 意大利<br>1995—1999 | 日本<br>1995—1999 |
|---|---|---|---|---|---|---|---|
| 赔付率 | 77.5 | 73.4 | 75.4 | 70.5 | 84.5 | 85.7 | 56.7 |
| 承保收益 | −6.5 | −5.7 | −7.9 | 1.5 | −8.3 | −14.1 | 3.3 |
| 投资收益 | 7.0 | 8.3 | 9.0 | 7.2 | 5.8 | 7.8 | 2.9 |

注：资料来源于熊军红《保险资金运用问题研究报》【A】，载蒲成《中国保险业重大现实问题》机械工业出版社 2006 年。

英美加的赔付率为扣除再保险的净值，德法意日为再保险前的直接业务。

4. 金融法律制度的改革为保险与金融的融合扫除了障碍

长期以来，西方国家的银行、证券公司、保险公司都实行严格的分业经营。在强调"自由经济"的美国，对三者分业经营也做了严格的法律规定。如 1933 年美国国会通过了《格拉斯—— 斯蒂格尔法》，有人将这种金融分业经营的法律规范形象地称为"格拉斯—斯蒂格尔墙"。20 世纪 80 年代，由于直接融资和金融创新的兴起，金融市场上不断出现新的金融品种和金融工具的组合，使三者分业体制难以继续下去。

英国于 1986 年 10 月颁布了《金融服务法》，日本于 1994 年开始了金融改革，两国率先进行了金融法律制度的改革，确立了银行业、证券业、保险业之间参股和业务渗透的合法性。继而美国有关立法当局经过长达 6 年的讨论，终于在 1999 年 11 月，美国国会通过了《金融服务现代化法案》，正式结束了美国银行业、证券业和保险业分业经营的历史，为保险与金融融合的进程排除了法律障碍。

## 三、美国银保融合进程分析

1929 年到 1933 年间，美国发生了历史上著名的经济大衰退，虽然对造成这次衰退的原因有多种解释，但其中一种重要观点认为，当时美国金融业处于混业经营的初级阶段，竞争无序、监管乏力，系统性风险巨大，以至于危机来临时整个金融业迅速崩溃。这种观点直接导致美国国会在 1933 年通过了《格拉斯—斯蒂格尔法》，严格实行金融分业经营，直到 1999 年《金融服务现代化法案》(GLB)的通过。1999 年《金融服务现代化法案》(GLB)的首要目的是实现美国金融市场现代化，规范市场条例，使市场更具竞争性，从而让消费者收益更多。该法案准许银行、保险公司、证券商联合组建金融服务控股公司。但控股公司各组成部分的规范管理沿用历史上的模式。也就是说，联邦储备局和财政部将继续监管银行，联邦证券和外汇委员会将继续监管证券商，州保险监督官将继续监管保险公司。

促成 GLB 法案通过的因素包括：消费者的需求、银行希望扩大他们所能提供的金融服务的范围、国际性/全球性的竞争以及技术水平。

*1. 消费者需求*

在该法案通过之前，美国金融服务业的消费者，要面对由不同类型金融服务公司所提供的大量复杂的交易选择。在很多情况下，虽然这些交易选项提供相似的服务，但有不同的价格和潜在风险，而且在大多数情况下，消费者既不能计算他们的成本，也不能正确评估他们的风险。可以推想 GLB 法案能使金融服务市场对消费者更透明，以便使更多的消费者获得更多的利益。同样可知，大型金融服务公司可以享受到规模经济(economics of scale)和范围经济(economics of scope)的好处，同时也能让消费者分享到节约成本的利益。规模经济意味着随着公司规模扩大，单位成本将降低。范围经济则是指由一个公司提供几种不同金融服务比几个公司分别提供一种金融服务更有效率。例如,如果大公司能够提供高效的计算机和沟通网络,或者把同样的成本摊派到更多的消费单位上,那么规模经济就产生了;如果仅用一次就可以把抵押贷款、家庭保险、或家庭户主自己的人身保险办理完毕,那么范围经济就产生了。不说别的,对消费者来说,仅填一张表格就可以完成诸多事情,肯定比填三种表格让三个金融服务商处理这些事情要方便得多。

## 2. 银行

美国大多数银行都强烈支持 GLB 法案。在 GLB 法案通过之前的十年间,美国银行业经历了一个迅速整合期。许多银行变成了全国范围的银行,很多银行也利润颇丰。新型计算机和通讯技术水平给规模经济和范围经济提供了很大潜能,而受这种潜能驱动,许多银行领导人相信他们作为一个宽口径金融服务商能够更好地服务市场。

## 3. 国际化/全球化竞争

欧盟的各银行在 GLB 法案生效前就得到在在美国准许开展所有的金融服务项目。潜存的全球化竞争促使美国银行要求与其国际竞争者有一个同水平的竞争范围。也就是说美国银行认为如果他们不得不和其他国家的银行竞争,那么他们要求有一个相匹敌的规模,给客户提供相应的服务。实际上,即使是在 GLB 法案通过后欧盟的银行也比美国的银行有更多的灵活性。如欧盟的银行可以在非金融企业持股,而这对于美国银行目前仍不允许。

## 4. 技术水平

促使通过 GLB 法案的重要因素之一是技术水平。个人电脑、传真机、电子邮件、传呼机、数码相机、掌上电脑、移动电话、扫描器以及互联网的出现,改变了许多人处理问题和从事商务交易的方式。而且,这种变化自身似乎又能派生出新的变化,每一个新的变化将比以前的变化来得更快,并被更快地接受。对于金融行业来说,掌握这种技术的人可能作出更敏捷、更聪明、更好的决断。计算机和通讯技术使人们拥有更多的信息,包括专家意见,使客户和服务商在 24 小时内和每周七天内沟通交流变得简单易行。由于银行和其他金融服务提供商都认为,GLB 法案能使他们将这些技术应用于处理金融服务交易实践之中,并能更好地为服务客户,因此,他们支持新的立法。

尽管提供金融综合服务的优势显而易见,但美国立法当局还是花费了长达 6 年的时间进行谨慎论证,焦点集中在原有的分业监管设置能否适应混业经营上,因为混业条件下要求更高的监管水平。通俗地说,就是只有分业管得足够好,才有可能管好混业。

# 第二节　银保融合的模式

银行和保险的相互融合,依据融合的深度,主要有分销协议、战略联盟、合资公司以及金融集团四种模式。

## 一、银保融合的四种模式

### 1.分销协议模式

分销协议模式是指银行与保险公司通过签订分销协议,销售对方产品并赚取手续费收入。保险公司运用自身的专业技术设计适合银行分销的保险产品,银行凭借丰富的网点资源对其分销。银行作为代理销售机构,只在委托代理权限内对销售过程中的误导、超越代理权限的部分承担责任,保险公司承担由于保险产品瑕疵和保险公司理赔、保全所导致的责任。从总体上来看,这种方式是银行与保险公司进行合作的最简便易行且成本相对较低的模式,尤其是在分业经营、分业监管,银行与保险公司双方没有资本融合的情况下,这些优点使这种模式适用性更强。

### 2.战略联盟模式

是指由两个或两个以上具有对等经营实力的企业,为达到共同拥有市场、共同使用资源等战略目标,通过签订契约而结成的优势互补、风险共担、要素水平流动的松散的组织形式。

### 3.合资企业模式

是指银行和保险公司共同出资成立一家新的企业,如专业银行保险公司,由双方共同拥有,风险共担、利益共享,合资企业结合银行和保险公司的优势,负责开发、承保或销售保险产品。

### 4.金融集团模式

是指银行与保险公司通过交叉持股、兼并收购,或者通过保险公司设立银行、银行设立保险公司的方式成立金融集团,实现比其他三种模式更为一体化的银行保险运作模式。

## 二、四种融合模式的优劣比较

目前的四种模式各有千秋,并不存在一种十全十美、可以完全替代其他模式的最优合作模式,每种模式都有自己的独特优势。在选择银保合作模式时,需要考虑各模式本身的优劣。

协议代理模式下,在合作者的选择方面,双方均具有较大的自由度。一旦银保双方达成一致,签订代理协议后,保险公司便可利用银行的网点资源快速将产品推向市场,所需的时间周期较短。同时因双方在客户资源共享、产品开发等方面的合作几乎没有,因此双方的投入相对较少,较其他合作模式而言,初期投入的成本最低。但由于双方合作松散,导致合作周期一般较短,双方没有共同的利益机制。同时,从经济学理性经济人的角度观察,银保双方在合作过程中都会追求自身利益的最大化,银行想在合作中获得较高的手续费,而保险公司则想支付相对较低的手续费。若市场中,银保双方的力量处于一个相对均衡的状态,则双方可在市场机制的作用下形成均衡手续费,并以此作为合作的基础。但如果双方力量处于一个不均等的状态,则会引发手续费大战,搅乱市场。这时保险公司利用银行网点降低分销成本的初衷便不能实现。我国目前的情况恰恰如此,保险公司通过高百分比的手续费拿下银行的销售代理后,却发现在保费规模快速增长的同时,利润却增长甚微。

在战略联盟模式下,保险公司与银行都将双方的合作提升到战略发展的高度,合作的广度与深度都大大超过分销协议模式。双方不仅在产品销售方面,而且在产品开发、配套服务、渠道管理和客户资源共享等方面进行长期、多方面、多层次的紧密合作。这种方式下,双方具有相对稳定的预期,对银保业务合作的投入较分销协议更多,营销人员的管理、专业知识培训会更加系统、全面。同分销协议模式相同的是战略联盟是一种实施起来相对简单的合作方式,只是在挑选合作伙伴时需要更加谨慎,因双方的合作很可能长达10年,甚至更久。

战略联盟合作模式下,双方仍然是独立的个体,是在双方均不放弃自身业务和营运的控制权的前提下,主体之间的利益冲突仍然存在,没有从根本上解决问题。同时,虽然较协议代理方式而言,双方能够更大限度地进行资源共享,但对于关键资源仍然无法实现共享。因此这种方式常常作为银行与保险公司进行进一步深入合作的过渡形式。

在合资公司模式下,银行与保险公司成为利益共同体,联合控制或拥有保险产品,对保险业务进行长期投资,双方能够快速地获得技术、资源以及市场准入,充分利用对方的竞争优势发展自己的服务和产品线,且相互之间能够分担成本与经营风险。通过合资形式双方均够获得对方的专业与知识。

建立合资公司必须具有法律规定的注册资本金,同时公司筹建所需的时间较长。合资公司因其有银行与保险公司共同组建,合资双方不可避免地会在利益目标,特别是长期利益与短期利益上出现分歧。Skipper(2002)曾总结商业银行的文化是:关系建立、较低风险、稳定、个人报酬与业绩关联不大。寿险保险公司一般是激进、营销创新、咨询式销售以及激励报酬,而非寿险公司的文化则介于商业银行与寿险公司之间。与此同时,合资双方在合作构成中存在一方在从对方那里学习到技术和经验后自立门户或者兼并对方的可能。Bleeke & Ernst(1995)的研究表明,合资公司的寿命一般只有7年左右,大约80%的合资公司最终会因一方提出终止协议而结束合作。因此,合资公司虽然具有优势互补、一体化程度比较高等优点,但合资公司的运营需要平衡好合资方之间的利益的关系,因而采用合资公司模式经营银行保险成功的案例不是很多。

金融集团模式的主要优势有以下几点:第一,信息收集优势。金融集团在向客户提供多样化的金融产品和服务的同时可以更加全面的了解到客户的信息,降低了收集客户信息的成本。有利于之后的产品设计与投资建议,有助于为客户提供更加全面、更加深入的咨询与服务。第二,分销优势。金融集团下的保险公司可以充分利用对方的销售网络与客户资源,通过交叉销售,在增加销售数量的同时,降低销售设施和网络系统的固定费用,达到降低分销边际成本的效果。第三,风险分散优势。银行与保险公司业务风险与利润并不具有完全的相关性,因此,在金融集团内部,多样化的业务之间能够形成天然的风险分散机制,从而达到降低金融集团整体风险,并稳定利润良好局面。

这种模式主要有以下几方面的劣势。第一,通过并购方式组建的金融集团,并购双方易因企业文化,经营战略上差异而产生冲突。同时并购对象的寻找也颇费时间。第二,通过新建方式组建金融集团,新建立的银行或保险公司在初期会面临来自市场的成熟竞争对手的挑战,集团的综合优势并不一定能够使它们顺利战胜挑战。第三,分销导致的渠道冲突。原有的独立企业的主要分销渠道,如代理人渠道,可能会面临新渠道(银行网点等)导致的"非中介化"对其的挑战。同时,作为合作双方联系最为紧密的合作模式,这种方式受到的法律与监管方面的限制也最多。

### 三、影响银保合作模式选择的因素

#### 1. 外在因素分析

影响银保合作模式选择的外在因素主要有一国的法律、监管限制、金融市场成熟度几个方面。

法律及监管要求是选择银保合作模式的决定性因素,从根本上限制了可选择的银保合作模式的范围,这主要体现在两点:一是对利用银行络销售保险产品的限制,包括保险品种限制和销售地域限制等,这关系到协议代理模式和战略联盟模式的应用范围和规模。二是关于银行和保险业相互持股的比例限制及双方产权控制方面的规定,这直接决定了银行或保险能否有权选择合资公司模式和金融集团模式。只有在允许银行与保险公司交叉持股,或者混业经营的情况下,才能够实行合资公司模式和金融集团模式。

例如美国 1999 年《金融服务现代化法》的实施,是美国结束了分业经营的历史,允许金融业进行混业经营,之后金融集团大量兴起,也为银保合作采用金融集团扫清障碍。

2003 年,英国对上述监管规则作出调整,出台了所谓的"去两极化"的规定。根据新规定,银行选择销售保险产品的范围有很大的灵活性,既可以选择销售一家保险公司的产品,也可以选择销售多家保险公司的产品。这样一来,银行发挥自身的优势发展银行保险业务,不一定非要拥有自己的保险机构,从而使"分销协议"模式在银行保险中找到了发展空间。这项规定一出台,立马引起市场反应。巴克莱(Barclays)银行依据上述规定,首先卖掉了自己的保险机构巴克莱人寿(Barclays Life)保险公司,然后又与法通保险公司(Legal & General)达成"银行保险战略"协议,同意销售该保险公司的保险产品。

金融市场的成熟程度也在和大程度上决定银保合作模式的选择。合作程度相对较深的合资公司与金融集团模式一般要求金融市场发展较为成熟。在发展较为成熟的市场中,银保双方一般不会满足于简单的代理销售关系。双方一般会需求代理销售产品之外更加深入的合作,合作的方式更多的是以股权连接为纽带的合资公司方式或金融控股公司形式。例如,在银行保险历史最为悠久,发展最好的欧洲,相当多的银行与保险公司合作时采用联系较为紧密的合资公司形式或金融集团形式。而金融市场发展水平相对低的亚洲地区更多的采用联系松散的协议代理模式或战略联盟模式。

2.内部因素分析

影响融合模式选择较为重要的内部因素有银行及保险公司发展目的和资金规模。

发展目的方面:对于主营业务利润丰厚、网点资源丰富的商业银行而言,发展银行保险的主要目的是丰富表外业务。所以当此类银行在风险—收益维度上进行选择时,低风险—低收益且形式灵活的协议销售模式更具吸引力。反之,如果发展银行保险的目的在于缓解生存压力、获得资金技术支持时(正如中国多数本土保险机构所面临的情况),高风险—高收益的银行保险模式,即金融控股公司方式,是更好的选择。

资金规模方面:银行业是规模经济显著的行业,而资金规模是决定规模经济收益最重要的因素。随着资金规模的扩大,银行所能提供的金融产品和服务的产量相应增加,而固定成本可以认为变化不大,因此平均总成本下降。与此同时,随着资本规模的扩大,银行的融资渠道得到扩充、资本充足率得到提高,因此防范风险能力也将随之提升。可见,由于金融控股公司模式是一种资本融合的模式,可以充分享有规模经济带来的收益,因此在一定范围内,资金规模越大,越适宜发展金融控股公司模式。

# 第三节　我国的银保融合

## 一、银保融合的双赢优势

银行保险是保险公司与商业银行相互融合的业务模式。按照保险公司与商业银行融合程度的不同,银行保险的合作模式也有普通代理关系、战略联盟、合资企业以及金融集团四种。

银行保险的战略联盟合作模式主要是为了解决银行保险的专属产品和品牌整合这两个问题。战略联盟建立在普通代理关系模式之上,基于对银行保险目标的认同,而采取的针对某类特定客户,或为开发某类特定市场所达成的策略协作。与普通代理关系模式不同的是,达成战略联盟的双方通常建立了项目、产品乃至渠道方面的排他性,是"一对一"的排他性合作。战略联盟可以有效地维持规模优势,实现双方高效的交叉销售,并且可以把银行网点初步建成金融超市。在这种模式下,保险公司与银行通过利益共享、风险共担、项目共筹建立起了相互信任、彼此依赖的合作关系,已经不是松散型的合作关系。

从资源互补的角度看,保险公司和银行在营销渠道、管理能力、人才储备、设计开发、信息资源等方面各有优劣。银行拥有遍及各地的分支机构,广泛的客户资源,良好的声誉,保险公司可以有效地利用银行机构网点、客户群体、结算手段、服务方式、资金账户等巨大的业务资源。相对而言,保险公司拥有对保险产品开发、精算、核保、理赔等专业技术的能力,是银行所欠缺的。因此,保险公司和商业银行双方具有互补性的资源。

保险公司和商业银行的战略联盟,是一种双赢的战略安排,尤其是双方建立的销售联盟,共享销售渠道,已经分享了共同的利益和成功的经验。销售渠道是营销下游的重要环节,渠道竞争已逐渐成为企业竞争的焦点。对于保险公司来说,银行拥有广泛分布的营业网点和庞大的客户群,是保险产品销售的好渠道。同时,由于居民金融资产结构的变化,居民存款在居民金融资产中比重的下降,使银行业面临着非常大的盈利压力,银行也具有与保险公司相结合的要求。银行要为客户提供更全面和优质的服务,逐步走向全能银行和金融超市,最终实现为客户理财,借助保险公司的参与,向客户提供保险产品,不失为当前环境下的最好选择。销售联盟能使保险和银行双方从中获益丰厚。当保险公司与银行运作同样功能的部门,如销售网点时,资源浪费将不可避免地产生。保险公司与银行结成联盟关系之后将有助于减少这些雷同环节和结构,使合作双方组织设计和营销流程得到进一步优化,从而使各自的资源得到更合理的配置,节约了交易费用,使成本更低廉,效率也更高。在银行保险的战略联盟中,银行拥有遍布各地的分支营业网点,保险公司可不花费太多成本,利用其分支机构、银行员工和客户资源作为销售保险产品的最佳通道,银行的信用卡中心和客户消费记录等资料也成为保险公司的最佳营销数据库,从而充分利用银行的剩余产能,实现了从银行渠道销售多种金融产品的成本低于为每个金融产品开辟销售渠道的成本,进而形成了规模经济效益和范围经济效益。

因此,由于在资源和运作机制上具备了资源互补性、规模经济型和范围经济性,有效实现了互补效应和协同效应,战略联盟合作模式下的保险公司与银行的合作与简单的普通代理关系相比,具有更多的优势和市场潜力。

## 二、我国银保融合的现状

我国银行与保险的融合兴起于 1999 年,各大保险公司与银行纷纷签订合作协议,银行保险开始起步并迅速进入快速发展时期。随后银保合作规模逐步扩大,但大部分还停留在分销协议模式上。2001 年后,银行与保险公司的合作更加频繁,银行保险业务量逐年上升,如表 10 − 2 所示。2001 年银行保险保费收入达到 47 亿元;2002 年增长至 388.4 亿元,2003 年达到 816 亿元;2004 年达到 888 亿元。这一时期银行和保险公司的合作广度和深度进一步加大,纷纷建立了战略联盟的伙伴关系。在全球金融业混业经营的潮流下,我国也出现了一些如平安、中信等金融控股公司。

表 10 - 2　2001—2008 年中国银行保险保费收入及总收入比较

| 年度 | 总保费收入 | | 银行保险保费收入 | | |
|---|---|---|---|---|---|
| | 总收入<br>（亿元） | 同比增长<br>（%） | 保费收入<br>（亿元） | 同比增长<br>（%） | 占总保费的比重<br>（%） |
| 2001 | 2109.36 | 32.2 | 47 | – | 2.23 |
| 2002 | 3053.1 | 44.74 | 388 | 725.53 | 12.71 |
| 2003 | 3880.4 | 27.1 | 816 | 110.31 | 21.03 |
| 2004 | 4318.13 | 11.28 | 888 | 8.82 | 20.56 |
| 2005 | 4927.3 | 14 | 905 | 1.91 | 18.37 |
| 2006 | 5641.4 | 14.4 | 1175.5 | 29.89 | 20.84 |
| 2007 | 5038.02 | – 10.7 | 1410.19 | 19.97 | 27.81 |
| 2008 | 7447.39 | 47.82 | 2912.47 | 106.53 | 39.11 |

资料来源：保监会网站公布数据整理得出。

　　2007 年,我国银行渠道代理保险收入超过 1400 亿元,收入在保险兼业代理机构收入中占比近 63%；截至 2008 年年底,全国通过银行渠道代理销售的保险保费收入则达到 2900 亿元,占比达到 70%（见表 10 - 3）。2007 年以来,大多数保险公司银行渠道的业务占比已经超过其保费收入的 50%,银行保险的发展速度大大超过寿险业务的平均发展速度,占比也不断提升,银行保险业务已经成为拉动寿险甚至是保险业业务增长的重要动力。银行和邮储两个渠道的叠加导致了我国银行保险市场的蓬勃发展,银行保险已经成为与传统的个险和团险相并重的第三大销售渠道。

表 10 - 3　2007—2008 年银行渠道兼业代理保险情况

| 年份 | 数量（家） | 占比（%） | 保费收入（亿元） | 占比（%） |
|---|---|---|---|---|
| 2007 年 | 77149 | 53.91 | 1410.19 | 62.89 |
| 2008 年上半年 | 80090 | 52.84 | 1732.62 | 72.76 |
| 2008 年全年 | 75861 | 55.52 | 2912.47 | 70.21 |

资料来源：中国保监会。

### 三、现阶段我国银保合作中的问题

目前我国银保合作主要采用分销协议模式,在实践中出现了不少问题。

(1)银保业务代理手续费问题。保险公司对银保合作缺乏足够的认识,习惯于传统的粗放,不规范经营,以保费规模论英雄,经济效益观念淡薄,依靠给付较高手续费抢占银行市场来扩大保费规模,使同业之间产生了恶性竞争。其次,银行对经营保险代理业务所能产生的预期效应也缺乏足够的认识,没有把银保合作摆上经营管理议事日程,没有当作银行发展中间业务的一项重要来源抓,而是以高额手续费和存款作为与保险公司合作的条件。

(2)银行销售人员专业水平问题。由于在代理协议合作模式下,银保双方的合作层次较浅,且合作期较短,因此,保险公司方面想在合作期内尽可能的扩大产品销量和承保保费,而银行也集中在获得代理佣金的数目上。因此,双方均将主要精力法在产品的销售数量上,在专业信息的分享方面较少,保险公司一般不会在银行销售保险之前对银行相关销售人员(一般为柜员,客户经理)进行系统、专业的培训,造成银行销售人员缺乏相关专业知识,同时保险营销和保险服务的意识也比较弱,在销售保险产品的过程中将保险与储蓄相比,盲目套用银行。"本金""利息"等概念误导消费者,未按保险条款对重要事项进行如实告知,夸大或变相夸大保险合同利益。最终导致大量消费者投诉,尤其是在投资连接险方面。

(3)产品结构问题。产品结构单一,不能够很好的满足消费者需求。浅层次的合作,以及双方对产品销售的关注造成的另一结果就是,保险公司与银行不会进行积极的合作,开发适应消费者需求同时又能结合银行现有业务的保险产品。

从目前银行保险市场的产品来看,分红、万能,投连等投资型产品是市场的主流。例如目前在国内几大商业银行销售的保险产品当中,工行、农行和招商银行主要销售趸缴投连险、万能险和分红险,建行则主要销售万能险和投连险。总的来说,作为人寿险销售重要主渠道的银行和邮储,目前代销的保险产品主要是投资型险种,接下来依次为万能险和投连险,三者所占规模较大。银保存在产品同质化和业务结构不合理的现象已经比较明显。

### 四、我国银保融合的展望

#### (一)近期内银行与保险的融合仍将延用初级的分销协议模式

目前我国金融业仍实施相对严格的分业经营、分业管理,但近年来有关金融跨业经营的管制已经有所松动。除三大金融业法的修订为金融业综合经营预留空间,一系列推进金融业综合经营的法规和政策先后推出外,《关于保险机构投资商业银行股权的通知》、国务院160号文件和《关于加强银保深层次合作和跨业监管合作谅解备忘录》等直接有关银行和保险公司资本融合的监管规定相继出台,为加强银保深层次合作确定了发展框架。目前银行或保险公司投资入股现有的保险公司或银行已经予以准许,而银行投资新设保险公司或保险公司投资新设银行尚不在许可的范围之内。因此,在现阶段除了可以采用协议代理方式和战略联盟方式外,合资公司方式以及金融控股公司方式也在法律的允许范围之内。

金融市场方面,与世界上经济发达的欧美等地区国家相比,我国的金融市场还不够完善,金融业与保险业不论是在产品种类,产品设计技术还是在市场的规范性与完善性上还都处于初级的发展阶段。因此相对来讲,协议代理模式和战略联盟模式这两种合作层次较浅的方式实施起来会比较容易,也比较适合现阶段我国的情况。

从银行及保险公司的发展目的上看,保险公司方面,按照保险公司发展阶段的不同,可将保险公司分为两类:新进入公司和市场现有公司。对于新进入公司,公司的资本金充足,迅速扩大业务量解决生存问题是公司的首要任务,因此银保渠道的第一要务便是尽量扩大承保规模。对于市场现有保险公司,银行保险的目的是巩固并扩大其市场份额,增强公司竞争力,同时也会考虑通过银行保险实现公司自身的经营战略与收益。外资公司较为特殊,一般会将效益放在首位,采取谨慎的态度,挖掘银行客户的保险需求,开展银行保险业务。银行方面与保险公司开展合作的目的主要有三点。第一,创造新的利润点,增强盈利能力。目前,我国银行业的主要利润来源仍然是存贷差,但日益缩小的存贷利差迫使银行不得不寻找存贷差之外的利润来源。银行保险作为表外业务,风险小且收入稳定,既能够为银行带来稳定丰厚的收入,又能够起到转移储蓄的作用,因此符合银行现阶段的需求。第二,改善业务结构。专业市场研究公司TNS发布的2007年中国银行业调查显示,我国的银行网点目前87%的柜面业务为活期、定期存款账户业务,仅有7%的比例为投资理财业务,3%为借记卡业务,2%为信用卡业务,1%为贷款业务,结构十分单一。在金融业竞争日益积累的今天,银行业极力开展新业务,以求改变现有单一低利润的业务结构,更好地在国内市场上获得竞争优势,同时更好地融入国际金融市场。第三,提高客户忠诚度。居民的理财意识逐渐加强,提供全面的金融服务有利于更好的维护客户,提高客户满意度、重程度,从而为银行创造更多的利润。对于大多数保险公司而言,最大程度地扩大承保保费是实行银保合作的主要目的。而银行方面,随着金融环境的改善发展,业务竞争的日益激烈,改善业务结构,同时获得新的利润来源是银保合作的主要目的。因此银行与保险公司在银保合作上不约而同的选择了适合双方的协议代理模式。

### (二)银保合作模式的未来

从长远来看,我国的银保合作模式显然不能停留在协议代理模式下,随着法律监管环境、金融经济环境以及银行业和保险业的日趋成熟,银保合作将采用更加紧密的合作方式。战略联盟模式下,双方依然只是浅层次的合作,并不能解决现在出现的诸如手续费过高等问题,相对而言,有股权联系的合资公司模式或者金融集团模式更适合在未来的银保合作中采用。但合资公司模式下,不可避免地会有双方的文化冲突存在,而且世界上采用合资公司方式成功的案例也并不多。同时,作为银保业务的发源地,现在也是银保业务最发达的欧洲,较多地采用的模式是金融集团模式。因此,在将来我国的银保合作方式将趋向于采用金融集团模式。

按照集团内风险的传递方式将金融集团分为两种类型:一种全能银行,法律上不限制集团内的不同金融业务交易,风险可以在集团内传递,集团的主要金融部门如商业银行要面对集团内所有部门发生的各种风险。另一种是是金融控股公司,集团下属公司各自为政,风险仅限于子公司内部,业务关系密切程度较全能银行低,但高于分业经营。美国英国等国也由分业经营到现在的混业经营,且目前银保业务在金融控股公司模式下取得了成功。同时,相对而言,金融控股公司兼顾安全性与效益性,因此金融控股公司可以作为我国银保合作模式的未来取向。

综上所述,结合内外部因素以及银保合作模式本身的特点,目前我国普遍采用的协议代理模式在未来的一段时间内将继续以主流合作模式的方式存在。同时,随着法律监管的逐渐放松与完善,金融市场的不断成熟与发展,我国银保合作模式的未来趋势将是金融控股公司形式。

## 第四节　银保融合的生力军——保险企业集团

### 一、并购

如上所述,20世纪80年代以来,随着各国不断放松管制,银行、证券、保险等金融业务之间的界限变得模糊甚至消失,各类金融业务趋向一体化经营。很多大型金融机构争相开展多元化业务,发展成为巨型金融集团。由于经济全球化和银保融合促进了金融业的市场化进程,发达国家的金融业相互融合和渗透已越来越普遍。从世界范围来看,金融业相互融合与渗透的表现形式主要包括:协议合作,即金融机构之间通过非正式的合作意向或协议建立合作关系;成立合资公司建立战略联盟,比如由银行和保险公司双方出资建立新的企业,经营银行或保险业务;收购兼并,包括金融机构相互之间的收购、合并。

如果仅从保险角度观察,保险的综合化经营涉及两个层次。一是保险业内的相互融合,这是指保险机构在统一控制权下通过不同的法人主体,同时经营财产保险和人寿保险业务,从而避开"产寿险分业经营"原则的约束。二是保险业与其他金融行业之间的相互融合和渗透,这是一般意义上的银保融合经营。

从保险资本运营的角度理解保险的综合化,保险的资本运营主要有两种方式:第一种是通过改变保险企业的所有制形式,进行融资。现代保险业的组织形式多种多样,股份制和相互制是最常见的两种形式,此外还有相互保险社、保险合作社、劳合社等形式。经济环境不同,保险业发展阶段不同,保险企业的所有制形式也有所不同。通过改变企业的所有制形式,进行融资,使企业投资主体多元化,不仅实现资本增加,成本降低,为未来生产经营的发展奠定基础,而且还可以重塑企业的法人治理结构。第二种是兼并收购。并购是产权流动最重要的方式之一。企业并购的实质是一种产权转让或交易行为,由此实现企业对可控资产权利的转移。保险行业的特点、多数保险产品和其他金融产品的可替代性和竞争性,有效地降低了保险业与其他金融服务业之间相互进入的成本。因此,并构便成为现代保险业扩大业务领域、实现外部成长的重要途径。

## 二、我国保险企业集团经营模式

目前,我国保险企业集团化的趋势已十分明显,初步形成了三种集团化经营的模式。

(1)以保险公司为主体的集团化模式。随着三大国有保险公司———中国人寿、中国人保、中国再保险在 2003 年顺利完成改制重组和保险资金运用的专业化,内资大中型保险公司初步形成了保险业务(财险或寿险)加资产管理公司,再加诸如健康、养老金等专业保险公司为框架的集团化经营格局。目前,五大保险企业集团,即三大国有保险集团和太平洋保险集团与平安保险集团,覆盖了中国保险市场的绝大部分。

(2)以银行为主体的集团化经营模式。2002 年 3 月,中国工商银行(亚洲)以等值人民币 18.6 亿元的港币完成了对太平保险有限公司 24.9%的股权收购;2004年 7 月,中银集团保险有限公司出资 5 亿港币改制成为中银保险有限公司。

（3）以保险公司和商业银行的战略联盟为形式的集团化经营（银保合作）。例如2005年4月,中国农业银行与天安保险公司在上海签署《全面合作协议》,确定双方在银保产品的研发、银行卡业务、基金业务、电子商务等领域进行广泛深入合作。迄今为止,国内主要的银行和保险公司都签订了合作协议,合作的领域也从最初的仅限于若干产品的渠道合作转向全面的战略合作。

集团化运作可以采取事业部制、母子公司制与控股公司制。从我国法律等实际条件来看,在相当长时期内,控股公司形式将是我国保险集团化运作的主要方式。

## 拓展阅读

### 中国平安保险集团简介

中国平安保险(集团)股份有限公司(以下简称"中国平安")是中国第一家以保险为核心的,融证券、信托、银行、资产管理、企业年金等多元金融业务为一体的紧密、高效、多元的综合金融服务集团。公司成立于1988年,总部位于深圳。2004年6月和2007年3月,公司先后在香港联合交易所主板及上海证券交易所上市。

公司控股设立中国平安人寿保险股份有限公司、中国平安财产保险股份有限公司、平安养老保险股份有限公司、平安资产管理有限责任公司、平安健康保险股份有限公司,并控股中国平安保险海外(控股)有限公司、平安信托投资有限责任公司、平安银行股份有限公司。平安信托依法控股平安证券有限责任公司,平安海外控股依法控股中国平安保险(香港)有限公司,及中国平安资产管理(香港)有限公司(见图10-1)。

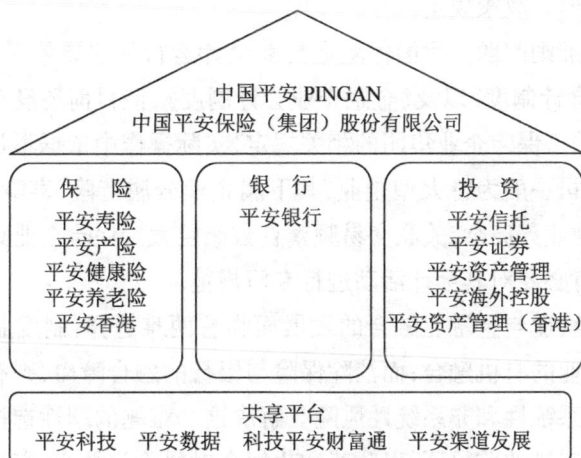

图10-1　中国平安保险集团机构

资料来源:平安集团网站

## 三、我国保险企业集团化需要解决的问题

保险企业集团作为世界保险企业组织的主流形式,在中国已经得到广泛认同,但与之相对应的法律地位、监管政策、会计准则尚有待完善,保险企业集团在市场上还需要一段磨合期。

首先是法律地位问题。我国保险也采取分业监管的模式,过去的中国人民保险(集团)公司也因此一分为三,形成了专业业务分设子公司的模式,2003年又通过股改成立了保险企业集团。而太平洋保险公司和平安保险公司却直接成立了保险集团,形成了"集团混业、经营分业"的模式。成立保险企业集团的做法既与国际接轨,又满足了分业的监管要求,因此得到了保险监管部门的认可。但是在相应的保险法律法规中,却没有明确保险企业集团的法律地位。2009年修订的《保险法》及《保险公司管理规定》都没有关于保险企业集团方面的规定。

其次是监管政策问题。在欧盟国家,保险企业集团下属的保险子公司不但要各自接受偿付能力的监管,另外,还要接受相关的附加监管,其核心就是对保险企业集团的"净偿付能力"的监督,从而防止保险企业集团内偿付能力资金多次重复使用。这一监管规定使每个保险企业集团的内部企业更加具有安全性,也能更好地保障投保人的利益和保险公司的经营稳健。相比而言,我国存在对保险公司偿付能力充足率作了具体规定,保监会还修订了财产保险公司和人寿保险公司应具备的最低资本。遗憾的是,对于不直接经营保险业务的保险集团或保险控股公司,却没有任何相关监管政策规定。

再者是会计准则问题。我国保险业当前会计运行的主要依据是《企业会计准则》、《保险公司会计制度》以及《金融企业会计制度》,但目前还没有独立的保险会计准则,更没有关于保险企业集团的相关规定,实际操作中依据不足。而保险企业集团中的控股公司一般为特大型企业,其下属企业分属产险、寿险、再保险以及资产管理行业,会计业务庞杂,关联交易频繁且数额巨大。保险企业集团会计运行有其特殊性,因此有必要对其会计活动进行专门规范。

目前我国保险业与金融业融合的发展面临着两难选择:制度瓶颈的约束会限制保险业与金融业的有机融合;而消除保险与银行的融合障碍,则有可能加大保险业与资本市场的系统性和非系统性风险。解决这一难题的理性选择是在构建我国有效的监管制度安排的前提下,以防范和化解金融风险为核心,有步骤地推进我国保险业和金融市场的融合力度,获得两者融合所产生的正效应。

除了应制定正确的监管战略和建立有效的监管组织之外,当前还需构建具体的防范与化解风险的策略。第一,合理确定保险公司股权融资与债券融资的管理办法。第二,允许保险公司通过多种股权重组方式吸纳各方面资金进入保险业。第三,保持资本市场政策的连续性、稳定性,拓宽资本市场的广度和深度。第四,进行风险证券化的保险创新。

## 拓展阅读

### 美国巨灾风险转移

近年来,保险市场中保险业与其他金融交易的融合引人注目,这种融合又引起风险管理实践发生了巨大变化。促使融合发生的主要动因是:监管的变化、数理模型的发展运用、资本及保险市场的全球化以及先进技术如计算机、通信设备和因特网等的发展。

转移巨灾风险的交易,最能清楚地反映金融和保险融合的问题。在保险中,理想的可保损失风险是不大可能产生巨灾损失的风险。这里的巨灾损失是指比保险基金的规模还大的损失。然而,即使巨灾损失并不是"理想"的可保风险,金融家们已经做出了成功安排,对那些确信面临巨灾风险的保险人提供保障。这是一个对劣质保险险种提供支持的金融交易的混合产品。换言之,保险公司为扩展所提供保险的范围,已经辟出了利用金融市场资源的新途径。正是运用了新的方式,保险公司才有能力接受那些原本拒绝承担的风险。以下是最近保险公司运用的三种金融方式。

1. 应急准备金债券(Contingent Surplus Notes)

应急准备金债券可以使保险公司自我保护,避免对"巨大金额"损失的赔付。这种保险计划是:

(1)投资者将资金投入一个信托账户,然后由受托人购买美国国库券。

(2)投资人除了收取所有国库券的利息之外,还从保险人处收取附加利息。该附加利息是交易时资本市场竞争性利率的函数,与国库券利息相比返还比率较高,所以对投资者有较大吸引力。

一旦指定的巨灾发生,保险人有权用自己的应急准备金债券或有时用自己拥有的优先股来替换信托账户中的国库券。这些证券(或自选股票)较国库券要付更多的利息。但同时具有较大的违约风险,因为目前由保险人而不再由美国财政部支付利息。

在以自己的证券替代了国库券之后,保险人可将信托账户中国库券变现,以此作为保险赔款。这样,此项安排则是向保险人提供了他所要的流动资金。不然,在做融资计划时,他自己的清偿能力可能会导致资本市场收取惩罚性利率。应当注意的是,保险人仍然必须对新发行的债券支付利息。因此,损失风险并未得到转移。但它提供了一个远期合约。依照这个合约,在正常的情况下,即未发生巨灾的情况下,可以按一定的价格使证券变现。

2. 巨灾债券(CB)

此项安排能使保险公司将部分或全部巨灾风险转移给一个信托账户。

投资人将资金投入信托账户,然后受托人购买美国国库券。

如发生指定的巨灾风险,保险人可以得到部分和全部的信托账户中的证券,而不须偿还原投资人。

为使信托账户吸引投资者,保险人添加了一个附加的、由市场决定的利息金额。

这里,供投资者投资的证券分两种:一种是向投资者担保偿还本金,但利率相对较低,这种证券由长期零息公债支持;另一种是在不发生巨灾的情况下利率相对较高,但不作返还本金的保证。

3. 交换可买卖期权(Exchange Trade Options)

在此情况下,标准合同赋予买方(即某一保险公司)从卖方投资商处得到收取现金的权利,条件是规定的巨灾损失指数达到了某一水平。

这里,刺激卖方的因素是:如果在规定时期内没有巨灾发生,那么他们可以持有从买方那里收取的资金。保险公司所购买的是万一巨灾损失发生时资金清偿能力的要求,而该要求与所遭受的具体损失之间并不相关。这种互换可买卖期权的交易,是保证卖方(投资者)的履约,并要求该合约的卖方满足财务责任的要求。如可能要求卖方在每天业务结束时,手头持有的流动性资金要占责任金额的20%。

## 小结

本章重点介绍了国内保险市场乃至整个资本市场的发展现状,具体分析了保险与金融融合的背景、现状、诱因和发展路径。

## 参考文献:

1. 蒲成毅. 中国保险业最优增长研究[M]. 北京:经济科学出版社,2005.

2. 池晶. 论世界保险业的金融化趋势[J]. 保险研究,2000,7.

3. 道弗曼. 风险管理与保险原理[M]. 齐瑞宗,等译. 北京:清华大学出版社,2009.

4. 王海艳. 保险学[M]. 北京:机工业出版社,2010.

5. 孙祁祥,等. 中国保险市场热点问题评析 2008－2009[M]. 北京:北京大学出版社,2009.

6. 齐瑞宗. 国际保险学[M]. 北京:中国经济出版社 2001.

7. 中国保险监督管理委员会. 2010 中国保险年鉴[M]. 北京:中国保险年鉴出版社,2010.

8. 魏华林,林宝清. 保险学[M]. 北京:高等教育出版社,2006.

9. 付菊,徐沈新. 保险学概论[M]. 北京:电子工业出版社,2007.

10. 中国保险业监督委员会网站 http://www.circ.gov.cn/web/site0.

11. 中国保险报－中保网 http://www.sinoins.com.

12. 中国保险行业协会网站 http://www.iachina.cn.

# 第十一章　保险监管

## 引言

　　保险业是风险性与金融性共存的行业,因此需要设立严格的监管制度,以保证行业的健康发展。本章从保险监管的概念入手,阐述、分析了保险监管的必要性、目标、方式及成本和局限性等,并对其他国家的保险监管体系作了完整的介绍。

## 关键词

　　保险监管　　保险监管的边界　　市场行为监管

## 第一节　保险监管概述

　　保险业是集风险性和金融性于一体的行业。基于其在国民经济中的重要地位和作用,各国大多采用比较严格的监管制度,以维护市场的效率、公平和稳定。当前,随着金融全球化和一体化的发展趋势,保险监管更需要不断创新监管理念,建立科学的监管体系和监管工具。

### 一、保险监管的概念

　　保险监管有广义和狭义之分。狭义的保险监管,是指政府对商业保险的监督和管理。保险监管是控制保险市场参与者市场行为的一个完整体系,在该系统中,保险监管的主体包括国家立法、司法和行政部门,监管对象包括保险业务本身以及与保险业相关的其他利益组织或个人;广义的保险监管涵盖了对商业保险的监管和对社会保险的监管两方面,在我国,具体的监管部门分别是中国保险监督管理委员会和劳动社会保障部。本章讨论的主要是狭义的保险监管。

　　从对保险业管理的层次性上,保险业的管理可以分为国家对保险业的管理、保险业的自律管理和企业内控三部分。国家对保险业的管理即为保险监管,它构成了保险监管的基础;保险业的自律管理则是对保险监管的补充;企业内控则是保险企业在国家法律和行业规定允许的范围内,为维护本企业利益而采取的行为。从这一意义上说,保险监管体系包括了保险监管法规、保险监管机构、保险行业自律和保险信用评级四大部分。

### (一)保险监管法规

保险监管法规包括保险合同法和保险业法两大部分。保险业法,是指调整国家对保险业进行管理过程中所形成的权利与义务关系的一种法律规范。尽管各国保险业监管法规在形式上有所不同,但其内容基本一致,主要包括:保险业务许可,保险企业组织形式,最低偿付能力,保险准备金,再保险安排,保险资金的运用,保险企业的资产评估,会计制度,审计制度,财务报表,破产和清算,保险中介人的管理等法律规定。

### (二)保险监管机构

不同国家的保险监管机构有着不同的称谓和形式。从国际上看,保险监管机构大致可分为两类:一类是直属政府的保险监管机构;另一类是在直属政府机构下设立保险监管机构,执行保险监管的部门隶属于财政部、商业部、中央银行或金融监管局等。我国保险监管机构是中国保险监督管理委员会,简称保监会。保监会根据国务院授权履行行政管理职能,依照法律、法规统一监管中国保险市场。

### (三)保险行业自律

保险行业自律即保险行业自我管理,是指保险行业通过建立行业公会等行业组织,形式在遵守国家对保险业管理法律法规的前提下,对保险行业内部相互关系进行的自我约束和协调。

以保险行业公会或保险行业协会为基本形式的保险行业自律组织,具有非官方性,是保险人或保险中介人自己的社团组织,其作用主要包括:代表会员对政府有关保险业管理立法施加影响;协调会员在市场竞争中的行为规范;制定供市场统一使用的保单及其费率最低标准等。

### (四)保险信用评级

保险信用评级是指保险信用评级机构利用保险市场公开信息和部分保险企业内部信息,通过加工并出售保险信息产品的方式,为保险市场参与者提供服务的一种制度。保险信用评级制度增加了保险市场的透明度,同时能够降低监管成本,提高监管效率,并为市场参与各方,特别是保险监管部门,提供预警信号,从而减少监管失误。

## 二、保险监管的必要性

相对于其他行业和市场而言,各国普遍对保险行业和市场实施严格的监督和管理,究其原因有:

### (一)保险经营具有公共性和社会性

人们通过消费保险产品来减少当前利益,换取对未来的财产、人身风险的保障,保险公司依靠诚信经营并吸收资金,其经营成败和对客户未来可能发生风险进行的承诺届时能否兑现,不仅关系到公司投资者的利益,更关系到社会公众的利益。人们购买一般商品后,生产企业的后续经营与客户利益相关度不高,而保险产品的供给和消费具有一定的特殊性,保险产品本身是无形产品,是对合同规定的未来损失进行赔偿或给付的承诺,对于很多保险产品,特别是人寿保险产品而言这种承诺的时效长达几十年。在长时间的跨度内,仅靠经营业务的企业自我约束来保证承诺的有效性,是不太现实也不可行的。因此,保险公司持续经营情况将会广泛、长期地影响到其客户的绝大部分利益,涉及千家万户。如果经营保险业务的公司破产或倒闭退出,负面影响将比一般企业要大得多,将使广大投保人、被保险人或者受益人的利益也即社会公众利益受到损害,带来社会福利损失,影响社会稳定。为保证社会公众利益,确保保险公司的偿付能力,政府对保险业的监管就显得顺理成章和十分必要。

### (二)保险交易存在信息不对称性和不完全性

在普通行业中,市场中的销售者和购买者都很获取充分信息,交易双方存在信息不对称。相对而言,保险业是一个技术含量高、业务专业性强的复杂行业,信息不对称和不完全的问题更为突出。保险合同通常是格式合同,保险产品定价和保险合同内容往往由保险公司单方面拟定,投保人对保险费率、保险责任、责任免除、退保等重要事项的了解有限,一般只能就接受合同或拒绝合同进行选择。因此,如果缺乏外部监管,保险公司可能利用信息不对称和信息透明度较低的优势进行损害投保人、被保险人或者受益人的利益的行为。一方面容易导致大的保险公司垄断保险市场,任意提高费率,增加投保人的负担;另一方面可能滋生许多不正当的竞争行为,如盲目降低保险费率、任意提高佣金水平等。这些不正当的竞争行为会严重削弱保险公司的偿付能力,最终损害投保人、被保险人或者受益人的利益,乃至社会公众的利益。

### (三)保险发展存在市场失灵和破坏性竞争

市场失灵理论是研究政府干预市场的一种经济学理论。市场失灵理论认为,由于存在大量现实和潜在的市场失灵问题,包括市场存在垄断、信息成本过高、负外部效应、搭便车现象等,造成理想状况的竞争性市场难以实现,导致市场公平和效率的损失,因此政府必须干预市场,纠正市场失灵,增进市场的公平和效率。保险市场也存在上述市场失灵问题,现实的保险市场通常是垄断竞争型市场,公司之间的竞争并不完全平等,保险公司的财务状况和社会保险需求状况等信息透明度不高,因此保险市场需要政府的监管,以最大程度地防止和消除市场失灵产生的非效率和不公正问题。此外,由于保险业务,特别是长期寿险业务从投保到保险公司支付保险金,时间间隔非常长,有时达到几十年,使保险公司的经营风险不容易在短期内暴露。于是,在市场竞争中,保险公司存在牺牲客户未来长远利益以换取短期经营利益的倾向,从而在经营中出现恶性或过度竞争以及不合理价格,而导致的结果是保险公司丧失偿付能力并危及社会公众利益,损害投保人、被保险人或者受益人的合法权益,从而影响保险业的持续发展。

总体而言,监管在保险业的发展中具有独特而重要的地位。保险市场的结构影响保险市场行为和市场发展,市场发展在很大程度上又影响保险监管的内容和方法;保险监管政策实施后又会直接影响市场结构和市场行为,从而使市场状况发生变化,而市场状况发生变化后,反过来会影响监管部门,即监管部门会根据市场状况调整监管目标和方法,从而使市场发展与监管形成互动。

### 三、保险监管的目标

#### (一)维护被保险人的利益

保险是一个技术性很强的行业,许多方面对于社会公众来说都是非常陌生的,需要专业的知识才能理解,而保险人作为卖方,对其产品的详细情况却非常清楚,如精算、核保、理赔、偿付能力计算、法律权利和义务等方面。这种信息的不对称性和不完全性,使保险人比被保险人处于更为有利的地位,保险人往往可以利用其有利地位欺骗或误导被保险人。因此,监管的一个重要目的,就是减少乃至消除投保人因缺乏保险知识而受到的不公平待遇。

#### (二)维护保险市场秩序,促进公平竞争

公平竞争是保险市场有效运行的保证。不正当竞争的主要形式有:利用行政手段垄断市场;向消费者提供虚假广告、信息;诋毁竞争对手,窃取竞争对手的技术机密,侵犯竞争对手的专利权等。从国际经验看,垄断是破坏竞争秩序的最大敌人,垄断企业缺乏改进管理、降低保险价格、提高保险质量的动力,于是消费者成为垄断的最大受害者。因此,保险监管部门必须站在社会公众利益的角度看待反垄

断的意义。

### (三)培育和完善保险市场体系

培育市场主要包括市场主体的培育、人才的培育和竞争规则等方面的基础建设。我国作为一个发展中国家,保险市场发育还不健全,仍处于发展的初级阶段。因此,监管部门还肩负着培育市场的使命。

### (四)确保保险公司偿付能力充足,防范和化解保险业风险

偿付能力是保险企业经营管理的核心,也是保险监管的核心内容。偿付能力是指保险人对被保险人负债的偿还能力。对偿付能力的监管,主要是通过对偿付能力额度的直接管理,或对影响保险人偿付能力的因素如保险费率、准备金的提存、保险资金的运用等进行管理来完成的。由于偿付能力在保险经营中的重要地位,各国保险法规都有对这一目标的明确规定,比如,各国保险法都规定,设立保险公司必须符合法定的最低资本金要求,资本的充足性是保险公司偿付能力的基本保证。另外,有关保证金的提存、各项保险责任准备金的提存、最低偿付能力的确定和法定再保险业务的安排等方面的规定都是对保险公司偿付能力监督管理的重要措施。

## 四、保险监管的方式

各国保险监管部门都有检查保险机构业务状况的权力,一般包括现场检查和非现场检查两种方式。所谓现场检查,是监管人员亲临检查现场,通过听取汇报、查验有关资料等方式进行的实地检查。现场检查的内容主要包括内控制度、风险管理能力、业务后续发展能力及趋势、资产质量状况、高层管理人员水平及道德评估等方面,其核心是对内控制度的评估。

非现场检查有广义和狭义之分。广义上的非现场检查是指除现场检查之外一切监管方式的总和,它通过建立高效的非现场监控网络,提高信息获取的深度、广度、频度和精度,为风险管理提供充分的依据;狭义的非现场检查是指对监管对象报送的报表、数据按一定目标、原则、标准和程序进行分析,从而揭示监管对象业务的合规性和风险性。通常的做法是建立一套非现场检查的指标体系,一般包括三类指标:承包类指标、赔付类指标和内部管理类指标。

非现场检查能够提高对监管对象的整体把握程度,具有预见性、事前性和预警性等特点,现场检查的主要特点和优点在于能够掌握非现场检查无法核实和认定的情况及问题。非现场检查和现场检查必须有机地结合起来,才能做到优势互补,提高风险管理和保险监管的整体效能。

此外,我国已开始实施保险公司分类监管,即通过一些监测指标和保监会日常监管中所获取的监管信息,将保险公司按风险程度分为四类进行相应的监管。分类监管对现场监管和非现场监管进行了有机的整合,有利于整合监管资源,提高监管效率。

## 五、保险监管模式的选择

综观国际保险业,各国保险监管模式分类方法主要有两种:第一种是根据政府对保险市场干预的程度,将监管体制划分为严格监管模式和松散监管模式。模式的选择主要体现了政府对保险业发展的各个环节进行控制和监督的两种态度;第二种分类方法是根据政府监管机构的设置及组织模式的不同,将保险监管模式划分为"高度集中,统一监管型""一级多元,辅助监管型"和"两极多元,分权制衡型"。"高度集中,统一监管型"主要表现为政府设立独家监管机构,实行垄断管理,比如日本、中国台湾、中国香港等保险市场相对集中的国家或地区即为此类;"一级多元,辅助监管型"共同合作来具体监管保险业,比如英国、法国和德国等;"两极多元,分权制衡型"多出现于联邦制国家,比如美国和加拿大,对保险业的监管分别由联邦政府和州政府管理,中央和地方在各自领域或职责范围内享有同等的保险监管权力。

## 六、保险监管的成本和局限性

### (一)保险监管的成本

保险市场的监管需要承担监管成本,并有一定的局限性。因此,一些经济学家认为市场的失灵却未必一定需要政府监管来矫正就因为政府监管也有其自身的成本,最终还是会转嫁到保险购买者身上造成一定的福利损失。此外,政府监管过严会遏制保险公司的创新活力,最终不利于市场机制的运作。

保险监管的成本包括:人力资本的投入;国家税收的支出;管理机构的投入;管制规则制定与实施;保险监管中的设租与寻租;监管制度的路径依赖等。

寻租理论最早由塔洛克(Tullock)和安妮·鲁格(Anne O Kruger)提出。早期的寻租理论的基本结论是当利用贿金购买权力时,管制更有可能使生产者受益而非消费者得益。后来寻租理论的发展则更多地考虑了消费者群体在寻租活动中的力量。但无论如何,寻租行为本身不创造任何社会财富,只会消耗社会资源,造成社会福利的损失。

### (二)保险监管的局限

除了要支付保险市场监管的成本,政府还应意识到保险监管的失灵,即与市场失灵相对的所谓政府失灵。分析监管失败原因的理论主要有俘获理论和新经济自由主义论。

"俘获理论"的基本思想是:某产业中的企业希望政府对该行业实施管制,原因在于其可以通过俘获管制者而使其按照自己的利益行事。该理论认为所有的管制者最终都会被一些被管制者以各种方式俘获了。管制的结果实际上是管制者利用管制机制在为某些特别的利益集团提供服务。

俘获理论认为,进入管制要求越严,国家收入和产业竞争性越低,腐败也越严重;管制越严的国家,其产品质量越低,环境越差。一些从计划经济向市场经济转轨国家保险业的监管为俘获理论提供了很好的例证:监管部门官员出于对自身利益的考虑,利用监管部门与公众之间的信息不对称,与被监管者形成利益共同体,对投保人利益的保护和维护市场的公平竞争成为得不到执行的口号。例如,首先市场上最主要的保险公司都是国有或国家控股的企业,监管部门不但是市场维护者,还受国有资产管理部门的委托,代理着这些国有和国家控股企业的管理职能,拥有企业管理人员的任免权。因此,既是市场的管理者,也是市场的直接参与者,双重职能极容易导致不公平的监管倾向。其次,监管部门成立之时,保险监管官员主要就来自市场上的保险公司,而更主要的是,如果一直以来,保险监管的主要官员就可以被委派到国有或国家控股的保险公司任要职,或从监管部门离职后担任保险公司顾问、独立董事等职。出于对自己未来的考虑,履行监管职责时,不能不有所倾向甚至官商勾结,何况一些人去监管部门工作的目的主要就是积累人际关系,然后带着这些资源到保险企业求职,而这些人对于企业来说是有利用价值的。最后,由于监管部门的财务受到其他部门的限制,因而缺乏可自由支配的资源,往往依赖财力雄厚的受管制保险企业提供财务支持。作为交换,保险公司可以从有利于自己的监管政策获得回报等。

## 七、保险监管的边界

格罗斯曼与哈特(Grossman & Hart)在1986年发表于《政治经济学杂志》上的《所有权的成本和收益:纵向一体化和横向一体化的理论》一文中提出了著名的不完全合同理论。该理论的核心思想是:在"委托—代理"关系中存在委托人和代理人双方的道德风险,本来为了对代理人的正向激励,在代理绩效好时委托人应多支付给代理人一些报酬,在代理绩效不好时委托人少支付一些报酬甚至惩罚代理人,这构成了一个以代理绩效为支付依据的相机合约。但这种相机合约的问题在于当委托人所不希望出现的坏的结果出现时，无法判别是由于代理人工作不努力造成的，还是由于不可控制的风险所造成的（即代理人即使再努力也无济于事）；而当好的结果出现时，无法判断是代理人努力工作所致，还是其他有利条件（比如气候条件或市场环境好等因素）使然。同样，委托人可能会以其他有利条件的存在而否认代理人所做出的努力，从而拒绝支付更高些的报酬，这样在"委托—代理"关系中，激励提供和风险分担方面就存在冲突，相机合约无法实现。

为了防止代理人的道德风险，委托人需要对代理人进行监督。但监督需要花费成本，监督成本和道德风险之间构成了另一个两难冲突。在这种情况下就需要设计一个不完全合约。不完全合约不是说代理绩效好的时候付多少，代理绩效不好的时候付多少，它不对这些作规定，只是规定所有权结构。比如软件设计公司在招募程序员时就在雇佣合同中载明，程序员在公司设计的软件的知识产权全部归公司所有，这就是一个不完全合同。

同样，保险监督管理部门和保险企业的监管关系也是一种"委托—代理"关系。监管部门是委托人，保险企业是代理人。保险监管部门设计一种管理规范——也就是监管规则，不写明保险公司可以做什么，不能做什么，而只说明监管部门允许保险公司做什么，它就能做什么，做得好给予奖励；做得不好就予以惩罚，这是最典型的不完全合约。

当然，世界各国的保险监管规则都不会是这样粗放型的不完全合约，有着一系列的法律条文和监管规章，但不容否认的是，有的国家和地区的监管规则（包括保险监管的法律体系和各种规章制度条例等等）对保险公司的行为规定得明确详细些，而另一些国家则不那么明确，也是粗线条的，但无论如何都不可能涵盖所有的情况。因此，在某种意义上，都属于不完全合约。

而不完全合约理论认为，监管官员的权力与监管合约的模糊度成正比。监管机构和监管官员的权力约定越模糊，监管部门的权力就越大，其奖励和处罚的随机性也就越强。比如，当一个国家的保险法规定，保险公司提供虚假的报告、报表、文件和资料，构成犯罪的，依法追究刑事责任；尚不构成犯罪的，由保险监督管理机构责令改正，处以10万元以上50万元以下的罚款。10万元和50万元之间是一个巨大的空间，与一个固定的或者范围比较窄的处罚空间相比，保险监管部门拥有更宽泛的裁量权。现实，究竟保险监督管理部门的监管合约应"完全"到什么的程度这就是保险监管的边界问题的一个侧面。

一些经济学家支持政府监管市场的一个重要理由是，对于自然垄断行业，如果政府不加以监管,处于垄断地位的企业就会以高的价格向市场提供劣质的产品,从而使消费者受到损害,政府对自然垄断企业的监管可以防止这样的情况发生。但鲍莫尔的可竞争市场理论对此提出反驳,可竞争市场理论认为,即使对于自然垄断行业,如果政府不设置进入壁垒,即使市场上仅有一个企业,这个企业的行为也会表现得像有一个竞争对手一样,因为假如垄断企业太差,就会有资本进入市场取而代之。而且这些企业也不能不顾及自己的形象,并考虑消费者对替代品的寻找而导致财源的流失。

现实部分地支持了可竞争市场理论,但也不能否认,一些自然垄断行业特别是进入成本比较高的行业,需要政府对其(特别是产品和价格)进行一定程度的监管,否则消费者将会在一定程度上忍受质次价高的产品和服务。那么政府的监管究竟可以介入到什么深度呢,这依然是保险监管的边界问题。

# 第二节　国际保险监督官协会和中国保险监督机构

## 一、国际保险监督官协会

国际保险监督官协会(International Association of Insurance Supervisors,缩写为IAIS)又称国际保险监管者协会,是保险业监管的重要国际组织,其前身是美国保险监督官协会定期主办的国际保险监管年会。国际保险监督官协会正式成立于1994年,由来自140多个国家(地区)的190多个保险监管机构代表组成。中国保监会作为我国的保险监管管理机构,在2000年第7届国际保险监督官协会年会上成为该组织的正式成员。2004年国际保险监督官协会第11届年会在约旦首都安曼举行,中国保监会主席吴定富率团出席年会并讲话,这是中国保监会首次在其年会上演讲。2006年国际保险监督官协会第13届年会在北京举行,此次年会的召开对中国保险业的发展具有重要意义:第一,扩大了中国保险业的国际影响;第二,推动中国保险业又快又好发展;第三,进一步提高中国保险业的国际化水平。

1999年以来,IAIS开始吸收保险公司或者组织作为观察人员,目前已有120多个代表着行业协会、专家协会、保险和再保险机构、咨询组织和国际金融组织的观察员。我国的中国人寿保险(集团)公司和中国人民保险(集团)公司都是IAIS的观察员。

IAIS 的宗旨是制定保险监管原则与标准,提高成员国监管水平。当前 IAIS 主要在三个方面发挥着重要作用:一是制定国际保险监管规则。IAIS 通常以成员国表决的方式通过保险监管规则和标准。这些规则具有较高的权威性,被当作国际保险监管文件范本,影响着国际保险业的发展方向。二是发布国际保险最新动态。IAIS 汇集世界各国保险业信息,掌握各国保险监管情况,能够在第一时间发布国际保险行业动态信息,预测国际保险发展趋势。其各技术委员会搜集掌握的情况成为国际保险业各专门领域最新趋势的指南。三是提供国际保险界交流平台。IAIS 每年在全球组织近 60 场各种会议,为成员国提供沟通交流的平台。各国保险监管当局和国际保险业界代表可借助这个平台发表看法,密切联系,增进了解。

2002 年 10 月,IAIS 颁布了《保险监管核心原则》,作为所有区域监管者的基本指导原则,该文件涉及一个监管系统有效运作的 10 个方面,共 17 条原则。这 10 个方面的原则是:(1)关于保险监管者的组织结构(原则 1);(2)关于批准营业和控制公司变更(原则 2 和原则 3);(3)关于公司治理(原则 4);(4)关于内部控制(原则 5);(5)关于谨慎性原则(原则 6、7、8、9、10);(6)关于市场行为(原则 11);(7)关于监控与现场检查(原则 12 和原则 13);(8)关于监管处罚(原则 14);(9)关于跨区经营(原则 15);(10)关于协调、合作与保密(原则 16 和原则 17)。

## 二、国际保险监督官协会的组织架构

国际保险监督官协会每年召开一次会员大会(年会),常设机构是执行委员会,在执行委员会之下又设有共同框架工作组、金融稳定委员会、内部检查工作组、技术委员会、实施委员会、预算委员会和审计委员会等机构,而技术委员会和实施委员会之下又设有其他分支机构。

## 三、我国保险监管机构的发展

新中国成立初期,根据政务院批准的《中国人民银行试行组织条例》,保险业归中国人民银行领导和主管。1952 年 6 月,受苏联模式的影响,保险业划归财政部领导,成为国家财政体系中的一个独立核算的组成部分。1959 年,国内保险业务停办,仅有涉外业务仍在办理,保险业又划归中国人民银行领导,当时的中国人民保险公司在行政上成为中国人民银行国外业务局下属的保险处。1965 年 3 月,中国人民银行恢复中国人民保险公司的建制,将保险处升格为局级机构。

1979 年 4 月,国务院批准《中国人民银行分行行长会议纪要》,做出"逐步恢复国内保险业务"的重大决策。国内保险业务全面开始恢复办理后,保险业仍由中国人民银行领导和监督管理,中国人民保险公司为直属于中国人民银行的局级专业子公司。1983 年,根据中国人民银行专职行使中央银行和金融监管职能的精神,中国人民保险公司从中国人民银行分设出来,成为国务院直属局级经济实体,中国人民银行对保险业的直接领导职能弱化,监管职能加强。1985 年 3 月,国务院发布《保险企业管理暂行条例》,明确规定中国人民银行为国家保险管理机关。在此期间,中国人民银行逐步加强对保险业的监管,建立完善监管的内设机构,最初在金融管理司下设保险信用合作处。1993 年,中共中央和国务院分别下发《关于建立社会主义市场经济体制若干问题的决定》《关于金融体制改革的决定》,要求加强金融监管和实施分业经营。1994 年 5 月,中国人民银行在非银行金融机构管理公司专门设立保险处,专门负责保险业这一类非银行金融机构的监管。

1995 年,《中华人民共和国保险法》正式颁布实施,标志着我国保险体制改革和保险监管在法制化、规范化的道路上迈出关键的一步。为贯彻落实《保险法》,中国人民银行于 1995 年 7 月设立保险司,专门负责对中资保险公司的监管,对外资保险的监管由外资金融机构管理司保险处负责,对保险业的稽查工作由稽核监督局负责。同时,中国人民银行加强了系统的保险监管机构建设工作,各一级分行逐步在非银行金融机构管理处下设保险科,省以下分支行配备专门的保险监管人员。

随着保险业的发展和银行业、证券业、保险业的分业经营,国务院于 1998 年 11 月 18 日批准设立中国保险监督管理委员会(www. circ. gov. cn),专司保险监管职能。中国保监会的成立,标志着我国保险监管走向了专业化、规范化的新阶段,有利于建立适应社会主义市场经济发展的保险监管体系,有利于加强保险业监管和防范化解保险经营风险,有利于促进我国保险业持续健康协调发展。从 1999 年底开始,保监会在各省、自治区、直辖市和深圳市设立派出机构,到 2001 年 4 月,派出机构全部设立,全国保险监管组织体系开始逐步形成。2003 年,国务院决定,将中国保监会由国务院直属副部级事业单位改为国务院直属正部级事业单位,并相应增加职能部门、派出机构和人员编制,我国保险监管工作得到进一步加强。

中国保监会内设 15 个职能机构,并在全国各省、直辖市、自治区、计划单列市设有 35 个派出机构。

## 四、中国保险行业协会

中国保险行业协会成立于 2001 年 3 月 12 日,是国家民政部批准的保险业自律性社团组织,主管单位为中国保险监督管理委员会。该协会会员有:保险公司、保险中介机构、地方保险行业协会和精算师。最高管理机构是会员大会,理事会是会员大会的执行机构。协会下设财产保险工作委员会、人寿保险工作委员会、保险中介工作委员会和精算工作委员会四个分支机构,各工作委员会根据工作需要和业务性质,设立专业工作部。作为全国保险行业自己的社团组织,协会的工作宗旨是:为会员提供服务,维护行业利益,促进行业反发展。协会的工作核心是服务,其基本职责为自律、维权、协调、交流和宣传五个方面。

# 第三节　偿付能力监管

纵观各国保险监管体系,无论是发达的欧美各经济体,还是新兴保险市场,保险监管国际化趋势不断加强。我国保险监管机构借鉴欧美经验,基本建成了以偿付能力监管、公司治理监管、市场行为监管为三大支柱的现代保险监管制度架构。其中,偿付能力监管日益成为监管的核心。

## 一、偿付能力监管的定义

保险公司的偿付能力是指保险公司履行赔偿或给付责任的能力。偿付能力管理既可以是企业自身内部的管理,也可以是外部管理机构的监管。从不同的视角,偿付能力管理可以有三个层次:一是从政府监管的角度以法律形式做出的一系列规定;二是从风险理论的角度以统计方法来控制企业的技术风险;三是从保险企业经济学的角度对企业管理的整体风险加以监控。因此,偿付能力监管是偿付能力管理最基础的层面。偿付能力监管的内容可以分为两个层次:偿付能力额度监管和偿付能力常规监管。其中,偿付能力常规监管主要体现在对影响偿付能力的因素的规定,比如保险费率厘定、准备金提存、再保险安排、保险资金运用等。

## 二、偿付能力额度监管

偿付能力额度(solvency margin)类似于银行的资本充足率(capital adequacy),是衡量保险公司偿付能力的重要指标。偿付能力额度等于保险人的认可资产与认可负债之间的差额,一般不低于监管机构规定的最低标准。在非正常年度,很可能发生巨额赔偿或给付,使实际经历的赔付或给付超过预定的额度,投资收益也可能偏离预期的目标,而且费率的测算和准备金的提存是基于一些经验假设,本身也会产生偏差,这就要求保险公司的认可资产减去认可负债后的余额要保持在最低的偿付能力额度以上,以应对可能产生的偏差风险。

根据我国保监会颁布的法律法规,对偿付能力额度的监管主要包括最低偿付能力和偿付能力充足率的监管。

**(一)最低偿付能力**

许多国家的保险法都规定了保险公司的最低偿付能力,从而在一定程度上保证了保险公司承担实际风险的能力。我国《保险法》第101条规定:"保险公司应当具有与其业务规模和风险程度相适应的最低偿付能力。保险公司的认可资产减去认可负债的差额不得低于国务院保险监督管理机构规定的数额;低于规定数额,应当按照国务院保险监督管理机构的要求采取相应措施达到规定的数额。"

《偿付能力管理规定》中指出,保险公司的最低资本是指保险公司为应对资产风险、承保风险等风险对偿付能力的不利影响,依据中国保监会的规定而应当具有的资本数额。保险公司的实际资本是指认可资本与认可负债的差额。为确保偿付能力,实际资本不低于最低资本。可见,我国监管者主要运用最低资本这个指标来衡量保险公司所需具备的最低偿付能力。

另外,值得注意的一个概念是风险资本金(Risk – Based Capital,RBC)。美国保险监督官协会(NAIC)于1992年引入风险资本金的计算,并在1993年将其引入财产与责任保险公司。风险资本金的计算主要是通过评估保险公司所面临的各类风险,计算吸收各类风险所需要的安全资本金数额。比如,在RBC的计算公式中,针对人寿和健康保险公司,主要考虑的风险有资产风险、承保风险、利率风险和操作风险;针对财产和责任保险公司,主要考虑的风险有资产风险、信用风险、表外业务风险和承保风险。当保险公司调整后的总资本低于其风险资本要求的一定比例时,监管机构就将采取相应的措施。不同于固定的最低偿付能力规定,风险资本金随着保险企业实际风险的变化而调整。若借用"偿付能力"这一概念,风险资本金也就是为了保证企业安全经营所需的"理论偿付能力"。

## 拓展阅读

### 我国最低资本评估标准

财产保险公司应具备的最低资本为非寿险保障型业务最低资本和非寿险投资型业务最低资本之和。

1.非寿险保障型业务最低资本为下述两项中数额较大的一项:①最近会计年

度公司自留保费减营业税及附加后 1 亿元人民币以下部分的 18% 和 1 亿元人民币以上部分的 16%；②公司最近 3 年平均综合赔款金额 7000 万元以下部分的 26% 和 7000 万元以上部分的 23%。综合赔款金额为赔款支出、未决赔款准备金提转差、分保赔款支出之和减去摊回分保赔款和追偿款收入。经营不满三个完整会计年度的保险公司，采用项规①定的标准。

2. 非寿险投资型业务最低资本为其风险保费部分最低资本和投资金部分最低资本之和。其中，非寿险投资型业务风险保费部分最低资本的计算适用非寿险保障型业务最低资本评估标准，非寿险投资型业务投资金部分最低资本为下述两项之和：①预定收益型非寿险投资型产品投资金部分期末责任准备金的 4%；②非预定收益型非寿险投资型产品投资金部分期末责任准备金的 1%。

人寿保险公司最低资本为长期人身险业务最低资本和短期人身险业务最低资本之和。长期人身险业务是指保险期间超过 1 年的人身保险业务；短期人身险业务是指保险期间为 1 年或 1 年以内的人身保险业务。

1. 长期人身险业务最低资本为下述二项之和：①投资连结保险产品期末责任准备金的 1% 和其他寿险产品期末责任准备金的 4%。投资连结保险产品的责任准备金，是指根据中国保监会规定确定的投资连结保险产品的单位准备金；其他寿险产品的责任准备金，是指根据中国保监会规定确定的分保后的法定最低责任准备金，包括投资连结保险产品的非单位准备金。②保险期间小于 3 年的定期死亡保险风险保额的 0.1%，保险期间为 3 年到 5 年的定期死亡保险风险保额的 0.15%，保险期间超过 5 年的定期死亡保险和其他险种风险保额的 0.3%。在统计中未对定期死亡保险区分保险期间的，统一按风险保额的 0.3% 计算。风险保额为有效保额减去期末责任准备金，其中有效保额是指若发生了保险合同中最大给付额的保险事故，保险公司需支付的最高金额；期末责任准备金为中国保监会规定的法定最低责任准备金。

2. 短期人身险业务最低资本的计算适用非寿险保障型业务最低资本评估标准。

再保险公司最低资本等于其财产保险业务和人身保险业务分别按照上述标准计算的最低资本之和。

资料来源：保监会网站：关于实施《保险公司偿付能力管理规定》有关事项通知。

### (二)偿付能力充足率

偿付能力充足率即资本充足率,是指保险公司的实际资本与最低资本的比率。实际资本是指认可资产与认可负债的差额。认可资产是保险公司在评估偿付能力时依据中国保监会的规定所确认的资产。认可资产适用列举法。认可的比例通常有保险监管机构规定。认可负债是保险公司在评估偿付能力是依据中国保监会的规定所确认的负债。

这里需要注意的是,认可资产并不等于资产负债表上所体现的资产价值。一些资产只有有限的流动性,如固定资产,当发生超常赔款时很难立即兑现来支付赔款,因此其偿付的作用也相当有限。又比如股票,其市场价值波动频繁,当发生赔付时需要紧急兑现时,股票价格很可能处于不利位置,因此股票的偿付作用也受到一定程度的限制。我国保监会研究制定了一系列的偿付能力报告编报规定,用于科学评估各项资产与负债。

## 拓展阅读

### 有关偿付能力充足率的规定

我国《保险公司偿付能力管理规定》规定:

第3条 保险公司应当具有与其风险和业务规模相适应的资本,确保偿付能力充足率不低于100%。

第37条 中国保监会根据保险公司偿付能力状况将保险公司分为下列三类,实施分类监管:①不足类公司,指偿付能力充足率低于100%的保险公司;②充足Ⅰ类公司,指偿付能力充足率在100%到150%之间的保险公司;③充足Ⅱ类公司,指偿付能力充足率高于150%的保险公司。中国保监会不将保险公司的动态偿付能力测试结果作为实施监管措施的依据。保监会根据偿付能力充足率的大小将保险公司为三类并进行分类监管。

第38条 对于不足类公司,中国保监会应当区分不同情形,采取下列一项或者多项监管措施:①责令增加资本金或者限制向股东分红;②限制董事、高级管理人员的薪酬水平和在职消费水平;③限制商业性广告;④限制增设分支机构、限制业务范围、责令停止开展新业务、责令转让保险业务或者责令办理分出业务;⑤责令拍卖资产或者限制固定资产购置;⑥限制资金运用渠道;⑦调整负责人及有关管理人员;⑧接管;⑨中国保监会认为必要的其他监管措施。

第39条 中国保监会可以要求充足Ⅰ类公司提交和实施预防偿付能力不足的

计划。

第40条 充足Ⅰ类公司和充足Ⅱ类公司存在重大偿付能力风险的,中国保监会可以要求其进行整改或者采取必要的监管措施。

### 三、偿付能力常规监管

从理论上讲,如果在正常年度没有巨灾发生,只要保险公司保险费率厘定适当、再保险安排合理、并且按照规定运用保险资金,提足各项准备金,保险公司就有足够的资金进行赔付或给付,维持其偿付能力。

#### (一)保险费率监管

保险费率的确定不仅要考虑保险标的预期损失大小,还要考虑保险公司预期经营成本,因此,保险费率的准确性直接影响到公司偿付能力的充足性。同时,保险费率的厘定具有较高的技术要求,投保人和被保险人通常处于被动接受的地位,因此,为了维护投保人和被保险人的合法权益,保险监管部门有必要对费率加强监管。

从保险费率监管的国际发展看,主要存在三种监管模式:以政府监管部门为主导的严格管制模式,以市场自律为主导的宽松管制模式,以及两者兼而有之的混合型模式。近年来,随着保险市场的逐步成熟,以及监管国际化的加强,监管模式的主流趋势是混合型模式。在美国,监管机构本身不直接参与费率的制定,而是通过立法,按要求组成专业的费率组织或费率协会,由费率协会制定统一的条款并确定相应的费率条件,并要求所有参加协会的保险公司必须无条件接受并严格执行这些统一的条款和费率条件。改革之前的日本和德国,保险监管机构以各种方式对费率的形成直接进行干预和控制,但是,过度强调国家的干预,往往不利于市场机制有效发挥作用,反而阻碍了本国或本地区保险市场的发展。因此,这种模式逐渐被混合型模式所替代,而只在少数特殊险种中存在严格的监管。改革后欧盟模式的特点是保险条款、保险费率由市场调节,政府不直接干预,其偿付能力监管的重点是偿付能力额度监管。

在我国《保险法》规定,保险条款费率由保险公司制定,其中关系社会公众利益、实行强制保险和新开发的人寿保险等的条款费率应当报监管机构审批。可见,我国实行的是以政府监管部门为主兼有市场自律的混合型模式。

#### (二)准备金监管

准备金是保险人根据政府有关法规或保险业务的特定需要,从保费收入或盈余中提存的一定数量的资金。政府对准备金的监管主要体现在核定准备金的种类、规定各种准备金计提的方法和标准、检查监督准备金的计提。我国《保险法》中,根据保险准备金用途的不同,监管体现在下述几项指标上:未到期责任准备金、未决赔款准备金、保险保障基金。

### (三) 保险资本运用监管

保险公司作为金融企业,承保业务和投资业务是其不可或缺的两大支柱业务。当前,在竞争激烈的承保市场上,保险人的收益边际十分有限,甚至出现亏损,因此,成功的资金运用就成为支撑和扩大承保业务的保证,同时也为保险人增强竞争实力、保持健康的偿付能力奠定了基础。

保险资金的运用受到一国金融市场、经济体制和保险公司的管理水平制约,因此,各国对保险资金运用的监管方式和内容也存在差异。总体来说,保险资金运用都遵循安全性、流动性和盈利性相结合的原则,但在投资渠道的范围和比例等方面有不同的规定。宽松型的监管一般将资金运用的决策权归于保险人自身,监管部门只对其偿付能力做出要求,如英国;严格型的监管则通过立法规定资金运用的方式和限额,如美国和中国。

我国《保险法》第 106 条规定:"保险公司的资金运用必须稳健,遵循安全性原则。保险公司的资金运用限于下列形式:①银行存款;②买卖债券、股票、证券投资基金份额等有价证券;③投资不动产;④国务院规定的其他资金运用形式。保险公司资金运用的具体管理办法,由国务院保险监督管理机构依照前两款的规定。"这样,除了禁止设立证券经营机构和保险业以外的企业,在法律规定的范围内,经国务院批准,保险资金可以用于多种投资方式。

### (四) 再保险监管

再保险监管是指一个国家根据政治经济环境的需要,通过法律、经济和行政的手段,对本国再保险业进行的监督和管理。再保险是保险的保险,它是一国保险体系强有力的支撑。一般而言,对于直接保险的监管规定很少直接适用于再保险,而且世界各国对再保险监管与否、监管的具体内容也多有差异。保险业发达的国家对再保险很少直接干预,一般也没有法定再保险的规定;而保险也欠发达的国家为了防止保费过度外流,一般都对法定再保险做了规定。比如,泰国规定所有保险公司以协议的形式同意将每笔业务的 5% 分给泰国再保险公司;埃及规定的强制分保比例为 30%;印度、加纳、肯尼亚、尼日利亚等国为 10%。

我国《保险法》第 102 条规定:"经营财产保险业务的保险公司当年自留保险费,不得超过其实有资本金加公积金总和的 4 倍。"第 103 条规定:"保险公司对每一危险单位,即对一次保险事故可能造成的最大损失范围所承担的责任,不得超过其实有资本金加公积金总和的 10%；超过的部分,应当办理再保险。保险公司对危险单位的划分应当符合国务院保险监督管理机构的规定。"

## 拓展阅读

### 欧盟"偿付能力Ⅱ"

2001 年 5 月,欧盟委员会下属的保险委员会启动了"偿付能力Ⅱ"项目。2009年 4 月,"偿付能力Ⅱ"总体框架原则(solvency Ⅱ framework directive)获得立法通过。目前,该项目在欧洲议会、欧盟委员会和欧洲保险和职业养老金监管委员会(CEIOPS)的领导下正在不断细化和完善中,定于 2012 年开始在欧盟各成员国实施。

欧盟"偿付能力Ⅱ"的主要目的是建立风险基础基本法,对保险公司偿付能力进行全方位的动态监管。通过借鉴《新巴塞尔资本协议》监管思路,并充分考虑国际保险业的发展、国际保险会计准则的修改、风险管理理论的成熟、内部控制技术的完善等诸多因素,"偿付能力Ⅱ"采用三支柱的构架,即定量要求,监管评估和市场约束。

支柱一:定量要求

定量要求是一系列量化的指标,包括最低资本要求、目标资本要求是以保险公司为防范破产事件发生所需的经济资本为基础,从而全面衡量保险公司经营过程中所面临的各种风险。目标资本要求的计算可以通过监管机构提供的标准模型获得,也允许各保险公司建立自身的内部风险模型,经监管机构认可后,用于计算自身的目标资本要求。从这个意义上说,目标资本要求将会促进保险公司建立自身的内部风险模型,完善风险管理机制。

支柱二:定性要求

定性要求为监管审查程序和保险公司的内部控制和风险管理提供一系列原则。支柱二鼓励并要求保险公司通过建立完善的风险管理体系,加强自身的风险控制技术来防范风险,尤其是要加强资产负债管理和再保险的设计,同时,也要求监管机构建立一套评估保险公司风险的程序,如早期预警体系的建立和压力测试法的应用等。监管机构还要对保险公司未来的发展趋势作出相应的分析。总之,支柱一不能定量的风险应在支柱二中从质量上进行评估。

支柱三:市场纪律

通过市场透明和信息披露制度来加强市场机制和风险性监管。保险监管机构参照《新巴塞尔资本协议》与未来国际财务报告准则(IFRS),要求保险人披露有利于监管的重要信息,从而利用市场力量来促进市场秩序的建立。通过明确哪些监管信息可以公开,那些信息应保留在监管机构层面,向投保人、投资者、评级机构及其他利益相关方提供全面的保险人风险信息,同时,对公司管理层产生约束。

资料来源:Sigma 杂志 2006 年第 4 期《偿付能力指令Ⅱ:欧洲保险公司的整合风险监管框架》。

# 第四节　公司治理结构监管

由于公司所有权和经营权的分离,从而需要在所有者和经营者之间形成了一种相互制衡的机制,用一对企业进行管理和控制。公司治理结构正是这样一种协调股东和其他利益相关者关系的一种机制,它明确规定了公司和参与者的责任和权利分布,并且清楚说明了决策公司事务时应遵循的规则和程序,同时,它还提供了一种结构,使之用以设置公司目标,也提供了达到这些目标和监控运营的手段。公司治理结构监管主要包括公司治理监管和内部控制监管。2005 年,国际保险监督官协会在维也那召开年会,进一步将公司治理结构监管确立为保险监管制度的三大支柱之一,确立了以偿付能力监管、市场行为监管和公司治理结构监管为三大支柱的新的保险监管制度框架。

## 一、公司治理监管

公司治理监管(governance regulation)是指对股权和委托代理关系的明确和监管管理。保险监管的关键是明确保险公司内部决策的权力与义务关系。强化保险公司的治理结构是对稳健的审慎监管的有效补充,可以促进保险公司与监管机构更好地合作。

国际保险监督官协会(IAIS)在监管核心原则(ICP)中,提出了保险公司治理监管的标准,包括基本标准和附加标准两种。基本标准明确了高层管理人员在公司治理中的职责、关键职位人员的资格、股东应符合的要求、股权变更的审批事项以及信息的适度披露等。附加标准在基本标准上提出了更高的要求。

在我国,对保险公司治理的监管日益加强。例如,《保险公司管理规定》第 7 条规定:"设立保险公司,应当向中国保监会提出筹建申请,并符合下列条件:

①有符合法律、行政法规和中国保监会规定条件的投资人,股权结构合理;

……⑤拟任董事长、总经理应当符合中国保监会规定的任职资格条件;⑥有投资人认可的筹备组负责人;……同样,在《关于规范保险公司治理结构的指导意见(试行)》中,明确指出要强化股东义务、加强董事会建设、发挥监事会作用、规范管理层运作、加强关联交易和信息披露管理、治理结构监管等。具体要求有:董事会应该对公司内控、风险的定期评估及合规性管理负首要责任;管理层全面负责公司的日常经营管理,强化关键岗位的职责,并建立审计部门、风险管理部门及合规管理部门等。

### 二、内部控制监管

内部控制监管(regulation on internal control)是指对公司内部经营风险管控层面的监管。保险公司内部控制能够识别、计量、控制保险业务经营风险和资金运用风险,保持充足的偿付能力。保险公司的内部控制一般包括组织机构控制、授权经营控制、财务会计控制、资金运用控制、业务流程控制、单证和印鉴管理控制、认识和劳动管理制度、计算机系统控制、稽核监督控制、信息反馈控制、其他重要业务和关键部位控制等。

欧盟保险和职业养老及监督委员会(CEIOPS),在欧盟"偿付能力Ⅱ"的阶段性成果《保险企业的内部控制》中明确了保险公司内部控制中具体的、要求实施的控制活动,包括承保、销售、理赔、提取责任准备金、投资、履行偿付能力要求、会计、保护被保险人、再保险和其他风险转移工具的控制、信息系统,等等,并要求将这些活动落实到具体的内部控制负责人身上。

在我国,自1998年保监会颁布《保险公司内部控制建设指导原则》以来,内部控制监管只要体现在以通过内部控制监督评价机制加强内部建设。《寿险公司内部评价办法(试行)》指出寿险公司内部控制的目标是为实现公司经营管理目标、保证财务报告真实可靠、确保公司依法合规经营而提供合理保证,并具体从控制环境、风险评估、控制活动、信息与沟通以及监督五个方面提出内部控制监管的要求。此外,关于内部的法律法规还有《保险中介机构内部控制指引(试行)》以及财政部会同证监会、审计署、银监会、保监会制定的《企业内部控制基本规范》等。

# 第五节 市场行为监管

从国际经验来看,狭义的市场行为为监管是指保险监管机构对保险公司或保险中介机构的经营活动过程所进行的监督管理,包括对保险机构的设立、保险公司的变更及终止、营业范围、保险费率及条款、再保险和保险资金运用的监管等。广义的市场行为监管除了规范保险公司和保险中介的行为外,还包括防范和打击保险欺诈,对居于弱势地位的消费者权益予以倾斜保护等。本书主要讨论狭义的市场行为监管。

## 一、保险机构设立监管

保险是经营风险聚集和分散的企业,由于其社会影响面较大,因此,设立一家保险公司必须获得主管机关的批准,任何机构和个人未经政府批准不得经营保险业务。目前各国大致有登记制和审批制两种保险市场准入制度,我国采用的是审批制。

保险机构的设立一般需要满足一定条件。首先,保险公司是公司的一种形式,其公司章程必须符合《公司法》有关股份有限公司和国有独资公司章程的规定。其次,各国对保险公司的设立都规定了严格的资本金要求。这是因为,保险公司是一个经营风险的企业,其收取保费的同时也对未来的有条件偿付作了承诺。在保险公司开业之初,有限的保费收入还不能形成足够的责任准备金的情况下,一旦发生赔款,保险公司必须有一定的资金作为后盾,以保证公司能够持续经营,同时资本金也是开业之初大量费用支出的来源;在保险公司持续经营的过程中,资本金也是偿付能力的重要保障,当发生超出责任准备金的重大赔付时,资本金就成为维持保险公司继续经营的最后一道防线。因此,各国对于保险公司都有较高的资本金要求,且一般要求有最低限度的实缴货币资本。第三,保险公司的设立必须具备合格的管理人员和业务人员。保险业务是专业性很强的业务,诸如保险费率的厘定、险种的设计、保险资金的运用、核保理赔等都要求有很强的专业知识经验。对于保险公司高级管理人员,各国保险法规一般都有较高的任职资格要求。第四,保险公司的设立要求有健全的组织机构和管理制度。最后,保险公司的设立必须具备硬件设施方面的要求,包括营业场所和办公设施等,这是任何企业经营所必须具备的物质条件。

我国《保险法》第 68 条规定:"设立保险公司应当具备下列条件:①主要股东具有持续盈利能力,信誉良好,最近三年内无重大违法违规记录,净资产不低于人民币 2 亿元;②有符合本法和《中华人名共和国公司法》规定的章程;③有符合本法规定的注册资本;④有具备任职专业知识和业务工作经验的董事、监事和高级管理人员;⑤有健全的组织机构和管理制度;⑥有符合要求的营业场所和与经营业务有关的其他设施;⑦法律、行政法规和国务院保险监督管理机构规定的其他条件。"

《保险专业代理机构监管制度》第 6 条规定:"设立保险专业代理公司,应当具备下列条件:①股东、发起人信誉良好,最近 3 年无重大违法违规记录;②注册资本到《公司法》和本规定的最低金额;③公司章程符合有关规定;④董事长、执行董事、高级管理人员符合本规定的任职资格条件;⑤具备健全的组织机构和管理制度;⑥有与业务规模相适应的固定住所;⑦有与开展业务相适应的业务、财务等计算机软硬件设施;⑧法律、行政法规和中国保监会规定的其他条件"。第 7 条规定:"保险专业代理公司的注册资本不得少于人民币 200 万元;经营区域不限于注册地所在省、自治区、直辖市的保险专业代理公司,其注册资本不得少于人民币 1000 万元。保险专业代理公司的注册资本必须为实缴货币资本。"

《保险经纪机构监管规定》除与《保险专业代理机构监管规定》中第 6 条相同的规定外,其第 8 条规定:"保险经纪公司的注册资本不得少于人民币 1000 万元,且必须为实缴货币资本。"

《保险公估机构监管规定》除与《保险专业代理机构监管规定》中第 6 条相同的规定外,其第 9 条规定:"保险公估机构的注册资本或者出资不得少于人民币 200 万元,且必须为实缴货币资本。"

我国《外资保险公司管理条例》第 8 条规定:"应当具备下列条件:经营保险业务 30 年以上;在中国境内已经设立代表机构 2 年以上;提出设立申请前 1 年的年末总资产不少于 50 亿美元;所在国家或者地区有完善的保险监管制度,并且该外国保险公司已经受到所在国家或者地区有关主管当局的有效监管;符合所在国家或地区偿付能力标准;所在国家或者地区有关主管当局同意其申请;中国保监会规定的其他审慎性条件。"

## 二、保险公司变更及终止监管

我国《保险法》规定,保险公司在做出名称变更、注册资本变更、变更营业场所、撤销分支机构、分立或合并、修改公司章程、变更出资额占有公司资本总额 5% 以上的股东或者变更持有股份有限公司股份 5% 以上的股东,以及变更规定的其他事项的,必须经保险监管机构批准。

保险公司的终止包括保险公司的解散、撤销和破产三种形式。

保险公司解散是指保险公司分立、合并需要解散,或者股东会、股东大会决议解散,或者因公司章程规定的解散事由出现,经国务院保险监管机构批准后解散。保险公司解散,应当依法成立清算组进行清算。由于人寿保险业务具有储蓄性,涉及面广,因此《保险法》规定,经营有人寿保险业务的保险公司,除分立、合并或者被依法撤销外,不得解散。

保险公司的撤销是由于保险公司违反法律、行政法规,被保险监督管理机构吊销经营保险业务许可证而依法撤销。保险公司被依法撤销的,由保险监督管理机构依法组织清算组进行清算。

保险公司破产是指保险公司不能清偿到期债务,并且资产不足以清偿全部债务或者明显缺乏清偿能力的,或者明显丧失清偿能力可能的,经国务院保险监督管理机构同意,保险公司或者其债权人可以依法向人民法院申请重整、和解或者破产清算;国务院保险监督管理机构也可以依法撤销的或者被依法宣告破产的,其持有的人寿保险合同及责任准备金,必须转移给其他经营有人寿保险业务的保险公司;不能同其他保险公司达成转让协议的,由保险监督管理机构指定经营有人寿保险业务的保险公司接受。转让或者由保险监督管理机构指定接受人寿保险合同及准备金的,应当维护被保险人、受益人的合法权益。

我国《保险法》第91条规定:"破产财产在优先清偿破产费用和共益债务后,按照下列顺序清偿:①所欠职工工资和医疗、伤残补助、抚恤费用,所欠应当划入职工个人账户的基本养老保险、基本医疗保险费用,以及法律、行政法规规定应当支付个职工的补偿金;②赔偿或者给付保险金;③保险公司欠缴的除第①项规定外的社会保险费用和所欠税款;④普通破产债权。破产财产不足以清偿同一顺序的清偿要求的,按照比例分配。破产保险公司的董事、监事和高级管理人员的工资,按照该公司职工的平均工资计算。"

为了在保险公司被撤销或被宣告破产时,更有效地保障保单持有人利益,有效化解金融风险,维护金融稳定,很多国家的保险监管部门还专门设立了所谓的"破产基金""安定基金",我国类似的基金即"保险保障基金"。

### 三、营业范围监管

对保险组织营业范围的监管,就是保险监管机构对其业务种类和业务范围做出规定。从国际上看,主要涉及两个方面的问题:①是否允许金融业内兼业经营,也就是保险机构是否可以兼营保险以外的其他金融业务,如银行、证券或信托,或非保险金融机构是否可以兼营保险业务;②是否允许保险业内的兼营,即一个保险机构是否可以同时经营寿险和非寿险。

国际上习惯将人身保险业务称为第一领域,财产保险业务成为第二领域,意外伤害保险业务称为第三领域。由于第三领域和第一领域同属于人身险业务范畴,而第三领域和第二领域在风险性质和保费厘定等技术方面又相类似,因此,通常允许财产保险公司和人寿保险公司兼营第三领域的业务。

对于保险业内不同性质的业务,长期以来各国一般都执行"产寿险分业经营的原则",以避免业务上的混乱,保证赔偿能力。这是由于财产保险和人寿保险的危险性质不同,导致其在保险技术上迥然不同,两类业务的费率计算基础、承保过程、准备金计提、保险金给付的条件和时间以及资金运用的规律都不相同。

随着保险业放松管制的趋势,一些国家产寿险分业经营的限制也逐步放开,比如英国允许1982年以前成立的保险公司同时兼营长期业务(人寿保险、长期健康险和年金)和一般业务(财产保险、意外伤害和短期健康险),但各业务之间必须会计独立;其他一些国家也出现了保险公司以设立子公司的形式兼营其他保险业务,如日本。

我国保险市场尚不完善,需要严格监管。《保险法》第8条规定:"保险业和银行业、证券业、信托业实行分业经营、分业管理,保险公司与银行、证券、信托业务机构分别设立。国家另有规定的除外。"《保险法》第92条规定:"人身保险业务包括人寿保险、健康保险、意外伤害保险等保险业务;财产保险业务包括财产损失保险、责任保险、信用保险、保证保险等保险业务。同一保险人不得兼营人身保险业务和财产保险业务。但是,经营财产保险业务的保险公司经国务院保险监督管理机构批准,可以经营短期健康保险业务和意外伤害保险业务。"

此外,各国一般不限制保险公司同时经营原保险和再保险业务,也允许再保险人同时经营人寿再保险和财产再保险业务。我国也是如此。

### 四、保险条款监管

保险条款是保险合同的核心内容。鉴于保险产品的专业性以及保险合同的符合性,一般情况下投保人和被保险人难以对合同内容加以变更。因此,各国监管机构都对保险基本条款进行监管。对保险条款的监督管理,重点是监督管理保险条款的内容,例如保险标的、保险责任与责任免除、保险价值与保险金额、保险费率、保险期限等。由于条款的部分内容,如保险费率等,也是影响偿付能力的因素,故对保险条款内容的监管也可以视为偿付能力监管的一部分。此外,有些国家还对保险条款的格式、字体和用词等作出严格规定。

在美国,各州对于保险条款采用不同的监管方式。在一些州,保险条款的监管采取较为严格的方式。保险人拟订的保险合同在投入使用前须先由保险专员备案且批准(事前批准,prior approval),带有前后不一致、歧义或误导性条款的格式一般不能获准出售。某些险种(如劳工补偿险)的格式是完全标准化的;其他险种,如人寿险,则必须包含特定的条款。而另一些州则采用较为宽松的监管方式,由保险公司自行拟定保险条款,采取边审批边使用(file and use)的方式,允许保险人一经提交给保险专员审阅即可使用新条款。

欧盟在建立了统一的保险市场后,首先就废除了保险监管的批准制,包括产品、保单和费率的事先批准,而把监管的重点放在保险人的偿付能力和权威的精算制度的建立上。

我国《保险法》第136条规定:"关系社会公众利益的保险险种、依法实行强制保险的险种和新开发的人寿保险险种等的保险条款和保险费率,应当报国务院保险监督管理机构批准。国务院保险监督管理机构审批时,应当遵循保护社会公众利益和防止不正当竞争的原则。其他保险险种的保险条款和保险费率,应当报保险监督管理机构备案。保险条款和保险费率审批、备案的具体方法,由国务院监督管理机构依照前款规定制定。"可见,我国保险监管部门对费率和条款仍采取较为严格的监管方式。

## 参考文献:

1. 道弗曼. 风险管理与保险原理[M]. 齐瑞宗,等译. 北京:清华大学出版社,2009.

2. 王海艳. 保险学[M]. 北京:机械工业出版社,2010.

3. 张洪涛,郑功成. 保险学[M]. 北京:中国人民大学出版社,2002.

4. 刘连生,申河. 保险中介[M]. 北京:中国金融出版社,2007.

5. 孙祁祥,等. 中国保险市场热点问题评析 2008 - 2009[M]. 北京:北京大学出版社,2009.

6. 齐瑞宗. 国际保险学[M]. 北京:中国经济出版社 2001.

7. 2010 中国保险年鉴,中国保险年鉴出版社,2010.9.

8. 魏华林,林宝清. 保险学[M]. 北京:高等教育出版社,2006.

9. 付菊,徐沈新. 保险学概论[M]. 北京:电子工业出版社,2007.

10. 中国保险业监督委员会网站 http://www.circ.gov.cn/web/site0.

11. 中国保险报 - 中保网 http://www.sinoins.com.

12. 中国保险行业协会网站 http://www.iachina.cn.